普通高等教育“十一五”国家级规划教材

教育部面向21世纪
信息管理与信息系统系列教材

信息管理与信息系统概论

第4版

杨　波　陈　禹　王明明◎编著

中国人民大学出版社
·北京·

教育部面向 21 世纪信息管理与信息系统系列教材
编委会

总　序

自 1997 年教育部调整专业目录以来，新组成的“信息管理与信息系统”专业得到了非常迅速的发展。据统计，设置这个专业的高等学校已经接近 500 所。随着信息化建设的进一步深化，社会各界对于信息管理人才的需求越来越多，要求越来越高。特别是电子商务和电子政务的兴起、物流管理的发展以及首席信息官（CIO）的出现，使得这种需求的增长趋势更为引人注目。这表明，“信息管理与信息系统”作为管理科学的一个重要分支，不但没有由于某些泡沫的破灭而销声匿迹，而且健康地、稳步地、越来越快地向前发展。培养这方面的专业人才已经成为信息时代不可缺少的一个重要方面。

当初由 5 个分别来自工学、管理学等不同门类的学科组成“信息管理与信息系统”这个新学科的时候，曾有不少同志对之表示过疑虑：这些背景不同、来源不同的学科能够形成一个有确定内涵、有统一培养目标和学科体系的新学科吗？几年来的事实已经给出了肯定的回答。信息化建设的实践已经表明，信息技术的巨大潜力只有同各行各业的具体业务紧密地、有机地结合在一起，才能充分地发挥出来。它与商业，特别是营销活动的有机结合，派生出了越来越广泛的电子商务；它与政府工作的具体实际相结合，引出了方兴未艾的电子政务；如此等等。现代信息技术这支“利箭”必须切实瞄准各行各业的业务需求这个“的”，做到“有的放矢”，才能真正发挥作用。现代信息技术造就了“利箭”本身，但是并没有回答如何做到“有的放矢”。正因为如此，近 20 年来，许多学校苦于没有合适的教材，而只是简单地用计算机专业的部分教材，加上管理专业的若干教材，形成了所谓“拼盘式”的教学方案，并没有实现交叉与融合的初衷。出现这种情况的原因，在于我们对信息管理的内涵与实质还没有深入理解。简单地把“矢”和“的”罗列出来，还没有达到“有的放矢”的高度。要做到“有的放矢”，必须认真地研究和认识人们做事的规律。这就是美国著名学者赫伯特·西蒙提倡的“关于人为事物的科学”，也正是我国著名学者许国志先生提倡的“事理学”。具体到教材来说，要求我们针对“有的放矢”的要求，编写具有本专业特色的、能够真正回答如何做到“有的放矢”的教材。这种教材的立足点在于如何在各行各业用好信息技术，而不是信息技术本身，与介绍“矢”本身的教材是有根本区别的。这就是我们组织编写这套教材的出发点。

从20多年的实践中，我们深深地体会到信息管理与信息系统这个新专业具有的特点：综合性、实践性、新颖性。从传统的学科分类体系看，这个专业确实有点“不三不四，非驴非马”，然而这正是它的特色与生命力所在。它在实践中的发展非常迅速，以致人们常常困惑于新名词、新概念的层出不穷，然而，这也正是它与社会实践相互促进、相互影响的具体表现。当今时代（包括技术与社会）确实变化太快，理论研究与学科建设不得不追着实践跑步前进。这也许可以为这20多年来一直困扰着这个专业的种种议论和非议找到一点根源和缘由。

当然，这并不等于为理论研究的不足找借口，也不等于这个专业根本就没有理论，或者不需要理论思维。恰恰相反，实践的源头活水为人类深入认识和掌握“事理学”的规律提供了持续不断的推动力和取之不尽的营养和素材。我们相信，以信息化建设的伟大实践为背景和基础，信息管理与信息系统这个专业一定会继续迅速健康地成长，逐步走向成熟和完善，最终成为人类知识宝库中一个有机的、不可缺少的部分。

基于上述认识，我们对于“信息管理与信息系统”专业教材的理解就与一般的专业有所不同。在内容的选择上，我们把视野放得比较宽。作为综合性、交叉性、实践性非常突出的一个学科，开阔学生的眼界是非常重要的。我们的信条是：“不是给学生金条，而是给学生点金的手指；不是给学生将来要用的具体知识，而是为学生终身的主动学习打好基础。”具体地说，对于现代信息技术的各个领域，让学生对将来可能用到的“利箭”有广泛的了解；对于当今社会应用信息技术比较广泛的各个领域，让学生对于目标，即“的”有所了解和准备；对于科学的认识论和方法论，是为学生如何做到“有的放矢”做准备的。因此，首先，我们考虑了从计算机、通信等基本技术到信息安全、数据挖掘等一系列课程；其次，我们考虑了企业的信息管理、电子商务、电子政务以及物流管理等方面的内容；最后，主要是系统科学的内容。简单地说，就是这三个方面构成了我们这个学科的三大支柱。

与此相关，本套教材的另一个特殊的地方就是它的使用方法。我们绝不认为任何一个学校的“信息管理与信息系统”专业，包括我们自己学校的这一专业，都必须开设这里列出的所有课程。我们认为，各学校必须根据自己的具体情况和环境，有重点、有选择地设计符合自己学校的教学计划。教育是实事求是的、需要因势利导的艺术。教条和僵化与培养创新型人才是水火不容的。我们希望尽可能多地为各位老师提供充分的选择余地，而不是设置新的条条框框。

另外，需要说明的是有关教学方法。从前面的说明很自然地引出，我们的教学方法必须简明扼要、突出实践。每门课程的时间短一些，开设的课程多一些，少讲一点，多练一点。所谓突出实践，包括两个方面：直接联系社会实践，充分利用实验条件。在有条件的课程和章节，尽可能多地为学生创造直接接触和了解最新的社会实践的机会。同时，大力建设实验室，为学生动手提供现代技术（包括教育技术）支持的平台和环境。关于这方面，我们正在准备另外一套课程和教材。

总之，这个学科是相当年轻的、相当不成熟的。我们编写这套教材并不是表明我们已经有了完全成熟的想法，而是为了总结已有的认识，与同行共勉和交流，共同推动这个学科的发展。因此，我们真诚地期待着同行和社会各界的批评意见，因为只有通过集思广益、互相切磋，才能逐步形成比较成熟的、新的学科体系，这是人类认识发展的规律，也是任何新学科成长的必由之路。

中国人民大学　信息学院

陈禹

2005年5月29日　于北京

前　言

信息管理与信息系统专业已经发展了近30年，目前全国设立这个专业的高等院校达到了近500所。然而，信息管理与信息系统专业还远远没有得到应有的理解和认识。许多人对这个专业缺乏了解，甚至存在不少误解。这个专业究竟是做什么的？与计算机专业、管理专业有什么差别？每年新入学的大学生都希望了解这个专业学什么，将来做什么，毕业的学生应该掌握哪些知识，培养哪些能力。为了解答同学们的这些问题，我们逐渐形成了一门入门性质的课程——“信息管理与信息系统概论”。

这门课程的目的就是：通过简明、准确、具体、形象的介绍，使刚进入这个专业的学生能够较快地了解这个专业对社会的重要意义，以及它的工作内容、特点和要求，理解从事这个专业的工作对于从业人员的知识和能力的要求，从而树立投身信息化建设的理想和信念。这一入门课程对于学生顺利地、稳定地进行这个专业的学习是非常必要和有益的。

本书的体系结构是根据陈禹教授最初讲授的信息管理概论课程的体系结构形成的，这个专业的知识体系可以概括为“一手抓信息技术，一手抓管理科学，用系统理论的思维武装我们的头脑”。本书的内容也是围绕这个知识体系展开的。首先，从宏观上介绍了信息化建设的大趋势，“自顶向下”地说明这个专业对于社会主义建设的重要作用和意义，建立专业的自豪感。然后，从信息技术、管理科学、系统科学三个方面介绍了本学科的知识基础。在此基础上，对信息管理、信息资源、信息系统以及信息系统中的非技术因素等基本概念进行初步的、基于感性知识的介绍。最后，落实到学生知识和能力的要求和培养上。希望通过这样的介绍，能够使同学们目的明确地、主动地进入这个专业的学习。

这一版本是我们在2009年出版的版本基础上修订而成的，具体的编写和修订是在有关师生共同努力下完成的。我们重新修订了本书，第一章、第九章、第十章由杨波改写；第二章由付虹蛟改写；第三章由钟佳佳改写；第四章、第七章由孙彩虹改写；第五章、第六章由王明明改写；新增加的第八章由张文平编写；第十一章由于凤霞改写。杨波、陈禹、王明明承担了统稿和组织工作。虽然我们已经尽力提高书稿的质量，但是疏漏和不足之处一定还有很多，希望广大的同行和专家批评指正。

中国人民大学信息学院经济信息管理系
杨　波
2018 年 12 月于北京世纪城

目　录

第一章

序言——信息时代呼唤信息管理

引　言

21 世纪是人类社会完成由工业文明向信息文明整体飞跃的伟大时代。在这样的时代，信息化已经成为世界经济和社会发展的大趋势。每一个发达国家和新兴工业化国家、地区，以及大多数发展中国家，无不对信息化高度关注，并且积极投入当今世界全球信息化这一不可阻挡的潮流中。

要想有效管理和利用社会的各种信息资源，利用丰硕的信息技术成果来加快我国的信息化进程，就必须具有先进的信息管理素质。有效的信息管理已经成为信息时代的首要要求。本章将详细介绍信息、信息化、信息管理、信息资源、信息科学的基本概念，并在此基础上分析信息管理的作用与地位。另外，在本章的结尾部分，将简要介绍目前我国信息管理发展的现状。通过本章的学习，希望读者对信息管理所涉及的方方面面的知识有一个概念性的认识。

第一节　信息的概念和特点

一、信息的概念

没有物质，什么东西都不会存在；没有能量，什么事情都不会发生；没有信息，什么东西都没有意义。——A. G. 欧廷格

信息就像我们呼吸的空气一样，同是国家资源。精确有用的信息，就如同我们身体所需要的氧气，是国家和个人的幸福。我们整个国家一半以上的成果来自有关的信息活动。快速的信息是我们经济中主要的货物和商品。——卡特

信息管理的核心就是信息。信息对大家而言都不陌生，在我国古代就出现了“信息”一词，南唐诗人李中的《暮春怀故人》中有“梦断美人沈信息，目穿长路倚楼台”的诗句，李清照的《上枢密韩肖胄诗》中亦有诗句“不乞隋珠与和璧，吸乞乡关新信息”。那时的信息主要指的是音信、消息。

信息管理中的信息指的是什么呢？可能没有一个人能够很准确地解释出来，所以有必要首先界定一下信息的范畴。

“信息”一词源于拉丁文“information”，是指一种陈述或一种解释、理解等。随着时代的发展，信息的含义也在不断地演变。现在，“信息”一词已经成为一个含义非常深刻、包含内容相当丰富的概念。

信息是认知主体对物质运动的本质特征、运动方式、运动状态以及运动的有序性的反映和揭示，是对事物之间相互联系、相互作用的状态的描述。

信息是经过加工处理之后的数据，它对接受者的决策或行为有现实或潜在的价值。通俗地讲，信息就是有用的消息。信息管理中的信息泛指包含于消息、情报、指令、数据、图像、信号等形式之中的新的知识和内容。

信息管理与信息系统专业的学生，应该在学完本科课程之后，建立一套完整的信息管理科学的知识体系，这套知识体系应该包括信息的上、中、下游。一个从事信息管理和信息服务工作的专业人员，应该“了解信息上游的知识，掌握信息中游的技能，提供信息下游的服务”。

信息上游，是指了解信息的本质、信息的特征、信息的种类、信息产生的过程、信息生产的主要机构及信息如何传播等。

信息中游，是指信息的搜集整理、信息的组织与分析、网络环境下多媒体信息的描述与组织、信息系统、信息的储存、信息的检索、信息的深加工等。

信息下游，即信息的利用与服务，是指了解我们的使用者，了解他们的信息需求，然后提供他们所需的信息服务。

二、信息与知识、数据的关系

信息与知识、数据是不同的，它们是相互联系的。信息与知识、数据的关系可以概括为以下几个方面：

（一）从形成上来看，它们是原料和制品递进的关系

信息与数据、知识的关系可用金字塔模型表示，如图 1－1 所示。

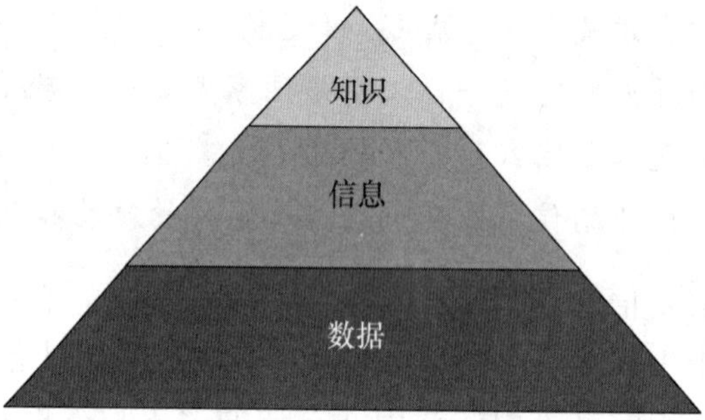

图 1－1　数据、知识与信息的关系

世界银行的《世界发展报告》对数据、信息和知识的定义是：数据——未经组织的数字、词语、声音、图像；信息——以有意义的形式加以排列和处理的数据（有意义的数据）；知识——用于生产的信息（有价值的信息）。

美国学者谢尔曼认为：数据是事实未加解释的原始表达，而信息是用于表达意义的经过记录、分类、组织、联系或解释的数据。美国学者史密斯和梅德利在其所著的《信息资源管理》中认为，信息是数据处理的最终产品，具体地说，信息是经过收集、记录、处理的以可检索的形式储存的事实或数据。如果要用一句话来总结，那就是：数据是信息形成的基础。

美国学者霍顿认为，原始数据总是与新生事物联系在一起，对原始数据的评价产生了信息，成熟的信息构成知识，而事实的最终“死亡”形成了相关的知识库。他用“一个事实的生命周期”解释了信息与数据、知识的关系。

综上所述，数据、信息、知识是一种递进的关系。在数据的基础上形成信息，在信息的基础上形成知识。数据是信息的起源，信息是知识的原料，知识是信息加工提炼的结晶。

（二）从载体上来看，它们是客观物质存在和大脑精神存在的关系

这里主要讨论的是知识与信息的关系。知识是人类社会实践经验的结晶，是人的主观世界对于客观世界的概括和反映，是人们通过实践对自然、社会运动形态和规律的认识和掌握，是人们对其在实践过程中所获得的感性认识、经验材料进行概括、总结和升华的结果。

人类通过信息感知世界、认识世界和改造世界，而且根据获得的信息创造和形成

人类丰富的知识。信息是知识的原料和基础，知识是信息中最具有革命性和活力的部分。知识是信息的特例，是信息的高级形式，是对有用的信息加工的结果，是系统化、有序化的信息。

加拿大学者桑盖特认为，信息不是知识，信息是存在于我们意识之外的东西，它存在于自然界、印刷品、硬盘以及空气之中，而知识存在于我们的大脑之中，它是与不确定性相伴而生的，我们一般用知识而不是信息来减少不确定性。

综上所述，信息是客观的物质存在，不管你是否发现它、是否理解它、是否认识到它的重要性，它都是客观存在的；而知识是人类认识世界、改造世界、进行实践的结果，存在于人们的大脑中，属于认识的范畴。

三、信息的类型

不同的信息有不同的作用、不同的地位、不同的处理方法，所以有必要识别信息的分类。

目前，存在着很多对信息的分类体系，比如胡正荣在《传播学总论》中提出的多重分类体系，宋运郊在《信息活动原理》中讨论的三分法体系，黎鸣在《信息哲学论》中创建的广义信息分类体系，具体细节在此不作详细介绍。这里，参考谭详金、党跃武的《信息管理导论》，对目前主要的几种分类进行简要说明。

（一）按社会属性分类

社会化信息：在人类社会生产和生活实践中产生和应用的信息，即一切由人或最终由人创造或发现的具有社会价值的文化形态和观念形态。

非社会化信息：主要包括遗传信息等生物信息和天体宇宙信息等自然信息。

（二）按获取方式分类

直接信息：从人们的直接经验中（即从亲身实践中）获得的信息。

间接信息：从人们的间接经验中（即利用他人的实践和认识成果）获得的信息。

（三）按存在方式分类

内存信息：贮存在人的大脑（即体内载体）中的信息，也可称为个人信息。

外化信息：以符号形式存在（即寄存于体外载体中）的信息，也可称为个人信息和社会信息。

（四）按传播范围分类

公开信息（白色信息）：传递和利用范围几乎没有任何限制的信息。

灰色信息：内部信息，其中的文献形态一般称为“灰色文献”（grey literature）。

非公开信息（黑色信息）：传递和利用范围较小的内部信息、严格限制传递范围的秘密信息（包括秘密、机密和绝密信息）和不传递的信息。

（五）按加工程度分类

零次信息：未经加工的零散的不系统的原始信息，即第一手资料。

一次信息：根据第一手资料创造、形成的初加工信息。

二次信息（信息的信息）：在一次信息基础上加工整理形成的引导和使用一次信息的信息，是信息组织的结果。

三次信息：根据二次信息提供的途径，获取并使用一次信息，结合其他零次信息，分析综合形成的高层次信息组织的信息。

四、信息的特点

从状态、传递、加工、利用等不同角度分析信息的特征，可以帮助我们更好地理解信息。

（一）客观性

信息的客观性是由信息源的客观性特征决定的。信息是事物变化和状态的客观反映，其实质内容具有客观性。事物变化和状态都是客观存在的，它的反映也是客观的，所以其实质内容具有客观性。而且，当信息形成之后，其本身也具有客观实用性。

（二）依附性

信息是寄存在一定介质上的。它必须借助于文字、图像、胶片、磁带、声波、光波等物质形态的载体才能够表现出来，才能为人们的听觉、视觉、味觉、嗅觉、触觉所感知，人们才能够识别和利用信息。

从某种意义上来说，没有信息载体，就没有信息本身。因此，信息和载体不可分割。

（三）可存储性

信息的客观性决定了信息具有可存储性，信息的依附性决定了信息可以通过各种载体存储。信息的可存储性使信息可以保存并积累与流传，信息经过记忆、记录等存储起来，以便今后使用，从而使信息可以被继承。

信息＝信息内涵＋信息载体

信息载体＝体外载体＋体内载体

体外载体＝信息的第一载体，信息媒体：通过光波、声波、电磁波等存储的文字、符号、图像、声音＋信息的第二载体，信息载体：纸张、磁带、唱片、胶片、缩微平片、磁盘、磁鼓等物化形式

（四）传递性

信息载体的时间和空间转移导致了信息的可传递性，促进了信息的扩散和利用。

时间传递：信息通过一定的载体存贮，随时间的流逝而传递下去。

空间传递：通过一定的方式把信息从一个地方传到另一个地方。

（五）共享性

信息的共享性也是信息不同于其他资源的一种独有的特性。只要人们愿意，不分国家民族，不分贫富贵贱，不分男女老幼，就都可以利用同样的信息；另外，信息本

身就是人们在传递信息和扩散信息的时候不断得以发展和创新的，可以说没有信息的共享性，就不会有层出不穷的新信息。

（六）开发性

信息不可能自发地发挥作用，只有当人们根据自己的需要有针对性地加工和处理信息，从而为自己或他人服务时，信息才会发挥出其潜在作用。

（七）价值的不定性

信息是有价值的，它本身客观地所具有的价值是一定的，因为信息本身揭示事物和反映事物的程度是一定的，社会认可信息的基础条件也是一定的。

但是事实证明，同样的信息对于不同的使用者可能具有不同的价值，等量的信息对于不同的使用者也不一定具有相同的价值。为什么会这样呢？这是由个别信息的特殊性、使用者的文化背景的差异性以及传输途径和过程的差异等因素决定的。信息价值的主要影响因素包括：

（1）信息的绝对价值。

（2）信息的接收状态（接收信息的客观条件、接收者的原有信息状态和接收者的现实认知水平等）。

（八）时效性

信息有寿命，有时效，有一个生命周期。信息价值的时效周期一般分为四个阶段：升值期、峰值期、减值期和负值期，不同的周期呈现不同的价值。时效性反映的是信息发挥作用的时间长短以及满足人们需要的及时性和灵敏度等问题。

不同类型的信息具有不同的时效性；相同信息的时效性随着环境的变化也可能会发生变化；不同的使用者对信息时效性的要求也有所不同。

（九）可传输性

任何信息只有从信息源发出，经过信道（信息传递所经过的空间路线）传递，才能被信宿（接收者）接收并进行处理和运用。不能传输的信息是无用的、无法存在的。信息传输手段和方式多种多样。信息传输的快慢对于信息的效用和价值至关重要。

为了充分发挥信息的作用，信息的所有者必须重视信息的传输过程，只有这样才能真正地实现其利益，才会有利于信息的共享与创新。

（十）可增值性

信息经过加工、处理、引申、推导或者通过与其他信息相互整合，可以繁衍出更多意义，从而使其价值增值。

第二节　信息化的概念

随着信息技术的突飞猛进和广泛渗透，信息化的热潮也席卷全球。20 世纪 60 年代以来，全球掀起了三次大的信息化浪潮。第一次是以计算机为中心的信息技术应用以及信息产业化浪潮，其标志是计算机（computer）、通信（communication）和内容（content）三者的结合，可称之为计算机革命和产业革命。第二次是以网络为中心的社会信息化浪潮，其标志是“DIN”，即数字化（digitalization）、信息化（informatization）和网络化（networking），可称之为数字革命和网络革命。第三次是随着“大物移云”（大数据、物联网、移动互联网、云计算）的发展，以数据的深度挖掘与融合应用为主要特征的大数据革命。那么什么是信息化？信息化的特点是什么？实施信息化又有什么作用？本节将详细介绍这些关于信息化的基本知识。

一、信息化的概念

从历史上来看，信息化概念的提出是与后工业社会或信息社会的讨论紧密相关的。1967 年，日本学者参照“工业化”一词提出了信息化的概念，认为信息社会是信息产业高度发达且在产业结构中占据优势的社会，信息化是由工业社会向信息社会演进的动态发展过程。1978 年，法国学者在政府支持下提出了社会的信息化问题，已涉及计算机与远程通信的结合、数据处理和网络等问题。中国学者到 1986 年才开始讨论信息化问题。

信息化指的是在现代信息技术广泛普及的基础上，社会和经济的各个方面发生深刻的变革，通过提高信息资源的管理和利用水平，各种社会活动的功能和效率大幅度地提高，从而达到人类社会新的物质和精神文明水平的过程。

从这个概念中，可以总结出以下要点：

（1）信息化是一个漫长的过程。

（2）现代信息技术是信息化的基础。通信技术方面的革命，数字化技术的推广应用，高速率、宽频带、大容量的现代通信手段的实现，微电子技术的快速发展，多功能计算机技术、数据库技术、多媒体技术和网络技术的综合应用等为信息化提供了技术支撑和发展保障。

（3）信息化的全面性推动着社会和经济的各个方面发生深刻的变革。社会信息化促进着经济的增长。信息技术的广泛应用大大提高了劳动生产率。增加在信息、知识和技术方面的投入，节省原料和能源，是当今各国应付物质资源衰竭的主要对策。

社会信息化改变着人们的生活方式和工作方式。由于信息技术的应用、信息系统的实施，很多手工劳动被取代，管理者的决策得到计算机等的有力支持；人们的交流方式也变得多样化，人们可以在家中购物、订票等。可以说，人们的生活、工作方式几乎每天都发生着变化。

（4）信息化的核心是信息资源利用水平的提高。信息资源从本质上来讲，包括三方面的内容：

- 信息生产者：为他人生产信息的劳动者。
- 信息：信息本身。
- 信息技术：信息搜集、加工、存储和传递技术的集合。

提高信息资源的利用和管理水平，是信息化建设的核心任务，是信息化建设的出发点和归宿，是信息化建设效益的根本标准。

(5) 信息化的成果促使各种社会活动的功能和效率大幅度地提高。国际货币基金组织做出的统计表明：由于科技进步和信息投入的增多，目前一个单位工业品所需原料仅为1900年的2/5左右；另据美国梅隆研究所测算：由于利用知识、技术和信息，每一元国民生产总值所耗用的能源自1973年以来一直呈大幅度下降趋势。

信息化给工作效率带来的提高更为普遍，现在社会生产的各个行业都离不开信息化。信息化已成为提升企业效率和核心竞争力不可或缺的因素。

信息化广泛应用于政府部门，有助于建立一个高效、公正、廉洁的服务型政府。信息化提高了政府的决策能力，促进了信息的公开、透明、利用和共享，提高了政府的反应能力和社会盈利，扩大了公民的参与。政府信息化必将对政府组织结构和运作方式产生冲击。从世界各国的情况来看，政府信息化使传统的部门朝着网络组织方向发展，打破了地域、层级、部门的限制，促使政府组织和职能的整合；促使政府的程序和办事流程更加简明、畅通；节约了人力、物力和财力；提高了政府机关的办事效率。

(6) 信息化的目标是达到人类社会新的文明水平。信息化将改变社会的生活方式和文化。信息化催生了新的居住、交际和生活方式，比如Facebook、Instagram、SecondLife、推特、微博、微信、抖音、快手、QQ等成为年轻一代沟通和交流的主要方式。如同蒸汽机发明和流水线生产的出现改变人类劳动一样，信息化的出现使大量手工劳动被计算机取代，使人们从烦琐的手工劳动中解放出来，进行更高级的、更有意义的智力劳动。信息化逐渐改变了人们的价值观和社会认识，并形成新的文化。同时，信息化也催生了新型的现代信息服务业的出现，例如全球服务外包的不断发展，使世界越来越平、越来越小。

我国政府把信息化工作的内容划分为六个部分（或要素）：

(1) 信息网络基础设施的建设。包括各政府、企业、学校、机关内部网、局域网、门户网站的建设以及国家公用经济通信网、互联网的建设等。

(2) 信息技术的应用。充分利用国内外IT技术，是信息化成功的基础。

(3) 信息资源的开发和利用。信息资源的开发和利用是信息化建设的目的，也是信息管理的主要活动。

(4) 信息产业的发展。信息产业包括两个方面：一是信息制造业，二是信息服务业。信息制造业包括通信广播设备制造业、计算机及相关设备制造业，等等；信息服务业包括软件服务、系统集成、增值网络服务、数据库服务、咨询服务、维修培训、电子出版、展览等。信息产业将成为我国经济的主要增长点。

（5）信息化人才的培养。为了迎接知识经济的挑战，适应信息社会的发展，加速信息化进程，必须强化信息化人才的培养。

（6）信息政策、法规和标准的制定。信息管理活动离不开法规和政策的指导、统筹、规划和规范、调控与控制。

二、信息化的层次

一般来讲，信息化包含五个层次：产品信息化、企业信息化、产业信息化、国民经济信息化和社会生活信息化。这五个层次的信息化的关系可用图 1－2 来表示，每一层次与下级层次的关系分别是包含与被包含的关系。

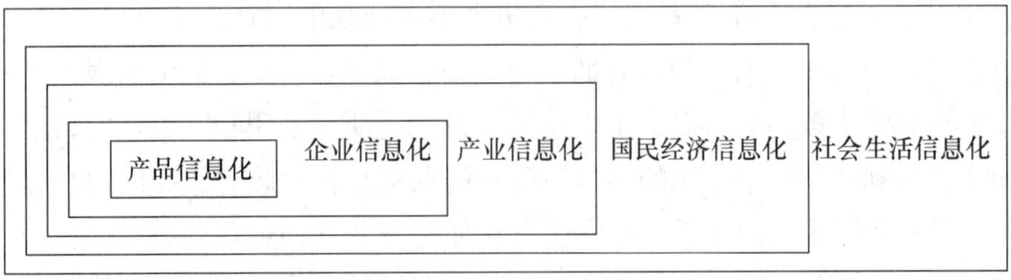

图 1－2　信息化的层次图

产品信息化：是信息化的原点，也是信息化基础的基础。产品信息化包含两层含义：一层含义是产品所含各类信息比重日益增大，物质比重日益减小，产品日益由物质产品的特征向信息产品的特征迈进，比如各类软件等；另一层含义是越来越多的产品中嵌入智能化元器件，使产品具有越来越强的信息处理功能，比如智能微波炉、智能洗衣机等。

企业信息化：是信息化特别是国民经济信息化的基础。企业信息化是指企业在产品的设计、开发、生产、管理、经营等多个环节广泛利用信息技术，装备信息设备，大力培养信息人才，完善信息服务，加速建设企业信息系统的过程。

产业信息化：是指农业、工业、服务业等传统产业广泛利用信息技术，大力开发和利用信息资源，建立各种类型的行业信息数据库和网络，从而实现产业内各种资源、要素的优化与重组，促进产业结构进一步合理化，并向更高级的产业结构迈进，从而实现产业升级。

国民经济信息化：是指在经济大系统内实现统一的信息大流动，使金融、贸易、投资、计划、通关等组成一个信息大系统，使生产、流通、分配、消费等经济的四个环节通过信息进一步连成一个整体。

社会生活信息化：是指包括经济、科技、教育、军事、政务、日常生活等在内的整个社会体系采用先进的信息技术，建立各种信息网络，如局域网、互联网、移动互联网等，利用信息技术实现互联网＋，大力开发有关人们日常生活的信息内容，丰富人们的精神生活，拓展人们的生活时空。

三、信息化的特点

（一）信息数量激增

从以下数据中可以看出信息数量的大幅增长。

中国的域名总量从 2006 年的 4 109 020 个发展到了 2017 年底的 38 480 355 个，如图 1 - 3 所示。

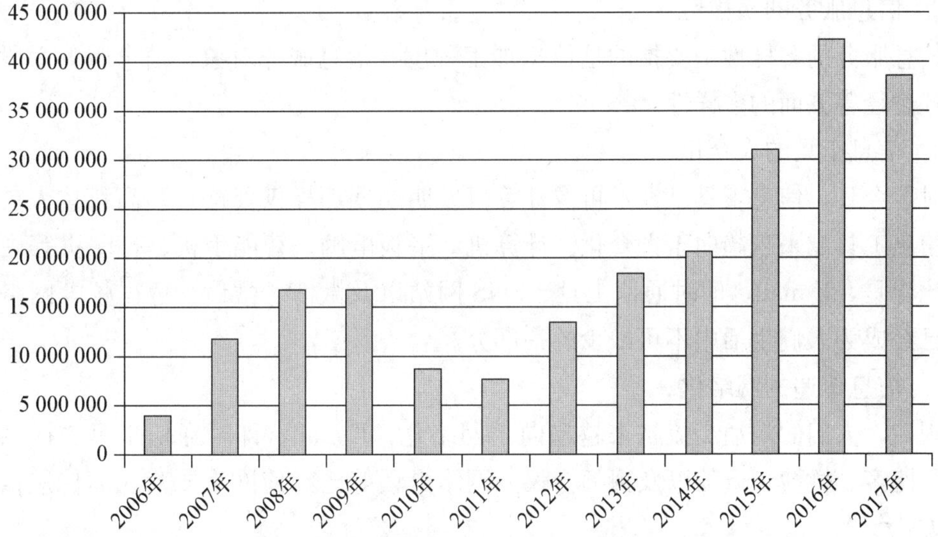

图 1 - 3　2006—2017 年中国域名规模的变化

资料来源：第 41 次《中国互联网络发展状况统计报告》。

截至 2017 年底，中国网页总数达到 2 604 亿个，约是 2006 年的 58 倍，如图 1 - 4 所示。

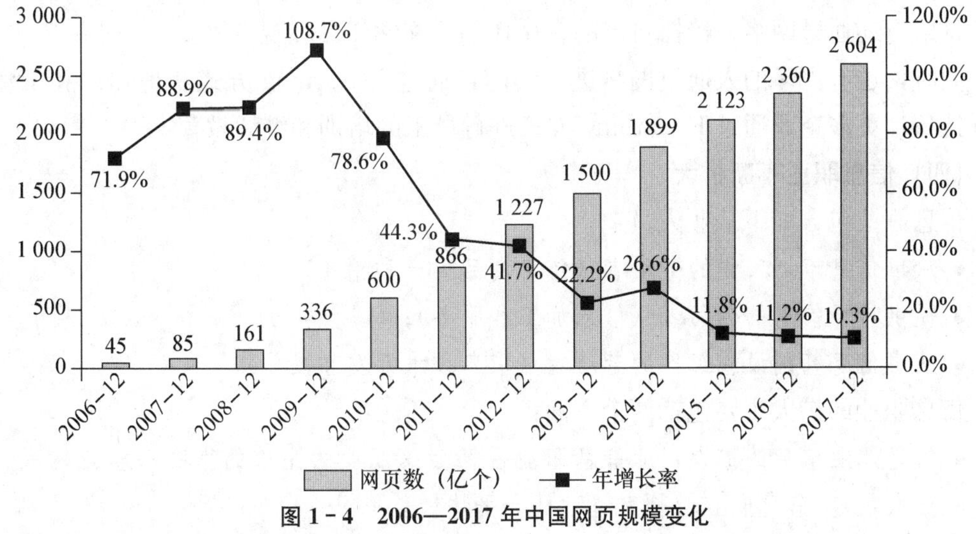

图 1 - 4　2006—2017 年中国网页规模变化

资料来源：第 41 次《中国互联网络发展状况统计报告》。

（二）信息应用越来越广泛

1. 信息用户的广泛性

信息用户指的是社会中一切可能直接利用信息或利用某种信息传递渠道获取信息的个人和组织。

随着信息化广泛应用于各行各业，例如学校、政府、医院、企事业单位等，信息用户也涉及社会角色的方方面面，涵盖了学生、教师、公务员、公司职员甚至餐饮业的服务员，等等。

2. 信息服务的多样性

信息服务的多样性主要指的是信息加工程度、信息服务对象、信息服务手段、信息服务途径等方面的多样性。

3. 信息工具的大众化

时至今日，信息工具已经不再像计算机发明初期那样仅仅被一些高科技人员所使用，信息工具越来越趋向于大众化。计算机、平板电脑、智能手机、打印机等硬件设备比比皆是，E-mail、即时通信工具、SNS 网站以及微博、微信、短视频等网络交流工具已经成为人们生活中不可缺少的一部分。

4. 信息传递的网络化

现在，人们的沟通交流越来越趋向于网络化，E-mail、即时通信工具、社会网络工具、博客、微博、微信以及视频会议、网络电话等已经使网络成为人们传递信息的主要方式。

（三）信息意识不断强化

现在，当我们想要做什么事情的时候，大多数情况下首先想到的都是计算机和网络会帮我们做到吗？人们通过网络看新闻、查资料、做广告、交友、购物、交易、订餐、订票，还通过网络来传播自己的音乐作品、文学作品和观点等。

同时，也有更多的人通过网络进行学习，通过 E-learning 方式获得知识和工作技能、技巧，更多企业通过 E-learning 方式进行员工的培训和继续教育。

（四）信息职业不断扩大

信息职业包含如下从业人员：

- 从事信息市场工作的劳动者（信息商品生产和销售）；
- 提供市场信息的劳动者（信息加工和服务）；
- 从事信息基础设施工作的劳动者（信息技术开发和操作）。

信息职业的扩大主要包括两个方面：

- 信息职业本身的扩大，即信息职业占社会总职业的比重的提高（职业构成、就业人数），信息职业增长率超过社会平均增长率；
- 非信息职业中信息成分的增加。

（五）存在信息经济

信息经济的特点包括如下几方面：

- 它是全天候运作的经济；
- 它是全球化经济中中间层次作用减弱的经济；
- 它是竞争与合作并存的经济；
- 它是速度型经济；
- 它是创新型经济。

四、信息化与工业化

信息化与工业化的关系，既是当前一个重大的理论问题，又是非常重要的实践课题。目前我国工业化基本实现，信息化水平大幅提高。只有继续以信息化带动工业化，以工业化促进信息化，推进工业化和信息化融合，才能走出一条“科技含量高、经济效益好、资源消耗低、环境污染少、人力资源优势得到充分发挥”的新型工业化道路。

自20世纪90年代以来，信息化对整个社会的影响越来越深入、作用越来越明显、形式越来越多样、速度也越来越快。因此，对这个问题进行科学的解释也就显得更为紧迫。从2000年中共十五届五中全会正式提出“以信息化带动工业化，发挥后发优势，实现社会生产力的跨越式发展”，到中共十六大提出“以信息化带动工业化，以工业化促进信息化”的战略指导，再到中共十七大首次提出“信息化与工业化融合发展”的崭新命题，进而中共十八大提出要“推动信息化和工业化深度融合”，最后中共十九大提出“到2020年信息化建设取得重大进展”这一发展目标，这充分反映出党中央对信息化的认识不断深化，对信息化的重视程度不断提升。

信息化的定义前面已经详细论述了，这里就不再赘述。那么什么是工业化呢？按照《新帕尔格雷夫经济学大辞典》的权威定义，工业化是机器大工业诞生以来经济结构的变动过程。“一种明确的工业化过程的一些基本特征是：首先，一般说来，国民收入（或地区收入）中制造业活动和第二产业所占比例提高了，因经济周期造成的中断除外。其次，在制造业和第二产业就业的劳动人口的比例也有增加的趋势。在这两种比例增加的同时，除了暂时的中断以外，整个人口的人均收入也增加了。”

进一步来看，信息化与工业化是人类文明进程中两个重要的社会发展阶段，是人类现代化和后现代化的两个基本标志，主要是由于科技进步及其广泛应用而引发的社会的结构性变化。按照通常的自然逻辑来看，信息化是建立在高度的工业化基础上的。也就是说，西方发达国家20世纪中叶开始的信息化高潮，是建立在高度的工业化基础上的，是工业化和科技发展到一定程度的结果。当然，信息化的发展也会促进和改造工业化。目前，信息化和工业化正处于相互促进、相互影响、相互融合中。

但是，人类发展的顺序并不一定是直线型的，也就是说，在某些落后地区不必完全遵照“先工业化，后信息化”的既定技术发展路线，而是可以将两者结合起来。那就是我们在实践中逐渐总结的经验——“以信息化带动工业化，以工业化促进信息化”的一种互助合作的关系，即新型工业化道路和有根基的新型信息化模式。

还需要特别注意的是，社会跨越式发展并不等于工业化可以直接被跨越。在人口众多、素质不高、社会发展多样化和多层次的情况下，要普遍进入信息社会，工业化是一个必需的过程，而不能被整体跨越。实现社会跨越式发展绝不是不要工业化，而是如何协调两者的发展，利用信息化带动工业化的快速发展，如图 1-5 所示。

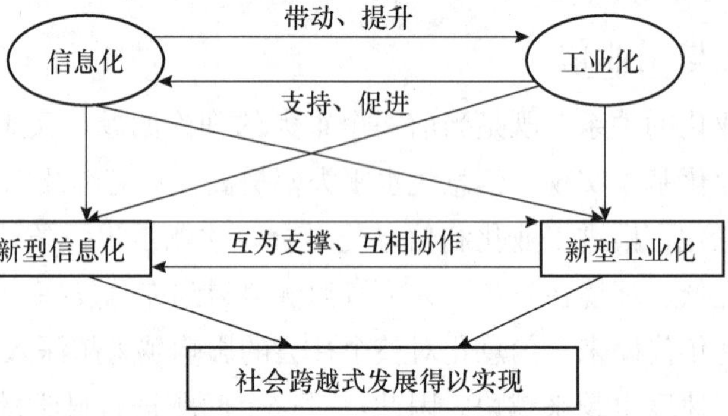

图 1-5　信息化与工业化的关系

信息化之所以能够带动工业化，主要原因就是信息化为工业化过程提供了众多支持。这些支持主要包括技术、资源、管理和市场等多个方面，为工业化的快速发展营造了较好的外部环境和技术供给系统。例如，提供了新技术——信息技术；提供了新资源——信息与技术知识，现代的工业化发展越来越依赖它们，这些信息与技术知识因为网络而变得更重要、更强大；提供了新管理——信息管理系统，大量的信息管理系统的使用将提高管理效率与质量；提供了新市场——信息社会基础建设与国际市场机会。信息化的发展也将为大量企业和产业的发展提供众多机会。

信息化和工业化的融合可以体现在以下几个方面：

首先，信息化渗透到了工业领域的方方面面。工业领域的采购、研发、设计、制造、测试、管理、营销、销售、售后服务等各个环节都离不开信息化。信息化和工业化的融合可以改造原有的工业格局和工业企业的生产、管理与销售，以及资源配置，使整个工业领域的产业结构更为合理、资源配置更为有效。

其次，信息化和工业化，你中有我，我中有你。信息化的发展促进了大量工业性企业的问世，促进了工业化的增长。以信息制造产业为例，信息化带动了整个信息制造业的市场需求。同时，工业化的发展中信息资源作为一种内生资源所占的比重越来越大，信息化的部分越来越大。

最后，信息化和工业化的融合就是要实现信息化和工业化的协同发展，从而实现整个社会资源的合理配置和产业结构的优化调整。

五、信息化的负面影响

与任何新技术一样，信息技术也是一把“双刃剑”。它在带来巨大效益的同时也必然带来不可忽视的消极影响。

从目前来看，应当引起注意的主要有如下几方面。

（一）信息安全与相关权益的保证（国家、企业、公民）

信息安全问题涉及很多方面，如反科学、伪科学、不健康的甚至十分有害的信息垃圾泛滥，黑客攻击造成通信中断、网络瘫痪，个人信息的窃取以及电子商务中的身份认证、交易安全，等等。信息和网络安全关系国家安全、企业的发展、公民的利益。我们要坚持“积极发展，加强管理，趋利避害，为我所用”的原则，努力提高信息和网络安全的研究开发水平，建立信息安全标准，完善相关的信息安全法律法规和执法、监督体系，形成公平、合理、有序的市场环境；还要积极促进制定国际互联网公约，与国际社会共同加强信息安全管理。

（二）计算机犯罪的防范

1946 年，世界上第一台计算机 ENIAC 在美国宾夕法尼亚大学研制成功，此后计算机技术就以极快的速度向前发展，但形形色色的计算机犯罪也随之产生，各种新型计算机犯罪屡见不鲜，其犯罪手段也呈多样性趋势。结合当前的实际情况，计算机犯罪可分为以下几种类型：侵入计算机系统、破坏计算机系统、利用计算机进行经济犯罪、窃取计算机数据及应用程序、利用计算机实施的其他犯罪。

我们对计算机的依赖程度越高，使用的计算机越多，计算机犯罪活动给我们造成的损失就越大。我们在使用计算机的同时，应尽量减少计算机犯罪给我们带来的危害：平时应当增强安全意识、提高安全保障水平；要建立符合标准的硬件运行环境；要加强对软件系统的管理。总之，一定要做到防患于未然。

（三）青少年教育和心理健康

网络给青少年带来了很多好处，青少年可以通过网络了解世界，进行学习，扩展自己的知识面。但是，由于缺少科学的引导，随着网络的普及，青少年的心理健康受到严峻的考验，出现了很多问题，沉迷于网上聊天、网络游戏以至于不能自拔的现象比比皆是。

为了青少年的健康，必须加强对他们的思想教育，必须整顿网络市场，给他们一片洁净的天空。

（四）计算机病毒

所谓计算机病毒，特指一种能够修改计算机程序，并且能够和本身的复制品一起去感染其他程序的程序。计算机病毒广泛地侵入计算机系统和网络，破坏系统的正常工作，造成严重的危害。为了减少计算机病毒的侵害，必须努力提高计算机系统的

"免疫能力"，不断完善法律、法规的建设。

第三节 信息资源和信息管理的意义

一、信息资源的基本概念

我们通常所说的信息资源包括广义的信息资源和狭义的信息资源。

广义的信息资源既包括信息内容本身，又包括提供信息的有关设施、设备、组织、人员和资金等，也就是信息资源及与它有关的各种资源的总和。

狭义的信息资源就是信息内容本身所构成的信息有序化集合，是广义的信息资源的基础和主要构成。

在国外，信息资源的内容有两种说法：第一种将信息资源简单分为两个基本部分：信息内容和信息管道；第二种将信息资源分为四个组成部分：信息源、信息服务、信息产品和信息系统。

在我国，一般认为，信息资源包括信息生产者、信息和信息技术三个基本要素：

- 信息生产者是为某种目的生产信息的劳动者，不仅包括从事原始信息的生产者，而且包括从事信息加工或再生产的劳动者。
- 信息是信息生产的产品，是信息生产者的劳动成果，对社会各种活动直接产生效用。
- 信息技术是能够延长或扩展人的信息能力的各种技术的总称，是对声音、图像、文字、数字和各种传感信号的信息进行获取、加工处理、存储、传播和利用的能动技术。

信息生产者是最关键的因素，信息和信息技术都离不开人的作用，信息是由人生产和消费的，信息技术也是由人创造和使用的。

二、信息资源的特征

信息资源的特征主要可以从三个角度来研究：

- 作为一种资源，它有着其他资源所具有的共同特征——作为生产要素的人类需求性、稀缺性、使用方向的可选择性；
- 作为一种专门的资源，它具有以下特点：需要花费一定成本获取、价值可衡量、可商品化、可消费、可转让、可投资、可加工处理、可替代等；
- 作为一种特殊的资源，它拥有自己的个性：无限性、共享性、高效性（可开发和部分代替其他资源）、无耗性（不会因为被使用而减少或消失）等。

三、信息资源的意义

上面提到了信息化的核心就是提高信息资源的利用率，由此可以看出信息资源的重要地位。利用、开发好信息资源，可以帮助我们解决资源缺乏的问题，创造更多财富。信息资源的意义表现在如下四个方面：

- 信息资源可以部分替代其他资源。利用信息资源，可以使我们最大化地节省各种资源，比如计算机的广泛应用为我们节省了大量人力、物力。
- 信息资源有助于开发信息产品和服务，扩大经济增值空间。应用信息资源，可以开发出各种信息产品，或者产生很多信息服务行业，如移动互联网服务、大数据服务、云计算服务、物联网服务、网络游戏、移动支付服务、移动医疗、移动教育、移动旅游等，从而使社会财富增加。
- 信息资源的使用可以促进资源合理配置。在信息社会里，市场瞬息万变，对于企业的应变能力、灵敏度要求越来越高，充分利用信息资源，可以使企业更合理地进行资源配置，可以有效地提高企业的应变能力，从而适应不断变化的市场需求，增强企业的核心竞争力。
- 开发利用好信息资源有助于制定有效的发展策略。决策者所拥有的各种信息以及对信息的消化吸收是其作出决策的依据。决策者只有及时掌握全面的、充分而有效的信息，才能提挈全局，高瞻远瞩，从而作出正确的决策。充分利用信息资源，有助于决策者及时而全面地掌握决策涉及的各种情况，从而有助于其决策的有效性。

四、信息管理的概念

“信息管理”是人类为了收集、处理和利用信息而进行的社会活动。信息管理的兴起不是偶然的，它是科学技术的发展、社会环境的变迁、人类思想的进步所导致的必然结果和必然趋势。作为人类管理活动发展的一个阶段，人们很早就开始重视信息管理了。随着人们越来越深刻地认识到信息的巨大作用，组织和政府都把信息管理活动当作管理活动的重要内容。

所谓信息管理，是指对人类社会信息活动的各种相关因素（主要是人、信息、技术和机构等）进行科学的计划、组织、控制和协调，以实现信息资源的合理开发与有效利用的过程。它既包括微观上对信息内容的管理（即信息的组织、检索、加工、服务等），又包括宏观上对信息机构和信息系统的管理。

信息管理是由活动主体、活动对象、活动手段等要素构成的，在信息管理活动中，表现为信息人员利用掌握的信息技术，控制和利用信息资源来实现组织目标的过程。因此，可以把上述三个信息管理的要素概括为如下两个方面：

- 信息资源。信息资源的具体内容已经在前面详细谈过，这里就不再说明。
- 信息活动。信息活动是指人类社会围绕信息资源的形成、传递和利用而开展的管理活动与服务活动。从过程上看，信息活动可以分为两个阶段：一是信息资源形成阶段，其活动特点以信息的产生、记录、传播、收集、加工、处理、存储为过程，目的在于形成可利用的信息资源；二是信息资源的开发利用阶段，以对信息资源的检索、传递、吸收、分析、选择、评价、利用等活动为特征，目的是实现信息资源的价值，达到信息管理的目的。

信息管理的基本任务是建设和管理各级各类信息系统。例如：企业的管理信息系统（MIS），政府的决策支持系统（DSS），远程教学系统，电子商务系统（EC），“十二金工程”和其他类似工程。

进行信息管理要以“信息管理五法则”为基础，该法则是在阮冈纳赞的“图书馆学五法则”的基础上发展起来的，其主要内容是：

- 信息是为了使用。信息效用是信息管理的中心问题和价值体现（用）。
- 每个用户有其信息。信息用户是信息管理活动的根本起点和服务对象（找）。
- 每项信息有其用户。信息开发是信息管理的根本手段和服务基础（传）。
- 节约人的时间。管理效率是信息管理活动的评价指标和重要保障。
- 信息管理是不断发展的有机体。面向发展是信息管理的生存方式和活力体现。

五、信息管理的层次

（一）从技术、经济、社会三个角度来分析

信息管理由信息的技术管理、经济管理、社会管理三个依次递进且相互结合的层次组成。

信息的技术管理是指从技术的角度来管理信息资源，而不是指对信息技术的管理，比如通过建立信息系统来更好地开发和利用信息资源。信息的经济管理则是从经济角度来管理信息资源，把信息当成投入要素和产出成果，使其商品化和产业化，作为可经营的资源来加以开发和利用。信息的社会管理则是从社会角度管理信息资源，采用信息政策、法律、规章、伦理道德及其他文化措施，把信息作为社会财富加以组织和共享。

技术管理是基础层次，经济管理是核心层次，社会管理是最高层次。这三个层次应该互相协调、配合，只有这样才能把信息资源管理好、利用好。

（二）从管理的范畴来分析

信息管理一般分为微观（组织机构）信息资源管理、中观（产业和行业）信息资源管理、宏观（国家高层）信息资源管理三部分。

组织机构的信息管理包括政府部门、企事业单位、社会团体等单位内部的信息资

源管理。它的管理对象包括信息、信息设备、资金、人力等支撑条件或要素。

产业和行业的信息管理包括各种类型的信息系统、大大小小的信息行业以及整个信息产业的管理。信息产业具体是指电子计算机产业、通信业、信息咨询业、广播电视业、新闻出版业等，而信息行业则具体是指单个计算机产业、通信业等。

国家对信息资源的管理，首先是一种战略管理，也就是说国家是整个信息化建设的决策者，由它来决定国家的信息化建设的目标、措施、方法等，并保证信息化的正确方向。这主要体现在法律管理和政策管理方面。为了保护国家的信息主权、保障国内信息系统的安全、加快国家信息化进程，各国政府都必须考虑信息法律和政策问题。

六、信息管理的意义

在国内外经济知识化、社会信息化迅速发展和激烈竞争的形势下，信息管理、信息科学、信息技术、信息产业与信息教育共同成为信息社会战略方面需要优先发展的行业。

有人把网络比作信息高速公路，把计算机软硬件比作在高速公路上奔驰的“车”，把信息资源比作“货”。当前的问题是“车”严重空载和“货”的质量不高，信息管理就是“加工生产”大量优质信息产品的知识工具，而问题的症结就在于需要培养出大批高素质的信息管理人才。

信息管理是信息时代的要求，是信息化建设的具体体现。信息管理是现代化管理的基础和不可缺少的组成部分，是现代信息技术的重要应用领域，是人类新的物质文明和精神文明的必要基础。

（一）信息管理在企业中的作用

（1）及时、准确、完整地收集信息。有效的信息管理能够促进企业以统一的标准、严格精炼的程序即时地收集并处理信息，从而提高信息的及时性、准确性以及完整性。

（2）提高信息的利用水平。信息系统特别是决策支持系统的应用，把企业内部的各种知识整合在一起，产生出单一部门的知识不能体现出来的价值，使得这些信息不仅用于简单的事务处理，而且广泛应用于决策分析、需求分析、物料生产计划各个方面。

（3）降低管理成本和营销费用。信息系统的开发与建立以及信息技术的应用必然引起企业流程的重组，减少不必要的中间环节和手续，提高工作效率，大大降低管理成本和营销费用。

（4）提高为用户提供优质服务的能力。采用了先进的信息技术的有效的信息管理可以提高企业的快速响应能力和市场反应力，从而及时地捕获用户的需求信息，为用户提供更及时、准确的服务。

(5) 提高在本行业中的竞争力。在这个信息时代里，谁掌握了信息，谁就拥有了核心竞争力，在行业竞争中占据有利位置。信息成为企业的一种必不可少的财富。

(二) 信息管理对企业的长期影响

(1) 加快信息反馈和经营决策的速度。信息管理使原本分散的企业各部门紧密而合理地结合在一起，再加上先进信息技术的鼎力相助，使得信息反馈和经营决策的过程大大缩减，效率大大提高。

(2) 提高企业管理水平。信息管理有助于整合企业的各种知识，使企业管理人员在综合的知识基础上进行处理、决策。这样就提高了管理的科学性与准确性；另外，信息的及时获取加快了企业管理的时效性；等等。这些都体现了信息管理带给企业管理的积极作用。

(3) 促使企业向市场经济转变。信息管理使企业更加实时地获得市场变化的信息，从而能够根据市场的变化及时地作出响应，使企业更趋向于根据市场来进行各种资源配置。

(三) 信息管理对宏观经济的影响

信息管理促进了价值链的变化和中间环节的变化。美国的战略管理学家迈克尔·波特（Michael Porter）认为，企业每项生产经营活动都是其创造价值的活动，企业中所有互不相同但又相互关联的生产经营活动便构成了创造价值的一个动态过程，即价值链。信息管理不仅引起了价值链中一些中间环节的改变（例如精简了一些不必要的操作），还提出了一些新的价值链，比如知识价值链，即知识的采集与加工→知识的存储与积累→知识的传播与共享→知识的使用与创新。成功的价值链管理不仅在于对价值链中的各个环节进行管理，而且在于优化各个环节之间的关联，加快知识的流动速度，使知识成为组织永不枯竭的资源。

信息使产业结构发生变化，新的信息服务机构不断出现。信息管理的发展引发了信息产业的蓬勃发展，通信与网络设备制造业、计算机产业、软件与系统集成服务业、广播电视设备制造业、消费类电子工业等逐渐成为全球经济的新的、重要的增长点，其地位相比第一、第二产业将会越来越重要。现代信息服务业成为当今最具活力的新型产业之一，发展突飞猛进，成为最终实现国际经济一体化的不可替代的现代化因素。提供信息服务的各种机构如雨后春笋般涌现出来。信息服务按照服务商提供给用户的服务内容的不同划分为六大类，分别是维护与支持服务、运营管理服务、网络服务、IT 咨询服务、系统集成服务以及 IT 教育与培训服务。近几年在我国，维护与支持服务增长稳定，而网络服务市场增长则最为迅猛，出现了很多依靠网络向用户提供服务的组织，如淘宝、苏宁易购、京东、阿里巴巴、当当、亚马逊中国、唯品会、拼多多等著名的电子商务网站。

社会经济运转速度加快，效率提高。进入21世纪以来，情况在不断变化，技术在迅速更新，信息管理领域正面临着新的高潮。各级各类信息系统的建设和管理任务将更多、更大、更复杂。我们必须不断研究新问题，使信息化建设事业得到健康发展。

第四节　信息管理在信息化中的地位和作用

提高信息管理水平是整个经济和社会信息化的要求。信息管理是信息时代的要求，是信息化建设的具体体现。

提高信息资源的利用和管理水平，是信息化建设的核心任务，是信息化建设的出发点和归宿，是信息化建设效益的根本标准。信息资源的开发利用程度与信息管理水平的高低互为因果。开发就是将潜在的信息资源变成现实的信息资源；利用则是使现实的信息资源发挥作用、产生效益。我们一般用信息效率（一条信息的引用率、信息系统的费用和效益比等）来近似描述信息资源的开发利用程度。

一方面，影响信息效率的因素有很多，比如需求大小、管理水平、人员素质等。管理水平是其中的关键因素，不管信息的需求有多大、信息供给的主观条件多么好，如果管理不当，那么信息效率是不会高的。

另一方面，管理效率也取决于信息效率，影响管理效率的因素有信息支持的状况、管理者素质的高低、管理对象的复杂程度等。其中，信息效率是关键性的，它不仅直接影响管理效率，而且通过其他因素间接影响管理效率。

信息化建设的核心问题是：一个稳定可靠的信息管理系统的建设；新的信息管理体制的建立；信息资源管理和利用水平的提高；新型的管理队伍的建设。

而与之对应的信息管理的任务则是：管理体制的建立；先进技术的引进；人员的培训和教育。先进技术的引进有助于提高信息资源管理和利用水平，人员的培训和教育有利于新型的管理队伍的建设。

可见，信息管理是信息化建设的具体体现，信息管理成功与否直接关系到信息化的实现。

第五节　信息管理在信息科学中的地位和作用

一、信息科学

信息科学是人类针对信息产生的各种知识和技术的总和。它包括人们对信息的概念、信息的处理方法、信息在经济和社会生活中的作用等有关问题的认识，以及由此产生的方法和技术。

信息科学是一个范围很广的学科群。它的主要内容包括以下几点：信息处理的各种技术、信息管理的思想和方法、信息经济学、信息社会学、信息的基础理论。其中，信息处理的主要技术包括：计算机、现代通信技术、遥感遥测技术、其他数据采集技术、现代印刷技术、现代办公使用的各种技术等。

二、信息管理的作用与地位

信息管理是信息科学的重要组成部分，它与信息科学的其他部分紧密相连。

（一）信息管理是信息技术发挥作用的最主要的方面

就像一个有实力的人必须有一个适合他的职业舞台、在一个合适的时代背景下才能实现其价值并成为一个人才一样，信息技术要充分发挥它的作用，也必须有一个合理的平台，有一个健康的环境，信息管理就为信息技术提供了这样一个平台和应用环境。在信息管理领域中，信息技术被应用于信息资源的产生、记录、传播、收集、加工、处理、存储、检索、传递、吸收、分析、选择、评价、利用等方方面面，信息系统的开发、使用以及信息机构的有效运营等都离不开信息技术。

（二）信息管理是信息经济和信息社会的基础

信息经济、信息社会的最基本的要素就是信息，信息管理是顺应信息经济、信息社会的发展要求而产生和发展起来的。面对瞬息万变的市场，信息作为与物质和能源同样重要的资源发挥着越来越大的作用。面对浩瀚无边的信息量，怎样才能充分地利用好信息呢？答案只有一个，那就是进行有效的信息管理。

（三）信息管理的实践中孕育着信息理论

理论来自实践，服务于实践。信息理论来自信息管理的实践，它为信息管理服务，并在此基础上不断完善与发展。价值链管理思想就是在信息管理的实践中，从 MRP 经过 MRPII、ERP、SCM、CRM 一步步发展起来的。信息管理是信息理论成长的摇篮，是其实现价值的大舞台。

同时，信息管理是信息理论的创造者——信息人才需求的最大市场。随着信息管理的发展与完善，信息管理的人才需求量越来越大，并呈现出多层次、综合性、实践型的特点。由于信息管理的不断丰富和发展、环境和技术的不断变化，对信息管理人才的要求也在不断变化和提高。今天的信息管理工作要求我们更具战略眼光，具有更全面的知识，掌握更切合实际的方法，能够不断地进行创新。

信息管理的发展促进着信息科学其他领域的发展，它们之间是相辅相成、互相促进的关系，在信息科学领域中它们都起着非常重要的作用，缺一不可。

第六节　知识管理——信息管理的升华

由于信息与知识之间的密切联系，有人认为知识管理就是信息管理。实际上信息管理是知识管理的基础，知识管理是信息管理的高级层次，是信息管理的升华。

一、知识管理的产生

随着社会的不断进步，知识管理作为一个新概念在世界范围内成为热门话题之一，知识管理是对信息管理的继承和进一步发展，是信息管理的升华。人类经历了工具经济时代、信息经济时代，当今，知识经济作为一种新的经济形态正在悄然兴起，引来了知识经济时代。所谓知识经济时代，是指在工业化发展后期，知识成为最重要的生产资源，并形成一个以创新为导向的知识经济体系，其本质是对知识进行创新和应用。知识管理就是对企业集体或个人的知识与技能的捕获，而不论这些知识和技能是存在于数据库中、被印刷于纸上还是存在于人们的脑海里，然后将这些知识与技能分布到能够帮助企业或个人实现最大产出的任何地方。知识管理的目标就是力图将最恰当的知识在最恰当的时候传递给最恰当的人，以便使他们能够作出最好的决策。

知识管理是培养企业能力的基础性工作，是企业在知识经济时代有效、正确决策的基础，由于知识管理与其他资源管理相比有自己的特殊之处，因此，知识管理是知识经济时代的必然要求。

知识资源和其他资源不同，有如下特点：

（1）知识可以以出版物、数据库中的内容的形式出现，也可以存在于个人的脑海中。

（2）企业的知识一部分来自企业的外部，这就要求企业始终保持关注，从浩瀚的知识海洋中敏感而及时地发现对自己有用的知识和信息；企业的另一部分知识要靠企业自身在生产实践过程中积累归纳而成。

（3）知识不会因使用的人越多，从而每个人分到的越少或者产生任何损耗，而是其产生作用的范围越大，对企业越有价值。

（4）一个人是否愿意把他头脑中的知识拿出来与大家共享取决于他个人的意愿，不能强迫进行。

二、知识管理理论研究渊源

对知识管理的早期研究开始于20世纪30年代，美国学者科特·卢因从更接近心理学的角度对工作过程进行了分析。他主要考察了工作过程中的心理紧张程度、工作满意度、动机、领导参与情况，并把管理试验的重点从解决问题转到学习上来。这一转变使管理从机械工程学概念变为社会心理学概念，人们开始更多地从社会和心理方面考虑管理问题，管理中自我思考的成分不断增加，由此产生的必然结果就是将知识用于知识本身。

知识管理理论的主要代表人物有美国的管理理论家彼得·德鲁克、日本的野中郁次郎等人。

20世纪80年代初，彼得·德鲁克创造了“知识工作者”一词，以指代那些知道如何利用知识来提高生产率的管理者。德鲁克对知识生产力也有着自己独特的见解。他认为就知识本身而言，没有哪个国家、哪个产业、哪家公司有任何“天然”的优势或劣势。不同国家之间、行业之间和组织之间的知识生产力之所以存在着巨大差异，是因为新知识仍以信息的状态存在，并没有转化成生产力。那么怎样才能提高知识的生产力，使知识的输出效益最大化呢？德鲁克认为只有实施对知识的管理才能使知识富有成效，企业中的经理就是对知识的应用和成绩负责的人。他提出了知识管理规则，包括确定目标、设立组织、利用机会和管理时间。

野中郁次郎认为所谓显性知识（explicit knowledge）是指具有规范化、系统化的特点，易于整理、沟通和分享的知识，例如产品说明、科学公式、计算机程序等。而隐性知识（tacit knowledge）则恰恰相反，它是员工将所得的经验存储于大脑后形成的高度个人化的知识，具有难以规范化的特点，因此，不易传递给他人。例如，一名高级工匠经过长年累月的实践，会积累大量习惯性的技巧，却往往对其科学原理说不出个所以然来。虽然很难传递，但是隐性知识在认知过程中却占有重要地位。在新知识的产生过程中，关键是应实现隐性的显性化。知识管理就是有效地实现显性知识和隐性知识的互相转换并在转换中把新的知识用一种适合于企业的方式表现出来。

三、知识管理的含义与职能

知识管理不同于信息管理，它通过知识共享、运用集体的智慧来提高应变和创新能力。对于企业来说，知识管理的实施在于建立激励雇员参与知识共享的机制，设立知识总监，培养企业的创新能力和集体创造力。进行知识管理就是为实现显性知识和隐性知识的共享提供新的途径。

广义的知识管理是指知识经济环境下管理思想与管理方法的总称。狭义的知识管理是指对知识及知识的作用进行管理。知识管理是指为了增强组织的绩效而创造、获取和使用知识的过程。知识管理是为了满足特定社会组织的现实和潜在的需要，通过建立和运行组织的知识管理系统，有效管理和利用各种隐性和显性的知识资源，以确定知识资产和开发发展机会的管理过程。

国内外学者对知识管理的研究可以概括为技术学派、行为学派和综合学派。技术学派认为知识管理就是对信息的管理。行为学派认为知识管理就是对人的管理。综合学派认为知识管理不但要对信息和人进行管理，还要将信息和人连接起来进行管理；知识管理要将信息处理能力和人的创新能力结合起来，增强组织对环境的适应能力。

知识管理的特点主要有以下三点：

（1）有效的知识管理成本较大。

（2）知识管理具有博弈性。

（3）知识管理具有市场性。

知识管理有外化、内化、中介和认知过程四个基本职能。

首先，外化包括一个强大的搜索、过滤与集成工具，从组织的外部知识与内部知识中捕获对企业现在和未来发展有用的各种知识；其次，外化包括外部贮藏库，它把搜索工具搜索到的知识根据分类框架或标准组织并存储起来；最后，外化包括一个文件管理系统，它对贮存的知识进行分类，并能识别出各信息源之间的相似之处。

内化则是设法发现与特定消费者的需求相关的知识结构。在内化过程中，通过过滤来发现企业知识库中与知识寻求者相关的知识，并把这些知识呈现给知识需求者。内化能帮助研究者就某一问题或感兴趣的观点进行沟通。在内化的高端应用软件中，提取的知识可以以最适合的方式重新布局或呈现。文本可以被简化为关键数据元素，并以一系列图表或原始来源的摘要方式呈现出来，以此来节约知识使用者的时间，提高使用知识的效率。

中介针对的则是那些无法在企业知识库中编码的知识，它将知识寻求者和最佳知识源相匹配。通过追溯个体的经历和兴趣，中介能把需要研究某一课题的人和在这一领域中有经验的人联系起来。

认知是经由前三个功能交换得出的知识的运用，是知识管理的终极目标。现有技术很少能实现认知过程的自动化，通常都是采用专家系统或使用人工智能技术，并据此作出决策。

四、知识管理应用

知识管理应用主要包括有效知识管理的对策、有效知识管理应用的途径和知识管理应用的措施三部分。

（一）有效知识管理的对策

（1）建立有效的制度安排，激励包括职工在内的有关经济主体进行发明和创新。

（2）设立专门的知识管理部门。

（3）进行全面的知识管理。知识的经济价值需要通过生成、利用和共享的过程得到体现，这要求在企业内推行全面的知识管理。

（4）加强档案管理。新知识的形成通常是集体智慧的结晶。在市场经济就业模式下，人员流动是频繁的。人员流动很容易把技术知识从一个企业免费带到另一个企业，因此，企业应加强档案管理，从法律上界定知识的产权界限。

（二）有效知识管理应用的途径

（1）知识管理的关键在于对人力资源的管理和开发 。

（2）有效的知识管理需要人才和技术的结合。

（3）知识管理需要专门的管理人才。

（4）知识管理要有组织运作的支持。

（三）知识管理应用的措施

在经营方面，进行有效的采集、分类，建立面向知识的技术基础；在企业中鼓励知识创新，明确为什么要投资开发利用知识，从哪里着手，到什么程度，应从什么角度来考虑采取怎样的策略，生产什么产品，提供什么服务，与谁合作，准备获得什么、放弃什么。

在管理方面，在与知识有关的经营活动中进行决策、组织和指导，并监督知识的流向和使用，保证制定正确的经营策略，达到理想的经营目的，可以采取的相应措施有：促进知识创新、获取、保留、转让和利用；监督知识管理操作程序和相关的落实部门的职能；决定知识经营活动的具体内容，提供各种资源；制定知识管理政策和实施办法。

在操作方面，知识管理必须面向应用领域，必须将知识“市场化”“实用化”，使知识的潜在使用者（即企业一般成员）能够了解其应用价值和生产能力，并自觉将知识运用于价值创造，比如：鉴定知识的含量，确定可利用的知识；通过教育培训建立人才资源库，完善人才引进、提拔和奖励机制；实施研究开发，完善市场调查、产品设计和升级、订单分配和定价的全套过程；建立专家网络和咨询网络，共享知识。

第七节　信息管理在中国

20 世纪 90 年代中期以来，伴随着国内外信息技术、管理思想的发展，经过二十几年的实践，我国的信息管理出现了新的高潮，产生了很多可喜的变化，主要体现在以下几个方面。

一、涉及的范围不断扩大

1. 从以企业规模的信息系统为主转向更多地考虑全社会规模的信息系统

我国信息系统的建设已经不再局限于企业范围内的信息系统，随着互联网这个关键性的基础技术的产生与发展，出现了面向行业的信息系统，很多行业已经建立起了专门的信息系统来为本行业的各个组织提供各种有用的信息；同时，也出现了像电子商务、电子政务等面向全社会规模的信息系统；另外，为了与国外进行更广泛的交流，我国正在积极发展国际性的信息交流系统。

2. 从以处理日常工作为主转向更多地考虑为各种不同类型的经营决策服务

数据挖掘、数据仓库、人工智能、专家系统等信息技术的应用使信息系统不仅被用来处理日常的、结构化的、重复性的作业级（面向任务）和战术级（面向控制及资源分配）的工作，还被用于战略级的工作，用来辅助经营决策。这些战略级工作的数据特征是：主要源于外部，大部分是非结构化的、偶然发生的，用户主要是高层管理人员，比如现在的DSS、GDSS、IDSS等。

3. 从以企业为主转向更多的不同类型的单位和部门

以前的信息管理应用于企业，现在随着网络在人们生活中的日益普及，学校、政府、医院以及一些公益性的部门和单位也开始进行信息化建设，并取得了可喜的成果。

现在我国各地政府、各部门都在努力地实施电子政务，许多城市都开展和实施了“数字城市”工程，推进了城市信息化的建设。

二、功能趋向于复杂化

1. 开放性（从以内部事务处理为主转向更多地关注外部信息）

当今社会是市场竞争压力日益加剧的社会，也是企业与企业间、组织与组织间的联系越来越紧密的社会，要想可持续地发展，那么它的信息系统不仅要关注内部数据，还要更多地关注外部信息，以便更好地安排生产经营、进行合理的资源配置、作出更准确的决策，就像现在的ERP、SCM、CRM等系统一样。

由于ERP不仅是管理软件，而且是管理思想的体现，因此，ERP的应用情况反映了我国的企业信息管理水平。以上数据说明，我国的信息管理水平开始向一定的深度发展，处理信息的来源也由内部逐渐向外部发展，数据结构更为复杂，处理的数据由结构化逐步向半结构化和非结构化发展。

2. 层次性（从单层次到多层次）

信息管理的层次性主要体现在它所提供的服务以及它所服务的对象上。

从服务方面来讲，分为作业级——支持日常的业务处理、战术级——面向控制和资源配置、战略层——面向组织目标。

从服务的对象方面来讲，分为底层操作人员、中层管理人员、高层管理人员。

对于一个大型信息系统，这种层次性主要是通过设置用户权限等方法实现的。

3. 综合性（从以信息的加工和处理为主转向全面考虑收集、传输和显示等所有环节）

信息的加工与处理只是信息管理最基本的一部分，要充分利用信息，就必须综合开发和利用信息资源，在加工、处理的基础上，还要进行有效的存储、传输和显示，从而使信息更方便地被积累、共享和使用。

三、技术和管理理念不断更新

各种新的技术不断应用和更新。4G、宽带和移动互联网在中国信息管理中的应用越来越广泛，同时中国也正在大力发展下一代宽带信息网络，未来5G技术将很快投入应用。大数据、物联网、云计算、人工智能、机器人、区块链技术等都在不断快速发展。

同时，信息管理在管理理念上也取得了很大进步，项目管理、知识管理、价值链等已经逐渐地被重视，特别是项目管理已经达到了一个很高的水平，知识管理理论也趋于成熟，很多国内知名企业已经开始尝试实施知识管理。

四、影响日益深远

1. 企业管理模式的变革已经开始

纵横交错的信息网络使信息传递方式由阶层（等级）型变为水平（自由）型，与此紧密相连的管理组织结构也就从尖顶的“金字塔”形变成扁平的矩形网络，原来起上传下达的重要作用的中层组织被削弱或走向消亡，领导单位之间、执行单位之间以及领导单位与执行单位之间均可相互联系，不仅领导单位可以进行决策，执行单位也可根据实时情况进行快速决策。在客观环境变化频繁且剧烈的条件下，那种分工过细、相互割裂的管理组织已不适应发展的需要。相反，对相互关联的管理组织加以整合成为大势所趋，柔性的、灵活的虚拟组织应运而生。虚拟组织突破了组织结构的有形界限，有利于借用外力和整合外部资源，它将成为21世纪企业管理模式的重要形式。

2. 宏观产业结构的变革正在进行

改革开放以来，我国信息化建设取得了很大成绩，信息产业给我国带来了巨大利润，我国电子信息产品制造业、通信业和软件业取得了较快发展。2017年，我国电子信息产业实现销售收入15.4万亿元，增幅超过10%。其中，电子信息制造业实现主营业务收入11.1万亿元，同比增长7.6%；软件和信息技术服务业实现软件业务收入4.3万亿元，同比增长16.6%。① 信息产业已经发展成为我国重要的支柱产业。

材料、能源和信息是现代社会发展的三大资源。资源短缺是全球经济发展必须面对的一个重大问题。要保持我国经济持续、快速、健康发展，必须把开发利用信息资源摆在重要的战略位置；必须大力开发利用信息资源，以有效降低单位国民生产总值

---

① http://www.chyxx.com/industry/201707/545278.html。

的材耗和能耗。

信息产业对我国现代化建设、生产力发展的作用日益增强，我国政府正在积极地进行产业结构的调整，不断增大在信息产业上的投资与改革力度，从而充分发挥信息产业的积极作用。

3. 相应的法制建设已经提上了各级政府的议事日程

信息化法制建设的重要性和紧迫性与一个国家或地区信息化发展的程度成正比。20 世纪 90 年代，所有国家在制定国家信息化或信息基础设施的规划时，都把制定和修改相应的法律和法规放在首要位置。我国政府对信息管理的法制化问题十分重视，不断地完善与发展以及实施了很多具有重大意义的相关法律。发展到现在，我国信息化法制建设呈现出以下特点：

（1）国家级立法较少；

（2）针对信息活动某个领域的法律法规较多；

（3）信息化对我国社会的影响越来越广泛；

（4）各国间法律的时效性、时限性和相互影响在增强。

自 1990 年以来，我国政府开始积极推动国家的信息化进程，并取得了一些重要成果。我国于 1999 年颁布的《中华人民共和国合同法》正式承认以电子数据形式订立的合同是合同的一种，这是世界上较早的以国家立法形式确认电子合同效力的法律。全国人大常委会的《关于维护互联网安全的决定》进一步明确了我国现行法律仍然适用于互联网上的违法行为，即利用互联网从事各种不法活动的行为人仍然应当按照我国刑法、民法或其他法律的规定承担法律责任。2004 年 7 月 1 日正式实施的《中华人民共和国行政许可法》明确了电子政务的方向和原则，在一定程度上为电子政务建设消除了观念障碍。2004 年 8 月 28 日，十届全国人大常委会第十一次会议表决通过了《中华人民共和国电子签名法》，并于 2005 年 4 月 1 日正式实施。随着这部法律的出台和实施，电子签名获得了与传统手写签名和盖章同等的法律效力，意味着在网上通行有了“身份证”。这部法律对我国电子商务、电子政务的发展起到了极其重要的作用。2010 年 9 月 1 日中国人民银行实施《非金融机构支付服务管理办法》，其中对从事网络支付的企业进行了规范和监管。2011 年 12 月 29 日工信部通过了《规范互联网信息服务市场秩序若干规定》，并于 2012 年 3 月 15 日正式实施。该规定用于规范互联网信息服务市场，保护互联网信息服务提供商和用户的合法权益，促进互联网行业的健康发展。2013 年 12 月 7 号，全国人大常委会正式启动了《中华人民共和国电子商务法》的立法进程。2016 年 12 月 27 日至 2017 年 1 月 26 日，中国人大网向全国公开《中华人民共和国电子商务法（草案）》并征求意见。2018 年 6 月 19 日，《中华人民共和国电子商务法（草案）》三审稿正式提请十三届全国人大常委会第三次会议审议。2018 年 8 月 31 日十三届全国人大常委会第五次会议表决通过了《中华人民共和国电子商务法》（简称《电商法》）。

一般来说，法制建设包括四层含义：立法、守法、执法、法律监督。其中，立法是前提与基础。信息立法作为重要的政府职能，是国家推进信息化的关键措施和主要手段，也是信息化法制建设毋庸置疑的重点。其中，制定促进信息产业发展的产业政策和法规，保证计算机信息网络的安全与可靠、促进面向社会服务的电子信息服务业务的管理条例，促进公共信息共享的信息获取的法规，在产业发展、关键技术、信息利用、网络互联、跨国数据流控制等方面保护国家利益和安全的政策法规，正是当务之急。

除了立法方面需要不断加强与完善以外，信息化法制建设的其他三个方面——执法、守法、法律监督，也是我国信息化法制建设需要重点关注的对象。

4. 信息系统（IS）对社会和企业文化的影响已经波及几乎所有领域

如果说网络是当今信息社会的地基，信息系统就是这个地基上的一根根支柱。20世纪60年代以后，信息系统与经济、社会、企业管理等就越来越紧密地结合起来。无数企业，无论是IT企业，还是生产制造企业，无论是医院，还是学校、政府等，都利用信息系统来提高自己的效率，建立起自己的核心竞争力，扩展其影响力。信息系统已经成为生活和工作中不可缺少的一部分，它渗透到社会、企业文化生活中的每个角落，发挥着越来越重要的作用。

我国信息化建设取得了很多成果，但是也暴露出了很多问题：从总体上讲，我国全社会对推进信息化的战略性、全局性、紧迫性仍然认识不足；信息产业在总量上虽有相当规模，但质量并不高，特别是技术创新的能力不足；软件产业尚未形成规模；信息服务还处于起步阶段；信息管理体制比较落后，垄断严重，条块分割；适应信息化要求的人才短缺；等等。

小　结

信息管理、信息化是这个时代的代名词，未来信息时代的工作者需要建立起一个完整的信息管理知识体系。

本章从信息这个基本概念开始，介绍了关于信息化、信息资源、信息科学、信息管理等的一系列概念和相关内容，它们是整个信息管理知识的基础，作为信息管理和信息系统专业的一名学生，你必须认真地学习这方面的知识，为你的信息管理知识体系这座大厦打下一个牢固的地基。

本章结尾总结了我国信息管理的收获与不足、信息化的进程以及信息管理的升华——知识管理，希望同学们能够意识到任重而道远，努力学习，为我国的信息化建设增砖添瓦。

关键词

信息　　信息化　　信息科学　　信息资源　　信息管理　　知识管理

思考题

1. 什么是信息？信息的特点是什么？
2. 信息、知识、数据三者的区别和联系是什么？
3. 什么是信息化？信息化在层次上分为哪几类？
4. 简述信息化与工业化的关系，并结合我国国情做分析说明。
5. 什么是信息资源、信息管理、信息科学？
6. 简述信息管理在信息科学中的地位与作用。
7. 简述信息管理在信息化中的地位与作用。
8. 结合你的理解，谈谈我国的信息管理现状。
9. 谈谈你对我国信息化建设的看法。

参考文献

[1] 何继善，陈晓红．管理科学：历史沿革、现状与发展趋势．长沙：湖南人民出版社，2004

[2] 陈启申．ERP——从内部集成起步．北京：电子工业出版社，2004

[3] 乌家培．论信息与管理．网络与信息．1994（5）

[4] 柯平，高洁．信息管理概论．北京：科学出版社，2002

[5] 谭祥金，党跃武．信息管理导论．北京：高等教育出版社，2001

[6] 王长胜．中国信息年鉴2004．北京：中国信息年鉴期刊社，2004

[7] 陈禹，方美琪．中国信息化的理论与实践．北京：清华大学出版社，2003

[8] 左美云，邝孔武．信息系统的开发与管理教程．北京：清华大学出版社，2001

[9] 赵槿，许红洲．信息中国．北京：经济科学出版社，2001

第二章

信息管理的手段——信息技术

引　言

信息技术是用于管理和处理信息所采用的各种技术的总称。现代信息技术作为高新技术中的代表性技术，是现代人类文明的技术基础。信息技术是信息管理的重要手段，极大地提高和推动了信息管理的效率，同时也给信息管理带来了诸多挑战。本章从信息技术的概念和发展出发，介绍了计算机技术、网络技术、通信技术、遥感技术和缩微技术。通过本章的学习可以初步了解现代信息技术的整体情况。

第一节　现代信息技术的特点和作用

一、现代信息技术概述

（一）信息技术的概念

现代信息技术（information technology）作为高新技术中的代表性技术，是现代人类文明的技术基础，它对人类社会产生了广泛而深远的影响。截至目前，信息还没有一个统一而公认的定义，因此，对信息技术也就不可能有一个统一而公认的定义。人们对信息技术的理解有狭义和广义之分。狭义的理解主要有以下三种：

（1）信息技术就是信息处理的技术，因而将信息技术等同于计算机（computer）技术。

（2）信息技术是计算机技术与通信技术的结合，即所谓的 C&C（computer and communication）。

（3）信息技术是计算机技术加通信技术加控制技术，即所谓的“3C”技术（computer，communication and control）。

广义的理解认为，信息技术是指完成信息的获取、传递、加工、再生和施用等功能的技术。从“技术辅人律”的角度可以说，信息技术就是能够提高或扩展人类信息能力的方法和手段的总称。这些方法和手段主要是指完成信息的产生、获取、检索、识别、变换、处理、控制、分析、显示及利用的技术。

信息技术是由若干技术相互联系而构成的一个整体，也是一个多层次、多侧面的复杂技术体系。信息技术大致可归纳为三个相互区别又相互关联的层次——主体层次、应用层次和外围层次。主体层次是信息技术的核心部分，包括信息存储技术、信息处理技术、信息传输技术以及信息控制技术；应用层次是信息技术的延伸部分；外围层次是信息技术产生和发展的基础。

（二）现代信息技术的发展

信息技术的发展经历了三个时期：以人工为主要特征的古代信息技术、以电信为主要特征的近代信息技术和以网络为主要特征的现代信息技术。这里主要介绍近现代信息技术的发展。

20 世纪以来，经过两次世界大战的刺激和推动，一大批新的技术作为人类感觉器官、传导神经系统、思维器官和效应器官的延长物被创造和发展起来，例如电话、电报、无线电通信、广播、雷达、电视、电子显微镜、射电望远镜、遥测、遥控、遥感、自动控制、自动机、计算机、计算机通信、卫星通信、光导纤维通信、自动化系统、专家系统、人工智能系统、计算机辅助设计、计算机辅助生产、计算机辅助施工、计算机辅助教学、计算机辅助决策、计算机辅助管理、计算机辅助服务等，它们汇成了20世纪技术发展的核心和主流。所有技术有一个共同的本质：都是人类信息器官功能的扩展和延长。因此，它们共同的名称便是“信息技术”。

1. 现代信息处理技术

信息处理技术的基本功能相当于人脑的思维功能，是信息技术群的核心。为了提高信息处理的效率，人们一直在研究用机器来辅助人工进行信息处理的方法。现代信息处理技术的发展历史就是一部计算机技术的发展史。20世纪80年代以后，计算机应用取得了飞速发展，人们广泛地利用计算机技术来处理和分析信息，随后出现了数据库、多媒体和网络技术的发展，以及管理信息系统和决策支持系统、人工智能与专家系统、自然语言分析与理解系统等信息处理和分析技术的发展。

2. 现代信息表述技术

计算机技术出现以后，随之出现了与之相对应的信息表述技术。计算机是一个自动化的信息加工工具，其指令与被处理的数据都是采用二进制数字系统。计算机只能识别二进制数，因此处理的所有数字、字母、符号、图片、声音、视频等内容都要用二进制编码表示。在计算机用于信息表述的计数制中，常用的有十进制、二进制、八进制和十六进制。

3. 现代信息传输技术

如果说以计算机技术为核心的现代信息处理技术是社会的“大脑”，那么通信技术就是现代社会的“中枢神经系统”。这里提到的通信技术可广义地理解为现代信息传输技术。

19世纪的五项重大发明——电报、电话、电磁波、无线电波和信息编码是现代通信技术建立的基础。20世纪中叶，计算机技术、卫星技术、光纤技术等的发明和普遍应用，使通信技术的发展进入了高速化、网络化、数字化和综合化时代。计算机通信（数据通信）、卫星通信、光纤通信的飞速发展给人类提供了各种便捷的绿色信息通道。20世纪70年代又出现了各种各样新的信息传递服务，通常称为数据通信网的增值服务。例如，远程会议系统和图文电视等。

进入20世纪90年代，通信技术领域出现了“Internet”（互联网）和“信息高速公路”。概括地说，Internet就是一个计算机信息传输网，它能向用户提供丰富的信息资源和信息传送服务，实现全球范围的信息资源共享。1992年，克林顿、戈尔以NII（National Information Infrastructure）作为总统竞选的施政纲领，提出建立“信息高速公路”。信息高速公路是指数字化大容量光纤通信网络或无线通信、卫星通信网络与各种局域网络组成的高速信息传输通道。它由高速信息传输媒体（如光缆、无线通信网、卫星通信网、电缆通信网）、网络通信协议、通信设备、多媒体硬件、多媒体软件等几部分组成。

4. 现代信息存贮技术

近些年信息存储技术发展迅速，信息存储设备的读写速度越来越快、容量越来越大。近现代出现的信息存贮技术主要包括缩微品、磁盘、光盘、优盘等本地存储技术，以及云存储技术，这些技术各有优缺点，目前还无法相互取代，分别应用在不同的场所。

云存储是一种新兴的网络存储技术，是在云计算（cloud computing）概念上延伸和发展出来的一个新概念。云存储就是一个以数据存储和管理为核心的云计算系统，是将资源放到云上供人存取的一种新兴方案，它将网络中大量的各种不同类型的存储设备通过应用软件集合起来协同工作，共同对外提供数据存储和业务访问功能。网盘就是由互联网公司推出的云存储服务。网络服务器为每位用户划分一定的磁盘空间，为用户提供免费或收费的文件存储、访问、备份、共享等文件管理功能。用户可以把网盘看成一个放在网络上的硬盘或U盘，不管是在办公室、家中还是在其他任何地方，只要连接到互联网，就可以管理、编辑网盘里的文件。

二、现代信息技术的影响

（一）贸易电子化

目前，信息技术已对人类社会生活的各个领域产生了广泛而深刻的影响。信息技术已成为世界各国实现政治、经济、文化发展目标最重要的技术。电子商务是信息技术应用最重要的方面，代表着未来贸易方式的发展方向。由于计算机互联网的产生与普及使得全球经济一体化，货物、技术、服务等各种信息都在全球范围内流动。任何国家的企业或个人，只要上网，就能随时随地、轻而易举地提供或获取信息资源，迅速地完成交易过程，从而降低交易成本，获得最大的经济效益。因此，贸易电子化将对世界经济的发展起到巨大的推动作用。

电子商务作为一种更快捷、更准确的交易形式，在我国已有较大发展。我国电子商务的发展始于20世纪90年代初，目前发展十分迅猛，新的模式、新的技术不断涌现，出现了阿里巴巴、淘宝、京东、苏宁易购等一批电子商务的领军企业。

（二）政府信息化

政府信息化有利于提高政府的行政效率，推动政府机构的改革，使政府依据精简、统一、效能的原则进行机构改革，建立办事高效、运转协调、行为规范的行政管理体系。同时，政府信息化能为公众提供更有效的服务，凡是公众与政府发生关系的接口都可以考虑利用计算机网络来改进服务、方便公众。此外，政府信息化开启了一扇公众参政议政的窗口。政府是公众信息的最大拥有者，有义务向社会提供非保密的公众信息服务，在政府与公众之间进行有效的沟通。政府信息网络可以快速、广泛地传播公共信息，从而减少“信息不对称”造成的不合理现象。

企业的发展需要政府的引导、推动和支持，政府应给予企业大力的信息支撑。政府信息化可以充分利用计算机和现代通信技术，建立向社会开放的企业信息网络，提高企业获取信息的能力，为企业创造良好的外部环境。

（三）教育现代化

由于信息技术的不断发展和广泛应用，教育将呈现出现代化的特征和发展趋势。主要表现在以下两个方面：

1. 多媒体教学走向普及

现代教育在教学的各个环节都使用了多媒体技术，通过多媒体技术传递文字、图形、声音、动画等信息，充分激发了学生的学习兴趣。多媒体技术使人类获得一种与自己的自然本性和自然状态更加一致的信息积聚与交流的方式。

2. 教育方式个性化、远程化（网络化）

信息技术的发展改变了师生必须在同一间教室进行教学和学习的教育状况，为个性化、远程化的教育方式提供了物质基础和技术保证。远程（网络）教育使人们足不出户就可以接受教育，使边远地区的人们也可以享受到发达地区的人们所接受的教育。网络化教育也推动了终身学习的发展。

（四）生活便捷化

随着互联网的发展和各种应用的出现，人们的日常生活和工作越来越便捷。比如，居家上班、网上购物、远程医疗、网上交友、网上订餐、网上制定旅游行程等。

总之，信息技术的巨大进步是人类在科学上取得的最具历史意义的成就之一，人类文明将越来越多地通过信息技术来创造和发展。但是，信息技术在给人类带来许多好处的同时，也将带来一些负面影响。计算机网络的普及使得人们能够比较容易地获取他人计算机和手机里的信息，造成失密、泄密；利用计算机，信息能够便利地被编辑、传输和复制，可能会产生一定的信息失真；利用信息网络从事高科技犯罪活动也是屡见不鲜；某些发达国家借助技术上的优势，将信息网络作为政治扩张、意识形态渗透和文化侵略的工具；信息产业是高投入的产业，贫穷国家和地区由于资金匮乏，难以跟上信息技术的发展步伐，造成数字鸿沟的出现和贫富差距的加大。然而，信息化是人类历史的必然走向，我们需要正确利用信息技术，创造更加美好的未来社会。

第二节　计算机技术简介

一、计算机的发展历史

我们现在使用的计算机是电子数字计算机，它是一种能对信息自动高速存储并且加工处理的电子设备。电子计算机的发展是当代科学技术最伟大的成就之一。它的出现强有力地推动了其他科学技术的发展，并且今后仍将作为一种重要的生产力在信息交流和新技术革命中发挥关键作用，推动人类社会更快地向前发展。

美籍匈牙利科学家冯·诺依曼（von Neumann）确立了现代计算机的体系结构，即冯·诺依曼结构。冯·诺依曼体系结构主要包括以下几个方面：（1）计算机依靠执行程序来完成指定的任务——程序用二进制代码表示；（2）程序预先存放在计算机内部存储器中——存储程序；（3）计算机不需要人的干预而自动执行程序——程序控制；（4）计算机由运算器、控制器、存储器、输入设备、输出设备五大部分组成。

根据计算机所使用的元器件的发展，电子计算机的发展经历了四代，虽然计算机的性能有了极大的发展，但基本上仍然遵循着冯·诺依曼原理和结构。

（一）第一代电子计算机（1946—1956 年）

第一代电子计算机以电子管作为基本电子元件，称为“电子管时代”。主存储器使用延迟线或磁鼓。这时的计算机主要采用机器语言进行程序设计，主要用于进行数值计算。第一代电子计算机的代表是 1946 年美国宾夕法尼亚大学研制的世界上第一台电子数字计算机 ENIAC（Electronic Numerical Integrator and Computer），即电子数字积分式计算机。

（二）第二代电子计算机（1956—1963 年）

晶体管的发明使计算机技术得到了飞速发展。第二代电子计算机以晶体管作为基本元器件，称为“晶体管时代”。主存储器以磁芯存储器为主，辅助存储器开始使用磁盘，软件开始使用高级程序设计语言并出现了操作系统。计算机的应用得到进一步扩展，除应用于科学计算外，已开始使用计算机进行数据处理和过程控制。

（三）第三代电子计算机（1963—1971 年）

集成电路（integrated circuit，IC）诞生后很快应用于计算机。集成电路是一种微型电子器件或部件，它采用一定的工艺，把一个电路中所需的晶体管、二极管、电阻、电容和电感等元件及布线互连在一起，制作在一小块或几小块半导体晶片或介质基片上，然后封装在一个管壳内，成为具有所需电路功能的微型结构。IC 中所有元件在结构上已组成一个整体，从而使电子元件向着微小型化、低功耗和高可靠性方面迈进了一大步。

第三代电子计算机以中小规模集成电路作为基本电子元件，称为“集成电路时代”。计算机的主存储器开始使用体积更小、性能更可靠的半导体存储器代替磁芯存储器，机型开始多样化、系统化，外部设备种类不断增加，操作系统进一步发展和完善，计算机的运行效率得到提高，使用也更加方便。电子计算机在科学计算、数据处理和过程控制等方面得到了更加广泛的应用。

（四）第四代电子计算机（1971 年至今）

第四代电子计算机以大规模集成电路和超大规模集成电路作为基本电子元件，称为“大规模集成电路时代”。大规模集成电路的出现大大提高了硅片上电子元件的集成度，而且把电子计算机的运算器和控制器等核心部件制作在一块集成电路块上，这使得计算机朝大型化和微型化发展成为可能，而微型计算机的出现使得计算机更加普及并日益深入社会生活的方方面面，同时也为计算机的网络化创造了条件。

目前，计算机的发展趋势可以概括为：性能巨型化、体积微型化、使用网络化、功能智能化。

二、计算机硬件

一个完整的计算机系统由计算机硬件系统和计算机软件系统两大部分组成。计算机硬件（hardware）是指计算机系统中由电子、机械和光电元件等组成的各种物理装置的总称。这些物理装置按系统结构的要求构成一个有机整体，为计算机软件运行提供物质基础。计算机硬件的功能是输入并存储程序和数据，以及执行程序把数据加工成可以利用的形式。在用户需要的情况下，以用户要求的方式进行数据的输出。计算机硬件包括三大核心部件：中央处理器、主存储器和输入/输出系统。

（一）中央处理器

中央处理器（central processing unit，CPU）是计算机的“大脑”，主要功能是执行程序指令，处理数据运算并完成各种控制功能。它有三个主要组成部分：算术逻辑单元、寄存器和控制器。

1．算术逻辑单元

算术逻辑单元（arithmetical logic unit，ALU）用于进行算术运算和逻辑运算。算术运算主要包括加、减、乘、除、乘方等运算。逻辑运算主要包括与、或、非、异或等运算。

2．寄存器

寄存器是用来临时存放数据的高速独立的存储单元。CPU 的运算离不开多个寄存器，主要的寄存器包括数据寄存器、指令寄存器和程序计数器等。数据寄存器用来交替存储输入或输出的数据以及中间结果。指令寄存器用于存储 CPU 从内存中读出的指令。程序计数器中保存了当前正在执行的指令的内存地址。

3．控制器

控制器的主要功能是从内存储器或高速缓冲存储器中取出指令，放入指令寄存器，并对指令译码，然后执行指令。它把指令分解成一系列微操作，然后发出各种控制命令，执行微操作系列，从而完成一条指令的执行。指令是计算机规定执行操作的类型和操作数的基本命令。指令由一个字节或者多个字节组成，其中包括操作码字段、一个或多个有关操作数地址的字段以及一些表征机器状态的状态字和特征码。有的指令中也直接包含操作数本身。

（二）主存储器

主存储器也称为内存储器，目前主要由半导体器件构成，它位于主机内部，相对于外存储器，其容量小，但读取数据速度快，在外存储器和CPU之间的数据传递中担任着速度协调的角色。主存储器是一组存储单元的集合，每一个存储单元都有唯一的编码，称为地址。一般一个存储单元存储一个字节的数据。

1. 主存储器的种类

（1）随机存储器。

随机存储器（random access memory，RAM）是目前计算机主存储器所使用的物理器件，它是半导体存储器的一种，可以随机地以字节为单位对各个存储单元进行访问（读或写）。随机存储器访问所需的时间基本固定，而且与存储单元地址无关，也与读、写操作类型无关。但是断电会造成随机存储器上的信息全部丢失，属于易失性存储器。在讨论计算机的主存时，如果没有特别说明，一般就是指随机存储器。

（2）只读存储器（ROM）。

只读存储器（read only memory，ROM）的内容是由制造商一次性写入的。计算机工作过程中只能读出，而不像随机存储器那样能方便地加以改写。只读存储器所存数据稳定，当切断电源后，数据也不会丢失，属于非易失性存储器。其结构较简单，读出较方便，因而常用于存储各种关机后也不能丢失的固定程序和数据。例如，用只读存储器来存储那些在开机时运行的引导程序。只读存储器主要有以下几种：可编程只读存储器（PROM）、可擦除的可编程只读存储器（EPROM）和电可擦除的可编程只读存储器（EEPROM）。

2. 存储器的层次结构

计算机用户需要许多存储器，尤其是速度快且价格低廉的存储器，但这种要求并不是总能得到满足。存取速度快的存储器通常不便宜，因此需要找一个折中的办法。解决办法是采用存储器的层次结构：高速（寄存器）、中速（高速缓存）和低速（主存储器）。在该层次结构中，当对速度要求很苛刻的时候可以使用少量的高速存储器，CPU中的各类寄存器就属于这一类；用适量的中速存储器来存储近期马上需要访问的数据，高速缓存就属于这一类；用大量的低速存储器存储那些目前不需要马上访问的数据，主存储器就属于这一类。

（三）输入/输出系统

输入/输出系统可以使计算机与外界通信，并在断电的情况下存储程序和数据。输入设备的功能是将程序和原始数据转换为计算机能够识别的形式送到计算机的内存中。输出设备将内存中经CPU处理过的信息以人们能接受的形式输送出来。输入/输出设备可以分为两个类：非存储设备和存储设备。

1. 非存储设备

非存储设备使CPU和内存可以与外界通信，但它们不能存储信息。键盘和显示器是两个最常见的非存储输入/输出设备。键盘提供输入功能，显示器显示输出并同时响应键盘的输入。打印机也是非存储设备，它是一种用于产生永久记录的输出设备。

2. 存储设备

存储设备指的是除计算机内存及CPU缓存以外的储存器，这里被归为输入/输出设备，它们可以存储大量信息以备后用。目前常用的存储设备有磁盘、光盘和闪存。它们的访问速度比内存慢，价格比内存便宜，距离CPU比较远，因此一般被称为外存储器。外存储器和内存储器在特性上是互补的，外存储器虽然更慢，但它的容量更大、更便宜，而且属于非易失性存储器，即断电也不会导致数据丢失。外存储器用于存放暂时不用的程序和数据。内存储器和外存储器之间常常频繁地交换信息。

（四）核心部件的内部连接

前面介绍了单个计算机上的三大核心部件（CPU、主存储器和输入/输出系统）的主要功能和特点，下面介绍三者在内部是如何连接的。内部连接扮演了重要角色，因为信息需要在这三个核心部件中交换。

1. CPU和主存储器的连接

CPU和主存储器之间通常由称为总线（bus）的三组线路连接在一起，它们分别是：数据总线、地址总线和控制总线。

（1）数据总线。

数据总线（data bus，DB）由多根线组成，每根线上每次传送1位数据。线的数量取决于字的长度。例如，如果计算机的字长是32位（4个字节），那么需要32根线的数据总线，以便能够同时传送32位的一个字数据。

（2）地址总线。

地址总线（address bus，AB）允许访问主存储器中的某个单元，地址总线的位数取决于存储单元的数量。如果存储设备的容量为2^n个单元，那么地址一次需要传送n位地址数据，就需要n根地址线。

（3）控制总线。

控制总线（control bus，CB）负责在CPU和主存储器之间传送控制信息和状态信息。例如，必须有一个控制信号从CPU发往主存储器，用于指定是进行读还是写操作。控制总线的线数取决于计算机需要的控制命令的总数。如果计算机有2^m条控制命令，那么控制总线就需要m根，因为m位可以定义2^m个不同操作。

2. 输入/输出设备的连接

输入/输出设备不能够直接与连接CPU和主存储器的总线相连。因为输入/输出设备的本质与CPU和主存储器的本质不同，前者是机电、磁性或光学设备，而后者是电子设备，而且前者的操作速度比后者慢得多。因此必须用一个中介来处理这种差异，输入/输出设备通过一种被称为输入/输出控制器或者接口的器件连接到总线上。

输入/输出控制器（或接口）清除了输入/输出设备与CPU和主存储器在本质上不同的障碍。输入/输出控制器可以是串行设备或并行设备。串行控制器只有一根线连接到设备上，而并行控制器则有数根线连接到设备上，使得一次能够同时传送多个位。

三、计算机软件

计算机软件（software）是指计算机系统中程序的集合。程序必须被装入内存储器才能运行。计算机软件分为两大类：系统软件和应用软件。系统软件是用于管理计算机本身和应用程序的一组通用程序。应用软件是为满足各领域用户的特定需求而设计的软件。

（一）系统软件

系统软件包括操作系统、程序设计语言和数据库管理系统等。其中的操作系统是最基本的系统软件。

1. 操作系统

（1）操作系统的定义。

操作系统（operating system，OS）是管理和控制计算机软件、硬件资源和数据的程序，用户可以通过操作系统提供的图形用户界面（graphical user interface，GUI）操作计算机。可以把操作系统看成是电脑的管家，用户只需对操作系统发出命令，具体工作由操作系统来安排，用户不需要了解相关细节。

（2）操作系统的功能。

现代操作系统至少具有以下四种功能：存储管理、处理器管理、设备管理和文件管理。操作系统通过图形用户界面或命令解释程序完成与外界的联系。

存储管理主要负责为各个作业（运行的程序）分配存储空间以及作业完成后存储空间的回收。它采用合理的算法为提出存储请求的作业分配内存空间，保护主存储器中的信息不被其他程序有意或无意破坏或盗窃。存储管理负责分配和回收内存，以避免“内存不足”的错误。

处理器管理主要是对中央处理器及其运行状态进行登记，满足程序对处理器的要求，并按照一定策略将系统中的处理器分配给各用户的作业（进程）使用。处理器管理的主要对象是用户作业的调度，即进程管理。进程实际就是正在运行的程序，即计算机工作时处于运行状态的程序（处于内存中的程序）。总的说来，处理器管理就是合理地组织计算机流程，负责为各个运行的程序分配处理器资源，负责各个应用程序的调度和执行。

设备管理就是负责计算机系统中外部设备的具体分配和回收，进行I/O操作，对外部设备及其I/O操作进行调度和控制。操作系统会记住系统中的各类设备及其工作状态，按各类设备的特点，采用不同的策略，把设备分配给相应的作业（进程）。操作系统往往通过文件的方式使用设备，每个设备至少与一个设备文件名相对应，通过调用与设备相对应的驱动程序具体实现特殊设备文件的存取。

文件管理用于管理与控制计算机系统中的磁盘和所有外存空间的使用，通常也把I/O设备上传输的信息组织成文件形式。文件管理可以根据文件的名称确定相应的存放地址（实现所谓的地址映射），确定文件中信息的存放位置、存放形式以及存取所需要的权限；可以实现文件的建立、打开、读出、写入、更新、复制、关闭、删除等一系列相应的文件存取操作；也可以建立并处理多个文件之间的联系。

（3）主流操作系统。

目前计算机的主流操作系统主要有四种：Windows操作系统、Mac OS操作系统、UNIX操作系统和Linux操作系统。

Windows是由微软公司开发的一套多任务操作系统，它问世于1985年。Windows采用图形窗口界面，用户对计算机的各种复杂操作只需通过点击鼠标就可以实现。随着电脑硬件和软件的不断升级，Windows也在不断升级，系统版本从最初的Windows 1.0到Windows 95、Windows 98、Windows ME、Windows 2000、Windows 2003、Windows XP、Windows Vista、Windows 7、Windows 8、Windows 8.1、Windows 10和Windows Server服务器企业级操作系统，不断持续更新。

Mac OS是一套运行于苹果Macintosh系列电脑上的操作系统。Mac OS由苹果公司自行开发，于2001年首次在市场上推出，是首个在商用领域成功的图形用户界面操作系统。目前最新的系统版本是OS X 10.12。Mac系统是基于Unix内核的图形化操作系统，一般情况下在普通个人计算机上无法安装该操作系统。Mac的架构与Windows不同，很少受到病毒的袭击。

UNIX是一个在程序员和计算机科学家中较为流行的操作系统，最早由Ken Thompson和Dennis Ritchie于1969年在美国AT&T的贝尔实验室开发。UNIX是一个强大的分时操作系统，包括多任务、虚拟内存与设计非常优秀的文件和目录系统，支持多种处理器架构。UNIX适合程序员这些高级用户，对一般用户来说比较深奥。

Linux是1991年推出的一个多用户、多任务的操作系统，它与UNIX完全兼容。Linux最初是由芬兰赫尔辛基大学计算机系学生Linus Torvalds在UNIX的基础上开发的一个操作系统，是一套免费使用和自由传播的类UNIX操作系统。这个系统是由世界各地的成千上万的程序员设计和实现的。其目的是建立不受任何商品化软件的版权制约的、全世界都能自由使用的UNIX兼容产品。

2. 程序设计语言

对于计算机而言，要编写程序就必须使用程序设计语言。程序设计语言是指根据预先定义的规则（语法）写出的预定语句（语义）的集合，这些语句组成了程序。

（1）程序设计语言的发展。

截至目前，世界上公布的程序设计语言已有上千种之多，但是只有很小一部分得到了广泛的应用。从发展历程来看，程序设计语言可以分为四代：机器语言、汇编语言、高级语言和第四代非过程化语言。

机器语言由二进制 0、1 代码指令构成，不同的 CPU 具有不同的指令系统。机器语言程序难编写、难修改、难维护，需要用户直接对存储空间进行分配，编程效率极低。这种语言已经被逐渐淘汰。

汇编语言指令是机器指令的符号化，与机器指令存在着直接的对应关系，所以汇编语言同样存在着难学难用、容易出错、维护困难等缺点。但是汇编语言也有自己的优点：可直接访问系统接口，汇编程序翻译成的机器语言程序的效率高。从软件工程角度来看，只有在高级语言不能满足设计要求，或不具备支持某种特定功能的技术性能（如特殊的输入输出）时，汇编语言才被使用。

高级语言是面向用户的、基本上独立于计算机种类和结构的语言。高级语言在形式上接近于算术语言和自然语言，在概念上接近于人们通常使用的概念。高级语言的一个命令可以代替几条、几十条甚至几百条汇编语言的指令。因此，高级语言易学易用、通用性强、应用广泛。

第四代非过程化语言是面向应用的为最终用户设计的程序设计语言。编码时只需说明“做什么”，不需描述算法细节。应用程序生成器根据用户的需求“自动生成”满足需求的高级语言程序。它具有缩短应用开发过程、降低维护代价、最大限度地减少调试过程中出现的问题以及对用户友好等优点。

（2）程序设计语言的分类。

根据解决问题的方法及所解决的问题的种类进行分类，程序设计语言主要分为五类：过程化（强制性）语言、面向对象语言、函数型语言、说明性语言以及专用语言。

过程化（强制性）语言使用传统的方法编程。它采用与计算机硬件执行程序相同的方法（取指令、译指令、执行）来执行程序。过程化语言是一套指令，这些指令从头到尾逐条执行，除非有指令在别处强行控制。过程化语言之所以有时被称为强制性语言，是因为每条指令都是一个为完成特定任务而对计算机系统发出的命令。近几十年来发展的高级过程化语言有 FORTRAN、COBOL、Pascal、C 和 Ada 等。

面向对象语言使用一种和过程化语言完全不同的方法解决问题，可以把语言中的数据项当作对象，把程序当作在对象上执行的一系列操作。在面向对象编程中，对象和操作是绑定在一起使用的。程序员首先定义对象和可以应用于该对象的操作类型，然后可以利用该结合体，调用一些或全部已定义的操作来解决问题。换句话说，面向对象编程是主动的。目前，已经广为应用的面向对象语言有 C++、JAVA 和 Python 等。2004 年后，Python 的使用率呈线性增长，已经成为最受欢迎的程序设计语言之一。由于Python语言的简洁性、易读性以及可扩展性，使用Python做科学计算的研究机构日益增多，一些知名大学已经采用Python来教授程序设计课程。Python语言及其众多的扩展库所构成的开发环境十分适合工程技术人员和科研人员处理实验数据、制作图表，甚至开发科学计算应用程序。

用函数型语言进行程序设计时，程序被当作数学函数来考虑。在这里，函数可以被理解为一个黑盒，完成从一系列输入到输出的映射。函数型语言相对过程化语言具有两方面优势：鼓励模块化编程；允许程序员用已经存在的函数来开发新的函数。这两个因素使程序员能够从已经测试过的程序编写出庞大而不易出错的程序。目前，这方面的语言主要有LISP和Scheme。

说明性语言依据逻辑推理的原则回答查询。它是在由希腊数学家定义的规范逻辑的基础上发展而来的。逻辑推理以推导为基础，根据已知正确的一些论断（事实），运用逻辑推理的可靠准则推导出新的论断（事实）。最著名的说明性语言是Prolog（Programming in Logic，逻辑中的程序设计），它是由A. Colmerauer于1972年在法国设计开发的。Prolog中的程序全部由事实和规则组成。

近年来一些新的语言相继出现，它们不能被简单并入上述四大类语言。它们中的一些是一种或多种模型的混合，另一些应用于特殊任务，我们将其统称为专用语言。比如，超文本链接标记语言（hypertext markup language，HTML）、实用摘要和报表语言（practical extraction and report language，PERL）、结构化查询语言（structured query language，SQL）、统计分析及绘图语言（the R programming language，R语言）等。

3. 数据库管理系统

除了硬件资源和软件资源外，数据资源在计算机的应用中显得越来越重要。尤其在信息处理的应用中，信息资源起着核心作用，其中数据库技术是一项主要的计算机技术。从历史来看，信息与数据管理经历了人工管理（20世纪50年代中期以前）、文件系统（20世纪50年代后期到60年代中后期）和数据库管理系统（从20世纪70年代起）三个阶段。近些年来，数据库技术的应用更是迅速发展。

数据库是通过有效的组织存储在一起的相关数据和信息的集合，它允许多个用户共享数据库中的内容。在组织数据库时要求数据库中的数据要尽量减少冗余性（即尽量减少数据的重复存储），既要使各种数据之间保持密切联系，又要尽量保证其中的数据与应用程序的相互独立性，也就是说数据库中的数据要尽可能不依赖于某个具体的应用程序。用于管理数据库的主要软件系统就是数据库管理系统（database management system，DBMS）。DBMS为各类用户或有关的应用程序提供了使用数据库的方法，其中包括建立数据库、存储、查询、检查、恢复、权限控制、增加与修改、删除、统计汇总、排序分类等各种命令。

现代的计算机系统已将数据库管理系统作为一种主要的系统软件。在数据库的发展历史中，DBMS曾有过三种模型：层次型、关系型和网状型，目前最流行的是关系型数据库管理系统。在关系型DBMS中，把一张二维表格视为一个关系。当前流行的关系型DBMS有SQL SERVER、Oracle和My SQL等。

（二）应用软件

在某个企事业单位或机构的计算机中，应用程序专门用来发挥特定作用，直接承担具体的应用任务。例如，在一台公司财务管理的计算机中，一个财务管理程序就是一个典型的应用程序。按应用软件的使用范围与开发方式，可以把应用软件分为三类：

1. 定制软件

定制软件是针对某个具体应用而定制开发的软件。这类软件完全是按照用户的特定需求而专门开发的，其应用范围较窄，往往只局限于专门的部门及其下属单位使用。这种软件的运行效率较高，开发代价与成本也比较高。

2. 应用程序包

应用程序包在某一应用领域有一定程度的通用性，但与应用单位的具体要求还有一些差距，往往需要进行二次开发，经过不同程度的修改才能使用，如各种财务软件包、数学软件包、统计软件包、生物医用软件包等。

3. 通用软件

在计算机的应用普及进程中，通用软件迅速推广流行，并且不断更新。用户常见的通用软件包括文字处理软件、电子表格软件、绘图软件、统计软件、演示文稿制作软件、各种上网浏览器等。

四、计算机网络

计算机网络（computer network）是一门发展迅速、知识密集的综合性学科及高新信息科学技术。它是计算机、通信和多媒体等多种信息科学与技术相互渗透和结合的产物，是建设信息高速公路和现代化信息社会的物质和技术基础。

（一）计算机网络概述

1. 计算机网络的定义及拓扑结构

计算机网络有多种定义，其中使用较多的定义是：计算机网络是指将地理位置不同的具有独立功能的多台计算机及其外部设备，通过通信线路连接起来，在网络操作系统、网络管理软件及网络通信协议的管理和协调下，实现资源共享和信息传递的计算机系统。

“拓扑”这个名词是从几何学中借用的。网络拓扑是网络形状，或者是网络在物理上的连通性。计算机网络的拓扑结构是指网络上的计算机或设备与传输媒介形成的结点与线的物理构成模式。网络的结点有两类：一类是转换和交换信息的转接结点，包括结点交换机、集线器和终端控制器等；另一类是访问结点，包括计算机主机和终端等。线则代表各种传输媒介，包括有形的和无形的。网络的拓扑结构有很多种，主要有星形结构、环形结构、总线结构、分布式结构、树形结构、网状结构、蜂窝状结构等。

2. 计算机网络的分类

计算机网络有许多类型，可以从不同的角度进行分类。

（1）按网络的地理覆盖范围划分。

通常按网络的地理覆盖范围可以将计算机网络分为局域网（local area network，LAN)、广域网（wide area network，WAN）和城域网（metropolitan area network，MAN)。

局域网的地理范围较小（比如几公里之内)、数据传输率较高、误码率较低。一般为一个单位所拥有，其内部通信不受外界制约，而与外部交换信息时可能受到某种形式的管理。广域网的地理范围很大，有时也称为远程网。广域网的地理范围通常为几十到几千公里甚至是全世界。世界上最大的广域网是互联网。城域网的地理范围处于 LAN 和 WAN 之间，其传输速率较广域网高。城域网的地理范围一般为几公里到几十公里。

（2）按网络的使用目的划分。

按网络的使用目的，可将其分为公用网和专用网。公用网（public network）就是为公众提供服务的网络，即所有按规定缴纳费用的人都可以使用。专用网（private network）是某公司或部门为本系统的特殊业务工作需要而建造的网络，一般不向本单位以外的人提供服务。

（3）按组网的通信介质划分。

按组网的通信介质划分，可将其分为有线网和无线网。有线网是采用同轴电缆、双绞线、光纤等物理介质来传输数据的网络。无线网是采用卫星、微波等无线形式来传输数据的网络。

3. 计算机网络的功能

（1）资源共享。

建设计算机网络的主要目的是实现资源共享。也就是说，网络中的所有用户都可以有条件地利用网络中的全部或部分资源，包括网络中的各种硬件、软件和数据资源。因此可以不必在每台计算机中都配备齐全的软件和硬件。

（2）提高可靠性。

网络中的多台计算机还可以互为备用，一旦某台设备出现故障或负担过重，就可将它所处理的数据转移到其他设备中去。这样就大大提高了整个系统的可靠性。

（3）分布式处理。

在计算机网络中根据实际工作的需要既可将本部门、本单位或本行业的各台计算机的数据集中起来通过高性能计算机集中处理，也可将一些大型的复杂问题进行分解，通过网络中的多台计算机进行分布式处理，从而使网络中的信息处理既灵活又高效。

4. 计算机网络的组成

计算机网络由硬件系统和软件系统组成。计算机网络的硬件系统包括主机、通信处理机、终端、联网部件和网络传输介质等。

（1）主机。

主机（host）包括巨型机、大型机、工程工作站、微型机、超级小型机、多媒体计算机系统，例如 IBM、DEC 的各类计算机，SUN 工作站（workstation），Apple 的 Macintosh 等。它们是计算机资源子网中的主要设备。在局域网中主机还可泛指服务器、网络打印机、绘图仪等资源主设备。

（2）通信处理机。

通信处理机（communication processor）也称前端机，主机一般通过通信处理机连接到通信子网上。主机与通信处理机之间可采用高性能并行接口（HIPPI）连接。通信处理机主要用于对各主机之间的通信进行控制和处理。

计算机网络按逻辑功能可划分为通信子网和资源子网。由通信处理机组成的传输网络可称为通信子网。主机主要负责数据处理，是网络资源的拥有者，它们组成网络的资源子网。通信子网为资源子网提供信息传送服务，是支持资源子网的用户之间相互通信的基本环境。在局域网络中，通信处理机的功能一般可由网卡的通信控制器来承担。

（3）终端。

终端（terminal）是用户访问网络的直接界面。终端可作为主机的配置与主机相连接，通过主机的网络软件来访问网络，并与其他用户进行交互。根据不同的应用环境，终端可分成图形、图像、文字处理、仿真、CAD/CAM 等常规终端和智能终端。

（4）联网部件。

除上述通信处理机或网卡外，联网部件还包括调制解调器（modem）、ISDN（integrated services digital network）或 ADSL（asymmetric digital subscriber line）设备、传真卡、集线器（HUB）、交换机（switch）、BNC 连接器、外收发器（transceiver）等。在网际环境中，其网络互联部件还包括中继器（repeater）、网桥（bridge）、路由器（router）、网关（gateway）等。

（5）网络传输介质。

网络传输介质是网络中数据传输的载体和物质基础，它构成了信源和信宿间的物理通路，又称通信媒体。

局域网常用的传输介质有同轴电缆、双绞线和光纤。同轴电缆的性能较好，应用普遍，但价格较高；双绞线成本低，易于铺设；光纤的性能最好，频带宽，传输速度快，能传输文字、声音和图像等多媒体信息，是最有前途的传输介质。

广域网通常通过电话线、微波和卫星进行传输。微波属于无线通信媒体，一般指频率高于300MHz的电磁波。它在电离层不能反射，只能在视距内通信，但可通过每隔一段距离（例如50公里）设一个中继站构成微波中继系统来进行远距离通信。

卫星通信是一种特殊的微波中继系统，由于赤道上空每隔120度会设置一个通信卫星，它利用卫星上的中继站及若干个地面站，即可实现全球范围内的卫星通信。

（二）计算机网络的协议与体系结构

计算机网络系统是非常复杂的系统，计算机之间相互通信涉及许多复杂的技术问题，相互通信的两台计算机必须高度协调地工作。这些规则明确规定了所交换的数据的格式以及有关的同步问题。这些为进行网络中的数据交换而建立的规则、标准或约定就是网络协议（protocol）。

为了设计、理解和应用复杂的网络，出现了将网络分层的设想。“分层”是将庞大、复杂的问题转换为若干较小、简单和单一的局部问题，每一层完成一定的功能，这样就易于理解、研究和处理。最早提出分层思想的是ARPANET网，尽管连到网上的主机和终端的型号及性能各不相同，但由于它们共同遵守了计算机网络的协议，所以可以进行通信。

计算机之间相互通信的层次，以及各层中的协议和层次之间接口的集合称为网络体系结构（network architecture）。网络体系结构是通信系统的整体设计，它为网络硬件、软件、协议、存取控制和拓扑提供标准。

世界上第一个网络体系结构SNA（System Network Architecture）是IBM公司于1974年提出的，后来其他公司也相继提出了自己的网络体系结构。随着社会的发展，不同网络体系结构的用户迫切希望能互相交换信息。为了使不同体系结构的计算机网络都能互联，国际标准化组织（International Standard Organization，ISO）于1977年成立了一个专门委员会，在现有网络的基础上，提出了不基于具体机型、操作系统或公司的网络体系结构，这就是著名的开放系统互联参考模型OSI/RM（Open Systems Interconnection Reference Model），简称OSI。

OSI得到了国际认可，成为其他各种计算机网络体系结构依照的标准，大大推动了计算机网络的发展。20世纪70年代末到80年代初，出现了利用人造通信卫星进行中继的国际通信网络。网络互联技术不断成熟和完善，局域网和网络互联开始商品化。

OSI参考模型用物理层、数据链路层、网络层、传输层、对话层、表示层和应用层七个层次描述网络结构，它的规范对所有厂商都是开放的，具有指导国际网络结构和开放系统走向的作用。它直接影响总线、接口和网络的性能。

除了OSI，比较流行的网络体系结构还有TCP/IP参考模型。1969年，美国国防部高级研究计划署（ARPA）资助了一个项目，该项目通过使用点到点的通用线路建立了一个包交换的计算机网络，这个网络被称为ARPANET，它为早期网络研究提供了一个平台。ARPA制定了一套协议，指明了单个计算机如何通过网络进行通信，其中TCP（Transmission Control Protocol）传输控制协议和IP（Internet Protocol）网际协议是两个主要协议，这套协议后来被称为TCP/IP参考模型。TCP/IP参考模型的结构由下至上分别为网络接口层、网际层、传输层和应用层。

（三）Internet概述

1. Internet的产生与发展

Internet又被称为国际互联网，是由美国国防部于1969年建立的ARPANET发展而来的，它是美国国防部为了进行国防项目研究而专门建立的网络，其目的有两方面：一方面，将研究人员和工作分散于全国各地，避免战争和动乱对项目研究的全面破坏；另一方面，通过网络将分布于全国各地的参与项目研究的科研机构和大学连接起来，以便于科学家、专家和教授进行研究成果的交流与沟通。

从20世纪80年代中期开始，商业机构开始连接到网络上，大量的资金投入带来了网络开发与应用的飞速发展，网络用户迅速增加，覆盖范围遍及全球。到20世纪90年代初，网络规模急剧膨胀，进入了自我发展状态，形成了现在的Internet。Internet上的计算机进行信息交换的主要通信协议是TCP/IP协议。

中国从1994年4月起正式加入Internet。目前国内与Internet实现互联的网络主要有四个：中国教育和科研计算机网（CERNET）、中国公用计算机互联网（CHINANET）、中国科技网（CSTNET）和金桥网（GBNET）。这四大网络于1997年在国内又实现了信息互通。

2. IP地址

（1）概述。

IP地址是网上计算机的标识符，IP地址是标识出主机所在的网络和网络中的位置的唯一编号，互联网上的每一个站点、每一台计算机都有一个IP地址，并且每个IP地址是全球唯一的。网上的计算机之间依靠这个IP地址相互识别，进行通信。

Internet网络信息中心统一负责全球IP地址的规划和管理，通常每个国家需成立一个组织，统一向有关国际组织申请IP地址，然后分配给客户。我国负责IP地址规划和管理的单位是中国互联网络信息中心（CNNIC）。

（2）IP地址结构和分类。

IP地址有两个版本：IPv4版本和IPv6版本。目前仍主要使用IPv4版本。IPv4版本由32位二进制数，即4个字节组成，IPv6版本由128位二进制数，即16个字节组成。IP地址与硬件没有任何关系，所以也称为逻辑地址，它由网络号和主机号两个字段组成。IP地址的结构使我们可以在互联网上很方便地进行寻址，这就是：先按IP地址中的网络号（net-id）找到网络，再按主机号（host-id）找到主机。所以IP地址并不只是一个计算机的代号，而是指出了连接到某网络上的某台计算机。

（3）子网掩码。

子网掩码是一个 32 位地址，用于屏蔽 IP 地址的一部分以区分网络标识和主机标识，并说明该 IP 地址是在局域网上还是在远程网上。用于子网掩码的位数取决于可能的子网数目和每个子网的主机数目。在定义子网掩码前，必须弄清楚本来使用的子网数目和主机数目。

3．域名系统

域名系统（domain name system，DNS）是互联网的一项核心服务，它作为可以将域名和 IP 地址相互映射的一个分布式数据库，能够使人更方便地访问互联网，而不用去记住一长串被机器直接读取的 IP 地址。域名可将一个 IP 地址与一组有意义的字符关联起来。

域名由两组或两组以上的 ASCII 码或各国语言字符构成，各组字符间由点号分隔开，最右边的字符组称为顶级域名或一级域名，倒数第二组称为二级域名，倒数第三组称为三级域名，依此类推。顶级域名又分为三类：一是国家和地区顶级域名，目前 200 多个国家都按照 ISO 3166 国家代码被分配了顶级域名，例如，中国是 cn，日本是 jp 等；二是国际顶级域名，例如，com 代表商业机构，edu 代表教育机构等；三是新顶级域名，例如，museum 代表博物馆，pro 代表会计师、律师、医师等。

用户访问一个网站的时候，既可以输入该网站的 IP 地址，也可以输入其域名，对访问而言，两者是等价的。例如，中国人民大学的 Web 服务器的 IP 地址是 202.112.112.100，其对应的域名是 www.ruc.edu.cn，不管用户在浏览器中输入的是 202.112.112.100 还是 www.ruc.edu.cn，都可以访问其 Web 网站。

4．万维网

万维网（world wide web，WWW）也称为环球信息网，常简称为 Web。万维网基于客户/服务器模式，是一个由许多互相链接的超文本组成的系统，通过互联网访问。

万维网由 Web 服务器、浏览器（browser）和通信协议三部分组成，其中通信协议采用的是超文本传输协议（Hypertext Transfer Protocol，HTTP）。HTTP 提供了访问超文本信息的功能，是 Web 浏览器和 Web 服务器之间的应用层通信协议。在 Web 服务器上，主要以超文本网页的形式来发布多媒体信息。万维网可以使 Web 客户端通过浏览器软件访问并浏览 Web 服务器上的页面。

万维网并不等同于互联网，它只是互联网所能提供的服务之一，是依靠互联网运行的一项服务。

五、多媒体技术

（一）多媒体概述

媒体是指传播信息的介质。准确地说，媒体又称媒质或媒介，是信息表示、信息传递和信息存储的载体。多媒体是指将多个不同但相互关联的媒体综合集成在一起而产生的一种传播、存储和表现信息的全新载体。多媒体经常被当作多媒体技术的同义词。

多媒体技术是指通过计算机对多种媒体信息进行综合处理和管理，使用户可以通过多种感官与计算机进行实时信息交互的技术。多媒体技术的关键特征是集成性、交互性、数字化。

(二) 多媒体要素

多媒体包括文本（text)、声音（audio)、图形（graphic)、图像（image)、视频(video)、动画（animation）等基本要素。

下面对各个媒体要素进行简要介绍。

1. 文本

文本是组成计算机文本文件的基本元素。文本文件包括非格式化文本文件（如“.txt”文件）和格式化文本文件（如“.doc”文件）。各种文字用编码的方式在计算机内存储和交换。英文字符常用的编码是 ASCII 码，占 7 位（bit)，扩展后占一个字节（8bit)。汉字由于字数多（常用的有 1 万多字，全部共有 6 万～8 万字)，所以用 2 个字节的编码来表示一个汉字。

计算机获取文字的方法有键盘输入、手写输入、语音识别输入、光学字符识别(optical character recognition，OCR）设备输入。

2. 声音

人耳所能听到的声音的频率范围为 20Hz～20kHz，在进行数字化转换时，采样频率介于 40kHz～50kHz 之间，在多媒体技术中常用的标准采样频率为 44.1kHz。

在计算机系统中常用的存储声音的文件类型有如下几种：(1) WAV：是 PC 机使用的声音文件，文件较大；(2) MP3：根据 MPEG-1 图像压缩标准，利用对立体声伴音进行第三层压缩的方法得到的声音文件，它保持了 CD 激光唱片的立体声高音质，压缩比达到了 12∶1；(3) MIDI：称为 MIDI 音乐数据文件，这是 MIDI 协会设计的音乐文件标准，MIDI 文件并不记录声音的采样数据，只记录关键信息，它内部记录的不是采样值而是对声音特性的参数描述，由于不存储声音采样数据，所以所需的存储空间非常小。

3. 图形

图形一般指由计算机绘制的画面，如直线、矩形、圆、圆弧、任意曲线和图表等。机械结构图、建筑结构图都是典型的组合图形。图形文件只记录生成图的算法和图上的某些特征点，因此又称为矢量图。AutoCAD 是著名的图形设计软件，它使用的 DXF 图形文件就是典型的矢量化图形文件。

4. 图像

图像是指由输入设备捕捉的实际场景画面，或以数字化形式存储的任意画面，它用数字来描述像素点、强度和颜色。静止的图像就像一个矩阵，由一些排成行列的点组成，这些点称为像素点，这类图像又称为位图。最典型的图像是数码照片。

数字化图像的最大特点是其所占用的存储量极其庞大，因此必须对数字图像进行压缩。科学技术界研究了许多压缩算法，对于静态图像，在失真不大的情况下，压缩比可达到10倍、30倍甚至100倍。

在计算机系统中，最常用的图像文件有如下几种：（1）BMP：BMP是Bitmap的缩写，即位图文件，它是图像文件的最原始也是最通用的格式，没有进行压缩，所以存储量极大；（2）JPG：即JPEG（Joint Photographic Experts Group，联合图像专家组），代表一种图像压缩标准，这个标准的压缩算法用来处理静态图像，去掉冗余信息，比较适合用来存储自然景物的图像；（3）GIF（graphic interchange format）：该格式是由美国最大的在线信息服务机构之一CompuServe研制的，适合在网上传输交换；（4）TIF：这是一个被设计作为工业标准的文件格式，应用较普遍（例如某些扫描仪扫描的图像存盘文件的缺省扩展名就是TIF）；（5）PNG：是一种无损压缩的位图格式，压缩比高，生成的文件体积小，一般应用于JAVA程序和网页中。

5. 视频

将若干幅有联系的图像画面（帧）连续播放便形成了视频。视频的每一帧就是一幅静态图像，多幅图像连续播放（电影的播放速度是24帧/秒）对人眼就会产生图像“动”的效果。视频文件的存储量非常大，一般需要压缩处理。在对每幅图像进行JPEG压缩之后还可以采用移动补偿算法去掉时间方向上的冗余信息，这就是MPEG动态图像压缩技术。有时为了进一步减小存储量，把视频的尺寸（点阵数）缩小，从全屏显示减小到1/4甚至1/16屏幕大小。

视频图像文件在计算机中主要有两种格式：（1）AVI：AVI（audio video interleaved）是Windows所使用的动态图像格式，不需要特殊的设备就可以将声音和图像同步播出；（2）MPG：MPG是MPEG（Moving Pictures Experts Group，运动图像专家组）制定的压缩标准所确定的文件格式，供动画和视频影像使用。

6. 动画

动画是一种活动影像，它与视频影像不同的是，视频影像一般是指生活上所发生的事件的记录，而动画通常指人工创造出来的连续图形所组合成的动态影像。Flash是美国Macromedia公司推出的网页动画设计软件，它是一种交互式动画设计工具，可以将音乐、声效、动画以及富有新意的界面融合在一起，以制作出高品质的网页动态效果，各种脚本语言可满足网页设计的多样化。

（三）多媒体信息的数据压缩

各种形式的媒体信息要想利用计算机进行处理，必须将信息以计算机可以理解和处理的数字化形式表示和存储，这一过程称为数字化。数字化后的声音、图像和视频的数据量巨大，多媒体信息的数据压缩技术是多媒体技术迅速发展的关键技术之一。

数据压缩将数字化后的原始媒体信息按照一定的编码技术进行转换，在保留全部或大部分关键信息的基础上达到降低媒体数据量的目的。根据解码后是否能够完全无损地恢复原始数据来划分，数据压缩可以分为两种：无损压缩和有损压缩。

无损压缩也称为可逆压缩，一般压缩比为 2～5 倍，常用于原始数据的存档，如文本数据、程序及珍贵的图片和图像等。有损压缩也称为不可逆压缩，解码后会产生失真，但不会导致误解，压缩比一般为几倍至上百倍。

（四）多媒体系统

多媒体系统是可以交互式处理多媒体信息的计算机系统，由多媒体硬件系统和多媒体软件系统组成。

1. 多媒体硬件系统

多媒体计算机的要求一般较高，主要表现在三个方面：（1）主机的基本结构功能强、速度快；（2）内存和外存的存储空间足够大；（3）显卡高速和显示设备高分辨率。

多媒体硬件系统一般包括多媒体 CPU、多媒体接口卡、多媒体外部设备等。多媒体 CPU 需要的主频较高。多媒体接口卡包括声卡、显卡、视频压缩卡、视频采集卡、光驱接口卡、解压卡等。多媒体外部设备包括输入设备（如：摄像机，数码相机，扫描仪，话筒等）、输出设备（如：电视机，投影仪，音响等）、人机交互设备（如：键盘，鼠标，触摸屏，手写输入设备等）、存储设备（如：磁盘，光盘等）。

2. 多媒体软件系统

多媒体软件系统包括多媒体系统软件、多媒体支撑软件和多媒体应用软件。多媒体系统软件包括多媒体操作系统和设备驱动程序。多媒体支撑软件包括多媒体工作平台和多媒体创作工具。

六、计算机技术发展的新方向

（一）云计算

1. 云计算的概念

云计算（cloud computing）是一种新型的商业技术模式，它是网格计算、分布式计算、并行计算、效用计算、网络存储、虚拟化、负载均衡等传统计算机和网络技术发展融合的产物。它将大量用网络连接的计算机构成计算资源池，通过统一管理和调度，将计算任务分布在计算资源池上，使各种应用系统能够根据需要获取计算力、存储空间和信息服务。云计算具有无限扩展能力，提供差异化优质服务，可促进快速创新并加快决策速度。

根据云提供的不同服务类型，云计算可以分为三种类型：基础设施即服务型

（IaaS）、软件即服务型（SaaS）和平台即服务型（PaaS）。基础设施即服务型是将硬件设备等基础资源封装成服务供用户使用。软件即服务型是对资源的抽象层次更进一步，提供用户应用程序运行环境。平台即服务型针对性更强，它将某些特定应用软件的功能封装成服务。

云计算融合了网格计算、效用计算、网络存储、负载均衡等众多技术的优点，综合起来，云计算具有以下七个特点：

（1）超大规模。"云"具有相当大的规模，谷歌的云计算已经拥有100多万台服务器，亚马逊、IBM、微软、雅虎等的"云"均拥有几十万台服务器。"云"能赋予用户前所未有的计算能力。

（2）虚拟化。云计算支持用户在任意位置使用各种终端获取应用服务。所请求的资源来自"云"，而不是固定的有形的实体。应用在"云"中某处运行，但实际上用户无须了解且不用担心应用运行的具体位置。只需要一台笔记本或者一部手机，就可以通过网络服务来实现所需的一切，甚至包括超级计算这样的任务。

（3）高可靠性。"云"使用了数据多副本容错、计算节点同构可互换等措施来保障服务的高可靠性，使用云计算比使用本地计算机更可靠。

（4）通用性。云计算不针对特定的应用，在"云"的支撑下可以构造出千变万化的应用，同一个"云"可以同时支撑不同的应用运行。

（5）高可扩展性。"云"的规模可以动态伸缩，满足应用和用户规模增长的需要。

（6）按需服务。"云"是一个庞大的资源池，可以按需购买；云可以像自来水、电、煤气那样计费。

（7）极其廉价。由于"云"的特殊容错措施可以采用极其廉价的节点来构成云，"云"的自动化集中式管理使大量企业无须负担日益高昂的数据中心管理成本，"云"的通用性使资源的利用率较之传统系统大幅提升，因此用户可以充分享受"云"的低成本优势，经常只要花费几百美元、几天时间就能完成以前需要数万美元、数月时间才能完成的任务。

2. 云计算的实现机制

由于云计算分为IaaS、SaaS和PaaS三种类型，不同厂家又提供了不同的解决方案，目前还没有一个统一的技术体系结构。目前比较受大家认可的云计算技术体系结构分为四层：物理资源层、资源池层、管理中间件层和SOA（service-oriented architecture）构建层。

物理资源层包括计算机、存储器、网络设施、数据库和软件等。资源池层是将大量相同类型的资源构成同构或接近同构的资源池，如计算资源池、数据资源池等。管理中间件层负责对云计算的资源进行管理，并对众多应用任务进行调度，使资源能够高效、安全地为应用提供服务，它包括资源管理、任务管理、用户管理和安全管理等工作。资源管理负责均衡地使用云资源节点，检测节点的故障并试图恢复或屏蔽之，并对资源的使用情况进行监视统计；任务管理负责执行用户或应用提交的任务，包括完成用户任务映象（image）的部署和管理、任务调度、任务执行、任务生命期管理等；用户管理是实现云计算商业模式的一个必不可少的环节，包括提供用户交互接口、管理和识别用户身份、创建用户程序的执行环境、对用户的使用进行计费等；安全管理保障云计算设施的整体安全，包括身份认证、访问授权、综合防护和安全审计等。SOA 构建层将云计算应用封装为 Web 服务，并纳入 SOA 体系。

3. 云计算的发展环境

（1）云计算与 4G。

4G 与云计算是互相依存、互相促进的关系。4G 将为云计算带来数以亿计的宽带移动用户。用户的终端计算能力和存储空间有限，却有很强的联网能力，对云计算有着天然的需求。云计算能够给 4G 用户提供更好的用户体验。云计算有强大的计算能力、接近无限的存储空间，并支撑各种各样的软件和信息服务，能够为 4G 用户提供前所未有的服务体验

（2）云计算与移动互联网。

通过云计算技术，软硬件获得空前的集约化应用。移动互联网时代来临，对用户来讲，最好的体验是淡化有线和无线的概念。云计算有望突破各种终端，显示的内容、应用都能保持一致性和同步性。云计算对于云和端两侧都具有传统模式不可比拟的优势。

（3）云计算与三网融合。

三网融合是指电信网、广播电视网、互联网在向宽带通信网、数字电视网、下一代互联网演进的过程中，三大网络通过技术改造，其技术功能趋于一致，业务范围趋于相同，网络互联互通，资源共享，能为用户提供语音、数据和广播电视等多种服务。三合并不意味着三大网络的物理合一，而主要是指高层业务应用的融合。以后的手机可以看电视、上网，电视可以打电话、上网，电脑也可以打电话、看电视。三者之间相互交叉，形成你中有我、我中有你的格局。云计算技术使得一些从事传统行业的企业也能搭上三网融合和下一代广电网的快车。云计算在三网融合及下一代广电网中的应用涉及数据存储、数据计算、数据再处理、软件开发、数据传输、网络协同等多个方面。

（二）物联网

1. 物联网的概念

物联网是继计算机、互联网和移动通信之后的又一次信息产业的革命性发展，是新一代信息技术的重要组成部分。2005 年 11 月 17 日，在突尼斯举行的信息社会世界峰会（WSIS）上，国际电信联盟（ITU）正式提出了“物联网”的概念。

物联网的英文名称是“Internet of things（IoT）”，顾名思义，就是物物相连的互

联网。这主要有两层含义：第一，物联网的核心和基础仍然是互联网，是在互联网的基础上延伸和扩展的网络；第二，其用户端延伸和扩展到了任何物品与物品之间，进行信息交换和通信。因此，物联网的定义是指通过射频识别（RFID）、红外感应器、全球定位系统、激光扫描器等信息传感设备，按约定的协议把任何物品与互联网连接起来，进行信息交换和通信，以实现对物品的智能化识别、定位、跟踪、监控和管理的一种网络。

物联网的本质主要体现在三个方面：一是互联网特征，即对需要联网的"物"一定要能够实现互联互通；二是识别与通信特征，即纳入物联网的"物"一定要具备自动识别和物物通信的功能；三是智能化特征，即网络系统应具有自动化、自我反馈和智能控制的特点。因此并不是世界上的所有物体都可以被看作是在物联网中，物联网中的"物"要满足以下条件才能够被纳入：要有数据传输通路、要有一定的存储功能、有 CPU、有操作系统、有专门的应用程序、遵循物联网的通信协议、在世界网络中有可被识别的唯一编号。

与传统的互联网相比，物联网有其鲜明的特征。

第一，它是各种感知技术的广泛应用。物联网上部署了海量的多种类型的传感器，每个传感器都是一个信息源，不同类别的传感器所捕获的信息内容和信息格式不同。传感器获得的数据具有实时性，按一定的频率周期性地采集环境信息，不断更新数据。

第二，它是一种建立在互联网上的泛在网络。物联网技术的重要基础和核心仍旧是互联网，通过各种有线和无线网络与互联网融合，将物体的信息实时准确地传递出去。物联网上的传感器定时采集的信息需要通过网络传输，由于其数量极其庞大，形成了海量信息，在传输过程中，为了保障数据的正确性和及时性，必须适应各种异构网络和协议。

第三，物联网不仅提供了传感器的连接，其本身也具有智能处理的能力，能够对物体实施智能控制。物联网将传感器和智能处理相结合，利用云计算、模式识别等各种智能技术，扩充其应用领域，从传感器获得的海量信息中分析、加工和处理出有意义的数据，以适应不同用户的不同需求，发现新的应用领域和应用模式。

物联网按照其服务对象，可以分为私有物联网（private IoT）、公有物联网（public IoT）、社区物联网（community IoT）和混合物联网（hybrid IoT）四类。其中私有物联网是面向单一机构内部提供服务的物联网，公有物联网是基于互联网向公众或大型用户群体提供服务的物联网，社区物联网是向一个关联的社区或机构群体（如一个城市政府下属的各委办局）提供服务的物联网，混合物联网是上述的两种或两种以上的物联网的组合，但后台有统一的运维实体。

2. 物联网的实现机制

从技术架构上来看，物联网可分为三层：感知层、网络层和应用层。

感知层由各种传感器以及传感器网关构成，包括二氧化碳浓度传感器、温度传感器、湿度传感器、二维码标签、RFID 标签和读写器、摄像头、GPS 等感知终端。感知层的作用相当于人的眼耳鼻喉和皮肤等神经末梢，其主要功能是识别物体、采集信息。

网络层由各种私有网络、互联网、有线和无线通信网、网络管理系统和云计算平台等组成，相当于人的中枢神经和大脑，负责传递和处理感知层获取的信息。

应用层是物联网和用户（包括人、组织和其他系统）的接口，它与行业需求结合，实现物联网的智能应用。

物联网的行业特性主要体现在其应用领域内，目前绿色农业、工业监控、公共安全、城市管理、远程医疗、智能家居、智能交通和环境监测等各个行业均有物联网应用的尝试。

3. 物联网与云计算

物联网与云计算是交相辉映的关系。从量上看，物联网采集惊人的数据需要通过无线传感网、宽带互联网向某些存储和处理设施汇聚，而使用云计算来承载这些具有非常显著的性价比优势；从质上看，使用云计算设施对这些数据进行处理、分析、挖掘，可以更加迅速、准确、智能地对物理世界进行管理和控制，物联网将成为云计算最大的用户，将为云计算取得更大的商业成功奠定基石。

（三）大数据技术

1. 大数据的定义

大数据（big data）指无法在一定时间范围内用常规软件工具进行捕捉、管理和处理的数据集合，是需要新处理模式才能具有更强的决策力、洞察发现力和流程优化能力的海量、高增长率和多样化的信息资产。

大数据技术的战略意义不在于掌握庞大的数据信息，而在于对这些有意义的数据进行专业化处理。换言之，如果把大数据比作一种产业，那么这种产业实现盈利的关键在于提高对数据的“加工能力”，通过“加工”实现数据的“增值”。

大数据需要特殊的技术，适用于大数据的技术包括：大规模并行处理（MPP）数据库、数据挖掘、分布式文件系统、分布式数据库、云计算平台、互联网和可扩展的存储系统。大数据必然无法用单台计算机进行处理，必须采用分布式架构。它的特色在于对海量数据进行分布式数据挖掘。但它必须依托云计算的分布式处理、分布式数据库和云存储、虚拟化技术。

2. 大数据的特点

具体来说，大数据具有四个基本特征：大量（volume）、高速（velocity）、多样（variety）、低价值密度（value）。

（1）数据体量巨大。百度提供的资料表明，其新首页导航每天需要提供的数据量超过 1.5PB（1PB=1 024TB=1 048 576GB），这些数据如果打印出来，将超过五千亿张 A4 纸，而截至目前，人类生产的所有印刷材料的数据量仅为约 200PB。

（2）处理速度快。大数据处理遵循“1秒定律”，可从各种类型的数据中快速获得高价值的信息。

（3）数据类型多样。大数据来源渠道多，现在的数据类型不仅是文本形式，更多的是图片、视频、音频、地理位置信息等多类型的数据，个性化数据占绝大多数。

（4）价值密度低。以视频为例，在不间断的监控过程中，一小时的视频中有用的数据可能仅有一两秒。

3. 大数据的作用

如果能够合理地运用大数据，就可以用低成本创造高价值。大数据主要有以下几方面的作用：

第一，对大数据的处理分析成为新一代信息技术融合应用的结点。移动互联网、物联网、社交网络、数字家庭、电子商务等是新一代信息技术的应用形态，这些应用不断产生大数据。云计算为这些海量、多样化的大数据提供存储和运算平台。通过对不同来源数据的管理、处理、分析与优化，将结果反馈到上述应用中将创造出巨大的经济和社会价值。大数据具有催生社会变革的能量。但释放这种能量需要严谨的数据治理、富有洞见的数据分析和激发管理创新的环境。

第二，大数据是信息产业持续高速增长的新引擎。面向大数据市场的新技术、新产品、新服务、新业态会不断涌现。在硬件与集成设备领域，大数据将对芯片、存储产业产生重要影响，还将催生一体化数据存储处理服务器、内存计算等市场。在软件与服务领域，大数据将引发数据快速处理分析、数据挖掘技术和软件产品的发展。

第三，大数据的利用将成为提高核心竞争力的关键因素。各行各业的决策正在从“业务驱动”转向“数据驱动”。对大数据的分析可以使零售商实时掌握市场动态并迅速作出应对；可以为商家制定更加精准有效的营销策略提供决策支持；可以帮助企业为消费者提供更加及时和个性化的服务；在医疗领域，可提高诊断准确性和药物有效性；在公共事业领域，大数据也开始发挥促进经济发展、维护社会稳定等重要作用。

第四，在大数据时代科学研究的方法和手段将发生重大改变。例如，抽样调查是社会科学的基本研究方法。在大数据时代，可通过实时监测、跟踪研究对象在互联网上产生的海量行为数据进行挖掘分析，揭示规律，提出研究结论和对策。

4. 大数据的分析

只有通过对大数据的分析才能获取很多智能的、深入的、有价值的信息。越来越多的应用涉及大数据，而这些大数据的属性（包括数量、速度、多样性等）都呈现了大数据不断增长的复杂性，所以大数据的分析方法在大数据领域就显得尤为重要，可以说是判断最终信息是否有价值的决定性因素。大数据分析的基本方法包括以下五种：

（1）可视化分析。

大数据分析的使用者有大数据分析专家，同时还有普通用户，但是他们二者对于大数据分析最基本的要求就是可视化分析，因为可视化分析能够直观地呈现大数据的特点，同时能够非常容易被读者接受，就如同看图说话一样简单明了。

（2）数据挖掘算法。

大数据分析的理论核心就是数据挖掘算法。各种数据挖掘算法基于不同的数据类型和格式才能更加科学地呈现出数据本身具备的特点，也正是因为这些，被全世界统计学家所公认的各种统计方法才能深入数据内部，挖掘出公认的价值。另外，也在是因为有这些数据挖掘算法，才能更快速地处理大数据，如果一个算法花上若干年才能得出结论，大数据也就失去了价值。

（3）预测性分析。

大数据分析最重要的应用领域之一就是预测性分析，从大数据中挖掘出特点，科学地建立模型，之后便可以将新的数据代入模型，从而预测未来的数据。

（4）语义引擎。

非结构化数据的多元化给数据分析带来了新的挑战，需要一套工具系统地去分析、提炼数据。语义引擎需要设计到有足够的人工智能，足以从数据中主动地提取信息。

（5）数据质量和数据管理。

大数据分析离不开数据质量和数据管理，无论是在学术研究还是在商业应用领域，高质量的数据和有效的数据管理都能够保证分析结果真实和有价值。

第三节　现代通信技术简介

一、通信技术的基本概念

（一）通信的定义

通信从本质上讲就是实现信息传递功能的一门科学技术，它要对大量有用的信息无失真、高效率地进行传输，同时还要在传输过程中将无用信息和有害信息抑制掉。当今的通信不仅要有效地传递信息，而且要存储、处理、采集及显示信息，通信已成为信息科学技术的一个重要组成部分。

（二）通信的分类

1. 按传输媒质划分

按消息由一地向另一地传递时传输媒质的不同，通信可分为两大类：有线通信和无线通信。所谓有线通信，是指传输媒质为导线、电缆、光缆、波导等形式的通信，其特点是媒质能看得见、摸得着。导线可以是架空明线、电缆、光缆及波导等。所谓无线通信，是指传输消息的为看不见、摸不着的媒质（如电磁波）的一种通信形式。

通常，有线通信亦可进一步分类，如明线通信、电缆通信、光缆通信等。无线通信常见的形式有微波通信、短波通信、移动通信、卫星通信、散射通信等，其形式较多。

2. 按信道中所传信号的不同划分

信道是一个抽象概念，可以理解成传输信号的通路。通常信道中传送的信号可分为数字信号和模拟信号，因此通信亦可分为数字通信和模拟通信。

凡信号的某一参量（如连续波的振幅、频率、相位，脉冲波的振幅、宽度、位置等）可以取无限多个数值且直接与消息相对应，就称信号为模拟信号。若数据取离散值，则称信号为数字信号，例如文本信息、整数、二进制数字等。

3. 按调制方式划分

根据消息在送到信道之前是否经过调制，通信可分为基带传输和频带传输。基带传输是指信号没有经过调制而直接送到信道中传输的通信方式，而频带传输是指信号经过调制后再送到信道中传输，接收端有相应的解调措施的通信方式。

4. 按业务的不同划分

目前，通信业务可分为电报、电话、传真、数据传输、可视电话、无线寻呼等。另外，从广义的角度来看，广播、电视、雷达、导航、遥控、遥测等也应列入通信的范畴，因为它们都满足通信的定义。由于广播、电视、雷达、导航等的不断发展，目前它们已从通信中派生出来，形成了独立的学科。

5. 按收信者是否运动划分

通信还可按收信者是否运动分为移动通信和固定通信。移动通信是指通信双方至少有一方在运动中进行信息交换。由于移动通信建网快、投资少、机动灵活，使用户能随时随地快速可靠地进行信息传递，因此移动通信已被列为现代通信的三大新兴通信方式之一。

另外，通信还有其他一些分类方法，如按多地址方式可分为频分多址通信、时分多址通信、码分多址通信等，按用户类型可分为公用通信和专用通信等。

（三）通信方式

1. 按消息传送的方向与时间划分

按消息传送的方向与时间分为三种：单工方式、半双工方式和全双工方式。单工方式只支持数据的单向流动。半双工方式支持数据的双向分时流动，线路只有一条，两个方向须分时使用信道。全双工方式支持数据双向同时流动，线路有两条或四条。

2. 按数字信号排序划分

按数字信号排序分为两种：串行传输方式和并行传输方式。串行传输方式指一位一位地传送数据，从发送端到接收端只需一根传输线即可。优点是节省设备，降低费用；缺点是传速慢，网络中多采用这种传输方式。并行传输方式一次可以传送一个字节（8位），从发送端到接收端用8根线。目前，计算机内部操作多用并行传输，当采用串行传输时，发送端通过并/串转换设备将并行数据流变为串行数据流，在接收端又通过串/并行设备，还原为8位并行数据。

3. 按通信网络形式划分

按通信网络形式分为三种：两点间直通方式、分支方式和交换方式。两点间直通方式就是终端和终端之间直接用信道连通。分支方式是多个终端通过一个转接站分支进行连接。交换方式是多个终端和终端之间通过一个特定的交换设备进行连接。

二、常见的通信技术

当前常见的通信技术包括：光纤通信、卫星通信、移动通信、微波中继通信等。

（一）光纤通信

1977年世界上第一个光纤通信系统在芝加哥投入运行。光纤通信是利用光波作载波，以光纤作为传输媒质将信息从一处传至另一处的通信方式。光纤传输频带宽、抗电磁干扰性强、信号衰减小、成本低，其性能远优于电缆、微波通信的传输，已成为世界通信的主要传输方式。近些年来光纤通信的发展极为迅速，新器件、新工艺、新技术不断涌现，性能日臻完善。

近几年，随着我国不断推进城市和农村光纤入户，光纤通信技术得到了快速发展。工信部公布的《2017年通信业统计公报》显示，2017年中国新建光缆线路长度为705万公里，全国光缆线路总长度达3 747万公里，比2016年增长了23.2%，近十年的增长率一直保持在20%左右。我国今后已不再铺设同轴电缆，新的工程将全部采用光纤通信技术。

（二）卫星通信

卫星通信简单地说就是地球上（包括地面和低层大气中）的无线电通信站之间利用卫星作为中继进行的通信。卫星通信的特点是通信距离远，覆盖面积广，不受地理条件限制，可以大容量传输，建设周期短，可靠性高等。自1960年第一颗卫星发射成功以来，卫星通信的发展特别迅猛。目前，卫星通信的使用范围已遍及全球，仅国际卫星通信组织就拥有数十万条话路。卫星通信的广泛应用使国际上的重大活动能及时得以实况转播，使全世界人与人之间的“距离”缩短。

（三）移动通信

移动通信是现代通信中发展得最为迅速的一种通信手段，它是随着汽车、飞机、轮船、火车等交通工具的发展而同步发展起来的。近些年来，在微电子技术和计算机技术的推动下，移动通信从过去简单的无线对讲或广播方式发展成为一个将有线、无线融为一体，固定、移动相互连通的全国甚至全球范围的通信系统。移动通信自问世至今经历了四代发展历程，目前第五代正在研究中。

第一代移动通信技术（1G）于20世纪80年代初推出，主要基于蜂窝结构组网，直接使用模拟语音调制技术，传输速率约为 2.4kbps。第一代模拟制式手机只能进行语音通话。1G 的特点是业务量小、质量差、安全性差、没有加密和速度低。

第二代移动通信技术（2G）起源于 20 世纪 90 年代初期，有效克服了业务量剧增所引发的系统容量不足的缺陷，极大提高了系统通话质量，数据传送速率可达 115～384kbps，初步具备了支持多媒体业务的能力。第二代 GSM、CDMA 等数字制式手机增加了接收数据的功能，如接收电子邮件或网页。

第三代移动通信技术（3G）于 2008 年推出，支持话音和多媒体数据通信，它能够处理图像、语音、视频流等多种媒体形式，提供网页浏览、电话会议、电子商务等多种信息服务，为手机融入多媒体元素提供了强大的支持。

第四代移动通信技术（4G）于 2013 年在我国投入使用，它集 3G 与 WLAN 于一体，能够传输高质量的视频图像，图像传输质量与高清晰度电视不相上下。4G 系统能够以 100Mbps 的速度下载，比目前的家用宽带 ADSL 快几十倍，比拨号上网快 2 000 倍，上传的速度也能达到 20Mbps，并能够满足几乎所有用户对无线服务的要求。2018 年 7 月，工信部公布《2018 年上半年通信业经济运行情况》，该报告显示，4G 用户总数达到了 11.1 亿户，占移动电话用户的 73.5%。

物联网尤其是互联网汽车等产业的快速发展，对网络速度有着更高的要求。目前，第五代移动通信技术（5G）正在研究中，5G 网络的理论下行速度为 10Gb/s，在未来几年 5G 将会投入商业运营。

（四）微波中继通信

微波中继通信始于 20 世纪 60 年代，也称微波接力通信，可以实现远距离通信，通信距离往往长达数千米甚至上万米，或环绕地球曲面。由于地球曲面的影响以及空间传输的损耗，每隔 50 公里左右就需要设置中继站，将电波放大转发而延伸。微波中继通信是目前通信的主要手段之一，主要用来传输长途电话和电视节目。

微波是一种频率极高而波长很短的电磁波，其波长比普通无线电波的波长更微小，频率大约为 300MHz～3 000GHz，波长范围大约为 0.1mm～1m。微波传输主要有以下几个特点：

1. 通信频段的频带宽

微波频段占用频带约 300GHz，一套微波中继通信设备可以容纳几千甚至上万条话路同时工作，或传输电视图像信号等宽频带信号。

2. 受外界干扰的影响小

工业干扰、天电干扰及太阳黑子的活动对微波频段通信的影响极小，但它们严重影响短波以下频段的通信。因此，微波中继通信较稳定和可靠。

3. 通信灵活性较大

微波中继通信采用中继方式，可以实现地面上的远距离通信，并且可以跨越沼泽、江河、湖泊和高山等特殊地理环境。在遭遇地震、洪水、战争等灾祸时，通信的建立、撤收及转移都较容易，比电缆通信具有更大的灵活性。

4. 天线增益高、方向性强

当天线面积给定时，天线增益与工作波长的平方成反比。由于微波中继通信的工作波长短，因而容易制成高增益天线，降低发信机的输出功率。另外，微波电磁波具有直线传播特性，可以利用微波天线把电磁波聚集成很窄的波束，使微波天线具有很强的方向性，减少通信中的相互干扰。

5. 投资少、建设快

在通信容量和质量基本相同的条件下，按话路公里计算，微波中继通信线路的建设费用不到同轴电缆通信线路的一半，还可以节省大量有色金属，建设时间短。

第四节　遥感技术简介

遥感技术是以航空摄影技术为基础，在 20 世纪 60 年代初发展起来的一门综合性的空间信息科学。它的功能和价值引起了许多学科和部门的重视，特别在资源勘测、环境管理、全球变化、动态监测等方面显示了无与伦比的优越性，获得越来越广泛的应用。它是地球科学和资源环境学科开展研究的基本技术，并成为信息科学的主要组成部分。

一、遥感基本概念

（一）概述

1. 遥感概念

遥感（remote sensing）可以被简单理解为“遥远的感知”，是指非接触的、远距离的探测技术。其科学含义一般被理解为：在遥远的地方，感测目标物的“信息”，通过对信息的分析研究，确定目标物的属性及目标物之间的关系。

目前，对遥感比较一致的定义是：在远离被测物体或现象的位置上，使用一定的仪器设备接收、记录物体或现象反射或发射的电磁波信息，经过对信息的传输、加工处理及分析与解译，对物体及现象的性质及其变化进行探测和识别的理论与技术。

2. 遥感基本过程

现代遥感技术的基本过程：在距目标物几米至几千公里的距离以外，以汽车、飞机和卫星等为观测平台，使用光学、电子学或电子光学等探测仪器，接收目标物反射、散射和发射来的电磁辐射能量，以图像胶片或数字磁带形式进行记录；然后把这些信息传送到地面接收站，接收站把这些遥感数据和胶片进一步加工成遥感资料产品；最后结合已知物体的波谱特征，从中提取有用信息，识别目标物间的相互关系。因此说遥感是一个接收、传送、处理和分析遥感信息，并最后识别目标的复杂的技术过程。

（二）遥感技术系统

现代遥感技术系统一般由四部分组成：遥感平台、传感器、遥感数据接收与处理系统、遥感资料分析解译系统，其中遥感平台、传感器和遥感数据接收与处理系统是决定遥感技术应用成败的三个主要技术因素。

1. 遥感平台

在遥感中搭载遥感仪器的工具称为平台或载体，它既是遥感仪器赖以工作的场所，又是遥感中“遥”字的具体表现。平台的运行特征及稳定状况直接影响遥感仪器的性能和遥感资料的质量。目前遥感平台主要有飞机、火箭和卫星等。

2. 传感器

在遥感中，收集、记录和传送遥感信息的装置称为传感器，它是遥感的核心，是“感”字的体现。目前应用的传感器主要有摄影机、扫描仪、雷达、光谱辐射计等，平台和传感器代表着遥感技术的水平。

3. 遥感数据接收与处理系统

为了接收从遥感平台传送来的图像胶片和数字磁带数据，必须建立地面接收站。地面接收站由地面数据接收和记录系统（TRRS）以及图像数据处理系统（IDPS）两部分组成。首先，地面数据接收和记录系统的大型抛物天线能够接收遥感平台收回的数据，这些数据被记录在视频磁带上。然后，把这些视频磁带、数据磁带或其他形式的图像资料等送往图像数据处理机构。最后，根据用户的要求，制成一定规格的图像胶片和数据产品，作为商品提供给用户。

4. 遥感资料分析解译系统

用户得到的遥感资料是经过预处理的图像胶片或数据，然后根据各自的应用目的，对这些资料进行分析、研究、判断、解释，从中提取有用信息，并将其翻译成我们所用的文字资料或图件，这一工作称为“解译”。目前，解译已经形成一些规范的技术路线和方法，包括常规目视解译技术和电子计算机解译技术。

（三）遥感的分类

自从遥感问世以来，由于其应用领域广，涉及学科多，各界学者所持的立场不同，所以对遥感的提法很不统一，诸如航空与航天遥感，主动与被动遥感，红外与多光谱遥感，农业与地质遥感等。

遥感技术根据所使用的平台，可分为三种：地面遥感、航空遥感、航天遥感；根据传感器所接收的电磁波谱，可分为五种：可见光遥感、红外遥感、微波遥感、多光谱遥感、紫外遥感；根据传感器所接收的能量来源，可分为主动遥感和被动遥感两种；根据用户的具体应用情况，可分为地质遥感、农业遥感、林业遥感、水利遥感、环境遥感等；根据遥感资料的显示形式、获得方式的波长范围等综合指标，可分为图像方式遥感和非图像方式遥感两种。

二、遥感技术的形成与发展

遥感技术的形成是与传感技术、宇航技术、通信技术以及电子计算机技术的发展相联系的，是与军事侦察、环境监测、资源开发利用和全球变化的需要相适应的。

（一）遥感技术的发展阶段

20 世纪 50 年代以来，随着科学技术的发展，在普通照相机和飞机的基础上，一些新的信息探测系统相继出现。人类观测电磁辐射的能力从可见光扩展到了紫外、红外、微波等，对目标物信息的收集方式从摄影到非摄影；资料由相片到数据（非图像）；平台由汽车、飞机发展到了卫星、火箭；应用研究从军事、测绘领域扩展到了农、林、水、气象、地质、地理、环境和工程等部门。这就需要引进一个新的术语，以便概括这种信息探测系统及其过程。1960 年美国学者艾弗林・L. 普鲁伊特（Evelyn L. Pruitt）提出了“遥感”这一科学术语，1962 年在美国密歇根大学召开的“国际环境科学遥感讨论会”上，这一名词被正式通过，标志着遥感这门新学科的形成。

但是，在遥感一词出现以前，就已产生了遥感技术，发展至今，大体经历了三个阶段：常规航空摄影阶段（20 世纪 30 年代以前）、航空遥感阶段（20 世纪 30—60 年代）和航天遥感阶段（20 世纪 60 年代以来）。

（二）遥感技术的发展趋势

目前，世界范围内遥感技术的发展趋势表现在以下几方面：

（1）进行地面、航空、航天的多层次综合遥感，建立地球环境卫星观测网络，系统地获取地球表面具有不同分辨率的遥感图像数据。

（2）传感器向全波段覆盖，立体遥感，器件固体化、小型化，高分辨率，高灵敏度与高光谱方向发展。

（3）遥感图像信息处理实现光学—电子计算机混合处理及实时处理，图像处理与地学数据库结合，建立遥感信息系统，引进人工神经网络、小波变换、分形技术、模糊分类与专家系统等技术和理论，进行自动分类与模式识别。

（4）加强地物波谱形成机制与遥感信息传输理论研究，建立地物波谱与影像特征之间的关系模型，以实现遥感分析解译的定量化和精确化。

三、遥感技术应用简介

遥感技术目前已经应用于几十个领域，取得了良好的成绩，其应用领域随着空间技术的发展，尤其是地理信息系统和全球定位系统技术的发展及相互渗透，将会越来越广泛。现仅从以下几方面作简单介绍。

（一）在军事方面的应用

遥感技术最先是从军事应用上发展起来的，现在有许多技术方法和仪器设备还处在领先地位，不向民用部门推广，主要用于军事侦察、战场跟踪、海洋监视、远程武器制导、军事测绘、军事气象和军事地理信息获取等方面。

（二）在地学方面的应用

遥感为地质、地理、环境科学等方面的勘测提供了新的手段和最新资料，为地球物理的研究、地球环境的监测和评价、自然资源的开发利用创造了有利条件。

在地质方面，判断地质特征和构造时，利用岩石的反射和发射谱波的不同鉴定岩石种类，勘探矿床时也有深入应用。在海洋方面，利用遥感可测定海岸地形、浅海海底地貌、海流边界、海流方向、海流流速、海面温度、浮游生物区和生物量、盐分、水质等。在水文方面，利用红外摄影可以探测水资源，应用卫星影像可以探测新的湖泊，利用遥感也可以发现水质、水深、泥沙等。

（三）在环境方面的应用

由于人口的增长与资源的开发、利用，自然与社会环境随时都在发生变化，遥感技术通过摄影和扫描两种方法可以获得环境污染的遥感图像，迅速为环境监测、评价和预报提供可靠依据。遥感技术在环境领域的应用，目前主要体现在大面积的宏观环境质量和生态监测方面，在大气环境质量、水体环境质量和植被生态监测等方面也有比较广泛的应用。

（四）在测绘方面的应用

遥感在测绘中的应用很早就开始了，现在已发展为应用专门的卫星或卫星上配置专门的测绘传感器。其应用包括制作地形图、校正更新现有地图、制作影像地图和制作专题地图等。

（五）在农林方面的应用

遥感技术在农林方面的应用比较广泛，对一些国土面积较大的发展中国家的作用十分明显，有人认为农林是遥感的最大用户，也是遥感的最大受益者。利用遥感技术可以作资源调查、资源监测、作物估产、病虫害监测预报和一些生产管理等。

第五节　缩微技术简介

一、缩微技术概述

在具备了网络通信环境和计算机软硬件条件的情况下，信息资源的加工、组织、处理、保存、利用，即信息资源管理就成为信息时代的核心问题。在信息资源管理的研究问题中，如何使人类文明保存下来的文化遗产和当代社会形成的先进文化无失真地保存传承下去，如何使其快速、便捷地供大众利用，是至关重要的。缩微摄影技术的应该是合理解决信息资源保存与利用的重要途径之一。

（一）基本概念

1. 缩微摄影技术

缩微摄影是在感光材料（通常是胶片）上记录缩微影像的技术和过程。记录了影像的缩微胶片叫作缩微品。制作、管理和使用缩微品的有关技术则统称为缩微摄影技术。缩微摄影技术是文献管理的一种有效手段，它采用专门的设备、材料和工艺，把文献资料以缩小影像的形式记录在胶片上，经过加工制作成缩微品以保存和使用。这一技术的应用在保护文献原件、提高文献利用率、降低管理费用方面发挥了重要作用。

目前，缩微摄影技术已成为解决我国信息管理现代化问题的重要手段之一，在档案、图书、情报等部门得到了推广和使用。

2. 缩微品

缩微品是指含有缩微影像的各种信息载体。根据使用形式的不同，缩微品可归纳为两大类，即卷式缩微品和片式缩微品。卷式缩微品主要有片盘式、盒式、片夹式等形式，片式缩微品主要有缩微平片、条形缩微胶片（简称条片）、封套缩微胶片（简称封套片）、开窗缩微卡片以及缩微卡片等形式。

（二）缩微技术的特点

1. 存储密度大

缩微摄影技术是利用摄影的方法将原件的缩小影像记录在缩微胶片上，普通缩小比率范围为1/48～1/7，超高缩小比率范围可达1/250～1/90。按其面积计算，普通缩小比率的缩小影像是原件面积的1/2 304～1/49，超高缩小比率的缩小影像是原件面积的1/62 500～1/8 100。缩微品的存储密度同目前光盘的信息存储密度相似。

2. 记录效果好

用缩微摄影技术拍摄档案、图书和资料时，可将原件的形状、内容、格式、字体以及图形等的原貌忠实地记录在缩微胶片上，形成与原件完全相同的缩小影像。如果需要表现原件的颜色，可使用彩色缩微胶片拍摄。缩微胶片影像的解像力和清晰度等质量指标都超过其他介质的同类指标。因此，采用缩微摄影技术拍摄原件可以获得质量好、可读性高的复制品。

3. 记录速度快

利用缩微摄影技术记录信息时，被拍摄的原件不管是照片、图形还是文字，也不管其密集程度和复杂程度如何，都可在摄影机快门闪动的一瞬间被记录下来。连续拍摄的轮转式缩微摄影机每分钟可记录A4幅面的原件200～300页，电子计算机输出缩微胶片装置（即COM装置）每分钟可记录的内容相当于A4幅面的原件500页。这种记录速度是其他任何记录方式都无法相比的。被拍摄的原件的数量越大，其优越性也就越显著。

4. 适用范围广

缩微品是利用摄影的方法将原件上的信息记录在缩微胶片上的信息载体。由于缩微摄影机的镜头和缩微胶片都具有良好的成像和记录性能，因而在可见光下，可读的各种原件（文字、照片和图表等）均可记录在缩微胶片上。

5. 缩微品规格统一

缩微摄影技术可使各种不同幅面和质量的原件记录在规格统一的缩微胶片上。

6. 易于还原拷贝

缩微胶片上的影像可方便地进行拷贝、放大阅读和复印。若利用高效能的拷贝机，拷贝一盘胶片只需十几分钟，利用阅读复印机放大复印一张纸印件，也只需几秒钟，并且可以进行多份连续放大复印。

当然，缩微技术也有一些不足。首先，缩微技术不能解决各种形式的信息的存储问题，作为信息存储的一种技术方法，缩微摄影技术主要适用于对原件上静止图文信息的一次性记录。同磁记录技术、光盘记录技术相比，缩微摄影技术不适用于对音响信息、活动图像信息的记录。其次，在阅读时眼睛易疲劳，由于阅读缩微品必须利用一定的光学设备，因而利用阅读器屏幕阅读缩微品影像比直接阅读原件更容易使眼睛疲劳。最后，缩微技术的一次性投资大，保管条件要求严格，阻碍了微缩技术的广泛应用。

二、缩微技术的形成与发展

（一）缩微摄影技术发展的四个阶段

缩微摄影技术从其产生到今天已经历了100多年的历史。缩微摄影技术的历史按其发展历程大体可分为四个时期，即萌芽时期、探索时期、开发与发展时期、与新技术结合时期。

1. 萌芽时期（1839—1860年）

缩微摄影技术是在摄影技术的基础上产生与发展起来的。

早在2 000多年前，我国《墨经》中就有关于影像与光的关系、小孔成像等问题的论述。这是世界上关于光学成像现象最早的文字记录。

第一次有价值的缩微摄影技术尝试也发生在1838年。当时，英国物理学家、摄影师约翰·本杰明·丹塞（John Benjamin Dancer）在实验室利用显微镜装置，首次把一个20英寸（约508mm）的原件拍摄成1/8英寸（约3.2mm）的缩微品，比原件缩小了许多。1852年有人发明了胶棉湿版摄影法之后，丹塞又把一张碑帖拍摄成1/16英寸（约1.6mm）的缩微影像。他把摄影技术首先运用于记录文字原件的拍摄实践中，这已被人们公认为缩微摄影技术的开端。

2. 探索时期（1860—1925年）

语言文字和图像信息存储介质的演变与发展，从巴比伦的黏土版到埃及的纸草版，从中国的竹简到纸张的发明，经过了漫长的道路。随着纸张介质信息资源的不断增加，信息存储空间越来越紧张，查找信息也变得越来越困难，甚至在信息处理过程中常常造成信息呆滞现象。因此，人们在不断地寻找新的信息存储介质。

早在19世纪60年代，丹塞就把一本56页的论文集拍摄成尺寸为10mm×10mm的缩微品。在1870—1871年的普法战争中，巴黎被普鲁士军队围困，内外通信中断，法国人达格龙（R. P. Dagron）将情报资料的影像按1∶50～1∶40的缩小比率拍摄在30mm×50mm的照相干版上，经冲洗后揭下影像层，放在鹅毛管中并系在信鸽身上传递给收件人，收件人再经投影放大抄写下来使用。由于采用了这种做法，仅在八周内就传递了大量情报和信件。这就是人们传诵的信鸽缩微通信。

到20世纪20年代，摄影技术得到了很大发展，摄影器材、感光材料的质量都有了很大提高。1924年德国生产了能拍摄文献的小型摄影机。在这一历史时期内，缩影技术还仅仅处于实验和探索之中，即使有些应用，也只是零星地处理一些文献资料，尚未推广使用。

3. 开发与发展时期（1925—1958年）

从20世纪20年代起，由于摄影机械和感光材料的不断发展，缩微摄影技术也得到了相应的提高，并出现了专用的缩微摄影机。美国银行家乔治·L. 麦卡锡（George L. McCarthy）于1925年设计了一台轮转式缩微摄影机。该摄影机能够将票据的缩小影像快速地拍摄在胶片上。

1932年，美国国会图书馆利用法国制造的E. K. A型缩微摄影机，开始将其贮藏的珍本图书资料制成缩微胶片供读者利用，此后还成立了摄影部，专门负责组织馆藏图书资料的拍摄业务。

1940年，开窗缩微卡片的出现为技术图纸的管理和利用开创了一条崭新的途径。

在第二次世界大战期间，缩微摄影技术主要为战争服务，并且在战争的实践中得到了发展。特别是在第二次世界大战之后，缩微摄影技术得到了广泛应用，已从档案、图书和情报资料部门扩展到了政府机关、军队、财政金融、商业企业、科学文化机构等部门。

4. 与新技术结合时期（1958年至今）

现代科学技术的进步与发展促进了缩微摄影技术的提高与发展，特别是计算机技术、激光信息技术等为缩微摄影技术的发展带来了巨大的生命力。

自从20世纪40年代第一台计算机问世以来，缩微摄影技术便很快与其结合，1958年就产生了世界上第一例计算机输出缩微胶片（computer output microfilm，COM）技术。1960年又出现了计算机输入缩微胶片（computer input microfilm，CIM）技术，利用该系统可以把缩微胶片上的人读信息转换成快速处理的数据信息，并把它记录在磁带上。同时在20世纪60年代还出现了计算机辅助检索（computer-assisted retrieval，CAR）

系统。CAR系统的开发和利用可使密集信息存储技术与快速检索技术完美地结合起来，满足了现代信息社会对信息高密集存储和快速检索的需要。近几年还开发了以计算机为基础，将光盘、磁盘与缩微胶片结合起来的复合信息管理系统，这可使缩微摄影技术在现代信息处理领域中发挥更大的作用。

（二）缩微技术的发展趋势

当前，缩微技术受到以光盘、磁盘等多种存储媒体的电子影像技术的冲击，发展速度已经放慢，但这种速度的变化并不意味着缩微技术逐渐过时并被电子影像所取代。今后缩微技术作为重要文献和图像信息资料具有的长期、安全、可靠保存的特点以及缩微技术具有的其他无可替代的优势将继续存在，缩微胶片作为可靠的信息载体形式还将广泛应用于图书、情报、档案、银行票据、工程图纸等重要的图像、信息的保存和利用。随着计算机网络技术的发展进步，缩微品数字化将得到继续发展，将逐步实现与计算机联网，缩微品影像信息将直接通过数字转换技术在网上运行，缩微将成为多媒体技术和国际互联网信息资源的重要组成部分。

小　结

本章简要介绍了信息技术的相关内容。从其概念、特点和发展出发，简单介绍了计算机硬件、软件、网络、多媒体技术、云计算、物联网及大数据等各方面的知识，这些是构成计算机基础技术的重要组成部分，然后介绍了现代通信技术、遥感技术和缩微技术，它们是计算机技术的扩展，是信息技术的采集、传输和存储的最新技术。信息技术作为信息管理的重要手段，是我们进行信息管理的基础，从事信息管理与信息系统工作的人员必须对其很好地了解和掌握。

关键词

信息技术　　计算机技术　　通信技术　　遥感技术　　微缩技术

思考题

1. 信息技术的概念和特点是什么？对社会生活有哪些影响？
2. 计算机的发展分为哪几个阶段？按照冯·诺伊曼原理构成的计算机由哪几大部分组成？
3. 什么是操作系统？操作系统的发展经历了几个阶段？操作系统具有哪些功能？
4. 简述数据库管理系统的功能。
5. 多媒体的含义是什么？多媒体计算机系统主要由哪些设备和软件组成？

6. 什么是计算机网络？它有哪些功能？如何对它进行分类？

7. 为什么要建立计算机网络体系结构？试比较 OSI/IM 参考模型和 TCP/IP 参考模型的异同。

8. 什么是 IP 地址？什么是域名？什么是域名服务器？

9. 什么是云计算？它有哪些主要特点？

10. 什么是物联网？它有哪些主要特点？

11. 什么是大数据？大数据分析的基本方法包括哪些？

12. 什么是通信？它有哪些功能？如何对它进行分类？其发展现状如何？

13. 什么是遥感？遥感技术系统由哪些部分组成？其功能如何？简述遥感技术的应用。

14. 什么是缩微摄影技术和缩微品？缩微技术的特点和作用是什么？

参考文献

[1] 姚爱国，等. 计算机导论. 武汉：武汉大学出版社，2003

[2] 温子梅. 大学计算机理论基础. 北京：科学出版社，2004

[3] 常庆瑞，蒋平安，等. 遥感技术导论. 北京：科学出版社，2004

[4] 傅罗赞. 计算机科学导论. 刘艺，等译. 北京：机械工业出版社，2004

[5] 肖林，覃雄派，谢红. 多媒体技术与应用. 北京：清华大学出版社，2009

[6] 吕翊. 电信传输技术. 北京：清华大学出版社，2011

[7] 高健. 移动通信技术. 北京：机械工业出版社，2012

[8] 涂子沛. 大数据. 桂林：广西师范大学出版社，2012

[9] 王良明. 云计算通俗讲义. 北京：电子工业出版社，2017

第三章

信息管理的理论基础——管理科学

引　言

根据1998年教育部调整后的学科专业目录，“信息管理与信息系统”专业属于管理门类一级学科“管理科学与工程”之下的一个二级学科。正如我们在前面所提到的，该专业以信息化建设的人才需求为目标，培养具有系统思维，掌握现代管理理论，具备较强的计算机应用能力，在经济管理部门、司法部门、企事业单位等从事信息系统建设和管理以及从事科学研究等工作的综合型专业人才。该专业的学生须能够熟练运用信息技术工具以及系统科学的思想，解决经济管理和企业管理中的各类问题，因此，管理学是信息管理的理论基础，本章将集中讨论这部分内容。

本章首先从现代管理学的产生与发展讲起；然后讨论现代管理学的基本思想，包括管理的基本职能、层次与战略管理、决策与管理等；最后讨论IT和信息在管理中的作用，包括管理中IT的引入、管理活动中的信息以及信息在管理中的地位和作用。

第一节　现代管理学的产生和发展

一、管理的含义

人类文明程度及其社会性发展到一定阶段便出现了管理。管理是在特定环境下，对组织所拥有的资源进行有效的计划、组织、领导和控制，以便达成既定的组织目标的过程。彼得·德鲁克（Peter F. Drucker）在《管理——任务、责任、实践》一书中提出："管理是一种工作，它有自己的技巧、工具和方法；管理是一种器官，是赋予组织以生命的、能动的、动态的器官；管理是一门科学，一种系统化的并到处适用的知识；同时管理也是一种文化。"

二、现代管理学的发展历程

20世纪以来，科学技术日新月异，社会经济飞速发展，管理学亦进入了繁荣兴旺的时代。创新的管理理念不断涌现，深邃的管理思想澎湃激荡，茁壮的管理理论之树在管理学丛林中蓬勃生长。从科学管理思想到行为科学理论，从战略竞争观念到企业文化构建，从知识组织到网络体系，各种管理学流派的发展和成熟一方面把管理理论推上了科学圣殿，另一方面使管理思想散发出艺术光彩。

如图3-1所示，从18世纪末到现在，管理理论的发展大致经历了早期管理、科学管理、行为科学、战略竞争、企业文化和学习型组织这六个阶段。

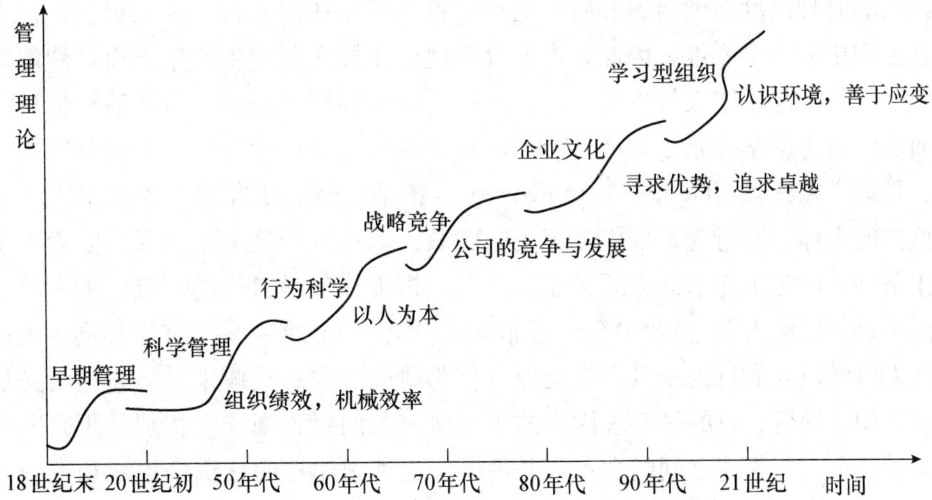

图3-1　管理理论的发展阶段

（一）早期管理及科学管理理论阶段

由于生产技术日益复杂、生产规模不断扩大以及资本规模日益扩大，19世纪末，企业的管理职能行使逐渐与企业所有权分离，管理职能由资本家委托给以经理为首的管理层来承担，这时，管理工作也成了有人专门研究的学问。20世纪初到20世纪50年代形成并发展出了“科学管理”或“古典管理”的管理理论。科学管理理论由美国古典管理学家、科学管理理论的创始人弗雷德里克·温斯洛·泰勒（F. W. Taylor）提出。泰勒认为科学管理的根本目的是谋求最高的劳动生产率，最高的工作效率是雇主和雇员达到共同富裕的基础，达到最高的工作效率的重要手段是用科学化、标准化的管理方法代替经验管理。泰勒认为最佳的管理方法是任务管理法，任务管理包括：（1）对工人操作的每个动作进行科学研究，用以替代老的单凭经验的办法；（2）科学地挑选工人，进行培训和教育，使之成长；（3）与工人亲密协作，保证一切工作按已发展起来的科学原则去办；（4）资方和工人之间在工作和职责上几乎是均分的，资方把自己比工人更胜任的那部分工作承揽下来。科学管理不仅仅是将科学化、标准化引入管理，更重要的是提出了实施科学管理的核心问题——精神革命。精神革命认为雇主和雇员双方的利益是一致的。对于雇主而言，追求的不仅是利润，更重要的是事业的发展，而事业发展不仅会给雇员带来较丰厚的工资，更意味着充分发挥其个人潜质、满足雇员自我实现的需要。正是事业使雇主和雇员联系在一起，当双方友好合作、互相帮助而非对抗和斗争时，就能通过双方共同的努力提高工作效率，增加雇主所得利润，扩大企业规模，相应地，同时使雇员工资提高，满意度增加。

（二）行为科学理论阶段

20世纪20年代前后，泰勒（W. Taylor）等人所提出的科学管理理论和“胡萝卜加大棒”的管理制度强调组织和管理的科学性、精密性而忽视了人的因素，把工人看成只是组织中的一个零件。因此，古典管理理论在提高劳动生产率方面虽然取得了显著的成绩，却激起了工人特别是工会的反抗。以新的理论假设为依据的行为科学理论应运而生。行为科学开始于20年代末30年代初的霍桑试验，创始人是美国哈佛大学教授、管理学家梅奥（George Elton Mayo）。霍桑试验的研究结果表明工人不是被动的、孤立的个体，其行为不仅仅受工资的刺激，影响生产效率最重要的因素不是待遇和工作条件，而是工作中的人际关系。据此，梅奥提出了自己的观点：工人是“社会人”而不是“经济人”；企业中存在着非正式组织；新的领导能力在于提高工人的满意度。行为科学以人的行为及其产生的原因作为研究对象。具体来说，它主要是从人的需要、欲望、动机、目的等心理因素的角度研究人的行为规律，特别是研究人与人之间的关系、个人与集体之间的关系，并借助于这种规律性的认识来预测和控制人的行为，以提高工作效率，达成组织的目标。

（三）战略竞争理论阶段

企业战略是企业面对激烈变化、严峻挑战的环境，为求得长期生存和不断发展而进行的总体性谋划。企业战略理论形成于20世纪六七十年代，产生于经济发达的美国，目前已在世界各国的企业中广泛应用，取得了显著绩效。美国著名战略管理学家安索夫（H. I. Ansoff）在其名著《企业战略》中指出：企业战略是贯穿于企业经营与产品和市场之间的一条“共同经营主线”，决定着企业目前所从事的或者计划从事的经营业务的基本性质。从企业未来发展的角度看，战略表现为一种计划（plan）；从企业过去发展历程的角度来看，战略表现为一种模式（pattern）；从产业层次来看，战略表现为一种定位（position）；从企业层次来看，战略表现为一种观念（perspective）。此外，战略也表现为企业在竞争中采用的计谋（ploy）。这是关于企业战略比较全面的看法，即著名的明茨伯格5P模型（Mintzberg et al.，1998）。

（四）企业文化理论阶段

企业文化理论的兴起源于美日比较管理学的研究热潮，经不断发展完善，日趋成熟。企业文化是指企业全体成员共享的价值观念、行为准则、团队意识、思维方式、工作作风、心理预期和团体归属感等群体意识的总称。瑞士洛桑国际管理学院（IMD）对企业国际竞争力的研究显示，企业文化与企业管理竞争力的相关系数最高，为0.946。科特和赫斯科特（Kotter and Heskett，1992）经过研究认为：企业文化对企业长期经营业绩有重大作用；企业文化在下一个十年内很可能成为决定企业兴衰的关键因素；对企业良好的长期经营业绩存在负面作用的组织文化并不罕见，这些企业文化容易孳延，即便在那些汇集了许多通情达理、文化程度高的人才的企业中也是如此。企业文化之所以有如此重要的作用，是因为，第一，企业文化能对企业成员的价值取向及行为取向起引导作用；第二，企业文化对员工的思想、心理和行为具有约束和规范作用；第三，企业文化具有凝聚作用，一种价值观被该企业员工共同认可之后，它就会成为一种黏合剂，从各个方面把其成员团结起来，从而产生巨大的向心力和凝聚力；第四，企业文化具有激励作用，能够激发员工的积极性和首创精神。

（五）学习型组织理论阶段

20世纪80年代末至90年代，在急剧变化的世界面前，越来越多的企业因不适应外部环境的快速变化，纷纷被淘汰出局。探究有效方法使企业基业长青，成为全世界管理学界与企业界的紧迫课题，学习型组织理论应运而生。学习型组织理论的奠基人、美国麻省理工大学教授彼得·圣吉（Peter Senge）所著的《第五项修炼——学习型组织的艺术与实务》一书被称为学习型组织理论的开山之作，震惊了国际管理学界，彼得·圣吉于1992年荣获了世界企业学会最高荣誉——开拓者奖。

学习型组织是指那种能认识环境、适应环境，进而能动地作用于环境的有效组织。学习型组织理论揭示的是善于应变的组织的普遍规律和特征，通俗地说主要是研究企业的生命活力如何才能不断延续及壮大。根据彼得·圣吉的论述，创建学习型组织的具体途径可以归纳为五项修炼技术，即超越自我（personal mastery）、改善心智模式

（improving mental models）、建立共同愿景（building shared vision）、团队学习（team learning）和系统思考（systems thinking）。

从20世纪初至今，管理学已经走过了一百多年的发展历程，管理理念与管理技术发生了翻天覆地的变化，业界和学界越来越重视信息在其中的作用，信息与数据逐渐被视为与人力、资本、物资一样的基本资源要素，利用先进的信息技术开发信息资源，实现信息流、物流与资金流的无缝对接，成为提高企业竞争力、培育有竞争力的企业文化、建立学习型组织的必要条件。

三、互联网时代管理学的新发展

在互联网时代，创新层出不穷、技术快速发展。经济社会背景发生深刻改变。互联网技术使人们的工作和生活方式发生根本改变，组织结构、员工行为和价值判断亦随之改变。互联网改变了员工与组织之间的力量对比。个体借助于组织，其价值创造能量和效能被极度放大，甚至改变了员工与组织的关系，对管理产生的影响愈加深刻。

（一）企业双元能力构建

互联网时代急速变化的环境和个体价值崛起这些基本现实，使组织的战略动态能力成为关键问题。其中，旨在解决提高管理效率与保持创新活力之间困境的组织双元能力理论得到了广泛关注。企业不仅需要通过开发利用式学习来保持组织的连贯性以实现效率，也需要借助探索创新式学习来重视创新和变革，以确保组织不会忽略外部市场和技术的变化。“开发利用”着眼于效率、控制、确定性和减少误差；“探索创新”则关注搜索、发现、自主性和创新。为了解决效率与创新之间的困境，组织应当根据环境和自身战略的需要，在“开发利用”和“探索创新”两种组织管理模式间转换，通过组织结构的转换来构建组织双元能力。随后，基于对快速变化的组织环境的认识，组织结构转换的方式或许并非行之有效，组织可以设立相对独立的不同内部结构来同时实现“开发利用”和“探索创新”。

面对个体价值迅速崛起的现实，组织可以通过给个人提供自主决策权，决定如何将工作时间分配到“开发利用”和“探索创新”的不同活动上，从而从基本层面构建组织双元能力。

（二）激活个体

在互联网时代，组织管理需要重新构建一种以共享价值为基础的新范式以突出个体价值对于组织持续成长的重要性。在这种新范式中，个体价值的创造成为核心，如何设立并创造共享价值的平台，让组织拥有一定的开放性，为个体营造创新氛围，成为基本命题。这种全新的管理范式的核心是：具有系统思维的领导者着力激发个体价值，创造共享价值，以此来构建组织整体价值。

个体价值的崛起需要平台与导引，创新与创造力转换成真正的价值需要推动。

"我"如何成为"我们"，"个体价值"如何成为"整体价值"，是管理新范式需要解决的命题。在一个充满动荡和剧变的时代，对有效领导力的要求最为迫切。

第二节　现代管理科学的基本思想

一、管理的基本职能

人类的管理活动具有哪些最基本的职能？这一问题虽经过近一百年的研究，但至今还是众说纷纭。自法约尔提出五种管理职能以来，有的学者提出了六种、七种，也有提出四种、三种，甚至两种、一种管理职能的。各种提法都是表 3-1 所列的 15 种职能中不同数量的不同组合而已。最常见的提法是计划、组织、领导、控制。根据管理理论的最新发展，我们认为，对管理职能的认识也应有所发展。许多新的管理理论和管理实践已一再证明：决策、组织、领导、控制、创新这五项职能是管理活动最基本的职能。①

表 3-1　管理的职能

管理职能	本书的提法
决策　decision making	决策
计划　planning	
组织　organizing	组织
用人　staffing	
指导　directing	领导
指挥　commanding	
领导　leading	
协调　coordinating	
沟通　communicating	
激励　motivating	
代表　representing	
监督　supervising	控制
检查　checking	
控制　controlling	
创新　innovating	创新

（一）决策

许多作者把"决策"看作是"从各个抉择方案中作出选择"，因而，认为"决策"是"计划"职能的一部分。我们的看法与此相反，我们认为决策是一个复杂的过程，计划是决策过程的一部分。计划是为实施决策制定的，任何计划都是实施决策的工具。

① 周三多，陈传明，鲁明泓．管理学——原理与方法．上海：复旦大学出版社，1999.

决策是针对未来的行动制定的。未来的行动往往受到行动者所处的外部环境和内部条件的驱动和制约，所以决策前首先要分析外部环境所带来的机会和威胁，分析自身的长处和短处，只有这样才能对未来的形势和宜采取的策略作出基本判断。由于未来形势受诸多因素的影响，且绝大多数情况下是不确定的，因此，必须进行预测。预测是以概率统计为基础的，很难做到十分准确，因而，决策必然具有一定的风险。为了提高预测和决策的准确性，依靠数学模型、计算机进行科学计算和模拟是非常必要的。但面对同样的事实前提，不同决策者可能作出完全不同的抉择，这与决策者的价值前提和追求的目标有关。

组织进行决策之后是计划工作。在管理学中，计划具有两重含义：其一是计划工作，是指根据对外部环境和内部条件的分析，提出在未来一定时期内要达到的组织目标以及实现目标的途径；其二是计划形式，是指用文字和指标等形式所表述的组织以及组织内不同部门和不同成员在未来一定时期内关于行动方向、内容和方式安排的管理事件。无论是计划工作还是计划形式，计划都是根据社会的需要以及组织的自身能力通过计划的编制、执行和检查，确定组织在一定时期内的奋斗目标，有效地利用组织的人力、物力、财力等资源，协调安排好组织的各项活动，取得最佳的经济效益和社会效益。

可以把计划的内容简要地概括为八个方面，即：what（什么）——计划的目的、内容；who（谁）——计划的相关人员；where（何处）——计划的实施地；when（何时）——计划实施的时间范围；why（为什么）——计划的缘由、前景；how（如何）——实现目标的方法；how much（多少）——计划的预算；effect（效果）——预测计划实施的结果、效果。被称为“5W2H1E”。

（二）组织

计划的实施要靠众人的合作。组织工作正是从目标实现对合作的需要产生的。合作的人们如果在实施决策目标的过程中，能有比各合作个体总和更大的力量、更高的效率，就应该根据工作的要求与人员的特点来设计岗位，通过授权和分工将适当的人员安排在适当的岗位上，用制度规定各个成员的职责和相互关系，形成一个有机的组织结构，使整个组织协调高效地运转，这就是管理的组织职能。

（三）领导

决策与组织工作做好了，也不一定能保证组织目标的实现，因为组织目标的实现要依靠组织全体成员的努力。由于配备在组织机构各种岗位上的人员的个人目标、需求、偏好、性格、素质、价值观及工作职责和掌握的信息量等方面存在很大差异，在相互合作中必然会产生各种矛盾和冲突。因此，需要有领导力的领导者指导员工行为，沟通信息，增强理解，统一思想和行动，激励每一位成员自觉地为实现组织目标而共同努力。

（四）控制

人们在执行计划的过程中，由于受到各种因素的干扰，行动的实际结果可能偏离最初的计划。为保证目标及为此制定的计划得以实现，就需要控制职能。控制的实质就是使行动及其结果符合计划。计划是控制的标准。管理者须及时取得计划执行情况的信息，并将有关信息与计划进行比较，发现其中存在的问题，分析原因，及时采取有效的纠正措施。从纵向看，各个管理层次都要充分重视控制职能，越是基层的管理者，控制要求的时效性越短，控制的定量化程度也越高；越是高层的管理者，控制要求的时效性越长，综合性越强。从横向看，对各项管理活动、各个管理对象都要进行控制。

（五）创新

最近几十年，科学技术迅猛发展，社会经济活动空前活跃，市场需求瞬息万变，全球化及宏观环境日益复杂，竞争日趋激烈。每位管理者每天都会遇到新情况、新问题。如果因循守旧、墨守成规，则根本无法应对新形势的挑战，现在已经到了不创新就无法维持的地步，要想生存和发展必须创新。1912 年，约瑟夫·A. 熊彼特（1883—1950 年）在《经济发展理论》一书中首次提出"创新理论"（innovation theory)。创新者将资源以不同的方式进行组合，创造出新的价值。这种"新组合"往往是"不连续的"，也就是说，现行组织可能产生创新，然而，大部分创新产生在现行组织之外。因此，他提出了"创造性破坏"的概念。熊彼特界定了创新的五种形式：开发新产品；引进新技术；开辟新市场；发掘新的原材料来源；实现新的组织形式和管理模式。

彼得·F. 德鲁克（1909—2005 年）提出，创新是组织的一项基本功能，是管理者的一项重要职责。在此之前，"管理"被人们普遍认为就是将现有的业务梳理得井井有条，不断改进质量、流程，降低成本，提高效率，等等。然而，德鲁克则将创新引入管理，明确提出这是每一位管理者和知识工作者的日常工作和基本责任。

二、管理的层次

（一）管理幅度与管理层次

管理幅度与管理层次是进行组织结构设计和诊断的关键内容。组织结构设计包括纵向结构设计和横向结构设计两个方面。纵向结构设计即管理层次设计，就是确定从企业最高一级到最低一级管理组织之间应设置多少等级，每一个等级即为一个管理层次；横向结构设计即管理幅度设计。

所谓管理幅度也称管理跨度，是指一名领导者直接领导的下级人员的人数。例如，经理直接领导多少名副经理和处长；副经理直接领导多少名科长和车间主任；车间主任直接领导多少名班组长；班组长直接领导多少名生产人员；等等。上级直接领导的下级人数多，称为管理幅度大或跨度大；反之，则称为管理幅度小或跨度窄。

关于管理幅度设计的科学指导思想，概括起来就是：（1）管理幅度是有限的；

（2）有效管理幅度不存在一种普遍适用的固定的具体人数，它的大小取决于若干基本变量，也就是影响因素，这些变量包括：上下级管理工作的复杂性、变化性和下级工作人员工作的相似性，下级人员的素质状况，下级人员职权合理和明确的程度，计划和控制的明确性及其难易程度，管理信息系统的建设和使用情况等；（3）组织设计的任务就是找出限制管理幅度的影响因素，根据影响因素的大小，具体地确定特定企业各级各类管理组织与人员的管理幅度。

显然，管理层次受到组织规模和管理幅度的影响，它与组织规模成正比：组织规模越大，包括的成员越多，管理层次越多。在组织规模已定的条件下，它与管理幅度成反比：主管直接控制的下属越多，管理层次越少；相反地，管理幅度越小，管理层次越多。

管理层次与管理幅度的反比关系决定了两种基本的管理组织结构形态：扁平结构形态和锥形结构形态。

扁平结构是指在组织规模已定的情况下，管理幅度较大、管理层次较少的一种组织结构形态。这种形态的优点是：第一，由于层次少，信息的传递速度快，从而可以使高层及时获取信息，发现问题，并及时采取相应的纠偏措施；第二，由于信息传递经过的层次少，传递过程中失真的可能性也较小；第三，较大的管理幅度使主管人员对下属不可能控制得过多、过死，从而有利于下属主动性和创新精神的发挥。但过宽的管理幅度也会带来一些局限性：比如主管不能对每位下属进行充分、有效的指导和监督；每个主管从较多的下属那里取得信息，众多的信息量可能淹没了其中最重要、最有价值的信息，从而可能影响信息的及时利用，等等。

锥形结构是管理幅度较窄、管理层次较多的高、尖、细的金字塔形态。其优点与局限性正好与扁平结构相反。优点是：较窄的管理幅度可以使每位主管仔细地研究从每位下属那里得到的有限信息，并对每位下属进行详尽的指导。缺点是：第一，过多的管理层次不仅影响了信息从基层传递到高层的速度，而且由于经过的层次太多，每次传递都被各层主管加进了许多自己的理解和认识，从而使信息在传递过程中失真；第二，过多的管理层次使各层主管感到自己在组织中的地位相对渺小，从而影响积极性的发挥；第三，过多的管理层次也往往容易使计划的控制工作复杂化。

组织设计要尽可能综合两种基本组织结构形态的优势，克服它们的局限性。

（二）管理的三层结构模型

管理系统或组织一般被划分为三个管理层次：操作层管理、中层管理及高层管理，也可称为作业层、战术层和战略层。

从管理职能上看，三个管理层次的侧重点不同。高层管理的主要职能是根据组织内外的全面情况（特别是国家政策、市场需求等外部环境）分析制定组织的长远目标、规划及政策。中层管理的主要职能是根据高层管理所确定的总目标，组织和安排系统中的各类资源，制定组织的资源分配计划（经营计划或生产计划）；根据作业进度表组织基层单位来完成计划；根据基层单位任务完成情况进行信息的分类、统计和汇总；完成企业的任务考核并定期向高层汇报。操作层管理的主要任务则是按照中层管理制定的计划和进度要求，具体指挥和控制生产，并及时向中层管理汇报作业进度和资源利用情况。三个层次间，高层向低层布置计划、组织实施和检查监督，低层则向高层定期汇报、提供统计信息以及获得资源和任务。三个层次信息处理的尺度也有很大差别：高层规划一般为 3～10 年或更长，中层计划通常为 1～2 年（有的分解至季度），而操作层则为日、周或月。由于从高层到操作层，信息处理量越来越大，管理人员也越来越多，因此三个层次呈现金字塔结构，如图 3－2 所示，沿各层的分界线向右划直线，可以看出各层次在不同类型的管理职能或管理决策上的侧重及所耗时间上的差别。

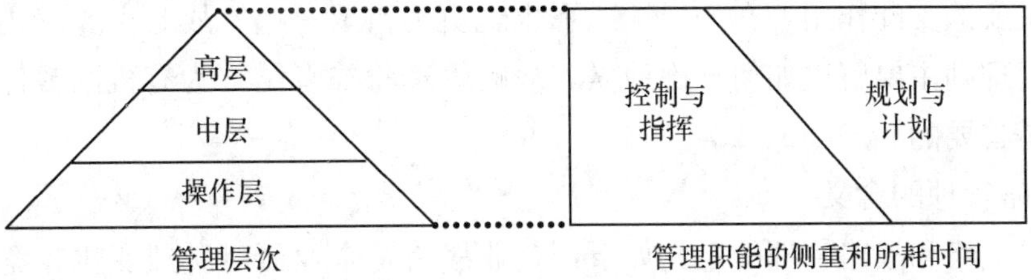

图 3－2　管理的三层结构模型

三、战略管理

（一）战略管理的含义

1. 商场与战场

战略一词最早是军事方面的概念，含义是指导战争全局的计划和策略，是为战胜对手而进行的总体谋划。现在，战略的概念被广泛地用于商业活动，是由于商业活动中的两个事实与战争无异：一是商业竞争激烈，二是战略正确与否关系到企业或组织的生死存亡。

商场与战场二者之间有共同点，也有不同点，如表 3－2 所示。

表 3－2　商场与战场的特点比较

		战争	商业活动
共同点	目的	取得统治地位	取得垄断地位
		争夺地盘	争取市场份额
		在地盘上建立政权	在市场上取得利润
	取胜规律	得人心者得天下	得客户者得市场
		知己知彼，百战不殆	内外环境的掌握和分析
		依靠正确的战略战术消灭对手	顺应潮流，优于对手
不同点		地盘有限	需求无限，市场无量
		不可能与敌人共存	有可能双赢或多赢

商场与战场有许多共同点，但也有明显的不同点。总体来说，商场不如战场残酷，但比战场复杂，范围广，至少不比其简单和狭窄。所以可以得到一个结论：商业活动要同战争一样重视战略问题。

2. 做正确的事和正确地做事

做正确的事是最终结果，即效能或效果的概念。做正确的事是指根据企业内外环境的条件和需要，确定企业的使命与任务、产品与市场领域，做具有必然性和可行性的事。正确地做事是效率的概念，是指在一定的资源条件下，优质、高产、低耗、超额、提前达成目标，即用最少的成本多快好省地实现既定目标。战略管理更多指向企业"做正确的事"。

做正确的事与正确地做事是有机结合、紧密联系、缺一不可的。在这两个方面中，前者起着主要的支配作用，在一般情况下也就更为重要一些。战略主要解决什么是重要的事，管理则主要解决如何正确地做，战略管理将二者结合为有机的整体，其中做正确的事是首要的。

3. 战略管理的含义

本书对战略和战略管理的定义如下：企业战略是企业面对激烈变化和竞争的经营环境，为求得长期生存和不断发展而进行的总体性谋划，主要包括确定企业总体方向和为实现目标制定行动方案两大部分。战略管理即企业对自身的战略进行计划、组织、领导和控制的全过程。

(二) 战略管理的主要内容

战略管理的内容回答了战略管理主要解决的问题，主要包括如下几方面。

1. 企业方向

企业方向具有四个层次，最高层次（即资本的增值）是不变的，而使命、目的和目标这三个层次随着技术、社会、经济的发展是变化的。

2. 资源配置

资源配置是指企业的人力、物力、财力、技术、知识、信息、数据、社会资本、品牌、商誉等资源的组合模式。

3. 竞争优势

竞争优势是指企业通过其资源配置与经营范围的决策，在市场上所形成的与其他竞争对手不同的优势竞争地位。

4. 协同作用

协同作用也就是系统协调优化的意思，是将企业的资源配置、经营范围和竞争能力视为一个统一的有机整体（即一个系统），对组成系统的各要素进行协调，寻求系统的整体优化，使企业总体的资源收益大于各部分资源收益之和，也就是寻求 1＋1＞2 的效果，如集团战略协同中的销售协同、营运协同和管理协同等。

（三）战略管理的过程

一个规范的、全面的战略管理过程可大体分解为三个阶段：战略分析阶段、战略制定阶段、战略实施及控制阶段，如图 3-3 所示。

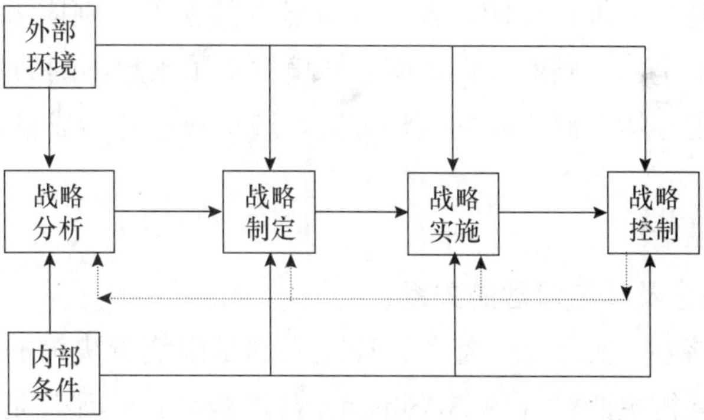

图 3-3 战略管理过程

1. 战略分析

战略分析是指对企业的战略环境进行分析、评价，预测环境未来的发展趋势，以及这些趋势对企业造成的影响及影响方向，包括外部环境分析和内部环境或条件分析两部分。

企业的外部环境一般包括下列因素或力量：政府法律因素、经济因素、技术因素、社会因素以及企业所处行业中的竞争状况。外部环境分析是为了在制定和选择战略时适时地寻找和发现有利于企业发展的机会，以及规避存在的威胁，做到"知彼"。

企业的内部环境即企业本身所具备的条件，也就是企业所具有的资源和能力，目的是发现企业所具备的优势或弱点，以便在制定和实施战略时能扬长避短，发挥优势，有效地利用企业自身的资源和能力。

2. 战略制定

战略制定实质是战略决策过程——对战略进行探索、制定以及选择。

对于多元化经营的企业，其战略选择应当解决两个基本的战略问题：一是企业的经营范围或战略经营领域，即规定企业从事生产经营活动的行业，明确企业的性质和所从事的事业，确定企业以什么产品或服务来满足哪一类顾客的需求；二是企业在某一特定经营领域的竞争优势，即确定企业提供的产品或服务，要在什么基础上取得超过竞争对手的优势。

3. 战略实施及控制

企业的战略方案确定后，必须通过具体的实际行动，才能实现战略及战略目标。一般来说可在三个方面推进一个战略的实施：其一是制定职能策略，如生产策略、研发策略、市场营销策略、财务策略等。在这些职能策略中要能够体现出策略推出步骤、采取的措施、项目以及大体的时间安排等。其二是对企业的组织机构进行构建，以使构造出的机构能够适应所采取的战略，为战略实施提供一个有利的环境。其三是要使领导者的素质和能力与所执行的战略相匹配，即挑选合适的企业高层管理者来贯彻既定的战略方案。在战略的具体化和实施过程中，要对实施进行控制。将反馈回来的实际成效与预定的战略目标进行比较，若二者有显著的偏差，则应采取有效的措施进行纠正。当原来分析不全面、判断有误，或者环境发生了预想不到的变化而引起偏差时，甚至可能会重新审视环境，制定新的战略方案，进行新一轮的战略管理过程。

四、决策与管理

（一）决策的概念及其与管理的关系

决策是管理的核心。实际上，整个管理过程都是围绕着决策的制定和实施而展开的。诺贝尔经济学奖得主西蒙（H. A. Simon）甚至强调：管理就是决策，决策充满了整个管理过程。决策在管理中的重要地位由此可见一斑。

所谓决策，是指组织或个人为了实现某种目标而对未来一定时期内有关活动的方向、内容及方式的选择或调整过程。这个概念表明决策的主体既可以是组织，也可以是组织中的个人；决策要解决的问题既可以是组织或个人活动的选择，也可以是对这种活动的调整；决策选择或调整的对象既可以是活动的方向和内容，也可以是在特定方向下从事某种活动的方式；决策涉及的时限既可以是未来较长的时期，也可以仅仅是某个较短的时期。

选择或调整组织在未来一定时间内活动的方向、内容或方式的组织决策具有以下特点：第一是目标性，任何组织决策都必须确定组织的活动目标；第二是可行性，决策方案的拟订和选择不仅要考察采取某种行动的必要性，而且要注意实施条件的限制，如人力、物力和技术条件等；第三是选择性，为了实现相同的目标，组织需要制定多个可以相互替代的方案，这些方案在资源要求、可能结果以及风险程度等方面均有所不同；第四是满意性，选择活动方案的原则是满意原则，而非最优原则，因为最优决策往往只是理论上的幻想，在方案数量有限、执行结果不确定的条件下，只能根据已知的全部条件，加上人们的主观判断，作出相对满意的选择；第五是过程性，决策是一个过程，而非瞬间行动；第六是动态性，决策不仅是一个过程，也是一个不断循环的过程，它没有真正的起点，也没有真正的终点。

（二）管理决策过程

组织中的各种决策都是为了解决某个或多个组织中存在的问题而进行的。这些问题（又称决策问题）往往具有复杂性和不确定性，因此决策制定绝不仅是最后瞬间的“拍板”或决定，而是包含一系列决策活动或阶段的一个问题求解过程。我们称这一过程为管理决策过程，或简称决策过程。

决策过程中所包含的各个阶段在不同的文献里有不同的划分方法，总结了各种观点后可以归纳出以下五个决策阶段（如图 3－4 所示）：

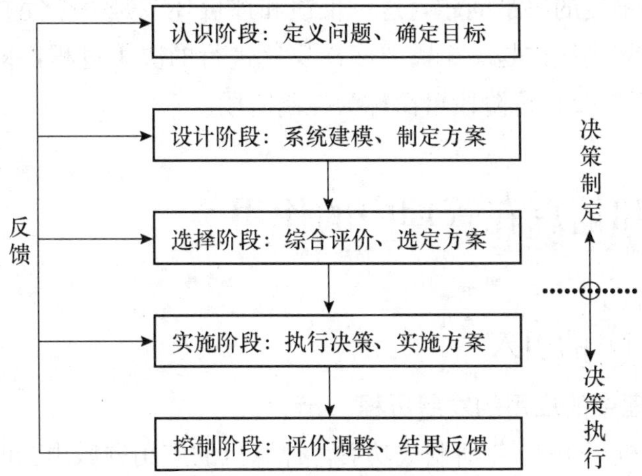

图 3－4　决策过程模型

第一，决策过程总是始于对所需解决的决策问题的认识或定义。通过收集数据或资料，找出决策问题，并围绕这一决策问题调查、了解外部环境和内部条件，确定可行的决策目标及评价准则。这一阶段可称为认识阶段。

第二，为了解决问题，必须根据该决策问题的性质和特点，建立相应的模型，收集和研究若干解决方法。通过模拟、计算、分析和构思，制定出若干可能采取的行动方案或备选方案。应该说，这种方案设计工作是决策制定中最富于创造性的环节。这一方案设计阶段可简称为设计阶段。

第三，对各种方案进行综合评价并选定一个最满意的行动方案是决策制定的关键环节，也是“作出决策”的重要标志。通常是通过对每个方案的预计费用、效益和可能产生的影响或后果进行分析与比较，根据决策目标及评价准则进行综合评价，在全面权衡各方面的利弊后选定最满意的行动方案。这一方案选择阶段可简称为选择阶段。

第四，决策的全过程可以包括决策制定与决策执行两部分。决策执行就是实施上面决策选择步骤所选定的行动方案，或执行决策的任务以解决所面临的决策问题。通常要通过合理安排和组织有关的人、财、物、设备和信息资源来保证决策任务的执行。按照西蒙的说法，保证决策的执行仍然是决策制定活动，因为围绕着决策的执行依然要设计和选择合适的行动方案，即进行更细致的决策制定工作。因此，决策制定和决策执行往往交叉进行，难以区分。这一决策执行阶段可简称为实施阶段。

第五，决策任务的执行要进行控制和监督，以保证选定方案按预期的轨道发展。考虑到任务方案在执行过程中客观环境和组织内部因素都会有一定的变化，常常需要对执行中的方案，根据有关输出信息作出适当的调整和校正。通常的做法是，监测收集的方案实施结果的反馈信息，并对其进行进一步的分析和评价，然后根据需要，“返回”或“反馈”到前面有关阶段，修改或完善所选定的方案，以保证决策任务的完成。对于复杂的、结构不良的决策问题，这一反馈和评价环节是一个完整决策过程必不可少的。决策问题的解决往往是一个需要多次反复进行的决策过程，即需要一个反复的决策“环”。这一反馈及评价阶段可简称为控制阶段。

第三节 IT和信息在管理中的作用

一、管理中IT的引入

（一）IT在管理中的应用的发展历程

自第一台计算机于1946年研制成功后，计算机的应用领域由当时的科学计算很快扩大到其他应用领域，尤其在管理中的应用越来越广泛和深入。从1950年美国国家统计局使用计算机进行人口普查开始，到现在辅助企业全面管理和决策，以计算机技术为核心的信息技术在管理和决策中的应用经历了一个由低级的单项处理到高级的基于互联网的管理信息系统的发展过程，取得了很大成效。

信息技术在管理中的应用经历了单项数据处理、综合数据处理、系统信息管理以及辅助决策四个发展阶段，而且每一阶段的发展都源于其支撑技术的推动。

1. 单项数据处理阶段

从20世纪50年代中期到60年代中期，计算机在管理中的应用主要为单项数据处理，称为电子数据处理（electronic data processing，EDP）阶段。

从20世纪50年代起，西方国家的生产发展较快，企业之间竞争激烈，管理涉及的信息量急剧增加，促使企业寻找信息处理的新手段。当时计算机已经进入第二代——半导体计算机，这为利用计算机进行信息处理提供了可能。那个时期的计算机硬件和软件都比较落后，在硬件方面，以磁介质作为存储器的磁盘、磁带技术刚刚萌芽，外存容量很小；在软件方面，还没有操作系统，数据由人工管理。由于外存容量小，数据必须和程序一起输入，且计算机不能长期保存数据。在处理方式上，受计算机外部设备、软件、通信技术的限制，主要采取批处理方式，用户只能轮流去机房递交作业。

在那一时期，基于计算机的数据处理主要是计算机代替人工对局部数据量大、操作简单的业务进行处理，例如工资结算、单项汇总等。计算机应用的特点是实现了数据的集中处理，但是数据不能共享，数据处理是单机的。

2. 综合数据处理阶段

综合数据处理阶段为20世纪60年代中期到70年代初，称为事务处理系统（transaction processing system，TPS）阶段。

在此阶段，计算机技术迅速发展，出现了具有高速存取速度和较大容量的外存储器，例如磁盘、磁鼓等，大容量的外存储器促使了操作系统的产生和文件管理功能的完善。这时数据被组织成数据文件存储在磁盘、磁鼓上，由操作系统完成程序和数据的管理，实现了数据与程序的分离，计算机处理信息的能力大幅提升。

在此阶段，计算机应用由单项数据处理拓展为某一管理业务范围或管理子系统，例如企业的物资管理、信息检索、飞机订票等，其特点为实时处理、数据能局部共享、系统采用主从式体系结构。

操作系统的产生是数据处理能力提升的主要因素之一。文件管理作为操作系统的四大功能之一，使数据管理实现了自动化。但是由于程序与数据文件之间的独立性很差，数据的共享还只能是局部的。

3. 系统信息管理阶段

20 世纪 70 年代是系统应用的开始，也是管理信息系统的萌芽时期。20 世纪 70 年代初至 90 年代初是系统信息管理阶段。

在此阶段，出现了大/超大规模集成电路、大容量的存储器，网络技术有所发展，计算机性能和价格遵循摩尔定律发展，产生了数据库技术。以计算机技术、传感技术和通信技术为主体的信息技术使计算机应用于企业管理的各个方面，在企业中运行了管理信息系统，以辅助企业的生产经营，其主要特点是实时处理、数据在全企业内部共享、系统以局域网结构为主。

4. 辅助决策阶段

20 世纪 80 年代末至今，信息技术本身产生了巨大进步，例如出现了超大容量存储器（以 GB 为单位衡量存储容量），计算机性能和价格遵循摩尔定律高速发展，互联网技术由军事应用拓展为商业应用，通信技术拓展为数据通信等。

在这一阶段，以管理信息系统为主的信息系统在企业中的广泛应用减轻了员工的工作强度，提高了工作效率和决策质量，企业作业层的大量数据已经被存储在数据库中。许多数据分析与数据挖掘的成功实例使人们认识到，企业所拥有的大量数据其实是“金矿”，可以为企业的决策提供强有力的支持。因此，在数据管理方面，大数据、人工智能等研究成果应用于企业决策，提出了知识管理的概念，使信息技术的应用由信息管理阶段进入辅助决策阶段。信息技术的应用从数据管理阶段，经历了信息管理阶段，进入了知识管理时代。

在这一阶段，信息技术不仅应用于企业内部，也应用于企业外部，产生了电子商务网上营销，企业在内部使用互联网技术，构建企业内部网（Intranet），在企业间构建企业外部网（Extranet），建立基于互联网的运作支持系统。系统采用多种体系结构。这时的应用特点表现为实时处理、信息在企业间共享乃至全球共享等。

（二）IT 带来的企业变革

1996 年以前，IT 对企业管理将产生多大的影响还很难预料。1998 年以前，《财富》全球500强企业中都还有70家没有自己的主页，已经建立了企业网站的公司在利用互联网方面也还处于初级阶段。但现在，IT将改变企业的管理方式已经成为所有企业的共识。进入21世纪之后，IT在企业中的应用水平又上了一个台阶，新的管理思想与管理实践几乎都是基于IT的（IT赋能，IT enabled），IT已经渗透到管理的方方面面，几乎所有流程和职能都是IT赋能的。另外，由于IT和互联网技术的发展，新型企业业务模式和产业模式不断涌现，给企业管理带来了全方位的变革。

1. 对企业外部环境的影响

IT对企业外部环境的影响主要表现在下列四个方面：

首先是大网络环境的形成。从外部环境来看，信息技术的发展使得整个世界越来越小，越来越平，企业的市场与竞争环境由原来的区域向全球化发展，经济全球化已发展成为不可避免的趋势。企业所处的宏观环境已经不仅仅是通过信息技术连接起来的狭义的网络，而是基于技术网络的社会网络与经济网络——“大网络”。在大网络下，企业的经营战略和管理模式都需进行根本改变，企业需不断地进行变革，以适应环境的变化。具体而言，互联网技术改变了产品、服务的内容或提供模式、改变了人们工作和生活方式，甚至是引发了人们价值判断的改变。互联网技术使得国家、地区、人际乃至物与物之间的联系变得更为紧密，而全球化及知识经济正在改变世界经济结构和总体格局。这些变化集中表现在以下三个领域：（1）正在发生的未来，是当下环境的基本特征，包含三种内涵：一切皆变，一切皆存在；互动与沟通；共生与分享。（2）数据化及大数据，是必须注意的一个时代特征。（3）自主的个体，是这个时代个体的特征，表现为多元、独立、自由、责任、人人是创客。

其次是行业竞争结构的改变。根据著名管理学家迈克尔·波特（Michael E. Porter）的观点，一个行业的竞争状况是由五种作用力决定的，这五种作用力越强，行业的竞争就越激烈。这五种作用力是：现有竞争者的竞争、潜在进入者的威胁、替代品的威胁、买方讨价还价的能力、卖方讨价还价的能力。信息技术的广泛应用可以从多个方面改变行业竞争机构，也使得竞争更加激烈。在信息时代，客户获取产品信息更为方便，可以对多种产品的价格、服务等进行分析，并且购买产品可以不再受时间和地理位置的限制，买方讨价还价的能力自然会有很大提升，为了吸引和留住客户，竞争者之间的竞争方式也将从传统的关注利润向关注客户转移。因此，互联网时代是“客户制定规则”的时代。当然，信息技术也赋予企业这样一种能力：能利用信息技术全方位地了解客户，满足客户的需要，提高客户的满意度和忠诚度。

再次是客户需求行为的变化。互联网彻底改变了人们对组织的期待。客户从未像今天一样如此自由和轻易地获取和分享信息。信息技术在带给客户信息的同时，也给了客户权力。当今的客户比以往任何时候都更处于一种优势地位。客户需要个性化的产品和服务、合理的价格，并要求在最短的时间内得到利益。传统商业模式中以天为单位的回应速度已经不再符合客户的要求，在客户的词典里，“及时”的意思就是“即时”“随时”，D 几分钟甚至几秒钟内对客户的要求作出反馈。

最后是交易模式的改变与企业价值链的再造。信息技术提供了巨大的商业机会，改变了传统的贸易模式与交易规则。信息技术逐渐渗透到企业价值链的各个环节，最为明显的是供应链的重大变革。企业间电子商务发展的势头迅猛，企业内部价值链扩展到连接企业的供应商和客户网络，企业通过电子商务强化的供应链大大缩短了从接受订单、原材料采购到发货的周期，通过供应商、分销商和企业库存的实时共享，实现了实时主动的生产计划。

2. 企业内部管理的变革

信息技术不仅冲击了企业发展的外部环境，同时也深刻影响了企业内部的管理。当前，不断发展的信息技术正渗透到企业活动的各个环节与各个层面中。

第一是管理模式的变革。如“业务流程再造”（business process re-engineering，BPR）主张重新设计业务流程和组织结构；“虚拟企业”主张为顺应日益动荡的市场形势并尽快抓住市场机遇，由不同企业为某一特定任务组织灵活的联合性企业；“学习型组织”主张企业需进行自我调整和改造，以适应调整、变化的环境，求得有效的生存和发展。“虚拟企业”“在家上班”等这些时髦概念揭示了组织内涵、架构和工作方式的变迁。

第二是组织结构的变革。信息技术带来的管理变革要求企业对组织结构进行重新设计。信息技术在企业中的应用、大量高素质员工及企业创新的需要使得传统的等级管理向全员参与、模块组织、水平组织等新型组织模式转变。组织结构设计可以冲破传统管理模式下管理幅度的限制，垂直的层级组织中大量的中间层已经没有存在的必要，企业内部上下级之间的距离大为缩短，组织结构向扁平化方向发展。

第三是营销策略的变革。电子商务改变了传统的营销环境，消费者购买行为日趋个性化，在交易中的主导权更加突出，对于企业来说，制定市场营销策略、进行营销管理，应当强调如何更方便及时地满足消费者的特定需要，分析客户的行为数据，推荐个性化的产品和服务。广告的宣传也要适应新的互联网等网络传播媒体的需要。

第四是生产流程的变革。市场需求的多变性或多样性要求企业的生产组织、产品设计、工艺流程设计智能化、精益化、柔性化、模块化，在确保产品的多样性的同时降低制造成本，缩短产品生命周期，大幅提高劳动生产率。

第五是客户服务方式的变革。互联网为企业提供了便捷、低成本的客户服务手段，与此同时，客户对服务及时性的要求越来越高，现在，大多数客户希望能在 6 小时内获得关于客户服务询问的答复，甚至为数不少的客户寻求即时获得满意的服务。服务快捷方便是一个方面，另一个方面是个性化服务。互联网时代大数据技术造就了提高客户忠诚度的新法宝：个性化服务。

第六是企业文化变革，如对个体价值的看重、尊重知识、鼓励创新、宽容失败、协同合作等。

二、管理活动中的信息

正如上面所提到的，管理可以分为三个层次，与之相对应，通常把高层管理所需要的信息称为战略信息，把中层管理所需要的信息称为战术信息，而把操作层管理所需要的信息称为作业信息。明确这三种类型的信息之间的界线，对分析和研究信息在管理中的作用，进而更好地利用信息优势，促进管理工作的开展有着十分重要的意义。表3-3说明了这三种类型的信息的基本特征。

表3-3　三种类型的信息的基本特征

信息类型	基本特征
战略信息	1. 外部环境信息 （1）国家政策；（2）市场需求； （3）竞争态势；（4）资金来源； （5）资源的可用性 2. 关于长期趋势的预测信息 3. 关于长期状态的模拟信息
战术信息	1. 描述历史状况的信息 2. 现实工作情况统计信息 3. 例外（非正常）报告要点 4. 短期未来信息 5. 模拟短期状态的“如果……则……”信息
作业信息	1. 描述历史的信息资料 2. 现实工作情况报告 3. 例外报告

高层管理为了保证企业的生存和发展，需要制定组织的目标和战略规划，这除了需要掌握企业内部生产进度、资源状况等关键的统计信息外，还需要着重收集和掌握外部环境信息，如国家政策、技术突破、市场需求、竞争态势等信息。外部环境信息可以通过市场调查，通过报纸、杂志、文件或统计年鉴，通过与上级领导和同行间的沟通或谈话等渠道获得。中层管理对内部信息的需求要比高层管理更多、更细，对外部环境信息的掌握也需要有一定的深度。例如生产企业的供应部门既要了解厂内车间的生产要求和材料的库存信息，又要掌握原材料的市场供应价格。操作层管理则以内部信息为主，而且要掌握有关资源的详细信息，以便完成生产作业进度的控制和指挥。图3-5给出了战略信息、战术信息和作业信息在信息来源和信息形式上的差别。由图3-5可见，管理层次越高，管理人员或决策者所需的有关外部环境的信息越多，且所需要的信息形式也越概括、越综合。

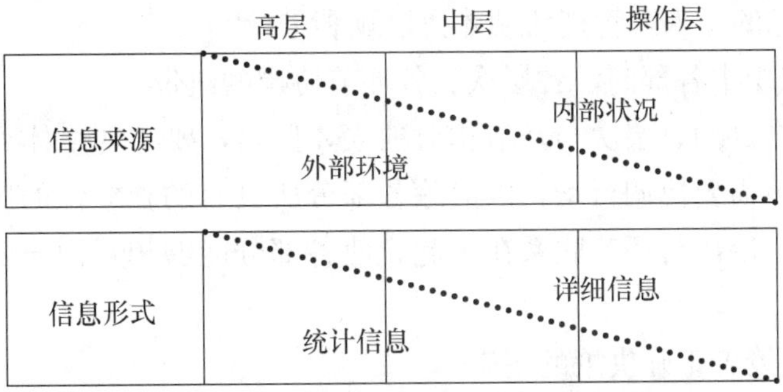

图 3-5 不同管理层次在信息需求上的差别

从上述分析可以看出，由于三个管理层次之间在计划、控制等方面的管理职能和管理活动具有一定的重叠性，因而它们的信息需求也具有一定的重叠性，即随着管理层次由低向高过渡，信息需求也由一种倾向朝另一种倾向过渡。表 3-4 从信息的来源、范围、提供形式、时间界限、延续性、要求精度和使用频率等不同角度，描述了各个管理层次所需要的信息特征及其过渡情况。

表 3-4 各个管理层次的信息特征及过渡情况

信息特征	操作层管理	中层管理	高层管理
来源	主要是内部	→	主要是外部
范围	定义严格、狭窄	→	非常宽
提供形式	详细的	→	统计的
时间界限	历史的	→	未来的
延续性	主要是当前的	→	相当长
要求精度	高	→	低
使用频率	非常频繁	→	不频繁

三、信息在管理中的地位和作用

企业管理中信息的作用是管理信息基本功能的体现。企业作为一种经济组织，其管理信息流贯穿于生产和经营活动的始终，联系着企业的各个组织环节。随着市场竞争的加剧以及信息技术的发展，信息在管理中的作用越来越大，也越来越受到企业的重视。

1. 信息是管理系统的基本构成要素，并促使各要素形成有机联系

信息是构成管理系统的基本要素之一，正是信息活动的存在，使得管理活动得以进行，信息是管理系统各要素形成有机联系的媒介。没有信息，就不会有管理系统和组织，管理活动也就失去了存在的基础。

2. 信息是管理过程的媒介，它使管理活动得以顺利进行

从信息视角看，各种管理活动可看作信息的输入、变换、输出和反馈。管理的过程也就是信息的输入、变换、输出和反馈的过程。实际上，管理过程是以信息为媒介

的，正是因为信息的介入，管理活动才得以顺利进行。

3. 信息是组织中各部门、各层次、各环节协调的纽带

组织中的各个部门、层次与环节相对独立，但是，要实现整体目标，组织的各个部门、层次与环节需要协调行动，以消除各部分所具有的独立性的影响，这需要纽带将企业各个部门、层次与环节联系在一起，使各部分能够相互沟通协调，这个纽带就是信息。

4. 信息是决策者正确决策的基础

决策者所拥有的各种信息以及对信息的消化吸收是其有效决策的依据。决策者只有及时掌握全面的、充分而有效的信息，才能提挈全局、高瞻远瞩，从而作出正确的决策。

5. 信息资源的开发和利用是提高社会资源利用率的重要途径

社会资源是有限的，需要得到最合理、最有效的利用，以提高利用率。对于企业而言，即表现为经济效益和社会效益的提高。及时、充分、有效的信息能够促进企业资源的合理有效配置，提高效率和效益，增加社会财富。

下面介绍联想集团（以下简称联想）实施管理信息系统的成功案例。

案例 1

联想 ERP 实施案例

联想通过多年企业信息化的实践总结出一张图，即客户需求驱动的、协同上下游合作伙伴的、资源一体化的信息化全景图。在这张图中，联想企业信息化各系统之间并不是各自独立与分离的，它们是集成的、一体化的。

联想把客户的需求分解成使用需求、购买需求和服务需求。客户通过网页、电话、面对面等方式将需求传递给联想，进入联想的客户关系系统、产品研发系统、供应链系统。这三个系统驱动企业资源计划（ERP）合理调动企业的人、财、物资源，分别满足客户在服务、产品和供应三方面的需求。企业各级管理者通过构架在网络办公基础上的管理驾驶舱，实时掌控企业各环节的运作状况和管理绩效，准确地作出决策和判断。

通过实施企业信息化项目，联想有效促进了企业内外信息的流通，使得公司内各部门，以及公司与上下游企业间的信息无缝连接，实现了巨大的经济效益和社会效益。库存周转由 1995 年的 72 天降到 2000 年的 22 天。以 2000 年库存平均余额 9.63 亿元计，节省资金 21 亿元；资金成本以 6 亿元计，相当于一年降低成本 1.26 亿元。积压损失由 1995 年的 2%下降到 2000 年的 0.19%。以 2000 年营业额 200 亿元计，相当于一年节省成本 3.62 亿元。应收账周转天数由 1995 年的 28 天降到 2000 年的 14 天。以 2000 年的应收账平均余额 7.82 亿元计，相当于节省资金 7.82 亿元，成本降低 0.47 亿

元。应收账坏账占总收入的比例由1995年的0.3%降到2000年的0.05%。以2000年营业额200亿元计，相当于成本降低0.5亿元。网络办公所产生的效益也十分可观。通过网上资源预订，差旅费、办公用品费用降低10%左右。以上各项每年总计降低成本6亿多元。

公司总体费用率由1995年的20%降低到2000年的9%。网络办公、财务管理、供应链管理和电子商务共计节省人员350人。以5 000名员工计，相当于劳动生产率提高7%。1997—2000年联想电脑销量平均每年递增78.2%（中国电脑市场年平均增长率为33.5%），市场份额从1997年的10.7%增长到2000年的28.9%。1997—2000年，公司销售收入平均每年递增50.4%。在这些惊人的增长数字背后，企业信息化的作用功不可没！

案例2

激活个体：互联网时代的组织管理

关于个体价值在组织变革与创造中的重要性，可以从IBM和谷歌的案例中得到一些启示。

IBM创立于1911年，总部位于美国纽约，是为数不多的拥有百年历史的跨国计算技术和IT服务公司。经过100多年的发展、变革和调整，公司已变得非常强大，而且一直坚持持续改变。2014年，IBM的销售收入为928亿美元，是计算机软硬件行业的长期领跑者，其业务涵盖服务器制造与销售、行业软件销售、IT服务与咨询、金融等。1991—2014年，IBM持续变化，提出需要具备为客户整合所有资源（包括自身的产品以及其他公司的产品），并创造性地为客户提供全方位的解决方案的能力。公司的转型主要集中于产业模式、商业模式、计算模式和市场模式4个领域。然而，即使这样，IBM的业绩依旧下滑。究其原因，大量企业开始使用云服务，对大型服务器等IT基础设施的需求下降，导致IBM传统服务器业务萎缩。2014年，该公司系统与技术事业部调整后收入减少22亿美元，较前一年下滑17%。在大数据、云计算等领域，IBM面临亚马逊、微软、阿里巴巴等先发企业的竞争，且有关收入占公司总营收的比例较低，难以支撑公司业务转型。虽然所有理念都是对的，所有对市场的判断也都正确，但是仍然无法达到预期效果。其根本原因是行动变化速度不够！无论谷歌、脸谱网还是那些真正理解到这种变化并行动迅速的公司，都已经走到了IBM的前面。IBM究其根本还是犯了大企业病，整个组织的层级过多，太过僵化与官僚，太过依赖于组织本身的核心能力以及组织拥有的强大经验与技术，却忽略了对个体创造力的激发以及对个体价值的认知。

面对个体价值的崛起，谷歌公司的组织原则和管理模式对组织未来的价值与意义提供了一些注解。该公司董事局执行主席Schmidt和主管产品的前高级副主席Rosenberg 在他们合著的新书《谷歌是如何运营的》中认为，未来组织的关键职能就是让一群“Smart Creative”聚在一起，快速地感知客户需求，愉快地、充满创造力地开发产品、提供服务。那么什么样的人是“Smart Creative”呢？简言之，“Smart Creative”不需要管理者进行管理，只需要组织营造氛围。传统的管理理念不再适用于这群人，甚至适得其反。组织不能告诉他们如何思考，只能营造思考的环境。给他们下达命令不但会压抑他们的天性，而且会引起他们的反感，甚至导致离职。这群人需要互动、透明、平等。该书的作者反复强调，凡是不受法律或者监管约束的信息，谷歌公司都倾向于开放给所有员工，包括核心业务和绩效表现。谷歌公司采用的是这种模式，优秀人才自然慕名而来，这让其保持了非常好的创新能力和领先的行业地位。

小　结

本章开篇我们首先回顾了管理科学产生与发展的历程，从早期管理到科学管理，从行为科学到战略管理，从企业文化再到学习型组织，管理学不断演进，指导着人们的管理实践。

信息技术的发展使管理学发展出许多新领域和新特点：决策支持系统辅助人们作出正确的抉择；企业资源计划集成管理了企业的人、财、物、产、供、销等企业资源与活动，使企业的运行更加流畅、高效，业务流程更加规范；互联网使得企业以全新的模式提供产品和服务，涌现了许多新型服务和组织；IT 使管理更加规范，信息流动更加畅通，企业组织结构与组织文化也随之发生了巨大变革。

管理学是一门内容很广的学科，本章只是做了些抛砖引玉的工作，读者在今后的学习中可以选取自己感兴趣的领域作进一步的深入研究。

关键词

管理科学　　管理层次　　管理职能　　战略管理　　决策

思考题

1. 管理的科学性与艺术性可以体现在哪些方面？谈谈自己的体会。

2. 简述管理科学的发展历程，并对每个阶段找出一两个代表学派的例子作具体分析。

3. 管理的基本职能包括哪些？

4. 管理幅度与管理层次应该如何协调？谈谈你认为的管理层次的划分应该是怎样的。

5. 战略管理的重要性可以体现在什么方面？找一个实际企业的例子作具体分析。
6. 决策支持系统的核心与本质是什么？
7. 随着 IT 的引入，企业面临着哪些变革？
8. 分析信息在管理中的地位与作用并举例说明。

参考文献

[1] 何继善，陈晓红，等. 管理科学：历史沿革、现状与发展趋势. 长沙：湖南人民出版社，2004

[2] 孙占山，方美琪，陈禹. 决策支持系统及其应用. 南京：南京大学出版社，1997

[3] 蔡淑琴. 管理信息系统. 北京：科学出版社，2004

[4] 左美云，邝孔武. 信息系统的开发与管理教程. 北京：清华大学出版社，2001

[5] 徐志坚. 信息系统与公司竞争. 北京：科学出版社，2002

[6] 张士玉，王滨有，张士宏. 战略管理. 北京：中国财政经济出版社，北京财经电子音像出版社，2002

[7] 周三多，陈传明，鲁明泓. 管理学——原理与方法. 上海：复旦大学出版社，1999

[8] 周祖城. 管理与伦理. 北京：清华大学出版社，2000

[9] 胡昌平，周荫生，方耀斌，佟枫林，张立厚，任际泰. 企业管理信息学. 武汉：华中师范大学出版社，1992

[10] 俞文钊，贾咏，汪解，范津砚. 合资企业的跨文化管理. 北京：人民教育出版社，1996

[11] 陈春花. 共享时代的到来需要管理新范式. 管理学报，2016 (2)

[12] 彼得·德鲁克. 巨变时代的管理. 朱雁斌，译. 北京：机械工业出版社，2006

[13] 彼得·德鲁克. 管理的实践. 齐若兰，译. 北京：机械工业出版社，2006

[14] 切斯特·I. 巴纳德. 经理人员的职能. 王永贵，译. 北京：机械工业出版社，2007

[15] 陈春花. 激活个体：互联时代的组织管理新范式. 北京：机械工业出版社，2015

第四章

信息管理的思想基础——现代系统科学

引　言

作为一门学科，信息管理的思想基础是现代系统科学——人们系统地做事情、想问题的基本原则和规律。这有两方面的原因：一方面，信息作为一种资源，只有在特定的系统中才谈得上发挥作用。信息资源的开发与运用，与对复杂系统的管理和控制是不可分割的。十分明显的事实是，信息与系统两个词是先天地、内在地联系在一起的。另一方面，信息系统本身又是一个集管理和技术于一体的、涉及多种因素的复杂系统。所以，从事信息管理的人特别需要吸取和运用现代系统科学的理念、思路和方法。

现代系统科学是21世纪科学的基石之一。它在人类文明长期发展的基础上，把整体观的科学理念与现代技术提供的实验方法有机地结合起来，为人们认识和处理复杂事物提供了科学的方法与思路。它以不同领域的复杂系统为研究对象，从系统和整体的角度，探讨复杂系统的性质和演化规律，目的是揭示各种系统的共性以及演化过程中所遵循的共同规律，发展优化和调控系统的方法，进而为系统科学在科学技术、社会、经济、军事、生物等领域的应用提供理论依据。因此，现代系统科学（也被称为复杂性科学）得到了学术界与社会各方的高度重视，成为新时代的管理者和决策者必须掌握的思想方法之一。

系统科学的内容十分丰富，系统工程的方法也包括许多方面，已经形成了比较完整的学科。但系统思维的基本理念却是十分朴素、十分简明的。从亚里士多德等古代学者开始，整体观念、层次观念、动态观念、主体观念、随机性的概念等基本思想就已经多次为中外学者所强调与阐述。近几十年来，数学、计算机等技术手段的发展，则使得这些思想得以具体落实，在社会实践中发挥了越来越大的作用。

系统工程是系统思维方法的具体体现，是系统科学转化为现实生产力的桥梁。系统工程通过一系列规范化的做事方法与科学的表达和分析手段融为一体，把工业时代形成的标准化和信息时代所需要的多样化、灵活性结合起来，把“实事求是”“具体事物具体分析”这些一般性的理念以切实可行的、可操作的方式落实到具体行业的操作层面。信息管理和信息系统就是这些行业之中的一个。因此，这个专业也被称为信息系统工程。

完整地介绍现代系统科学，需要专门的课程，甚至专门的专业。在本专业的高年级和研究生阶段，也将有专门的课程对其进行介绍。这一章只是对现代系统科学的概念、要点与基本方法作一个入门性的介绍。

第一节　系统科学的意义和由来

系统科学是一门既古老又年轻的学科。一方面，自古以来，许多中外学者都已经从各种不同角度、以不同方式对系统科学进行了研究与阐述，从这个意义上讲，它无疑是一门非常古老的、历史悠久的科学。另一方面，近几十年来，无论在理念的深化方面，还是在实现的技术细节方面，系统科学都取得了突破性的进展，它正在重新形成其体系和架构，经历了凤凰涅槃式的再生过程。

本节将对这一既古老又年轻的学科进行简要介绍。

一、什么是系统科学

系统科学一词现在越来越多地得到使用，它和系统思维、系统方法、系统工程用语一起，形成了“系统热”。这表明了人们对它的重视和期望。然而，给它下一个确切的定义并不是一件容易的事情。

就我们的专业而言，可以对它作如下说明：系统科学是人类对于复杂系统的规律的认识的总结；它是在自然科学与社会科学各领域的大量实际经验的基础上，总结出的人类认识、描述、设计、管理、控制复杂系统的一般性的理念、方法与具体步骤。

关于这个说明，我们可以从以下三个方面加以理解。

首先，系统科学是一门跨领域的、研究一般性的方法论的科学。它所研究的是人类认识与管理所有复杂系统的、一般性的理论与方法，既包括自然科学，也包括社会科学；既包括物理、化学等无生命的系统，也包括生物系统、生态系统、社会系统等活的、有生命的系统；既包括由具体事物构成的实际的、物质的系统，也包括由概念构成的抽象的、理论上的系统。正像人们常说的，系统无处不在。正因为如此，系统科学的思想与方法得到了现代社会各学科、各领域的普遍重视。

其次，系统科学包括认识世界和改造世界两个方面。一方面，它通过总结大量实际经验，为我们认识变化万千的客观事物提供帮助，以便从复杂的现象中找出内在的联系和规律。这就是它的认识论功能。另一方面，认识世界是为了改造世界，认识复杂系统是为了改造、管理、控制复杂系统。系统科学更重要的作用在于提供解决问题的思路和方法。正是这一点，使得广大的从事实际工作的人，把目光投向了系统科学，试图从中寻找有效地做事情的方法。可见，系统科学绝不是脱离实际的空谈，而是具有鲜明的实践性的学科。

最后，还需要注意的是系统科学强调的可操作性。在这一点上，它不同于传统学科中一些主要是进行思辨的学科。系统科学与数学、运筹学有着密不可分的关系。它不但需要明确解决问题所需要的理念与思路，而且非常强调实际做事的步骤与操作方法；它不但给出定性的判断，而且要找出定量的界限与标准。这就使系统科学不同于单纯的思辨，对于实际工作具有十分具体、十分现实的意义。

二、系统科学的对象与内容

那么，系统科学研究的对象是什么呢？如果说因为系统无处不在，系统科学就什么都研究，那么系统科学就成了“万金油”式的、没有意义的泛泛而谈了。这其实是对系统科学的一种误解。

如上所述，系统科学是一门方法论的科学，它研究的是看待事物的角度和做事的方法。正如人们常常讲的“把企业当作一个系统来看待”“把城市当作一个系统来看待”。所以，系统科学的研究内容可以从人们认识事物、管理事物的过程的角度，划分为以下三个主要部分：复杂系统的状态和描述方法；复杂系统的动态属性与演化规律；人们管理与控制复杂系统的方法。

当人们面对某个复杂的问题的时候，首先面对的课题是如何认识和描述问题。如果事情涉及的因素只有很少几个，因果关系十分明确，我们就能够运用寻常的逻辑推理或简单的计算迅速地找到答案。然而，这显然谈不上是复杂的问题。随着人类的活动范围越来越大，要处理的问题涉及的因素越来越多，相互制约的因果关系越来越复杂，直线式的简单推理已经无能为力，比如，环境保护问题、国际经济问题、世界人口问题、土地荒漠化问题、全球温室效应问题、计算机网络安全问题、抵御恐怖袭击问题，等等。事实上在今天的人类社会中，没有一个实际问题是可以从单个因素或简单的因果推理得到解释和答案的。人们曾经把数学公式作为描述客观规律的主要工具，这在工业时代曾经取得了巨大成功。然而，20世纪中叶以后，问题变得越来越综合、越来越错综复杂，许多问题已经无法用简单的数学公式来描述，而且往往是给出了公式，也没有可以实现的具体算法。正是针对这种状况，系统科学为这种多因素的、关系错综复杂的、包含许多不确定性的问题的理解和描述提供了一系列方法，如建立模型、进行计算机模拟、绘制各种图示等，直到引入混沌、分形等新工具。

如果说对于系统的静态描述已经变得越来越复杂，那么对于现实问题的动态研究则显示出了更加复杂多变的状况。随着时间的推移，系统的状态将不断地演变与进化。这种演变与进化不只是量的变化，而且往往伴随着新的现象与规律的出现，这被称为“涌现”（emergence）现象。这方面的典型例子就是电子商务和网上社区的出现。从20世纪末开始，随着计算机和网络技术的普及，许多以前从来没有过的事情出现了，比如，网上的BBS社区、网上购物、计算机黑客等。这些新的现象是怎么出现的？有什么规律？哪些是发展的必然趋势？哪些是来去匆匆的泡沫？要回答这些问题，不仅需要全面地考虑有关的因素，而且要细致地分析它们之间错综复杂的相互制约和相互作用的关系，并对整个发展过程和趋势进行极其细致的分析。

在以上两个方面的基础上，针对这些现实问题制定科学的管理与控制方法是我们研究系统科学的根本目的。传统的管理方法是把整体和个体对立起来，把人当作生产线上的零件。这种方法在工业时代曾经发挥了很大作用。但是到了信息时代，主体意识苏醒了，人们个性化的要求越来越高。在这种情况下，“我拨你动”，把被管理者当作棋子的管理与控制越来越行不通了。新的、更加人性化的管理与控制正是基于对复杂系统的状态与发展规律的认识。承认多种利益主体的客观存在，细微地、科学地进行分析和研究，充分调动各种因素的积极方面，这才是制定科学、有效的政策的正确方法，才能做到“四两拨千斤”，形成和谐的、协调的社会环境。

在以上三个方面，系统科学都已经有了许多值得关注的成果。有兴趣的读者可以参阅有关的专著与教材，例如许国志院士主编的《系统科学》一书。

三、系统科学的由来与复兴

前面已经提到，系统科学的许多理念并不是近几十年才有的。古代许多著名的学者都已经有过不少精辟的论述。例如，希腊学者亚里士多德的名言：“整体大于它的各部分之和”，就是一个突出的例子。它表明：古人已经认识到，部分组成整体的时候，不是简单地累积，而是产生了新的内容与功能。一个桌面加上四条桌腿，就形成了一个新的、可以用来写字和放东西的新事物——桌子。而这种功能在桌面、桌腿分散放置的时候是不存在的。同样地，若干个人组成一个团队的时候，若干企业组成一个企业集团的时候，若干物种组成一个生态环境的时候，若干分子团组成一个蛋白质分子的时候，都有类似的情况发生。这一精辟的表述至今还经常出现在有关系统科学的书籍的头几页中，作为系统思维的基本理念之一。

中国古代学者关于如何认识、分析、管理、控制复杂系统，也有许多天才的、精辟的论述。例如，老子关于宇宙演化的论述，《孙子兵法》中关于各种战略的论述，屈原的《天问》中许多关于自然界的系统演化规律的质疑，田忌赛马中局部与全局的辩证关系的思想，等等。

所以，系统科学的思想火花，无论在中国还是在外国都可以追溯到几千年以前。这些思想无疑都是十分深刻、十分有意义的。然而，由于当时的技术水平很低，人类的视野还比较狭窄，所以这些精辟的论述一般只能停留在定性的文字描述上，缺乏实证的、定量的论据，也无法提出具体的、可操作的实施办法。在许多情况下这些论断只是一种猜测或直觉，虽然是天才的猜测，但作为一门学科，古代的系统科学只能说是处于酝酿和萌芽阶段。

伴随着工业革命的兴起，从培根、伽利略到牛顿，近代科学在三四百年的时间内占据了学术界的统治地位。近代科学在注重分析、注重实验的思想的指导下，冲破了中世纪的黑暗与停滞，带来了科学的空前繁荣。在系统科学领域，近代科学在定量和实证方面取得了突破。笛卡儿的坐标系为形象化现实系统状态和演变过程提供了工具，大量的科学实验则为系统演化与发展的一般理念提供了丰富的实例。所有这些都为现代系统科学的产生与发展提供了基础。

然而，必须指出的是，近代科学在强调分析、定量等正确理念的同时，也在相当大的范围内忽视了综合、定性、整体的观念，使得“只见树木，不见森林”和“只重数量，忽视质量”的倾向在学术界广泛散布，使得学科越分越细，综合越来越困难；简单化的线性外推的思维方式使得一些正确的东西超越了它的使用范围，走向谬误。这种情况在20世纪变得越来越明显。当然，对于历史条件限制下的局限性，今人不能苛求古人。然而，在人类的视野不断扩大的时候，重新唤起系统科学，用现代的科学手段落实系统思维的理念就具有特别重要的意义了。这就是从20世纪初开始的现代系统科学产生与发展的背景。

最先举起现代系统科学旗帜的是医生和生物学家贝塔郎菲。20世纪30年代，他针对近代科学中的过分强调还原论的偏颇，鲜明地重新提出了“整体论”的观点。他指出，当我们进行解剖的时候，割下来的肌肉已经不能作为活的生物体上一个有机的组成部分了，已经从根本上不同于活的肌肉了。把部分与整体割裂开，是无法正确地掌握客观事物的本质的。他所倡导的“一般系统理论”(general system theory，GST)被看作现代系统科学的起点。关于贝塔郎菲的思想，可以参阅他的《一般系统理论——基础、发展、应用》一书。

经过70多年的发展，现代系统科学已经取得了许多实际成果，形成了多种工具和方法。它的影响已经渗透到社会生活的各个领域，在经济、管理、科学研究、社会活动中几乎无处不在，无法在这里详细列举，以至于“系统地思考”已经成为现代人的思维方式的不可缺少的部分。

然而，对我们来说，最重要的是观念的转变。1954年，著名学者维纳在《人有人的用处》一书的序言中，敏锐地指出了这种转变的深刻性与重要性。他回顾了从爱因斯坦和普郎克的开创性工作以来的50年历史，深刻地指出，科学思想正在经历着深刻的变革，近代科学中那种僵化的思维模式正在被新的、更加科学的、更加符合实际的观念所取代。关于这一点，读者可以参阅该书的序言。

从维纳讲这段话到今天，又过去了60多年。我们的社会、经济以及科学都发生了天翻地覆的变化。事实已经完全证实了维纳的预言，科学思想已经发生了而且在继续发生着深刻的变革。而现代系统科学的兴起就是这个变革中引人注目的一个重要方面。

四、现代系统科学的现状和发展方向

现代系统科学是正在发展和形成中的学科，从20世纪30年代开始，现代系统科学领域不断出现新的理论、方法。综观其发展变化，可以粗略地分成三个阶段。

20世纪30年代到五六十年代期间，人们的注意力集中在工程系统方面。特别是在第二次世界大战的背景下，如何设计和制造越来越大的武器系统，如何用科学的方法组织和指挥大规模的工程项目，成为当务之急。在这一阶段中，人们讨论和关注的所谓复杂系统，实际上是以武器或一般的复杂机械为背景的。计算机、导弹、核潜艇、航空母舰直到航天飞机，就是典型代表。这些工作的现实意义是不言而喻的。理论上，这些工程推动了控制论、信息论等新的方法的诞生。维纳、香农、冯·诺依曼等著名学者的理论研究成果成为这一时期的代表作。这些成果使人们开始关注系统思维的重要性，系统工程的概念得到了人们的重视和关注。

初期的成功使社会对于系统工程的期望越来越大，不少地方开始尝试运用工程领域中的成功经验去处理和解决更复杂的问题，例如社会经济中的一些问题。遗憾的是，一些尝试遇到了挫折，例如，所谓“经济控制论”就不那么成功（如在罗马尼亚、智利等国家）。除了其他因素之外，从方法论的角度看，问题出在哪里呢？人们发现，社会经济等系统与机械系统是有很大区别的。在这些更为复杂的系统中，组成系统的元素数量大得多，而且这些元素本身在进行着无规则的运动。对于这样的复杂系统，若还用设计和控制机器的方法去对待，事实上就是很难成功的。面对这样的情况，以普列高津和哈肯为代表的一些学者，从热力学的研究中得到启发，提出了耗散结构理论、协同学等新的思想与方法，把人们认识和处理复杂系统的方法向前推进了一大步。

在这个阶段中（我们可以称为热力学系统的阶段），自组织、演化等概念得到了比较深入的研究，对于激光等复杂系统的研究得到了具体的、可以实际使用的进展。然而，这时候的研究仍然把系统的元素看成是无意识的、死的对象，即使有运动，也是盲目的、随机的运动。所以，对于生物、社会等系统的研究还是不能够达到目的。

20世纪90年代中期，著名的美国学者霍兰提出了复杂适应系统理论（CAS理论），把系统的元素看成是活的、有主动性的主体（active agent），并且把这种主体的适应性行为看作是系统的复杂性的根源、系统演化的动力。这就使得人们对于复杂系统的研究进入了第三个阶段——以社会、生物等系统为主的阶段。

关于系统科学和复杂性研究的现状，目前有许多不同的学派和介绍的角度。为了便于读者掌握全貌，这里以当今国际学术界的两个重要研究机构——设在欧洲的国际应用系统分析研究所（International Institute of Applied System Analysis，IIASA）和地处美国的圣菲研究所（Santa Fe Institute，SFI）为例向读者进行概括性介绍，以便读者对于这个学科的现状和发展方向有所了解。

国际应用系统分析研究所设于奥地利，位于维也纳附近。它的起源可以追溯到20世纪60年代末。当时的美苏两国关系开始解冻，为了打破冷战期间学术界的隔离状态，两国试图建立一个科学家交流与合作的渠道，组织科学家交流和研究人类面对的共同的重大问题。在这样的方针指导下，20世纪70年代中期，国际应用系统分析研究所开始了第一批东西方学者的合作项目，如环境问题、人口问题、荒漠化问题等，参加的学者也从开始设想的美苏两国学者扩大到了世界各国的学者。作为联合国的一个研究和咨询机构，国际应用系统分析研究所开展了大量与全人类社会密切相关的重大研究课题，为许多国际会议及重要文件的准备提供了科学依据。

国际应用系统分析研究所的研究工作具有两个突出的特点：跨学科性和实用性。该所的许多文件和网站一再强调这样一个观点：人类社会越来越成为一个整体，当今世界的紧迫课题，没有一个可以靠单个领域的专家解决，所以必须以问题为导引，发挥综合和合作的优势，从全局出发，妥善解决这些与国计民生紧密相关的议题。在实用性方面，国际应用系统分析研究所的课题都来自实际，都具有直接的社会和经济意义。在这方面，国际应用系统分析研究所可以堪称把科学技术转化为现实生产力的典范。

国际应用系统分析研究所非常注意引导青年科学工作者超越学科分隔的制约，开阔眼界，从事跨学科的综合性的研究。例如：从1977年以来，该所每年都举行为期三个月的青年科学家研究项目，资助各国的青年科学家集中研究重大的、跨学科的、现实的研究项目。2005年的计划接纳了来自28个国家的60多名青年科学家。2015年，该所拥有65国600多家伙伴研究机构的2 500名学术专家网络。该所每年接待访问学者和参观者上千人。

国际应用系统分析研究所和我国有着长期的、多渠道的合作与联系。中国科学院和许多大学与该所有长期的合作与交流。早在20世纪80年代，该所就和我国学者一起开展了有关宏观经济管理的决策支持系统的研究和开发，产生了很大影响。近年来参加上述青年科学家项目的我国学者曾在北京召开报告会，分享了他们的收获和体会。

美国的圣菲研究所（www. santafe. edu）成立于1984年，是一个独立的、非营利的研究所，靠申请各种基金来支持跨学科的研究工作。它曾被评为全美国最优秀的五个研究所之一，与具有上百年历史的贝尔实验室等共享殊荣。这个研究所的建立在科学的历史中堪称传奇，颇有耐人寻味的故事性。

圣菲研究所的发起者和第一任所长乔治·考温（George Cowan）是一位具有广阔视野和远见卓识的科学家。他曾长期负责洛斯阿拉莫斯（美国核武器研究基地）的技术与组织工作，具有丰富的理论知识和实践经验。当他退休时，多年的思考促使他萌发了这样一个创意：建立一个冲破学科界限的、独立的研究所，探讨各学科共同关心的“人类究竟是如何认识和处理复杂性的”这个难题。这个想法的出现不是偶然的。考温在几十年的科学生涯中，深深地体会到近代科学中片面强调还原论思想的弊病，如学科分隔造成的隔膜、综合的整体观念的缺乏、“只见树木，不见森林”的短视和偏见、面对变化万千的实际情况时的困惑和无奈等。他认为，这些弊病不仅阻碍了科学的发展，而且往往是人类面临的许多现实问题难以得到有效解决的原因所在。因此，他利用自己在多年工作中建立的在科学界的广泛联系，广为宣传这种想法。

在许多著名科学家的支持下，第一次研讨会于1984年在美国新墨西哥州的首府圣菲市举行。这次会议以经济为主题，参加者不但有以诺贝尔经济学奖得主肯尼斯·阿罗（Kenneth Arrow）为首的许多经济学家，而且有许多物理学家，包括诺贝尔物理学奖得主马瑞·盖尔曼（Murray GellMann）和菲利普·安德森（Philip W. Anderson）。这次成功的交流使得与会者十分兴奋，并且一致同意按此方向走下去。这就是圣菲研究所的诞生。考温很自然地被推选为第一任所长。

以复杂性为研究的中心议题，是圣菲研究所的一大特色。20世纪80年代中期，虽然已有不少学者提出并开始研究复杂性，但是还没有专门的机构从事这方面的工作。其主要原因之一是近代科学长期形成的学科分隔的局面，阻碍了科学家们的相互了解和交流。所谓"隔行如隔山"的情况越来越成为科学进步的障碍。资金分配、成果认定以至学术圈子的划定，都使得跨学科的研究工作举步维艰。一种冲破学科偏见的、和谐的合作氛围，一个不受各种传统体制束缚的交流场所，一套鼓励创新的运行机制，成为许多希望科学进步的学者所追求的理想。圣菲研究所的出现使人们见到了希望。

很快，圣菲研究所就吸引了一大批富有创新精神的、勇于探索这个新开辟的领域的科学家。他们来自许多不同的传统学科。例如，经济学家布莱恩·阿瑟（W. Brian Arthur），他在经济学界首先研究了现代经济的重要特征——收益递增现象；计算机科学家约翰·霍兰（John H. Holland），他是遗传算法（genetic algorithm）的首创者；还有因研究"人工生命"而闻名的克里斯·朗顿（Chris Langton），来自医学领域的斯图亚特·考夫曼（Stuart Kauffman），有多种复杂性研究早期著作的约翰·卡斯蒂（John Casti），等等。这些人来自不同的大学、不同的研究机构、不同的国家。他们中既有德高望重的诺贝尔奖得主（如阿罗、盖尔曼、安德森），也有初出茅庐、血气方刚的青年学者（朗顿当时还正在攻读博士学位）。在圣菲研究所，年龄、专业、地位都已不再构成交流的障碍，所有人都为了创建一门新的学科来到这里。这里不授予学位，更没有终身职位，但是却具有如此巨大的吸引力。到20世纪80年代末期，圣菲研究所已经成为复杂性研究的众所周知的中心。关于这一段历史，读者可以从米歇尔·沃尔德鲁普所写的《复杂》一书中读到生动的描述。

进入20世纪90年代以后，圣菲研究所的工作进一步深入。以下几件事情具有特别重要的意义。

首先，该研究所从1994年开始举办乌拉姆讲座。这是一个一年一度的讲座，用以展示复杂性研究的最新成果。斯坦尼斯拉夫·乌拉姆（Stanislaw Ulam）是一位出生于波兰的著名的数学家，长期在洛斯阿拉莫斯工作。虽然在1984年圣菲研究所正在酝酿时，他就去世了，但是他的思想对于圣菲研究所的影响是巨大的。他的夫人把他的藏书捐赠给了圣菲研究所。为了纪念他，圣菲研究所设立了乌拉姆讲座。它已成为举世瞩目的关于复杂性研究的前沿阵地。

另一件影响深远的事情是公用的、为复杂系统建立模型而设计的软件平台SWARM的开发和推广。计算机在圣菲研究所的工作中发挥着十分重要的作用。许多想法需要在计算机上进行验证，同时，计算机模拟又往往能提供有益的启发。圣菲研究所针对各种课题的共同需求，开发了一个名为SWARM的软件平台，为各种模拟工作提供了方便易用的手段和环境。作为共同研究的基础，这个软件平台已经被圣菲研究所内外的许多研究项目利用。据圣菲研究所的网站介绍，世界上已有几十所大学与研究所安装了SWARM平台。由于它的源程序是公开的，各国研究人员都可以对它进行修改与扩充，从而使它的内容得到不断丰富和发展。

圣菲研究所非常重视人才培养，它把扩散和普及系统科学的思想作为自己最重要的任务之一，尤其是向下一代科学家的宣传与普及。它的夏季学校是一项非常有特色的活动。这种学校每年暑假举办一次，为期四周，讲课的教授都是在系统科学方面最具权威、最有创新的著名专家，而对象则是研究生以至本科生。参加者不但能够直接聆听权威专家的讲课，而且通过做项目和写论文，直接参与科学研究。他们的目标很明确：培养面向21世纪的新一代的科学家。在这里，我们可以看到21世纪的、全新的现代科学的雏形。2000年6月，中国人民大学的两名硕士生参加了当年的暑期学校，这是中国学生首次参加此项活动。2004年暑假，圣菲研究所暑期学校首次到中国举办，地点在青岛。之后圣菲研究所和中科院等机构合作，在北京举办了多期暑期学校。这些活动为中国学者和学生了解系统科学和复杂性研究提供了机会。目前，国内也有一些大学和研究机构组织复杂科学方面的暑期学校和研讨班。

此外，圣菲研究所还出版了许多出版物，除了已出版的几十种专著之外，它还出版杂志《复杂性》(*Complexity*)。为了加快交流，圣菲研究所还编发内部交流的工作论文，每年有一百篇左右，不但印成单册散发，而且放在网站上。这一措施大大加速了该领域的交流。

作为一个新兴的交叉学科，系统科学在传统的学科体系中常常不易得到发展空间，有时甚至不得不为生存而斗争。圣菲研究所的创新之处就在于它为系统科学的发展创造了一个良好的环境，提供了发展的条件。

还需要说明的一点是，圣菲研究所十分重视理论与实际的有机结合。从性质上来说，圣菲研究所是以基础理论研究为主的非营利的研究机构，各种基金会的支持也往往不与直接的经济效益挂钩。然而，千万不要因此而形成一个误解，认为圣菲研究所的工作只是象牙塔中的计算游戏。事实上，圣菲研究所的研究课题几乎都有十分现实的背景，是与重要的现实问题相联系的。人数最多的课题组是经济课题，这显然是与近20年来世界经济体系的深刻变革相联系的。此外，关于免疫系统、生态与环境系统、社会变迁、生命起源等的研究都与当今人类的许多迫切的、现实的问题相联系。通过各种开放灵活的方式，圣菲研究所和世界许多大学、研究机构以及企业建立了广泛的联系和合作。这使得它与整个人类社会的发展和进步息息相关，确实做到了理论联系实际。

第二节 系统思维的要点

作为一门方法论性质的学科，系统科学的提出，首先是强调若干基本的思想和理念。正是这些理念将帮助我们摆脱传统思维方式的束缚，在现实工作中取得更大的自由。概括地说，这些观点可以归纳为以下四个主要方面：整体观念、演化观念、层次观念和活体观念。

一、整体观念

所谓整体观念，即认为宇宙以及各种层次上的复杂系统是不可分割的整体，只有把握全局，才能真正认识和掌握它。

从表面上来看，这个观点是人人都会承认的，没有异议的。有谁会否认宇宙或复杂系统是一个整体呢？事实上，对于这种整体观的理解与把握始终是辩证法和形而上学的基本分歧之一。对于这个问题，亚里士多德的表述“整体大于它的各部分之和”，一针见血地指出了问题的要害。在不少情况下，人们表面上承认总体的存在，然而事实上却把它作为各部分的简单累加或拼凑。这种观点隐含的前提就是：“整体等于它的各部分之和”。这里的一字之差反映了对待客观世界本质的两种根本对立的看法。

科学的整体观认为：分解只是人类认识复杂事物的方法之一，当我们把一个复杂事物分解为它的各个组成部分的时候，这些部分就已经失去了作为整体的一个部分的一系列关键属性。当人们解剖一只青蛙时，切下来的肌肉已经不再是活的青蛙的一部分，它的运动规律、属性已经改变了。因此，整体不是它的各部分的简单累加，当若干部分组成整体时，已经有新的质产生。往往正是这种新的质，体现了该整体的特有的性质与功能。当系统瓦解，各个部分各行其是的时候，这些新的质也就不复存在了。分解或者还原论的方法无疑是需要的、有益的。然而，综合的、整体论的方法同样也是必要的、有益的。系统的规模越大，情况越复杂，综合方法的重要性就越显著。

然而，形而上学观念中的“整体”却不具备这样的性质。既然“整体等于它的各部分之和”，在部分组成整体时，就没有任何新东西产生。除了各部分的属性之外，整体自己没有任何实质的功能与性质。按照这种观点，认识复杂事物，就是认识它的各部分，只要把各部分认识清楚了，整体也就自然而然地清楚了。事实上，无数事实已经表明，这种想当然的“自然而然”是不符合客观实际的。了解了齿轮和杠杆的原理，并不能“自然而然”地明白机床的设计思想。按照这种思想方法去做事，就必然导致“只见树木，不见森林”的局面，也就必然导致各个局部之间的对抗、矛盾与冲突，使得整体功能不能正常地得以实现，以至于使整体崩溃和瓦解。这种情况在社会生活和管理实践中是屡见不鲜的。这时，从功能上来看，还可以说“整体小于它的各部分之和”，即所谓内耗发挥了抵消作用。

确切地说，“整体大于它的各部分之和”这一论断包含两方面的含义：一方面是新的质的产生，另一方面是某些功能或属性在量上的增加。关于这些，这里暂不深入讨论，只是强调整体观的重要性。

二、演化观念

所谓演化观念，即认为宇宙或复杂系统的当前状态是长期演化的结果，只有把它当作一种进化过程的产物，才能理解和掌握它。

古代人类是从时间概念引入这种演化观的。从长期的观察中，人类认识到世界并不是固定不变的，即使是貌似永恒的星空，也在不断发生变化，涌现出新星和超新星。人类古代最重要的科学成就——天文和历法，正是基于这种科学态度的长期研究与观察的成果。古代的许多思想家基于这些成果，以各自不同的表达方式，把这种演化或进化的观点融入了自己所设想的世界图景。

《老子》第四十二章这样描述宇宙的进化过程：“道生一，一生二，二生三，三生万物。”类似的说法可以在许多不同民族的传说，以及不同宗教的经典中见到。相比较而言，老子的叙述显然更自然一些，更少一点神秘和臆想的色彩。

演化观的反面则是静止的、僵化的观点。完全否定变化和发展的观点与现实的距离太大，一般不会得到人们的赞同。虽然这种观点也有个别极端的例子（如古希腊芝诺的“飞矢不动”），但往往是作为一种对矛盾的揭示、作为概念游戏提出来的。对于这种论点，几乎用不着去驳斥，而只需要像一位古希腊哲学家所做的那样，一声不吭地站起来，在屋里来回走动就足够了。

然而，这并不等于科学的演化观能够不战而胜，自动地为人们所接受。最常见的与演化观相对立的是循环论，即把发展和演化看作是一系列状态的循环与重复。这种观点虽然在表面上承认运动和变化，但是实质上否认了宇宙与复杂系统的真正的变革。这种观点把变化与发展仅限于日出日落、鸡生蛋、蛋生鸡这种相对稳定的情况下的重复和循环。在这种观点中，一万年前的宇宙和现在的宇宙、现在的宇宙和一万年后的宇宙也不会有什么本质的区别与变化。或者说，他们否认宇宙有真正的历史。所以，古代思想家能够在当时有限的观察基础上提出演化或发展的观点，是很不简单的。这不能不说是一种正确的直觉或天才的预测。

三、层次观念

层次观念，即认为宇宙及复杂系统都是分层次的，层次之间互相联系又互相区别，构成了整个宇宙或复杂系统。

层次的思想在但丁的《神曲》中得到了完整的体现。但丁所描述的宇宙共分为三界，二十三层。通过幻想和文学的形式，作为中世纪的最后一位思想家，但丁以艺术的方式表达了人类对宇宙万物的认识。在他的观点中，层次观念发挥了重要作用。几乎所有的民族和宗教对宇宙的描述框架都有各自的层次结构。中国古代也有“阴阳三界”以及“一粒米中有大千世界”之类的说法。总之，古代人类通过自己的实践已经对层次有了比较深刻的认识，因而，在他们所描述的世界图景中，层次的区分和跨越常常起着关键性的作用。

围绕层次的问题，有两个重要的思想需要强调。第一个重要思想是，层次之间的区别不只是量的区别，而且是质的区别。用古代思想家的形象描述来形容，跨越层次需要经过“脱胎换骨”。上一个层次对下一个层次来说，都是无穷大的。而每跨越一个层次（不论是向上，还是向下），都是一个新的大千世界。在这里，层次的观念蕴含着“宇宙在质的方面是无限的”这一重要思想。许多人虽然也用层次这个词，但是他们往往把层次之间的差别仅仅看作是量的差别，换句话说，他们否认宇宙在质的方面的无限性，把层次的转变仅仅看作是量的变化。应该说，这不能算是科学的层次观念。注意，正是在这里，近代科学和现代科学在思想方法上显示出了根本分歧。

第二个重要思想就是层次之间既有联系又有区别的辩证关系。不同层次之间的事物以及它们的性质之间是有相互联系的，但这种联系并不是简单的汇总或统计的关系，而是有着各种特定的方式与途径。如果认为上一层次的规律可以简单地归结为下一个层次的规律，或者认为不同层次之间都服从于同样的、有限的几条规律，就在事实上否认了层次之间的质的差别，也就从根本上抹杀了层次。当然，要把这种辩证关系弄清楚，特别是结合各领域的具体情况，明了每个细节，绝不是容易的。不要说古代的思想家，即使今天的人类，也还远远没有达到这样的认识水平。

关于层次，还有许多问题需要人们去深入地研究，这里只是初步地说明层次概念的重要性。近年来，有关各种复杂系统的规律和管理方法的研究十分普遍，新成果层出不穷，成为科学研究的一个热点领域。有兴趣的同学可以参阅国内外学者的有关书籍，例如西蒙的《关于人为事物的科学》和陈禹的《关于系统的对话》。

四、活体观念

活体观念，即认为事物的运动、发展和变化，任何系统的发展和演化，都是由其内在的、本质的属性所推动的，而不是外力强加的。

关于运动、发展、变化是事物的根本属性这一思想，许多古代思想家都有明确的表述。在这方面，卢克莱修的《物性论》中有一段非常形象的表述：

> 请记住在整个宇宙里面，
> 并没有什么地方是底部——
> 没有什么原初物体可以停止的地方，
> …………
> 要知道，所有它们这些转移的运动，
> 都是从最初的始基开始的，
> 因为正是事物的始基最先自己运动，
> 接着，那些由始基的小型结合所构成的并且最接近始基而首当其冲的物体，
> 就由于那些始基不可见的撞击而骚动起来，
> 之后这些东西又刺激更大些的东西；
> …………

在这个问题上，古代思想家们明确地指出：运动、发展、变化是物质的根本性质，不运动的物质和没有物质的运动一样，是不可能的。无论是整个宇宙，还是任何事物，其发展变化的根本动力都源于其内部组成的基本元素的活力。因此，没有必要到系统（或宇宙）之外去寻找带有神秘色彩的“第一推动力”。

这种观念虽然在当时不可能得到实验事实的证实和支持，但是却为科学的发展提供了有益的导向与启发。与形而上学的、把物质看成是僵死被动的观点相比，这种活体观念无疑具有更积极的作用和意义。

20世纪90年代中期，美国著名科学家霍兰提出了“复杂适应系统理论”（complex adaptive system theory，CAS理论），明确提出“个体的主动的适应行为造成了宏观系统的演变与进化”，重新把上述活体观念当作研究和看待复杂系统行为的一项基本理念，在科学界引起了广泛关注。（对于这一理论及有关方法，有兴趣的读者可以阅读霍兰的《隐秩序》和《涌现》两本书。）目前，CAS理论的落地方法之一——多主体建模（agent-based modeling）方法在社会学、城市规划、公共卫生、经济学等领域得到了广泛应用。利用这种先进的计算机仿真方法——多主体仿真模型，可模拟整个人工社会的情景，避免了传统经济学和流行病学等领域所做的那样用从上到下的固定方程式来描述人类的行为。诸如金融崩溃或疾病蔓延等结果是自下而上的，通过许多个体的相互作用，让真实世界产生大量的丰富性和自发性，这些是传统方法难以模拟的。多主体仿真模型是自下而上的，通过各主体间的交互和适应，涌现出复杂系统现象。它使模拟更容易构建、运行和使用，让现实世界的决策者更容易使用模型，使决策更科学。

综上所述，古代思想家对于系统复杂性的许多论述是十分深刻的，其中主要的是整体观念、演化观念、层次观念、活体观念四个要点。他们的许多论述至今仍值得我们反复玩味，体会再三。年代的久远不但没有磨灭这些思想的光辉，反而使它们更加放射出迷人的、智慧的光芒。与种种过眼烟云相比，这才是真正的科学，他们才是真正的思想家。我们从中可以得到的，不仅仅是知识、方法和观点，同时也深受科学精神的熏陶。

第三节　系统工程的基本理念和方法

广义地讲，系统工程是系统科学的一个部分，它是系统科学的上述几个方面的思想的具体实现。由于其在实际中的重要作用，在社会上系统工程比系统科学更引人瞩目。

一、系统工程的理念

工程（engineering）一词的产生是与近代工业化的进程联系在一起的。古代没有工程师，只有手工艺人。手工艺人中不乏能工巧匠。从精美的陶瓷制品到各种锐利的兵器，这些能工巧匠创造了大量至今令人惊叹而且难以复制的精品。作为人类文明的瑰宝，它们确实是无价之宝。然而，它们之所以珍贵，很重要的原因之一就在于其不可复制、不可重复的特性。换句话说，只有这些能工巧匠才可以制作出来，其制作方法“只可意会，不可言传”。因此，弟子很难完全掌握师傅的真传。绝大部分技艺就这样失传了。从文明传承的角度来看，这是因为当时的人类还没有形成一种有效地积累知识的途径，还没有办法把能工巧匠的创造性的成果，以一种可以长久保存下来的方式，准确无误地传授给别人，特别是后代。文字作为一种记录的符号，在文明传承中发挥了重大作用。然而，这种定性的、含糊的、可以有多种解释的记载方式还不能真正做到准确无误地把前人的经验传授给后代。这种状况在人类历史上已经延续了几千年甚至几万年。在这种比较原始的状态下，个人的创造并不能真正成为全人类的知识和经验，人类还没有真正成为一个整体。

这种状况的突破就在于工程思想的形成。工程师不同于能工巧匠之处，不在于个人的聪明程度或创造能力，而在于知识表达与做事的方式。作为个人的能力与创造性，今天的工程师不见得每个人都比古代的能工巧匠强，但工程师的工作方式是完全不同的。这种区别主要表现在两个方面：一方面，工程师的工作是依据一定的理论方法和工作步骤有计划地进行的，这些工作步骤是明确规定的、可检查的、可验证的；另一方面，工程师的工作内容和操作方法有统一的、同行之间达成共识的、规范化的表达方式。这两方面的区别使得做事的成功不再只是依赖于个人的聪明才智和悟性，而更多的是靠严密的组织和科学的管理来实现。这就从根本上解决了人们相互之间沟通和理解方面的问题，并且把个人创造出来的技能和经验变成了其他人（特别是后代）可以准确掌握并重复使用的、全人类的精神财富。这样，失传的情况就能够不再发生了，至少是不容易发生了。这就是工程（engineering）和工程师（engineer）的重要意义和深远影响。从一定意义上讲，自工业革命以来，人类社会进步的速度大大加快，社会的生产力水平大幅度提高，这些正是立足于形成了这种机制的基础。对于这一点我们应当有充分的认识。

我们可以用比较成熟的建筑工程、机械工程作为例子来体会工程思想的精髓。建筑工程师盖房子，农民也盖房子。这两者的区别在哪里呢？农民盖房子是靠经验，在上柁等关键时刻必须有经验丰富的长者指挥，因为他们曾经多次参加过盖房子，有实际经验。而这种经验不是靠讲几句话、说几条原则就能够被传授给年轻人的。至于地基打多深、砖和土坯的用量等也都是按经验方法估算的。的确，用这样的方法也可以盖起房子来，但要盖几十层的高楼则是不可能的。年轻人要能够像这些长者那样指挥和估算，也只有通过多次参加盖房才能逐步体会到。

建筑工程师则不是这样的。建筑工程师是在物理学，特别是力学理论的基础上，通过严格的设计程序，对材料、结构、工作步骤进行精心安排，画出图纸，然后交给施工队去施工。在这里，盖房子的工作流程是明确规定的，每一个步骤的任务是什么，前面必须做好什么准备，完成的标志是什么，结束前必须做哪些检测，都是事先明确的。这些要求是建筑行业的规范和共识，并不依赖于工程师和施工队。施工的图纸一旦定下来，不管哪个施工队来盖这所房子，结果都将是一样的。正是这些区别决定了建筑工程师和遵从工程规范的施工队可以盖起几十层的大楼，而普通农民则不行。这不是个人才智的差别造成的，而是生产方式和管理方式的区别造成的。

同样地，在机械工程领域，共同遵守的表达方式——机械图纸是大规模、高效率的生产的保证。正因为有了这种大家共同遵守的、规范化的表达与交流方式，我们才能以非常低廉的价格，成批地生产出大量现代的器具和设备。小到螺丝钉这样的标准件，大到各种机械部件，我们都可以放心地去买来直接使用，而不会出现什么都靠自己从头做起的情况。

统一的、规范化的工作流程以及达成共识的、便于交流和沟通的规范化的表达方式，这两种理念在一系列重要领域得到了成功的运用，在工业化的进程中为人类生产力水平的提高作出了重要贡献。工程师，特别是总工程师在现代企业中的地位与作用，可以说正是这两种理念在当今管理体制中的具体表现。在工业化进程完成较早、技术比较先进的国家与地区，这种工程化的理念已经深入社会生活的方方面面。这些理念不仅在技术领域根深蒂固，而且已经成为社会生活中被普遍接受的一种做事方式，如法律的程序就是一个明显的例子。

在这样的背景下，当人们认识到信息系统建设的复杂性的时候，当人们在实践中遭遇到一系列项目失败的时候，把工程观念引入信息系统建设领域，就是一种很自然的、必然的趋势了。类似的情况在软件开发工作中也同样出现过。当人们在软件开发中遇到困难，逐步认识到软件开发的复杂性的时候，试图引用工程化的理念来解决困难也是必然的，这就是软件工程的由来。信息系统工程与软件工程的产生背景十分相似，思路与理念也是一致的，内容也多有重合。但是这二者在研究对象和领域背景方面还是有不少区别的。软件工程是计算机技术的一个分支，其目标是有效地开发软件；而信息系统工程是管理科学的一个分支（国外一般称为管理信息系统——MIS），其目标是有效地建设社会经济组织中的信息系统。这种区别需要加以明确。

关于信息系统工程的详细内容，我们这个专业在后面的课程中将会详细介绍。在这里只就标准化的问题略作介绍。如果有读者需要了解系统工程和信息系统工程的更详细的内容，可以参阅有关的专著和教材，例如许国志的《系统工程的理论与实践》和陈余年等的《信息系统工程中的面向对象方法》。

二、标准化及其在信息系统工程中的应用

标准化是人类社会在长期的生产活动中总结出来的、实现高效率的社会生产的一项重要保证。对于系统工程（包括信息系统工程）来说，这是基本的理念和工作准则。

什么是标准？标准就是人类社会为了实现社会化的分工协作，大家共同制定与遵守的一些基本规则。例如，度量衡的标准、时间的标准、标准零件的尺寸等。没有这样的一些标准，人们就无法分工协作，无法完成社会化大生产。

什么是标准化？简单地说，所谓标准化，就是为在一定的范围内获得最佳秩序，对实际的或潜在的问题制定共同的和重复使用的规则的活动。这些活动主要包括制定、发布及实施标准的过程。标准化不是一个孤立的事物，而是一个制定标准、贯彻标准进而修订标准的活动过程。掌握和使用国际标准将有助于降低成本，扩大供应商及商业伙伴的选择，生产适合全球市场并被全球接受的产品，通过减少贸易技术壁垒扩大出口机会。2002 年国际标准化日的主题就是“一个标准、一次检验、全球接受”。采用国际标准和国外先进标准是追赶发达国家的一项基本技术战略。

对于信息化建设来说，标准化更具有特殊意义。信息化从根本上来说，就是要实现信息的交流和共享，而标准化正是这种交流和共享的基础。标准化是推动信息化建设的重要手段之一，它保证了在网络建立、系统开发、设备生产和资源共享等方面促

进相互一致或协调。信息技术作为现代高新技术的代表，其标准化工作具有一个显著特点——标准化工作的发展与技术的发展几乎是平行的，甚至在某些情况下，标准化具有一定的超前性。为此，要求标准化本身不但必须具备与原有技术和应用的兼容性，而且具有采用不断开发的新技术和新设备的开放性。

所以，从事信息系统工程的人从一开始就要把标准和标准化放在重要位置，给予极大的重视。

对于信息系统工程来说，以下三个方面的标准化尤其重要。

第一，信息编码的标准化。现代的通信技术和计算机技术完全是建立在信息编码的标准化的基础上的。对于我国来说，还要特别注意汉字的编码的标准化。在文字编码的基础上，各种代码的标准化也都要抓紧进行。身份证号码就是一个例子。显而易见，这是我们的社会走向科学和文明的重要的基础性建设。

第二，表达方式的标准化。就像工程建筑和机器制造的图纸一样，在信息系统工程中，我们也必须有大家取得共识的、通用的表达和理解方式，只有这样才能使信息系统的建设井然有序、高效率、高质量地进行。我们这个专业学习的重要内容之一就是这些表达和理解的工具。

第三，工作程序的标准化。工程思想的另一方面具体体现在工作程序的标准化上。信息系统建设工程的成功必须有制度的保证。首先是工作阶段的科学划分。什么事情应当在什么时候做？前后的逻辑顺序是什么？这些都需要严格的规定。经过几十年的经验积累，工作阶段的划分已经用一系列标准形式固定了下来。不但阶段的划分已经有统一的认识，而且对于每一个工作阶段，明确规定了它的任务、起始条件、成果形式、结果认定、文档资料的要求等有关事宜。这些也是从事信息系统建设和管理的技术人员必须认真学习和掌握的。

第四节　系统科学与信息管理的关系

一、为什么信息管理工作者需要学习系统科学

经常会遇到这样的问题："我从事的是管理专业，为什么需要学习这样抽象的系统理论呢？"事实上，这种疑虑正是需要学习系统科学的理由。简单地说，学习系统科学是学习分析问题和解决问题的能力。我们未来的科学研究人员、管理者和劳动者需要怎样的分析问题和解决问题的能力？究竟通过怎样的学习才能有效地培养起分析问题和解决问题的能力？

在近代科学的长期熏陶下，人们往往只是把具体的技术领域知识当作实在的本领，而忽略了做事情、想问题的普遍方法，忽略了系统化的、协调的理念和方法。

一种潜在的观念是，只要各部分细节都做好了，全局自然而然地就能够顺利达到预期的目的了。从思想方法上说，这就是还原论的观念。学习系统科学就是为了从根本上纠正片面强调还原论的偏颇，树立更加科学、更加符合实际的做事方法，实现思维方式的根本转变，把我们的干部和全体人民的思维能力提高到更高、更科学的水平。

所谓还原论是指这样一种观点：对于任何事物，特别是复杂事物的认识和理解，可以通过对它的组成部分的认识和理解去实现，因而，复杂事物、复杂系统的演化规律可以从它的各个部分的运动规律推导出来。

作为认识复杂事物的一种方法，还原论，即分解或分而治之的方法，无疑是一种必不可少的而且在许多情况下行之有效的方法。解剖学帮助人们认识了动物体以及人体的详细构造与各种器官的功能；对原子结构的认识使化学建立在全新的、更为坚实的基础上；正是在成百上千年的观测基础上，从一个又一个恒星、行星以及彗星的运动轨迹中，天文学才逐步形成了它的理论体系。分解方法的成功案例是不胜枚举的。我们今天享受着的物质与精神文明，正是建立在许多这样的研究成果与发明之上的。

然而，关键在于，分解或者还原并不足以保证人们完全地认识世界和成功地做事情。如果因为还原方法的一系列成功，而把它的作用片面地、无限地夸大，甚至认为它是人类唯一的认识方法，那么过去的成功将成为未来进步的障碍和桎梏。显然，这种思想与我们所说的系统观是对立的。

分解方法本身无疑是有效的。问题在于不应该把它绝对化、僵化，以至于认为只要靠它就能完全解决所有的科学与认识问题。或者反过来说，认为整体的一切性质都可以归结为它的各部分的性质，即不承认各部分组成整体时增添了新的内容、新的质。这种观点就是我们所说的片面强调还原论的观点。

说到部分怎样组成全局，传统的科学往往仅限于量的积累和计算。因此，人们曾经以为只要有了计算方法和足够的计算能力，全局的所有性质和行为就都可以从局部的属性（通过数学运算）推演出来。在计算机产生时，许多人曾经兴奋不已，认为计算机的能力足以解决任何庞大烦琐的计算问题，只要有了算法，剩下的就只是计算时间的长短问题而已，似乎只要计算机的速度不断提高，就没有克服不了的障碍。这样一来，所有事情只剩下寻求算法的问题了，只要找到了算法，其余的一切都可以留给计算机去做。世上所有问题就都可以用计算机一劳永逸地解决，关于质的差别的思考就没有存在的价值和必要了。然而，好景不长，NP 问题的提出、计算复杂性理论的研究的进展，使人们不得不放弃了这种过于乐观的想法，回到较为实际的承认质变的客观存在的观点上来。所谓计算复杂性理论，简单地说，就是人们对于计算问题所需要的时间或工作量的深入分析和认识。

人们看到，事情并不像想象得那么简单。一些似乎很简单的计算问题，却面临极其庞大的计算量，在现有的以至今天可以想象的任何计算机上都无法实际运行，例如，著名的旅行推销商问题、棋类游戏等。这就给否认质变、把一切归于量变的观点以沉重的打击，这也从一个方面促进了上述思想变化过程。

总之，许多事实已经一次又一次地证明，现代社会和现代科学迫切需要人们超越分工带来的“隔行如隔山”的状态，迫切需要新一代的科学家、管理者、劳动者从总体上、从做事情想问题的方法上超越前人，达到一个新的文化高度。人类的文化是一个整体，人们常说，“隔行不隔理”，在信息时代我们已经有可能达到这种理想境界。在这个科学观念更新的关键时期，系统科学正扮演着一个重要角色。这就是我们认为各行各业的人们都需要学习和研究现代系统科学的根本原因。

当然，对于不同专业，学习和研究系统科学的重点和深度必然会有所不同，也应当有不同的要求，这需要逐个专业认真研究。但是，在需要学习和研究在信息时代想问题和做事情的方法这一点上，应该是没有例外的。

二、系统科学在我们的学习中的位置

由于系统科学的特点，这门学科的学习方法不可避免地会与一般的课程有很大的区别。我们的建议是，只有突出以下三个特点，才能得到实实在在的收获。

第一点是突出体会理念和方法，切实把研究问题和做事情的方法作为学习的基本内容。系统科学必须是学习认识和行动的思路，而不是僵死的教条。如果只限于背诵一些条文，是毫无用处的。我们不妨经常回顾自己以前学习或工作的经验教训，找出传统观念在自己头脑中的影响，从自己的实际经历中得到切实的、生动的经验。这才能得到真正的收益。

第二点是一定要结合自己实际从事的学科领域——信息管理。脱离实际工作，系统科学就很容易泛化成为空谈。这种情况在当今社会上很普遍。一些人遇到了困难，顺口就讲一句“这是一个复杂的系统工程”，这种贴标签式的空谈是没有任何作用的。我们提倡学习和运用系统科学，必须和自己的工作领域精密结合，而不是泛泛地空谈。

第三点是充分利用计算机和数学这些工具。一方面，这是系统科学的实践作用得以落实的保证；另一方面，这又正是计算机和数学的广阔的用武之地。系统科学的理念和现代信息技术（包括在计算机基础上实现的数学、运筹学、数理统计的算法）的结合，正是当今科学技术的前沿，也正是科学转化为现实生产力的突破点，同样也是信息管理取得实效的关键。对于现代信息技术在社会经济中的作用，大家已经深有体会，但是对于信息管理来说，这种作用还远远没有充分发挥出来，有必要在这里再次加以强调。

第五节　应用研究案例：公司的涌现

一、研究问题和多主体建模方法

公司从形成、成长、繁荣到衰退、灭亡，是一个复杂多变的演化过程。公司中的每个个体行为都不是独立的，而是相互影响的，系统中成员通过与其他成员及周围环境进行交互，调整自身的行为，适应公司组织系统的变化。公司本质上是一个复杂适应系统，是一个开放的、动态演化的、具有自组织能力的系统。

基于主体的建模方法，又称多主体建模，是一种交互主体的动态系统的可计算研究方法，它类似于一个培养皿的方法，是一种自底向上的研究方法，特别适合研究复杂系统，即（1）系统是由交互主体构成的；（2）系统具有涌现特征，即通过聚合主体属性不能推断出这些主体交互涌现出来的特征。

圣菲研究所的罗伯特·阿克斯特尔（Robert Axtell）构建了一个多主体模型，用来模拟公司的涌现。我们以“公司的涌现”为例，向读者展现用复杂适应系统理论构建模型的过程。该模型由多个异质主体构成，通过主体交互演化形成公司。每个主体有对收入（来自工作）和休闲（所有不工作的时间）的偏好，并投入一个输入变量“努力程度”进行生产。生产具有规模收益递增的特点，这可以鼓励合作，也就是说，对于相同的“努力”投入，主体们一起工作能够比自己独自工作有更多产出。主体们自组织成为生产团队。团队的产出在每个主体间平均分配。但是主体是非合作型的，每个主体定期调整自己的努力程度来最大化自己的效用，或者通过选择加入其他公司或成立新公司来改善自身的福利。当一个公司变大时，由于公司产出平均分配，容易使主体产生“搭便车”的现象，进而导致大公司的分裂。下面我们将形式化地描述公司形成的多主体模型。

二、公司形成模型的设置

假设有一个由 N 个主体（员工）组成的固定大小的有限集合 A。每个主体都有一个输入，即努力程度$e_i \in [0, 1]$。团队的整体努力水平：$E=\sum_{i=1}^{N} e_i$。团队的产出 O 是 E 的函数，即 $O(E)=aE+bE^2$，a，$b \geqslant 0$，当 $b=0$ 时规模收益不变，当 $b>0$ 时规模收益递增。规模收益递增指的是主体合作比自己单干会有更多产出。例如，有两个主体，他们的努力程度分别是e_1和e_2，如果他们每个人单干，则总产出为$O_1+O_2=a(e_1+e_2)+b(e_1^2+e_2^2)$，如果他们合作生产，总产出为 $O(e_1+e_2)=a(e_1+e_2)+b(e_1+e_2)^2 \geqslant O_1+O_2$。

团队产出的分配原则为平均分配，即团队里的每个主体收到总产出的 O/N 份额。每个主体对于收入和休闲具有柯布-道格拉斯偏好。这里假设所有没有花在工作上的时间都算休闲。主体 i 的效用函数表示如下：

$$U^i(e_i;\theta_i,E_{\sim i},N)=\left(\frac{O(e_i;E_{\sim i})}{N}\right)^{\theta_i}(1-e_i)^{1-\theta_i} \tag{1}$$

这里把团队的产出 O 写成了主体 i 投入的努力程度e_i和团队中其他主体投入的努力程度的总和$E_{\sim i}$的函数；$E=e_i+E_{\sim i}$；θ_i是主体 i 对于收入和休闲的偏好，每个主体都了解自己的偏好，主体的偏好可不同（我们称之为异质性主体）。

三、可计算模型的实现和运行流程

这里我们用面向对象的思想描述可计算模型的运行流程。首先把公司员工定义为一类主体（记为 agent），员工主体包含的属性有偏好、邻居、努力程度、上次收入、上次效用、财富及所属公司；此外还包含了员工列表及公司员工列表。员工主体包含的操作有初始化、计算效用、计算当前公司的最佳努力程度、计算该员工在其他公司的最佳努力程度、离开现有公司以及跳槽到其他公司。具体公司员工主体的定义伪码如图 4-1 所示。此外，员工通过合作生产组成公司，该类主体称为公司主体（记为 firm）。公司主体包含的属性有公司创始人、公司列表、公司大小、公司增长率及上次公司产出。公司主体包含的操作有初始化、计算公司总体努力程度、计算平均努力程度、计算产出、给公司员工分配收入、增加一个公司员工以及删除一个公司员工。具体公司主体的定义伪码如图 4-2 所示。

```
OBJECT agent;
    preferences;
    neighbors;
    effort_level;
    last_income;
    last_utility;
    wealth;
    firm_to_which_agent_belongs;
    next_agent_in_agent_list;
    next_agent_in_firm;
    FUNCTION initialize;
    FUNCTION compute_utility;
    FUNCTION compute_optimal_effort_level_in_present_firm;
    FUNCTION compute_optimal_effort_level_in_other_firm (the_firm);
    FUNCTION leave_present_firm;
    FUNCTION move_to_new_firm (the_new_firm);
```

图 4-1　agent 对象伪码

```
OBJECT firm;
    founder;
    agent_list;
    size;
    growth;
    last_output;
    FUNCTION initialize;
    FUNCTION compute_total_effort;
    FUNCTION compute_average_effort;
    FUNCTION compute_output;
    FUNCTION allocate_income_to_agents;
    FUNCTION add_agent_to_firm (the_agent);
    FUNCTION remove_agent_from_firm (the_agent);
    FUNCTION dispose.
```

图 4-2　firm 对象伪码

模型首先初始化 N 个员工，初始时每个员工属于一个公司。随机激活 M 个员工，每个员工为留在现有公司、跳槽到邻近公司和自己新开一个公司这三种方案计算努力程度，选择福利最大化的方案，即员工可能选择继续留在原公司，或者跳槽到邻近公司，或者自己新开一个公司。模型运行流程的具体步骤如下：

（1）初始化员工主体，初始化公司；

（2）随机选择 M 个员工主体，对每个被选择的主体做如下操作：

　　在现有公司中计算努力程度，以最大化个体福利；
　　计算努力程度，以最大化个体在邻近公司中的福利；
　　计算努力程度，以最大化个体在新创立的公司中的福利；
　　选择加入一个具有最大福利的公司。

对每个公司：

　　计算公司产出。

对于公司中的每个员工主体：

　　分配收入；
　　计算福利；
　　计算统计量；
　　检查用户的输入。

（3）重复步骤（2），直到达到用户设定的模型终止条件。

模型可运行 10 000 次或 100 000 次作为终止条件。

该模型可用于研究公司的形成和涌现，阿克斯特尔通过运行这个模型发现在整体层次上公司大小、增长率和公司寿命的分布涌现出宏观特性。将模型数据与美国公司数据相比较，惊喜地发现模型很好地展现了实证数据中公司大小分布的幂律特性。此外，该模型可以作为一个基础模型，进一步用于研究分配方案的公平性、用户偏好、员工忠诚度及员工的社会网络关系等对公司形成与演化的影响。

小　结

现代系统科学是信息管理和信息系统专业的学科基础之一。它为从事信息系统建设和信息管理工作的人们提供了从全局出发、从实际出发、从事物的发展变化出发的科学地考虑问题和安排工作的方法，为有效地建设和管理各种不同类型的信息系统提供了理念和思路。正因为如此，这个学科也被称为信息系统工程。

系统科学首先是一种方法论，它通过阐述一系列科学的思想和观念，为人们做事情、想问题提供帮助。在系统科学的理念中以下四点是特别重要的：整体观念、演化观念、层次观念、活体观念。

工程思想是系统工程的基础，它是人类在长期生产实践中形成的、行之有效的科学做事的方法。标准化是其中一个非常重要的方面，从事信息管理和信息系统建设的人们必须十分重视。

关键词

整体观念　演化观念　层次观念　活体观念　系统工程　标准化
信息系统　信息系统工程

思考题

1. 什么是系统科学？它在现代社会中具有什么意义与作用？
2. 整体观念的意义与重要性是什么？请举例说明。
3. 演化观念的意义与重要性是什么？请举例说明。
4. 层次观念的意义与重要性是什么？请举例说明。
5. 活体观念的意义与重要性是什么？请举例说明。
6. 什么是系统工程？它与系统科学的关系是什么？
7. 工程观念的基本理念是什么？
8. 为什么说信息系统是复杂系统？
9. 什么是信息系统工程？
10. 标准和标准化的重要意义是什么？
11. 在信息系统工程领域，应当主要注意哪些方面的标准化？
12. 分析系统科学在信息管理和信息系统领域的重要作用。

参考文献

［1］许国志．系统科学．上海：上海科技教育出版社，2000

［2］冯·贝塔郎菲．一般系统论——基础、发展和应用．秋同，袁嘉新，译．北京：社会科学文献出版社，1987

［3］维纳．人有人的用处．陈步，译．北京：商务印书馆，2009

［4］米歇尔·沃尔德罗普．复杂．陈玲，译．北京：三联书店，1997

［5］赫伯特·A. 西蒙．关于人为事物的科学．杨砾，译．北京：解放军出版社，1985

［6］陈禹．关于系统的对话．北京：中国人民大学出版社，1990

［7］约翰·H. 霍兰．隐秩序．周晓牧，韩晖，译．上海：上海科技教育出版社，2000

［8］约翰·H. 霍兰．涌现．陈禹，等译．上海：上海科学技术出版社，2001

［9］许国志．系统工程的理论与实践．上海：上海科技教育出版社，2000

［10］陈余年，方美琪．信息系统工程中的面向对象方法．北京：清华大学出版社，2002

［11］Axtell，R.（1999）．The Emergence of Firms in a Population of Agents：Local Increasing Returns，Unstable Nash Equilibria，And Power Law Size Distributions. Brookings Institution Working Paper

第五章

信息管理的内容

引　言

以知识经济时代为背景的信息管理不仅具有丰富的内涵，而且拥有传统管理无法比拟的优势。信息管理是通过对各种信息进行收集、加工和整理，使无序的信息流成为有序的、方便人们使用的信息。现代信息管理工作无论服务内容的深度、广度，还是服务手段、服务方式，都发生了很大变化。

本章详细介绍了信息管理的内容，从字面上讲，信息管理就是有关获取、组织、管理、传播和利用信息资源的流程、方法和技能等。信息管理的内容可以概括为信息的采集、信息的传播与传输、信息的存储、信息的加工和分析、信息的维护和使用这五个环节。本章将详细介绍这五个环节。

第一节　信息的采集

信息采集是信息科学的重要组成部分，是信息分析和处理的源头、基础和前提。

一、信息采集的概念

信息采集是指根据特定的目标和要求，利用科学的方法，通过各种渠道和工具，将分散蕴含在不同时空域的有关信息，采用特定的手段和措施，采掘和汇聚起来的过程。它是指一切信息工作中的信息采集，包括企业和组织的管理者为了实现决策、管理和控制等目标所进行的信息采集。

系统是有层次的，人类认知的系统是多层次、多角度、多方面的，因而信息也是有层次的。信息采集阶段获取的信息是一种本体论层次的语法信息。语法信息是事物运动状态和状态改变方式本身，是系统自身运行状态所表征的信息。语义信息是事物运动的状态和方式的具体含义，研究各种状态和实体间的关系，即研究信息的具体含义。语用信息是事物运动状态和方式及含义对观察者的效用，或者说是相对于某种目的的效用，实际上就是研究事物运动状态和方式与使用者的关系，即研究信息为主体带来的价值。对一个高层复杂的系统，其语法信息可能就包含着低层系统的语义甚至语用信息，低层系统的语义或语用信息是一种加工信息，存在于人类现有的各种信息载体中。

信息采集一般可分为两个子阶段：信息感知和信息识别。信息感知是对事物运动状态及其变化方式的敏感性和知觉力，是信息采集的必要前提。但仅仅感知到信息还是不够的，还需要识别信息。一方面，需要有能力识别或鉴别所感受到的信息是否对自己有用或有害；另一方面，还需根据管理需求或设定的目标，正确地提取其中的信息为日标服务。

信息采集涉及信息采集原则、信息采集渠道、信息采集方法等。

二、信息采集原则

在信息采集过程中，应遵循以下原则：

（1）可靠性原则。指采集的信息必须是真实对象或环境所产生的，必须保证信息来源是可靠的，采集的信息能反映真实状况。

（2）完整性原则。指采集的信息在内容上必须完整无缺，信息采集必须按照一定的标准要求，采集反映事物全貌的信息。

（3）实时性原则。指能及时获取所需的信息，保证信息采集的时效性。

（4）准确性原则。指采集到的信息与应用目标和工作需求的关联程度比较高，采集到信息的表达是无误的，相对于企业或组织自身来说具有适用性，是有价值的。

（5）易用性原则。指采集到的信息按照一定的形式表示，便于使用。

三、信息采集渠道

不同的信息用户经常利用不同的信息采集渠道；不同类型的信息的获取渠道也有所不同。以企业为例，信息采集渠道可以分为内部渠道和外部渠道。

从企业内部的信息流来看，主要的信息采集渠道有：

（1）管理监督部门。通过管理监督部门，可以收集到企业管理各环节的信息，同时也可以借助统计资料、文件简报等形式获得企业生产经营和战略决策等方面的信息。这一途径纵横交错、上下贯通，对信息采集来说十分便利，但是，如果企业内部管理层次过多，就不仅影响信息传输速度，而且易导致信息失真。

（2）研究开发部门。研究开发部门承担着企业新技术和新产品的研究、设计与开发任务，掌握着一个企业正在进行中的研究开发项目、产品技术水平、设计标准规范等方面的资料。通过研究开发部门获取的信息真实可靠，专业性和先进性都比较强，具有较高的参考价值。

（3）市场营销部门。市场营销部门是企业与市场之间的联系纽带，市场营销人员直接面对客户和竞争对手，位于企业竞争的前线，因此他们通常掌握着有关竞争环境和竞争对手的大量信息。通过市场营销部门获取的大多是非公开的动态信息，这类信息对于企业及时制定有效的竞争策略、迅速作出市场反应都具有重要意义。

（4）“葡萄藤”渠道。这是指传播小道消息的非正规组织信息流。通过非正规组织信息交流网络，可以收集基层成员对上级决策、指令的反馈信息，了解群众的意见、建议和愿望，从而对管理行为作出调整，达到减少冲突、提高工效的目的。

（5）内部信息网络。即企业自己的信息机构，通过通信线路与各部门联系起来而形成的企业内部信息网络。

企业外部信息采集渠道主要有：

（1）大众传播媒介。通过网络、电视、广播、报纸、杂志等可以得到内容新、范围广的信息资料。但由于它们都是面向大众的，所以一般缺乏针对性，也比较肤浅。企业可以根据自身需要，利用大众媒介开展定向、定时、定题的信息收集活动，必要时还可以委托信息机构进行专题信息采集工作。

（2）政府机关。政府机关掌握着丰富的信息资源，政府各管理机构发布的政策文件、对外公开的档案（如工商企业注册登记通告、上市公司业绩报告、专利、标准等）、政府出版物（如研究报告、统计资料、各类白皮书等）都是企业重要的信息来源。与政府机关保持良好的合作关系有利于企业及时了解各方面的政策法规性信息，指导本部门的决策与行动。

(3) 信息中介机构。信息中介机构是指专门从事信息搜集、加工处理和分析研究的情报机构或信息服务商。

(4) 社团组织。通过协会、学会等专业和行业团体，可以收集到行业信息，是企业获得最新技术、了解同行情况的重要途径。

(5) 各种会议。各种研讨会、洽谈会、展销会、交易会、现场会、发布会、演示会等是企业获得外部环境信息和竞争对手信息的重要途径。

(6) 协作伙伴。包括各种供应商、经销商、广告公司、运输公司以及金融、保险、劳动仲裁、环保、咨询等机构。这些机构广泛拥有关于市场环境、竞争对手的相关信息。

(7) 用户和消费者。通过消费者调查，可以了解不同消费者的不同需求、消费心理、购买动机，消费者对产品的满意度、意见和建议，当前的消费热点、消费趋向等信息。

四、信息采集方法

信息采集方法依信息类型和性质的不同而有所不同，一般有以下方法：

(1) 观察法。

通过现场观察可以获得第一手材料，这样获得的信息具有详细、可靠、及时、直观的特点。如高层人员通过在生产车间的巡视和直接观察了解职员的工作热情、认真态度、是否严格遵守产品的工艺流程、产品质量如何等重要信息。再如市场调查人员以消费者身份参加市场活动，产品生产厂家派人站柜台以收集消费者对本厂产品的意见等，都是这种方法的应用。还可以通过现场会、展览会、博览会、学术报告会、经验交流会等途径进行信息采集。

(2) 调查法。

分为普查和抽样调查。普查是调查有限总体中每个个体的有关指标值；抽样调查是在总体中抽取部分个体（样本）进行调查，根据所了解的局部信息了解总体情况，抽样调查方法是最主要的调查法。

抽样调查的手段主要有访问调查和问卷调查。访问调查是通过访问信息采集对象，与采访对象直接交谈而获取有关信息的方法，包括座谈采访、会议采访、观察访问、电话采访、信函采访等。访问调查法的主要优点是可以就问题进行深入的讨论，获得高质量的信息；缺点是费用高，采访对象不可能很多。

问卷调查法是一种包含统计调查和定量分析的信息收集方法。问卷的设计形式有结构式、非结构式和混合式。结构式问卷所收集的信息以某种统一的格式进行组织，有利于对信息的分析；非结构式问卷则通过命题或主题的方式设计问卷，有利于调查受访者的真实想法和观点；混合式问卷是两者的综合。问卷调查法具有调查面广、费用低的优点，其缺点是对调查对象无法控制。

（3）实验法。

实验法是指为了获得特定的信息，通过对参与者类型的恰当限定、对信息产生条件的恰当限定、对信息产生过程的合理设计而获得准确、真实信息的方法。特定信息是指在被考察对象的自然状态下，用普通的观察（调查）方法难以获得的准确、真实的信息。限定信息产生条件是获得信息的实验方法的本质特征，也是一个方法能够称为实验方法的必要条件。利用实验方法可以在一定程度上直接观察和研究某些参量之间的相互关系，甚至是因果关系，这有利于对事物本质的研究。

（4）信息检索法。

信息检索法是非常重要的二手信息采集方法，是根据特定用户在特定时间和条件下的需求，运用某种工具，按照一定的过程、方法和技术，对描述用户所需信息的提问特征与信息存储的检索表示进行比较，从中找出与提问特征一致或基本一致的信息，形成用户需要的信息资源的过程。

信息采集是需要花费成本的，而进行一手资料的调查的花费一般很大。因此，进行信息采集时，通常需要首先进行信息检索，以便达到以下目的：充分利用已有信息资源，避免重复劳动；缩短获取信息的时间，提高工作效率；提高对问题的认识和理解水平，使一手信息的调查工作更加有的放矢。

在现代信息技术的推动下，网上信息资源爆炸式增长，网络信息具有以下特点：①数量庞大，内容丰富。网络信息的最大优势就在于它无所不包，信息类型丰富多样。这一方面给用户提供了非常大的选择空间，但另一方面大量无用信息混杂其中也给检索带来了困扰。②随时更新，不断变化。③无序性增强。任何机构、个人都可以自由地在网上发布信息，信息来源分散、组织松散、质量良莠不齐。④信息关联度强。网络信息利用超文本链接，构成了立体网状文献链，把不同国家、不同地区、不同服务器、不同网页、不同文件通过节点链接起来，增强了信息的关联度，通过各种搜索引擎及检索系统可以方便快捷地实施信息检索。

随着信息技术的发展，网络信息检索呈现出多样化、智能化和个性化的发展趋势。所谓多样化表现在三个方面：第一，可检索信息形态多样化。在互联网出现以前，信息检索基本上只限于文本信息，可供检索的非文本信息数量极少，现代信息技术的发展使得当前可检索的信息形态多样化，如文本、声音、图像、视频等。尤其是信息检索的可视化发展，一幅图像传递的信息要比一大段文字更生动、形象、准确。现在，可视化技术广泛应用于地理信息系统、产品设计、数字城市等领域。第二，检索向多国别、多语种发展。第三，检索工具和服务的多样化，单一的检索工具已不能适应需求，集多种检索功能于一体的检索工具和检索服务成为发展趋势。

智能化是信息检索发展的重要方向，主要表现在两个方面：第一，智能检索可以是基于自然语言的检索形式，机器根据用户所提供的自然语言表达的检索要求进行分析，形成检索策略并进行检索。第二，智能化发展的另一个方向是个性化信息服务，信息推拉技术的出现加快了信息服务智能化进程。所谓信息推送（push）是指信息源主动将信息推送给用户，信息拉取（pull）则是指用户主动从信息源拉取信息。根据不同用户的特点和需求，智能化信息检索利用智能推拉技术、神经智能技术等实现信息源对不同用户类型所要求的信息的按需推送；利用知识发现技术，可从推拉技术所获取的信息中进一步提取更有意义、更有价值的知识，发现隐藏在信息资源中的内在规律；利用数据挖掘技术、知识评价技术，最终能够提取真正符合用户要求的信息。

五、大数据条件下信息采集的发展

伴随着互联网技术、物联网技术、大数据技术以及云计算的快速发展，信息及其采集都呈现出新的特点。

1. 大数据条件下信息的新特点

随着互联网、移动互联网到物联网的迅猛发展，信息呈现爆炸式增长，而且类型更加丰富多样。

随着互联网技术的大发展，接入互联网的终端越来越便宜，在人群中覆盖率不断提高，形成了一个覆盖大部分人口的信息网络。以购物网站淘宝为例，每天有亿级别的用户浏览、交易。在传统的工业时代，我们无法知道一个人在超市做了什么，也很难分析每个人在超市买了什么东西。而在互联网时代，一切行为都可能被记录、分析，互联网上人们留下的交易信息、社交信息、地理位置信息、行为习惯信息、偏好信息等各种维度的信息都可以被实时处理，立体完整地勾勒出每一个个体的各种特征，用于优化未来的消费体验。

在物联网技术条件下，各种传感器的廉价化和部署覆盖率大大提高。手机、智能手表、智能手环等各种可穿戴设备每时每刻都在产生着数据；家庭中的路由器、电视机、空调、冰箱、净化器等也越来越智能化并且具备了联网功能，产生着大量数据；购物、就餐、旅游等过程中，商户的 WIFI、运营商的 4G 网络、无处不在的摄像头、银行的 ATM 以及遍布各个便利店的刷卡机等也都在产生着数据。随着未来传感器＋大数据平台的发展，智能设备将越来越多，智能医疗、智慧城市等方面的前景将无限广阔。

另外，随着信息化的深入、工业互联网的发展，许多大型企业和政府机构在信息化过程中结合自身业务搭建起了各种各样的软件系统，每时每刻都会产生大量生产、经营和决策数据，积累了大量的行业和客户数据。

2. 大数据条件下信息采集的发展

随着大数据时代的到来，数据爆炸式增长，信息采集方法也有了质的改变。在大数据时代，信息采集一般来说有如下三个特点：

（1）采集内容逐渐以全量采集为主。

受技术和成本的约束，以往的信息分析多为样本分析。但随机采样是在不可收集和分析全部数据的情况下的选择，它本身存在着一些固有的缺陷。第一，采样分析的可靠性依赖于采样的随机性，一旦采样过程中存在偏差，分析结果就会出现谬误，而保证样本的随机性在现实中并不是一件容易的事情；第二，当人们想了解某个整体细分领域更深层次的情况时，采样的方法就无能为力了，随机采样就像模拟照片，远看很不错，聚焦一点则模糊不清；第三，人们只能从采样数据中得到预设问题的结果，调查得出的数据不可能实现计划以外的目的。在当前的技术能力允许的条件下，越来越多的组织将选择全面而完整的数据来替代随机采样。需要说明的是，大数据分析的"大"是相对意义而不是绝对意义，即是相对于"全体数据"而言的。当然，在某些情况下，随机采样还是重要的方法，毕竟我们处于一个资源有限的社会，但采集和分析全体数据已成为可行的选择。

（2）采集方式多样化、内容丰富化。

从采集数据的类型看，不仅要涵盖基础的结构化交易数据，还将逐步包括半结构化的用户行为数据、网状的社交关系数据、文本或音频类型的用户意见和反馈数据、设备和传感器采集的周期性数据、网络爬虫获取的互联网数据以及未来越来越多的有潜在意义的各类数据。

（3）数据采集以自动化手段为主。

典型的采集方式包括：①系统日志采集。许多公司的业务平台每天都会产生大量的日志数据。日志收集系统要做的事情就是收集业务日志数据，供离线和在线的分析系统使用。②网络数据采集。网络数据采集是指通过网络爬虫或网站公开 API 等方式从网站上获取数据信息的过程。这样可将非结构化数据、半结构化数据从网页中提取出来，并以结构化的方式将其存储为统一的本地数据文件，它支持图片、音频、视频等文件的采集。③数据库采集。一些企业会使用传统的关系型数据库 MySQL 和 Oracle 等来存储数据。这种方法通常在采集端部署大量数据库，并对如何在这些数据库之间进行负载均衡和分片做深入的思考和设计。

大数据时代带来了不可估量的商业价值，但也引发了各种新问题。随着信息采集手段越来越高超和隐蔽，信息隐私和产权问题凸现出来，公民个人信息泄露的可能性增大，更可能面临各种违法犯罪行为的威胁。在大数据时代，对于企业和个人来说，数据是一种资源，是一种无形资产，如何确定数据的权利并且保护这些权利是全世界共同面临的问题。

第二节 信息的传播与传输

一、信息传播

信息传播是人类交换信息的一种过程，是人与人之间、人与社会之间，通过有意义的符号进行信息传递、信息接收或信息反馈活动的总称。

描述信息传播行为最经典的模式是拉斯韦尔提出的 5W 模式。所谓“5W”指有关信息传播过程的 5 个问题，即谁（who）、说什么（say what）、通过什么渠道（through which channel）、给谁（to whom）、取得什么效果（with what effect）。据此，引申出传播研究的 5 项内容：控制分析（传播者）、内容分析（信息）、媒介分析、受众分析和效果分析，如图 5－1 所示。

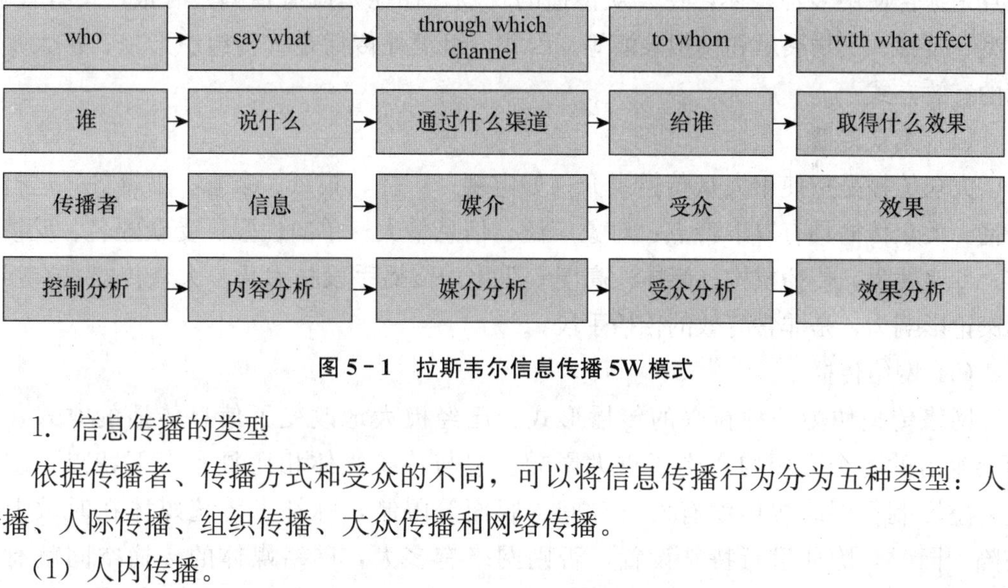

图 5－1 拉斯韦尔信息传播 5W 模式

1. 信息传播的类型

依据传播者、传播方式和受众的不同，可以将信息传播行为分为五种类型：人内传播、人际传播、组织传播、大众传播和网络传播。

（1）人内传播。

人内传播也称自我传播（self communication），是指个人在人体内部对接受自外部的信息进行处理的活动，是人类最基本的传播活动，是其他各种传播活动的基础。

（2）人际传播。

人际传播即通常所说的“人际交往”“人际关系”，是指两者之间或两者以上进行的面对面的或凭借简单媒介（如电话、书信等非大众传播媒介）的信息交流活动，例如面对面交谈、小组讨论、座谈、总结等。

需要强调的是，在人际传播过程中，一个突出的特点是：非语言符号起着重要作用。人际传播的非语言符号包括体态、形象、气质、装束和社会规范等。

（3）组织传播。

组织传播是组织为适应内外环境而进行的信息传递活动。组织传播可以沟通、疏导组织内部上下级之间、成员之间的关系，建立、发展组织与组织之间的联系。按照传播活动发生地点的不同，组织传播分为组织内传播和组织外传播。

组织内传播包括正式渠道传播和非正式渠道传播。正式渠道传播指的是信息沿着组织关系在组织内流通，可分为横向传播和纵向传播两种。非正式渠道传播是指信息越过组织内的权力等级和制度限制，自由地向任何方向运动，对满足成员的社会需求、缓释内部的冲突、保证决策质量、提高传播效率等有重要作用。组织内传播的主要方式有：书面媒体、会议、电话、组织内公共媒体、管理信息系统等。

组织外传播可以按照信息的流向分为信息输入和信息输出。信息输入包括市场调研、竞争情报研究等；信息输出主要包括公关宣传、广告宣传等。组织外传播的突出特点是综合使用多种媒体，在公众传播的现场，往往是既有横幅、海报，又有音响、模型、投影、实物展示和模拟表演等。因此，组织外传播是宣传组织形象、扩大知名度的有效方式。

（4）大众传播。

大众传播是指使用大众传播媒介（如电视、广播、报纸、杂志、书籍等）进行的传播。大众传播具有以下特点：对象广泛、信息量大；单向性强、受众匿名、反馈困难；专业性强，传播机构（媒体）高度专业化，传播手段技术化。大众传播具有强大的舆论影响力，是非常有效的传播手段。

（5）网络传播。

网络传播作为一种新兴的传播形式，已经极大地改变了信息传播的方式，对社会生活的各个方面均产生了重大影响。它与传统媒体相比具有以下特点：①不受时空限制。网络媒体没有发行时间、版面等限制，弥补了传统媒体在时效上的缺陷。同时，除非进行特殊设置，否则网络有多大，网络媒体的传播空间就有多大。②可存储、可回溯。通过网络传播出去的信息是存储在网络上的，这使得传播本身是可以往复的。③方式灵活，交互性强。网络媒体既可以进行单向传播，也可以进行双向甚至多向传播。加之网络媒体可以使用动画、流媒体等多种信息展示手段，因而具有很强的交互性。④重个性化。传统媒体是媒介“推”出信息，而网络媒体不仅可以“推”出信息，而且能够做到由用户从网中“拉”出信息，自己对所需信息进行选择。网络传播以双向互动传播代替了大众传播的单向传播，以点播式服务代替了大众传播的批量生产，因而大大增强了传播的个性化色彩。当然，也应注意到网络媒体具有技术依赖、易于失去注意力、用户难以管理等缺陷。

案例

爱奇艺《中国新说唱》的网络传播

2017年，爱奇艺打造出中国首档Hip-hop文化推广节目《中国有嘻哈》，制作人吴亦凡的“你有freestyle吗?”成为全民刷屏的热词。爱奇艺通过网络传播方式，12期精品内容累计播放量超过30亿次，微博短视频播放量超过80亿次，同名微博话题阅读量超过71亿次。2018年，爱奇艺重磅打造中国首档华语青年说唱音乐真人秀《中国新说唱》，首期正片上线4小时播放量突破1亿次。截至2018年8月23日，六期播放量达9.1亿次，单期播放超1.5亿次。在热度方面，首期节目在微博日热搜TOP 10中同时占5席，随后单期节目均斩获10+微博热搜。节目持续位居百度风云榜综合榜、内地榜单双榜第一，在QQ音乐、知乎等各大平台上的讨论度也稳居第一。通过网络传播，爱奇艺《中国新说唱》成功打造出圈热词、多首爆款曲目，助推众多实力说唱选手和新星热度暴涨，不断提升说唱音乐在中国乃至全球的娱乐影响力，充分展现了互联网时代超级网络传播的爆款制造力。

2. 信息传播者

传播者是信息传播活动的第一要素，也是最积极的要素，主要指发出信息的人或机构。传播者在传播过程中具有决定权，这种决定权体现在传播者可以决定传播的时间、内容和形式，可以搜集、编辑、制作传播的信息，可以控制和制约整个传播的进程。在这个意义上，传播者又被称为信息传播网络中的“把关人”。

在信息管理工作中，应充分重视传播者的这一特性，对其加以严格筛选和认真培训。在特质上，应注意选择具有强烈的责任感、敏锐的观察能力和较强的规划能力的人充当传播者的角色；在素质上，应具备良好的专业知识背景、信息甄别能力和信息加工能力。只有这样，才能保证组织信息管理流程畅通、有效地运行。

3. 信息传播媒介

媒介就是在传播过程中用以扩大并延伸信息传送的工具。在5W模式中，媒介处于连接传播者、信息与受众的重要地位。现代传播媒介包括网络、电视、广播、报纸、期刊等。

不同媒介的特性和适用范围不同。信息管理人员应能针对不同传播活动，选择最适合的媒介组合。新媒介的不断涌现也并不意味着传统媒介彻底退出传播舞台。无论传统媒体还是新媒体，都有其适用的场合。电视刚出现时，曾有人预言它将彻底取代广播。但事实证明，广播具有成本低、可并行强的特点，人们收听广播时可以自由地从事其他活动，因此直到今天，广播在多种场合仍然可以得到很多应用。

网络媒介的出现带来了很多不同于其他媒介的突出特点。一方面，网络传播提高了受众的个性化程度；另一方面，网络本身的结构方式就是按照兴趣和主体组织起来的，具有相近需求的受众在网络上自然分群聚集，因而具有很强的主导性。

4. 信息传播受众

受众是信息传播的对象或信息的“目的地”，是传播过程的“反馈源”，同时也是积极主动的信息寻觅者。

为了了解组织中受众的信息需求、设计合理的传播方案、促进信息在组织中的高效流动、采集组织内外的重要信息，需要进行受众研究。受众研究的主要问题包括：受众接收和反馈信息的规律、受众与传媒以及社会之间的关系等。较有影响的大众传播受众理论包括：个人差异论、社会分类论、社会关系论和文化规范论。

(1) 个人差异论。

个人差异论认为，对同一信息，不同受众会产生不同反应。这是由受众性格和态度上的差异造成的，其理论基础是行为主义心理学派的“刺激—反应”论。

(2) 社会分类论。

这一理论认为，受众可以根据年龄、种族、文化程度等人口学因素被划分为不同的社会群体。同一群体的受众有相似的性格和心理结构，因此在传媒的选择、内容的接触甚至对信息的反应上都有很多共同之处。这样，可把受众分成不同的群体加以研究。

(3) 社会关系论。

这一理论认为，社会关系对于受众有着巨大的影响。在受众的媒介接触中，社会关系既能加强也能削弱媒介的影响。社会关系主要包括人际网络、群体规范和意见领袖等。社会关系论为大众传播和人际交往提供了一个结合点，结合的桥梁就是社会关系。

(4) 文化规范论。

该理论以传媒为出发点，认为大众传播媒介不一定能直接改变受众，但由于受众是在社会文化中生活的，因此，大众传播可以先改变社会文化，从而间接地实现对受众的改变。

5. 传播效果与监控

受众在接收到传播者通过传媒传播出去的信息后，会产生关注、留下记忆、改变态度并引起某种行为的变化，这就意味着传播行为产生了传播效果。传播效果是信息传播活动的目的所在、价值所在，又是评价信息传播业绩的重要依据。

传播效果可以按照显著程度分为两个层次。传播行为发生前后，如果受众心理发生了变化，传播就产生了第一层效果；如果受众心理的变化还外化为可观测的行为变化，甚至因此引起了社会变化，传播就产生了第二层效果。如果这些心理、行为、社会变化与传播者的期望一致，则称传播具有正效果；反之，则称传播具有负效果；无变化，则称传播无效果。

测量传播效果的行为称为效果监控。效果监控的主要手段是受众调查，设计受众调查的关键问题在于针对具体传播行为，构造合理的监控指标。

由于传播目的不同，不同类型的传播的监控指标也不同。例如，报纸较为关心浅层传播效果，包括订阅率、阅读率、关注率、市场占有率，以及读者的年龄、性别、文化、职业、收入、读报的时间、地点分布等；教育传播追求的效果不仅有浅层或中层的知晓度、理解度、赞同度，还包括深层的人生观、价值观、道德观等；而广告传播追求的则是全面的效果，不仅要求到达率，还要求消费者对广告内容的知晓、理解、偏爱等方面的变化，更要求心理变化外化为购买行为。

监控传播效果的常用指标可分为以下三类。需要说明的是，使用任何一种效果监控方法前都要首先明确效果监控的目标，然后根据监控的目标来调整、变换、修正所使用的监控方法和相应指标。

（1）感觉、知觉层次的监控指标。

监控受众感知程度的主要指标是知晓度。知晓度主要包括点击率、接触率、到达率、关注率、阅读率、收听（视）率、接触时间及时段分布、细读率、细看率、细听率、对传播内容的回忆率或复述率等。

（2）思维、情感层次的监控指标。

监控思维、情感的主要指标是理解度和赞同度等，其中理解度可以分解为精读率，对传播内容的熟悉程度，对传播内容主旨的把握度，对传播内容及其所含系列概念与相似概念的区别度等；赞同度可以分解为受众对传播内容的认同度，受众因传播内容而获得的满足度，受众对传播内容合理性的肯定程度，受众对传播内容的喜恶程度等。

（3）意志、人格层次的监控指标。

监控受众意志程度的主要指标是支持度和信奉度等，其中支持度包括：传播目的与受众意愿的一致程度，受众在满足与传播目的一致的欲望时克服困难的乐观程度，受传者将与传播目的一致的欲望外化为行为的强度，传播前后受众与传播目的一致的行为增长率等；信奉度则是监控传播长期效果的指标，包括：在传播前后，受传者的世界观、人生观、价值观、道德观的变化度，在具体事件上受传者的是非明辨度、行为表现等。

二、信息传输

所谓信息传输就是把人们需要的信息从空间中的一点传送到另一点，其核心问题是如何准确、迅速、安全、可靠地完成传输任务。信息传输理论重点讲述信息在空间中传输的原理，即通信原理。

从传输内容上说，信息传输其实只是语法信息的传输，只要传递了语法信息，语义信息和语用信息也就隐含在其中了。

信息传输的基本模型如图 5－2 所示：

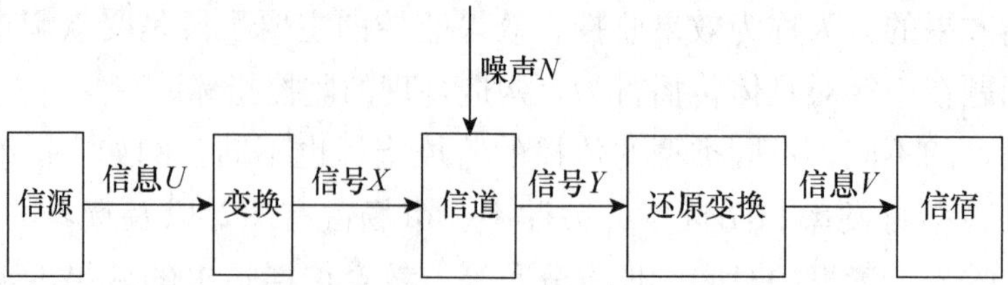

图 5-2　信息传输的基本模型

信息传输至少必须包含如下一些事物、环节和过程：

(1) 信源。产生某种运动状态和方式（即信息）的源事物，在信息理论中称为信息源，简称为信源。因为信息传输着眼于语法信息传输，不追究所传信息的内容和价值，所以，对信息传输模型中的信源不必考虑其内容和含义，只把它看作是某种运动状态和方式的形式化关系的发生源。

(2) 载体。在信息传输过程中，信息脱离源事物而附着于另一事物，信息传输所依附的事物即携带信息的事物称为载体。载体必须能够表示所要传输的信息，便于在空间中传播或移动，易于控制和处理。

(3) 变换。在信息理论中，把“运动状态和方式”映射为信号的过程称为变换。变换把要传输的信息从信源映射到某种物理载体上，在源事物的运动状态方式与载体的某种物理量之间建立恰当的映射关系。这种映射关系必须能够还原，比如一一对应关系。

(4) 信道。载体能在其中进行时空移动的媒质（媒体）或设施称为信道，如同轴电缆、双绞线和光纤等。不论载体本身在信道中会发生什么变化，在信道输出端都应能够还原出满意的信息，这是信息传输对信道的基本要求。

(5) 信宿。信息的接收者或使用者称为信息宿，简称信宿。它是信息传输的目的地。

在信息传输的基本模型中，信源产生的信息记为 U，信息经过变换后成为信号，记为 X，信号在信道中传输，并在信道中受到噪声 N 的干扰，在信道输出端得到 Y，它与 X 既有联系，又有区别，联系的程度和区别的大小取决于噪声 N 对信号 X 的影响程度。因为噪声 N 的影响，通过信道的信号 X 变成信号 Y，为了使最终还原出来的信息 V 尽可能和信息 U 保持一致，“还原变换”就不是简单的“变换”之逆，而是要根据噪声 N 的特性和信号的特点，采取适当的措施来消除噪声的影响。

第三节　信息的存储

一、信息存储概述

信息存储指对所采集和传输的信息进行科学有序的存放、保管，以便使用的过程。信息存储的作用包括：(1) 在企业或组织需要信息的时候，能够及时地获取这些信息，并经加工处理后为控制、管理与决策服务；（2）存储的信息可以供企业或组织的全体人员共享，并可以重复使用，提高信息的利用率；（3）信息的历史性特点也要求将信息予以保存，以便从同一事物的不同历史阶段的信息中分析、探讨该事物的发展规律，供管理决策时使用。

信息存储首先需要确定存哪些信息、存多长时间、以什么方式存储、经济上怎么合算。这些问题主要是由系统目标决定的。

确定了以上问题，信息存储还要解决有效性、抗干扰性和安全性三方面的问题，即有效、可靠和保密问题。

有效性是指信息存储要讲究高效率，否则就会浪费存储介质的空间，这就要用到压缩编码技术。所谓可靠性，是指如果存储介质不完善，就会使所存储的信息受到破坏，发生畸变或缺损，解决这类问题的出路在于各种各样的抗干扰编码（也叫纠错编码）技术，只要信息存储的速率不超过存储介质的容量，就既可以使信息存储的效率足够高，又可以保证所存的信息在恢复时几乎不发生差错。为了保障所存信息的安全，即所存信息不失密，还需要采取加密编码的措施。

二、云计算模式下的信息存储

在运用云计算的当下，全球数据存储量呈现爆炸式增长，企业及互联网数据以每年 50%的速率增长。数据体量的变化给存储系统带来了巨大挑战，单机已无法满足大型应用的数据存储要求，为了保证大规模数据集的高可用、高可靠和经济性，分布式存储应运而生。

分布式存储就是将大体量的数据分割存储到多个存储空间中，多个空间的数据可以实现同时存储、传输、运算，大大提升了数据的处理效率。这种模式不仅摆脱了硬件设备的限制，同时扩展性更好，能够快速响应用户需求的变化。

与常见的集中式存储技术不同，分布式数据存储并不是将数据存储在某个或多个特定的节点上，而是通过网络使用企业机器上的磁盘空间，将这些分散的存储资源构成一个虚拟的存储设备，即大量普通 PC 服务器通过网络互连，将数据分散存储在各台机器上，对外则作为一个整体提供服务。

分布式存储具有以下特点：

（1）成本低。分布式存储系统构建在普通 PC 上，具有自动容错、自动负载均衡机制，增加和减少机器非常方便，便捷地降低了成本。

（2）可扩展。分布式存储系统可以扩展到几百台甚至几千台的集群规模。

（3）易用性。分布式存储系统能够提供易用的对外接口，具备完善的监控和运维工具，可方便地与其他系统集成。

分布式存储系统通过集群方式解决系统扩展能力，这种机制本身需要解决的问题主要有：

（1）数据分布问题。保证数据能够均匀分布在多台服务器上，对于分布在多台服务器上的数据实现跨服务器读写操作。

（2）数据一致性问题。将数据的多个副本复制到多台服务器上，并能够在异常情况下仍然保证数据的一致性。

（3）负载均衡问题。自动实现负载均衡，在数据迁移过程中不影响已有服务。

（4）容错问题。自动将出现故障的服务器上的数据和服务迁移到集群中的其他服务器上。

（5）事务与并发控制问题。实现分布式事务，以及多版本并发控制。

（6）易用性问题。设计对外接口使系统容易使用。

（7）压缩/解压缩问题。根据数据特点设计合理的压缩/解压缩算法，在压缩算法节省的存储空间和消耗的资源之间找到最优平衡。

第四节　信息的加工和分析

一、信息的加工

从外界所获得的信息往往并不是依人们所需要的形式存在的，因此除了一部分能够被直接地实时利用之外，多数都要经过必要的加工或处理后才能付诸使用。可以这么认为，未经加工而直接被利用的那些信息多半是一些浅层次的信息，只有那些经过大范围深层次加工之后的信息，才能得到有效的利用。

信息加工显示了系统的处理能力。信息加工的定义是：对原始信息进行判别、筛选、分类、排序、计算、研究、著录、标引、编目和组织而使之成为二次信息的活动。信息加工的范围很广，从简单的查询、排序、归并到复杂的模型调试及预测等。计算机技术、网络技术、人工智能计算机的不断发展和应用，大大缩短了信息的加工时间，满足了各种需求。

应当说明的是，“信息加工”或“信息处理”是一个含义很广泛而边界很模糊的术语。在很多情况下，信息的生命周期中除了“信息识别”和“信息使用”头尾两阶段外的所有其他信息过程，都可以称为信息加工或信息处理。例如，信息传输和信息存储也已经包含了信息加工或处理工作，在此过程中采用的压缩编码、纠错编码和保密编码，以及分布式存储等技术，使得处在不同地点或不同时间的人们都能够有效地使用这些信息。由此可见，对信息所采取的任何有目的和有意义的操作或变换都可以称为“信息加工”或“信息处理”。

从信息加工的层次看，人们在获得大量的原始信息之后，首先需要去除残存在信息上面的“噪声”污染以提高信息的纯洁性，对具有缺损的信息进行修补以提高信息的质量，剔除混杂在信息中的假信息以提高信息的可用性，按照某种标准对信息进行整理以提高信息的规范性，同时，还经常需要根据已有的经验和技术对所获得的信息进行一致性检验。然后，对经过上述处理的信息进行编码、压缩、转换，编辑成文字、制作成表格、设置为声音、绘制成图形等，把它们表示成易懂易用的形式，再按照某种规则分门别类地存放，以备需要时方便地检索出来。比上述这些常规信息处理更高级、更复杂的信息处理还包括：对信息按照某种程序和规则进行计算、分析、演绎、推理、归纳和综合，以辅助决策。

下面我们就对信息分析做比较详细的介绍。

二、信息的分析

信息分析是指针对特定的分析目标，通过定性、定量的分析方法（或分析工具），从现有信息资源中得出结论、作出预测并辅助决策的活动。信息分析对大量相关信息进行深层次的思维加工和分析研究，透过由各种关系交织而成的错综复杂的表面现象，把握其内容本质，形成目的性更强、价值更高的增值信息，获取对客观事物运动规律的认识，形成有助于问题解决的新信息，是一种重要的信息管理活动，是信息增值、组织知识创新的重要途径。

信息分析是信息管理中必不可少的重要一环，在这一过程中，信息组织与加工将会得以深化，为信息的利用提供更高层次的支持。随着社会信息环境的改善和资料收集成本的降低，企事业机构的信息获取能力在普遍提高。信息分析能力竞争的重点将向分析研究能力转移，特别是创新能力的重要性更加突出。

信息分析具有交叉学科的特点，其方法有的源于一般科学，如系统科学、数学等；有的源于信息学方法，如信息计量学方法、引文分析方法等；有的源于经济管理理论与方法，如竞争分析、财务分析等。因此，信息综合分析方法是多种方法深化融合而成的，要做好信息分析工作，需要具有扎实的多学科的知识功底和经验。

信息分析方法可以从性质上划分为定性分析方法、定量分析方法两类。定性分析是指信息分析人员针对目标，运用自己的主观判断进行分析的一类方法；定量分析则是指运用统计技术、系统建模、计算机模拟等手段，对具体问题作出客观分析的信息分析方法。区分定量分析与定性分析的主要标准是，分析结果本身是否依赖于实施信息分析的人——依赖于信息分析人员的为定性分析方法，独立于信息分析人员的为定量分析方法。下面对常用的定量分析方法做简要介绍。

1．常用的定量分析方法

（1）统计分析。

统计分析主要是指使用统计学相关理论，对现有数据进行某种深入研究的定量分析方法。它包括两方面的内容：统计描述和统计推断。统计描述是对已经初步整理的数据资料进行加工，用统计量对其描述的一种方法，主要用于研究测定现象的集中趋势、离散趋势、现象之间的相关关系等。统计推断是在随机抽样调查的基础上，根据样本资料对总体进行推断的一种方法，主要包括区间估计、假设检验等。

（2）预测分析。

预测分析是根据对象发展变化的实际数据和历史资料，运用现代的科学理论和方法，结合各种经验、判断和知识，对事物在未来一定时期内的可能变化情况进行推测、估计和分析。定量预测方法可以分为时间序列分析和因果关系分析两类。德尔菲法是一种常用的定性预测方法。

（3）评价分析。

评价是对各种可行的备选方案，从政治、经济、社会、技术等各个方面予以综合考虑，权衡利弊，给出评价结果，为决策提供科学依据的过程。评价分析一般包括下列步骤：①确定由所有单项和大类指标组成的评价指标体系；②确定各评价指标的权重，并从整体上调整；③进行单项评价；④综合单项评价指标，得出大类指标的评价值；⑤进行综合评价。

评价的正确性来自评价指标体系的科学性。通常采用德尔菲法，即经过广泛征求专家意见、反复交换信息、统计处理和归纳综合等来满足评价指标体系科学性的要求。

经常会碰到评价指标为定性指标的情况，这时需要将其数量化。将评价指标数量化的方法有很多，如排队打分法、两两比较法等。

（4）运筹学方法。

运筹学方法，又称最优化方法，主要运用数学方法研究各种系统的优化途径和方案，为决策者提供科学决策的依据。实践表明，运筹学方法已经成为广泛应用于公共管理、经济管理等各个领域的信息分析方法。典型的运筹学方法包括线性规划、整数规划、动态规划、网络计划等。

（5）系统模拟。

系统模拟作为研究管理决策问题的有效手段，在企业、政府组织的各种具体应用中越来越重要。所谓系统模拟，是通过建立和运行系统的模型来模拟实际系统的运行状态及随时间变化的规律，以实现在计算机上进行实验的全过程。在这个过程中，通过对模拟运行过程的观察和统计，得到被模拟系统的模拟输出参数和基本特征，以此来估计和推断实际系统的真实参数和真实性能，为真实系统问题的决策提供科学依据。根据问题研究的系统对象的性质，系统模拟一般可分为连续系统模拟和离散事件系统模拟。根据研究方法的不同，系统模拟可以分为蒙特卡罗模拟、排队系统模拟、系统动力学（system dynamics，SD）模拟、复杂适应系统（complex adaptive system，CAS）模拟等类型。

2. 常用的信息分析工具

信息分析工具是指包含一项或几项信息分析相关功能，能够在一定程度上支持信息分析活动的软件、系统或平台。作为信息管理人员，应该熟悉、了解并熟练使用各种常用的信息分析工具。只有这样，才能提高组织信息分析的效率，保证信息分析的质量。

现有的信息分析工具对定量分析方法支持较多，对定性分析方法支持较少。从对信息分析活动的支持程度上来划分，信息分析工具大体上可以分为通用信息处理工具、单一功能的信息分析软件、综合性分析和决策系统三类。

(1) 通用信息处理工具。

主要指用于信息处理且具有简单信息分析功能的软件工具，例如：Excel、WPS、各种常用的数据库软件（如 Access，Foxpro，SQL Server，Sybase 等）。这些软件工具并不专门用于信息分析，但一般都提供统计描述、统计分析、统计结果的图形化输出等，对信息分析提供一定程度的支持。

(2) 单一功能的信息分析软件。

主要指具有特定功能的专门用于信息分析的软件系统，例如：统计分析软件(SPSS、SAS)、系统动力学建模工具 Dynamo、排队论建模工具、复杂适应系统建模工具 Swarm 等。这些工具往往提供了用户自主编程、建模的功能，可以较为完整地支持某种定性或定量分析方法，并能满足各种不同类型的用户在某种信息分析上的需要。

(3) 综合性分析和决策系统。

主要指针对特定组织，提供较为完整的信息分析解决方案的各种信息系统，包括各种决策支持系统（DSS）、联机分析处理（OLAP）系统、数据挖掘（DM）系统、知识发现系统等。这类分析工具与企业、政府的日常决策关系紧密，个性化程度高，并且通常作为企业信息系统的一部分，具有方法库、模型库、知识库、图形库等，能支持多种不同的信息分析方法。

第五节 信息的维护和使用

一、信息的维护

保持信息处于适合使用的状态称为信息维护，从狭义上说它包括经常更新存储介质中的数据，使其保持正常状态。从广义上说它包括信息系统建成后的全部数据管理工作。

信息维护的主要目的在于保证信息的准确、及时、安全。保证信息的准确性，首先要保证数据是最新状态的，其次数据要在合理的误差范围内。保证信息的及时性是指信息的维护应考虑能及时地提供信息，常用的信息放在易取的地方，各种设备状态完好，各种操作规程健全，操作人员技术熟练，信息目录清楚，以提高信息的查询、检索效率。保证信息的安全性是要防止信息由于各种原因而遭到破坏，同时采取一些安全措施，以便在遭到破坏后，能快速恢复数据。

信息的维护是信息管理的重要一环。没有好的信息维护，就没有好的信息使用和优质的信息信誉。

二、信息的使用

信息管理的最终目的是信息的使用，信息的有效利用也是检验信息工作成效的主要途径，因此，信息服务是信息管理的重要环节。上面所讲的信息管理的各项工作都是为了最终更好地利用信息，实现信息增值和共享，提高组织的管理决策水平，实现社会效益和经济效益。

信息使用包括两方面问题：一方面是技术问题，即如何高速度、高质量地把信息提供给使用者；另一方面是如何实现信息的价值转换。以企业为例，信息的价值和使用价值是在信息应用过程中实现的，只有通过对信息的有效利用，使信息作为生产力的综合因素渗透到经营活动中，才能给企业带来效益。

用户的信息需求各具特点，向用户提供满意的信息服务需要遵循以下原则：(1）针对性原则。应当认真研究用户的信息需求和需求的变化，掌握用户利用信息的习惯和特征，选择符合用户需要的信息内容、信息载体、信息渠道，向用户提供针对性强的信息。(2）及时性原则。能够在用户需要作出决策之前及时地提供所需要的信息，信息的价值与其提供的时间有密切联系，尤其是企业决策信息，如金融市场信息、竞争对手分析信息等，时效性非常强，提供过晚的信息几乎没有什么意义。(3）易用性原则。现代信息技术的发展大大拓展了信息提供手段的可选择性，然而，人们对信息手段的掌握和熟悉程度存在较大的差异，信息工作者不能仅仅从自己的技术条件出发提供信息，而应当充分考虑信息使用者，以他们可接受的载体、渠道提供信息。

信息使用的价值转换是信息内容使用的深度上的提高。信息使用深度大体上可分为三个阶段，即提高效率阶段、及时转化阶段和寻找机会阶段。提高效率阶段与数据处理阶段相联系，这时使用信息技术的主要目的是提高效率，是手工作业机械化。在及时转化阶段，应当认识到管理的艺术在于驾驭信息，认识到信息的价值要通过转化才能实现，鉴于信息的寿命有限，转化必须及时。寻找机会阶段则鼓励利用新技术进行创新发展。

小　结

本章重点讨论了信息管理的五个基本环节，详细探讨了信息采集的概念、来源和范围、途径、原则、流程以及信息感知、传感、收集方面的知识；信息传播的行为、过程、效果与监控，信息传输与语法信息、信号、信息传输模型；信息存储的概述、体系结构；信息加工和分析的概念和方法等；信息维护和使用。

关键词

信息管理　　信息采集　　信息传播　　信息存储　　信息加工

思考题

1. 信息管理的五个基本环节是什么？
2. 什么是信息采集？信息采集的原则是什么？
3. 大数据条件下信息采集有哪些新特点？
4. 什么是信息传播的5W模式？
5. 信息传输的基本模型是怎样的？
6. 信息存储要解决的主要问题是什么？云计算下信息存储的主要特点是什么？
7. 常用的信息分析方法和工具有哪些？
8. 信息的维护主要需解决什么问题？

参考文献

[1] 王庆喜，陈小明，王丁磊．云计算导论．北京：中国铁道出版社，2018

[2] 杨小平．市场信息学．北京：中国财政经济出版社，2006

[3] 杨善林，刘业政．信息管理学．北京：高等教育出版社，2003

[4] 王振生，孔祥勇．信息管理之我见．山东省农业管理干部学院学报，2002（3）

[5] 左美云．CIO知识体系指南．北京：电子工业出版社，2004

[6] 郑长军．中国信息政策的研究重点与策略．情报杂志，1995（5）

[7] 李凤英．中、美、日国家信息政策比较研究．山西高等学校社会科学学报，2001，13（11）

[8] 付立宏．试析信息技术在信息服务领域的功能．情报杂志，1994（3）

[9] 郑宏．从信息资源的特征看信息管理人才的特殊性．大学图书馆学报．1997，15(6)

[10] 朱顺泉．管理信息系统教程．北京：清华大学出版社，2007

[11] 陈晓红．信息系统教程．北京：清华大学出版社，2003

第六章

信息资源——信息管理的对象

引　言

信息是现代社会资源体系中的重要资源，它与其他物质、能量资源一起构成支撑现代社会经济发展的资源体系。信息资源具有不可替代的地位。本章将主要介绍信息作为一种资源和管理的对象，对社会发展的重要作用，以及如何开发和利用信息资源，最后介绍相关产业的发展状况。

本章旨在通过资源观的发展历史，使读者了解和树立科学的资源观；通过对信息资源的学习，熟悉信息资源的特点和作用，了解信息资源开发和利用的重要性，进而研究信息资源开发和利用的方法策略。

第一节　现代资源观

一、资源及其特征

传统的资源经济学认为，资源是指自然资源，即在一定的技术条件下，自然界中对人类有用的一切物质和非物质要素，如土壤、水、草地、森林、野生动植物、矿产、水产动植物、阳光、空气等。

资源的概念和特征是与人类对于资源的有效利用不可分割的。由于资源所涵盖的范围非常广，不同类型的资源在不同的时间和地点也有不同的特点，但总的来说，经济管理领域研究的资源具有以下基本特征：

1. 稀缺性

如果某种要素十分丰富，其数量远远超出需要，比如目前地球上的氧气，就不存在资源合理配置的问题，没有必要作为资源来讨论。经济管理中讨论的资源相对于人们的需求而言总是稀缺的。

2. 不均衡性

无论在质的方面，还是在量的方面，资源的分布都是不均衡的，它们总是相对集中于某些区域。资源的不均衡性使得社会分工和贸易具备了必要性，也促进了资源开发技术的进步和利用效率的提高。

3. 竞争性

竞争性源于稀缺性。这也可以从两个方面去理解。其一，在资源的选择和利用中，人类社会总是努力选择在应用上最为合适的、在经济上最为合算的、在时间上最为适宜的那些资源。不同的资源在接受开发、提供利用方面存在着竞争性，例如，用煤还是用石油作为燃料，用木头还是用石头作为建筑材料。其二，众多需求者均不同程度地需要同一类资源。因此，资源的优劣和稀缺特征必然在资源受体之间引起竞争。

二、现代资源观

所谓资源观，就是在一定的历史条件下，人类对资源的构成作用和地位的认识，对开发利用所持的态度和方式方法。“资源”是一个历史范畴，其内涵随着人类改造自然能力的加强、社会的发展以及科学技术水平的提高而不断拓展。

在农业社会，“劳动是财富之父，土地是财富之母”。人类对世界的认识仅停留在“物体”的层面，对资源的认识局限在以实物形态存在的、能给其生产和生活带来直接利益的范畴，土地、矿产、森林、草地、水等物质资源是当时人们力图占有和开发的主体。

在工业社会，人类对世界的认识进步到分子—原子层面，机器被大量使用，对资源的关注转移到能量资源的开发和使用上，以核能为代表的新能源进入实质性利用阶段，一些并非以实物形态存在的能量资源成为生产力要素的主体。

在工业社会后期，信息问题开始被研究。20世纪70年代中期以来，随着信息在资源结构中的比例不断提高，发达国家的国民生产总值不断增长，劳动生产率不断提高，而物耗、能耗却不断降低，信息被视为一种与自然资源、材料资源和能源同等重要的资源而受到重视。人们发现，那些过去并未被视为重要的知识、技术、经验、创造力成为创造财富过程中越来越重要的内容，甚至起着决定性的作用，信息资源的占有量和使用度成为界定社会个体和群体财富的最新标准，成为竞争力的主要来源。比如，由于有了科学技术，人们才能把一钱不值的沙子制成价格昂贵的芯片。知识、技术、创意、信息已成为比材料、能源更重要的东西，它们已经成为人类重要的资源。

社会进入信息经济时代，资源的内涵与外延已由传统的自然资源范畴扩展到囊括自然、经济、社会三大系统且能为人类所利用的所有物质、能量和信息。信息已成为具有全局性、时代性的战略资源。

1973年著名的社会学家丹尼尔·贝尔提出："后工业社会的关键变量是信息和知识。"未来学家阿尔文·托夫勒在《力量的转移》一书中也提出："在21世纪，信息将成为一切原料中最基本的原料。"哈佛大学信息政策研究中心主任A. G. 欧廷格对物质、能源和信息的关系作了如下表述："没有物质，任何东西都不存在；没有能量，任何事情都不会发生；没有信息，任何东西都没有意义。"

现代资源观主要由下面几个观点构成：

（1）信息是现代社会资源体系中的重要资源，它与其他物质、能量资源一起构成支撑现代社会经济发展的资源体系。信息资源具有不可替代的地位。

（2）作为劳动对象或劳动条件，信息资源是重要的生产要素，是现代生产力的重要组成部分。

（3）信息资源对其他资源能够起到节约、替代、拓展、创新等巨大作用。人们对物质能量资源的开发利用依赖于信息资源的开发利用。信息资源的开发程度和利用水平决定人们对物质能量资源的开发程度和利用水平。

（4）对信息资源进行开发利用的能力——信息能力是现代社会的基本能力。一个国家的信息能力是这个国家综合国力的重要标志之一。

（5）信息资源的优化配置是信息资源充分开发利用的核心问题。信息资源的优化配置也是其他资源优化配置的重要条件。

（6）以信息资源为劳动对象的信息加工、生产和服务的广义的"信息内容产业"将成为现代社会中最庞大的产业。

（7）像对待其他资源那样，要加大全社会对信息资源开发的投入，充分重视和加强对信息资源的综合管理及统筹规划，建立适当的信息资源管理体系和有效的法律法规体系。

第二节　信息资源的特征和作用

一、信息成为资源的条件

任何东西在被归为资源之前，必须满足两个前提条件：首先，必须有获得和利用它的知识和技能；其次，必须对所产生的物质或服务有某种需求。因此，正是人类的能力和需要，而不仅仅是天然的存在，创造了资源的价值。

信息能够成为资源也是有条件的。信息成为资源的必要条件是：首先，信息可以为人类创造财富和提供福利；其次，通过人类活动，信息可以被识别或检测到。信息成为资源的充分条件是：首先，经过有序化处理，获得真实、准确的信息。奈斯比特曾说过，“失去控制和无组织的信息，在社会中不再构成为资源，相反，它构成污染和成为信息工作者的敌人”。其次，从资源开发利用的角度讲，信息需要具备一定的富集度。不是任何信息都是有用的。有过时的信息和不真实的信息，甚至是垃圾信息。从一般意义上说，这些信息都不能成为资源。

不同的用户、不同的时间和地点、不同的问题和任务对信息的需求也不相同，同样的信息的有用性和价值也可能不同。所以，信息能否成为资源也受上述因素的影响。

要使信息成为资源必须做功，即要对信息进行采集、识别、挑选、分类、编码、组织、存储、传递、分析、理解、积累、维护，才能使之成为可以利用的资源。也就是说，信息必须经过开发才能成为有用的资源。

人类对信息资源的需求推动了信息资源开发和利用手段的进步。从烽火台、驿站，到电话、电报、传真、计算机，及至互联网的出现，信息传递和利用的方式、数量都发生了质和量的飞跃，网络把信息带入了人类社会生产生活的每一个领域，使人们实实在在感受到了信息的普遍性和不可或缺性，可以说互联网是促使“信息资源”成为当前战略资源的科学技术保证。

现在意义上的信息资源已不同于古人传递的消息、战争时传递的情报。人们对信息资源的理解包括一切数据、符号、信息、资料，既可以是数据和知识，又可以是管理和决策的重要依据。当代信息资源已经成为全人类赖以生存的一种战略性资源，而且是一种越来越重要的资源，信息资源开发利用的水平影响着一个国家和地区生产力的发展和国际竞争力。

二、信息资源的特征

我国信息经济学家乌家培先生认为，对信息资源可以有两种理解：一种是狭义的理解，即指信息内容本身；另一种是广义的理解，指的是除信息内容本身外，还包括与其紧密相关的信息设备、信息人员、信息系统、信息网络等。本章中我们讨论的信息资源主要是指狭义的信息资源。

信息资源作为一种资源，具有普通资源的自然特征和经济特征，但是信息资源由于其特殊性，又具有一些其他资源所不具备的特殊特征。

1. 相对稀缺性

人们常说，我们处在信息爆炸的时代，那么为什么说信息仍然具有稀缺性呢？

的确，不同于自然资源的可耗竭性，信息资源在客观上是无限丰富的。随着技术的发展、社会分工的深化与人类知识的不断丰富，经过组织序化的信息越来越多，另外，科技发现的不断延伸与人类思想体系的扩大也使新的信息资源不断增加，因此信息资源存在着不断丰富的趋势。然而，对于人类的需求来讲，特定的信息总是存在于某一个特定的时空点上；对于特定的人群来讲，由于所处的信息环境的局限以及信息获取手段的限制，他们所需要的信息与他们所能获得的信息之间总存在着不同程度的差距。因此，相对于人们的具体需求而言，信息总是稀缺的。这也正是无论信息技术如何进步，信息不对称与信息不完全总会存在的原因。

信息资源的相对稀缺性还表现为其无限膨胀的趋势与人们处理信息的有限能力之间的矛盾。过多的信息造成人脑的疲惫和种种心理压力，比如紧张、焦虑等情绪，反而影响了人脑创造力的发挥和决策的科学性。人的有限理性使得其不可能充分注意所有的可得信息，有用信息淹没在大量的无用信息中，尽管有了互联网，但是从信息的海洋中搜索与需求相匹配的信息，也仍然非常不容易，甚至会影响决策的时效性。比如用谷歌对某个主题进行搜索，常常会出现上万甚至几十万条信息，而且每天都有新的信息不断产生，就算跟踪阅读也是十分不易的。这与其说是信息资源的相对稀缺性，还不如说是信息处理能力或“注意力”的稀缺。无论是哪一种稀缺，都要求人们合理配置信息资源，最大限度地提高配置效率。

由于信息具有相对稀缺性，专家的作用日益重要。所谓专家，就是在信息资源日益丰富和有用信息相对稀缺的情况下，专门从事相关专业知识的整合以满足大众需求的专业人士。这就产生了新的产业——信息服务业。

2. 空间分布的不均衡性

与自然资源类似，信息资源在地域分布上也存在着不均衡性。无论是信息技术还是信息内容，在不同国家、不同地区之间都存在着不均衡发展的特点，这被称为“数字鸿沟”。信息资源的不均衡分布源于各国、各地区社会科技文化的发展水平和历史积累，同时也与自然资源的丰裕度有关。由于“马太效应”，这种不均衡还会自我强化，信息资源的不均衡现象会越来越严重。在信息经济时代，这种正反馈的现象表现得十分明显。

信息资源在空间分布上的不均衡性的根源在于信息资源的产生是与人类活动密不可分的。自然资源天然存在于大自然中，是自然环境赋予人类的生存资料。信息资源源于人类社会，与社会之间有着更频繁的互动。人类不仅是信息资源的受体，同时也是供体。自然资源的有效开发受到人类现有知识技术条件的限制，但其存在具有独立性。而对于信息资源来讲，人类的智能水平决定着特定时期或特定个人的信息资源的量与质，在科研和教育发达的国家或地区，信息资源更丰富，而信息资源越是丰富的国家或地区，科技、教育、经济就越发达。

3. 使用上的共享性

在某些方面，许多信息产品具有公共产品非排他性与非竞争性的性质。

对于私人产品来说，财产权决定人们对产品的所有权，拥有财产权的个人可以排斥其他人对该产品的占有。而公共产品却不具有排他性，这或者是因为排他在技术上的不可实现性，比如灯塔上的灯光，以及一国之内人们享受的国防；或者是因为尽管排他在技术上是可行的，但排他的成本却非常昂贵。信息产品的非排他性的原因主要属于后者，尽管有知识产权法律的保护，但信息产品的低复制成本却使得法律的执行成本非常高。

所谓消费的非竞争性是指一个人消费某产品不影响其他人同时消费该产品，物质产品当然具有消费的竞争性，而信息产品的消费则是非竞争性的。

作为公共产品，纯粹的市场配置会导致效率低下。因此，在较大的范围内，信息产品需要由公共部门来提供，这就是科研、教育、信息服务机构大都是政府投资的公益性事业的原因。在考虑信息资源的配置问题时，要分清哪些信息可以由市场来提供，哪些信息必须由政府提供或资助提供。一般来讲，使用价值高、专用性强的信息产品可以由用户自己开发，比如银行、海关、税务的高保密性的专用系统；使用价值高、用户规模大的信息产品由市场来提供，比如办公软件、ERP 系统等；使用价值低、用户规模大的信息产品由公共部门来提供，比如图书馆、情报机构的信息资源。

4. 开发利用的竞争性

对于信息资源来说，从资源的角度讲的竞争性，与从产品的角度讲的共享性并不矛盾。与自然资源相同，信息资源的竞争性是稀缺性与不均衡性的逻辑结果。作为对于人类社会有价值的资源，信息资源的竞争性表现在两个方面：

（1）不同的国家、地区与个人为了寻求更多的发展机会，需要更快、更早、更多地获取信息。或者说经济的发展要求以更为优越的信息资源优势作为条件或基础。这种竞争在宏观层次上发展到成熟阶段时，表现为传统产业信息化进程之间的竞争。

（2）信息资源自身的规划、布局、建设、开发与利用效率方面的竞争，是制度与技术共同作用的结果。可能是国与国之间、地区与地区之间的竞争，也可能是企业与企业之间、个人与个人之间的竞争。这种竞争表现在宏观层次上，就是新兴的信息产业（广义上包括教育、媒体出版、计算机技术及通信等）内部的竞争。

竞争会导致效率的提高，多年来许多学者总在呼吁信息资源的共享，要求有相对统一的管理和规划，避免重复建设和资源浪费。从政府或公益性信息资源的建设来讲，这个观点是正确的。但是从信息资源的市场配置来讲，适度重复有利于形成竞争局面，提高资源利用效率。举个简单的例子，当市场上出现了同类信息的多个资料库的时候，它们的使用价格就会大大下降，而且功能与效率不断提高，消费者从中得到的好处正是源于“一定程度的重复建设”所引起的竞争。这也说明仅仅从管理学的角度研究信息资源的建设与开发是远远不够的，还需要从经济学的角度研究信息资源的建设、开发与配置效率，这是非常必要和有意义的。

三、信息资源的作用

随着经济技术的发展，信息资源在经济发展中的作用日益重要，对信息时代的经济具有基础性的支撑作用。信息已经成为与能量和物质同等重要的资源。信息资源对经济发展的基础性支撑作用体现在三个层面上：一是宏观层面，信息资源的开发利用对经济社会资源的优化配置发挥着重要作用；二是中观层面，即信息资源的开发利用产业化，形成新型的信息服务和信息内容产业，成为新的经济增长点；三是微观层面，也就是企业对于信息资源的利用。

信息资源对经济发展的重要作用首先体现在宏观层面上，即信息对全社会资源的开发与配置。相对于人类的需求与现有的开发利用能力，自然资源总是稀缺的。因此，稀缺资源的有效利用就备受人类社会的关注。人类通过开发利用信息资源提高了劳动生产率水平，加快了技术进步，提高了劳动者的素质，加速了资本周转速度，提高了资本的利用率；同时，市场信息资源的开发利用又大大提高了物质产品的交换效率。这都从本质上提高了自然资源的开发能力与配置效率。自然资源的储量大多是有限的，而且是不可再生的，信息资源的使用将会大大减少资源开发利用过程中的浪费，节省自然资源。从资源的角度来看，信息资源通过提高人类的劳动生产率来满足社会不断提高的物质与精神需求。同时，信息资源作为精神产品，又极大地满足了人类的精神需求，从而提高了人类的生存质量。

从管理的角度看，宏观经济的管理越来越离不开信息资源的开发利用。现代市场经济的运行已不同于古典的自由竞争时代，各国经济的运行都离不开政府计划的宏观调控。从信息流转的角度看，宏观调控是指政府运用所掌握的经济运行信息，作出有利于促进经济增长、减少失业、保证经济安全、优化产业结构等目标的宏观经济计划。因此，科学的决策依赖于对目前经济信息的准确把握和对未来经济信息的合理预期，信息资源尤其是经济信息资源的开发对宏观经济的运行十分重要。

政府进行宏观调控所需要的信息包括各部门、各地区的增长状况，结构变化，人力资源现状，重要产业部门的市场状况，物价情况，科技、文化、教育、卫生的最新变化，政府内部的运作及效率情况，世界经济及国际政治的变化及趋势等复杂而庞大的经济变量。政府各级部门在执行多种职能的同时，还有一个重要任务，就是搜集经济信息并加以汇总、整理、分析，而这个汇总工作往往由专门的职能部门负责，并定期提供给决策者。从广义上讲，政府的职能就是为市场经济中的各个企业、家庭提供信息，这些信息既包括指导性计划，又包括各种财政、金融政策等信息，这些信息发生作用的方式有引导投资方向和人们的预期等功能，从而达到经济管理的目标。

从中观角度来看，信息技术对于国民经济的贡献和重要性正日益增大，信息资源的开发利用本身已经成为一种新的产业，有的地方称之为信息内容产业，这是信息产业的重要组成部分，而信息产业对 GDP 的重大贡献已经被世界各国的实际充分证明。

另外，自然资源的有效开发又进一步丰富了信息资源的体系，源源不断地产生许多新的知识与信息，从而使信息资源体系有无限延伸的趋势。传统理论认为，信息能够减少不确定性。但是，人类的理性是有限的，当信息过多增长时，它对人的决策能力就不再起到积极作用，反而成为干扰，让人难以作出清晰的判断和正确的决定。因为有时候，决策的正确性并不重要，而时效性却十分重要。当可供选择的方案集合中要素太多，并且质量相差不太大时，我们所能做的应该是当机立断地作出决定，因为将太多时间花在选择上，本身就是一种效率的损失。因此，如同沙里淘金，如何快速地找到所需要的信息就十分重要。从这个意义来讲，信息资源的重要性主要在于其有效的开发利用。

如前所述，只有经过加工的信息才能称为信息资源。信息资源有效发挥作用需要经过一个自然的过程：建设（包括采集、整理、加工）、开发（包括分类组织的序化处理、数字化、网络化、知识挖掘）、管理（包括人员管理、设备管理、资金管理、信息建设、开发利用的流程管理以及信息库、知识库、数据库的管理）、利用（包括检索、用户培训、深度开发、知识转化等）。从经济角度来讲，这个过程需要根据成本分析、资源评价、效益分析等来判断信息机构的存在价值和调整方向。所有这些使得新型的信息产业特别是信息内容产业成为国民经济发展新的增长点。

从微观层面上看，信息资源开发利用是企业创新与发展的基础。企业是经济的细胞。企业在参与市场竞争、加强企业管理、创新生产技术方面，由于不完善和昂贵的信息，造成企业在人员激励、要素选择、决策结构化方面付出了极大的代价。在信息经济中，企业在参与竞争的过程中所依赖的主要资源之一是信息。企业信息资源分为企业的内部信息资源和外部信息资源，前者主要指企业的技术开发、生产、销售、人事、财务等内部信息，后者则指与企业经营有关的政策、法规、技术、市场等各种信息。企业信息资源的有效开发利用对于企业的管理、技术及市场创新极其重要，是企业决策的重要依据。

在管理的改革方面，借助于信息系统的管理被称为“扁平化”管理，更有人称之为“直接管理”。传统的管理以对企业各级进行繁复的组织、协调和控制为特征。相对封闭的部门体系使企业的管理处于相对静止的状态，垂直层与水平层之间的信息传递速度缓慢。中间管理层的主要作用为监督协调，造成严重的官僚主义及本位主义，使得管理高成本、低效率，甚至出现负效应和内耗。在借助于信息系统的管理中，信息流不断地、适时地在各层级间流动，这种动态的流动需要各级管理作出动态的反应。企业不再需要长期维持一个庞大的组织机构，减少官僚作风，降低业务开支，从而最终降低管理成本，提高管理效率。同时，企业内部各创新单位活动能力增强，有了更大的决策权限，也缩短了企业与客户间的距离，因而增强了企业的灵活性，使企业有能力适应新的、多变的竞争环境。目前，用于企业信息资源管理的软件技术发展已经相当成熟，如 MIS、ERP 等系统已经成为企业信息资源管理的重要工具。

同时，企业在技术创新中需要利用大量技术信息。这类信息资源主要有：一是文献及网络技术信息。在技术创新初期，需要最大可能地识别、把握环境与约束，正确决定技术创新的基本方向、规模和形式。因此，需要进行大量回溯性的文献信息检索，包括专利信息、期刊信息、标准信息等，制定基本的创新决策。二是企业外部的科研机构信息。确定创新方向之后，有必要了解企业外部的科研机构信息，以选择合适的科研机构或高校进行技术合作，启动创新项目。三是企业内部信息。在创新活动的中后期，外部信息的作用强度逐渐减弱，随着内部人员对新技术的掌握，内部信息流成为主要方面，对创新活动进行整体协调，保证创新项目顺利完成。确切地说，这个阶段的信息资源开发已成为人才资源的开发。

另外，市场信息资源的开发利用对于企业经营的重要性正变得越来越显著。市场信息资源主要包括供应商、竞争对手、客户、最终消费者信息，以及国家有关的行业政策、国际市场的最新动向、目标市场的风土人情及消费习惯等各种信息。企业了解市场信息，首先要靠推销人员为其搜集、整理、分析市场信息，其次要注意跟踪专业出版物。另外，可以通过发信调查市场行情。这些信息的获得需要借助于完善的高速信息网络系统，从而提高信息的处理速度与传递效率，为决策者提供准确、完善、及时的市场信息。目前，通过互联网进行各项市场及非市场活动已经十分普遍。企业信息化与电子商务技术使得企业信息资源的开发利用效率大大提高，客户信息、市场信息、管理信息与研发信息都得到了前所未有的开发与利用。在现代信息技术条件下，市场信息可以通过竞争情报系统来获得。而竞争情报的获得渠道多种多样，既可以委托咨询中介公司，也可以通过企业的市场分析等手段来获得。目前，获得市场信息的常见软件有客户关系管理（CRM）系统与供应链管理（SCM）系统等。

总之，利用各级各类信息系统，有效地开发信息资源，将给经济带来巨大的效益。

无论从宏观、中观、微观角度来看，还是从市场、管理、技术创新的意义上讲，信息资源的开发利用已经成为当前经济发展的重要推动力量。对于这一点，是没有任何疑问的。

第三节　信息资源的开发利用

信息资源是国家的战略资源，在国民经济信息化中位于核心地位，信息资源开发利用的水平直接影响着从宏观经济，到产业发展，及至微观组织各阶层的决策质量和对其他资源的控制能力。各国在建设信息基础设施时，其直接目的就是使社会能够快速有效地获取和利用信息资源，创造财富，实现经济增长和知识创新。

一、信息资源开发利用的含义

任何一种资源要充分发挥其价值，都必须加以开发和利用，信息资源也是如此。所谓信息资源开发利用是指利用现代信息技术采集、处理、传递和使用信息资源，提高信息资源的可获得性、适用性和有效性，提高其数字化、数据库化、网络化和商品化水平，实现高度共享，为促进国民经济和社会快速健康发展及提高人民生活质量服务。

信息资源开发是以用户的信息需求为导向的，开发的主要目的是以方便用户利用的方式满足用户的信息需求。通过信息资源的开发，可以将贮藏于信息源中的信息由不可得状态转变为可得状态，由低可用状态转变为高可用状态。一般来讲，开发是信息提供方的任务，利用是信息用户的事情；两者互相促进，互为存在的条件。

信息资源开发利用的方式和目的可以是多种多样的。例如，在载体形式不变的情况下，对信息内容进行加工，提高信息的效用；或者，仅仅改变信息的载体形式，开辟、扩展信息的采集和传播渠道，提高信息的可获得性和可共享性；当然也可以是上述两个方面的结合。

信息资源开发利用通过对信息资源进行采集、处理、存储、传播、服务、交换、共享，最后加以运用，提高了信息资源的可用性和有效性，使信息资源在多方面得以增值，主要体现在：提高了信息质量；规范了信息的格式化和标准化；实现了信息的有序化、组织化、浓缩化和集成化；提升了信息的易获得性，实现了快速远程存取或本地化；从友好性、交互性和机动性等方面提高了信息的易用性；通过本地化和客户定制化提高了信息的适用性等。

图 6-1 展示了信息资源增值的过程。

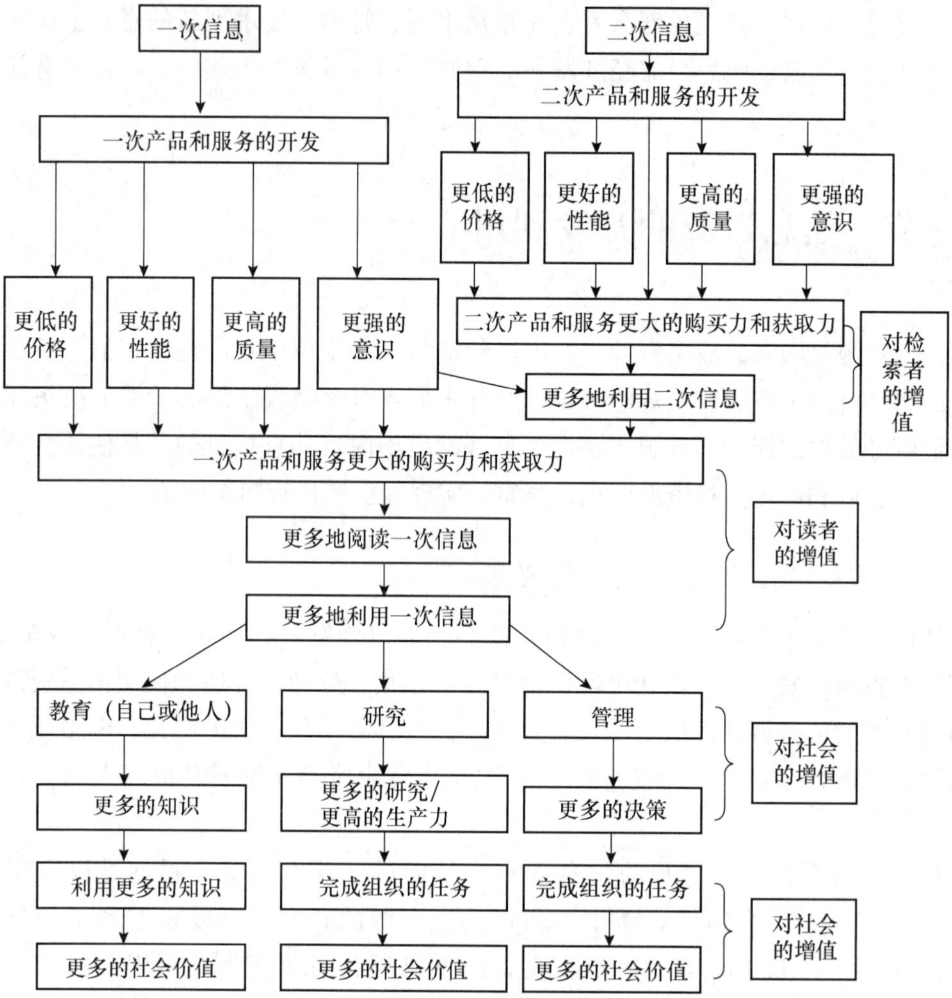

图 6-1　信息资源增值过程示意图

二、信息资源开发利用与信息资源管理的区别和联系

信息资源开发利用与信息资源管理都是以信息资源为对象的，它们之间既有区别，又有联系。

1. 两者的区别

从范围来看，信息资源管理是指为了完成机构的使命而管理信息资源的过程。这个术语既包括信息本身，也包括诸如人员、设备、资金和信息技术之类的相关资源。而信息资源开发利用主要是利用信息技术对信息内容本身的开发利用。

从性质来看，信息资源管理是一种系统的管理方法，更多是针对某一组织机构本身。信息资源开发利用更像是一种政策，更注重对整个国家的信息资源开发利用活动进行指导和规范。

从侧重点来看，信息资源管理侧重于信息资源的合理配置以及相关资源的合理投入和利用，强调其管理职能。而信息资源开发利用则明显侧重于信息内容的开发和利用，强调具体任务的确定和实施。

2. 两者的联系

两者之间是一种基础与应用的关系。信息资源管理的理论和方法可以应用于信息资源开发利用。当然，信息资源开发利用过程中可能还需要其他理论、方法和技术的指导和支持。信息资源开发利用过程中所取得的经验又可以丰富或修正信息资源管理的理论和方法。

三、信息资源开发利用的重要性

信息是继材料、能源之后第三种重要的资源。随着知识经济时代的到来，人类逐渐步入信息社会，信息资源在促进科技、经济和社会发展中发挥着越来越重要的作用，信息资源的开发利用将成为国际竞争中的焦点之一。

1. 信息资源的开发利用是促进经济变革和增长的强大动力

从20世纪下半期开始，世界经济高速增长，经济结构和经济发展模式发生了巨大变化，信息资源在其中发挥了重要作用。信息资源对经济增长的作用方式是通过改进其他资源的素质、提高要素的生产率、降低社会成本的方式实现的。具体表现为以下三点：

(1) 以实物资源为载体，通过信息资源开发利用来实现其中的信息变化和信息积累，促进生产过程的技术进步和新的实物资源的形成。

(2) 以人力资源为载体，通过信息资源的开发利用来提高经济行为主体的能力和生产率。

(3) 在社会经济发展中，信息资源开发利用过程本身也逐渐成为新的经济增长点。

信息资源可以对国民经济基础起到“软化”作用。人类的经济实践表明，发达国家和新兴工业国家的经济结构由刚性向柔性转化，即从以生产粗大厚重的硬件产品向以高效、智能化的知识和信息服务活动为中心的柔性化产业结构过渡。另外，经济发展的步伐取决于交易的速度、决策所需要的时间、新发明和新设计转化为产品的速度、产品上市的速度、资本流通的速度等，充分利用信息资源可以极大地提高各项经济活动的效率。

2. 信息处理能力是核心竞争力的重要体现

社会信息化不仅意味着经济结构转变，而且意味着信息处理能力成为一个国家、组织或个人的核心竞争力的重要组成部分，而信息资源开发利用则是提高这种核心竞争力的基础。1993年末欧盟委员会发表的白皮书《增长、竞争力与就业：21世纪的挑战和道路》提出：要“采用最好的手段来生产、管理、交换和传递信息”，以提高欧洲的经济竞争力和增加就业。布瓦索在《信息空间》一书中也指出：“创造和分享新信息，构成了现代国家竞争优势的核心。”①

3. 信息资源的开发利用是完善市场经济的重要手段

社会学家认为，完全市场竞争要满足以下三个要求：（1）可以获取的来自不同供应者的产品或服务具有同质性，即可以互相替代；（2）竞争者的数目足够大；（3）交换系统中既有成员之间能完全沟通，系统能为每个成员提供有关其他人的实际的和潜在的决策的完整信息。②

在经济学家看来，完全竞争是一种竞争不受任何干扰和阻碍的市场结构。世界银行曾指出要解决信息问题以培育市场。一个良好的国家知识战略要求改善信息流动的途径，进而促进市场经济运转得更好。③

信息资源在完善市场经济中的作用表现为：信息是市场的血液，信息不完备将导致市场机制失效；通过信息资源开发，消除信息壁垒或信息不对称是完善市场的重要方面；通过信息资源的开发利用保证信息双向流动，使信息在市场中更有效。

4. 信息资源开发利用有利于缩小数字鸿沟

“数字鸿沟”是人类社会进入信息时代之后出现的新问题，是在人与人之间、国家与国家之间、地区与地区之间出现的新的差别、新的不平等。经济不发达的国家和地区的弱势人群身处边远地区或通信设施落后地区或者因为年老体衰、行动不便，无法接触到计算机和互联网，不能获得这些设施上的信息，这就是“数字鸿沟”。世界银行指出，市场本身通常是不充分的，社会需要政策机构来推动知识的获取、改造和传播，以减缓信息失灵，尤其是在信息失灵会对穷人造成影响的时候。④

通过推进信息资源开发利用，提高获得全球信息和知识的能力，扩大公众交流信息和知识的途径，并通过教育的改革和普及来提高全民吸收知识的能力，缩小信息和知识的差距是最重要的国家战略。

5. 信息资源开发利用是实现可持续发展的需要

按照联合国给出的定义，可持续发展是既满足当代人的要求，又不对后代人满足其需求的能力构成危害的发展。开发利用信息资源，一方面可以满足当代社会的信息需求；另一方面，不仅不会占有和耗损后代子孙的资源，而且会为其提供有序化和可以利用的知识财富。同时，信息资源开发利用不像有些资源那样会对环境造成污染和危害。更重要的是，信息资源开发利用将有助于提高其他资源的开发利用水平和效率，减少资源的浪费或流失，减轻其他资源开发利用过程中可能产生的负面作用。

---

① 马克斯·H. 布瓦索. 信息空间. 王寅通，译. 上海：上海译文出版社，2000：18-19.

② 彼德·M. 布劳. 社会生活中的交换与权力. 李国武，译. 北京：商务印书馆，2008：220.

③ 世界银行. 1998—1999年世界发展报告：知识与发展. 北京：中国财政经济出版社，1999：149.

④ 同③156.

6. 信息资源的开发利用是国家安全的重要课题

信息资源占有的不均衡会危及国家安全。若一个国家过分依赖于其他国家的信息资源，一旦其来源被切断，就会使国家的安全受到威胁。正如托夫勒在《权利的转移》一书中指出的："未来世界政治文化的魔方将控制在拥有信息强权的人的手中。"而这样的"信息强权"的优势也逐渐成为现实。比尔·盖茨曾说："信息高速公路将打破国界，并有可能推动一种世界文化的发展，或至少推动一种文化活动、文化价值观的共享。"① 1986 年美国前国务卿舒尔茨在巴黎的一次讲话中更是明确提出："信息时代已向世界各国提出了深刻的政治挑战。"

面对这些挑战或者说信息强权，应对之道只有：通过信息资源的开发利用，扩大本国信息资源在全球信息资源中的比例和含量；整合国家各类信息资源，明确属于国家安全性质的信息资源类型和利用级别；发展信息内容产业，使信息资源得到优化配置和充分开发；实现对国家信息资源的有效保护，提高经济和社会安全水平。

四、影响信息资源开发和利用的因素

影响信息资源开发和利用的因素有很多，有的从生产力方面，有的从生产关系方面，还有的从上层建筑方面，这些因素相互配合，彼此协调，形成合力，影响着信息资源的开发和利用。主要的影响因素有以下几方面：

1. 社会文化因素

信息意识影响着全社会的信息实践活动，强烈的信息意识是信息资源开发和利用的强大动力。良好的信息能力则是信息资源开发和利用的重要技能。信息意识属于意识形态范畴，它的发展变化和培养既受社会因素的制约，也受自身文化素质的制约。信息意识和信息能力直接影响着信息资源的开发利用效率和效果。

经济与社会的信息化归根结底是人的信息化。只有所有社会成员，特别是各级领导和管理者，都切实树立了新的观念，建立了新的工作和生活方式，与信息时代的经济和法制环境协调一致，信息化才能发挥最好的效益。只有在信息意识水平不断提高的前提下，才会出现对信息资源需求的不断扩大和对信息开发利用技术现代化等需求的不断增强。

2. 体制因素

事实表明，现代的市场经济体制比传统的计划经济体制更有利于促进信息资源的开发和利用。在一定阶段，计划经济体制甚至会严重阻碍信息资源的开发和利用。在市场经济条件下，信息资源商品化，信息单位企业化，随着市场机制和竞争机制的引入并发挥作用，信息市场不断发育并日趋完备，且同其他非信息市场相结合，共同调

① 金吾伦. 信息高速公路与文化发展. 中国社会科学，1997（1）.

节信息资源的供求关系。同时由于政府宏观经济调控水平的逐步提高，信息资源的开发和利用必然会更有效益，更好地满足国民经济和社会发展的需要。

3. 政策因素

在信息资源的开发和利用过程中，信息标准的统一、信息交易规则的制定和执行、信息行为的规范、信息产业的发展需要政府指导，信息的安全和信息的保密、解密问题需要解决，地区间信息差距要及时调整，各种利益矛盾和复杂关系需要调节与协调，国家的信息主权需要确保而国际信息交流与合作需要扩大加强，如此等等，这一切都需要政府研究、制定和实施信息政策。反过来，各项具体政策及其整个体系是否有效、合理直接或间接地对信息资源的开发利用起决定性作用。

信息政策不是一成不变的，它需要适应信息技术的变革，根据信息管理的环境及时进行调整或改变。各国国情不同，信息政策也不会一样。尤其明显的是发达国家与发展中国家的信息政策有较大差异。一般地说，发展中国家的信息政策方面的进展大大滞后于发达国家。

4. 法规因素

信息资源具有社会共享的特点，其充分开发与有效利用需要法律和规章制度的保障。政府信息资源的保密与公开化、知识产权与隐私的保护、信息的自由与查询、跨国数据流的管理等都需要有相应的法规予以保护。

信息法具有长期性质，兼具行政形式与经济形式的管理特点，权威性高、影响面大，但是立法与执法的程序较繁，耗时长；信息规章制度期限短、简便易行，满足管理需要快，但它的部门性与地区性较强，有时不易统一，甚至互有矛盾。因此，法律与规章制度应相互配合，以便更有力地促进信息资源的开发利用。

特定的信息资源从其开发到使用以至废弃，为其他信息资源所取代，有一个生命周期的问题。信息法规要更多地发挥正面效应，尽量避免负面效应，必须适应信息资源开发利用的周期变化及其每个阶段的特点和要求。

5. 技术因素

信息技术的发展是信息资源开发利用的基础，信息资源开发利用的任何一环都离不开信息技术的支持，关键技术的突破能够降低成本，提高信息资源开发利用的效率，提升产业的规模效益，促进产业的发展并实现飞跃。信息技术还能推动信息资源产业的安全保障体系的建设。先进的信息技术能够帮助建立由信息安全技术支撑和信息安全管理两部分组成的信息安全保障体系，通过身份认证、访问控制、防入侵、防病毒、防窃取、防盗等手段来确保信息资源的安全开发和利用，保障各个主体的权益，为其他环境建设提供保障。

五、信息资源开发利用的机制

信息资源开发利用的机制可以分为政府信息资源的开发利用、公益性信息资源的开发利用、商业性信息资源的开发利用三种机制。

1. 政府信息资源的开发利用

政府信息资源是指政府为执行公共管理和服务职能而采集、加工、传输和使用的信息，它覆盖了经济、社会、科研、军事等各方面的人文信息，也包含了相当多的国土、环境资源方面的自然信息。政府信息资源的数量相当可观，而且与国情和政府体制关联度较大。

政府信息资源是社会的公共资产，属于公共产品和服务的一部分。政府的信息大部分来自社会成员，包括个人、企业和其他社会组织，其信息成本是由财政支付的。因此，政府信息资源在原则上除由政府使用以外，社会成员都有权利获取和使用。另外，政府信息资源具有很大的社会使用价值。除了政府部门以外，其他社会成员有许多需求涉及政府信息资源，如空间地理信息、经济统计信息、专利登记信息、企业注册信息等，这些信息与人们的经济活动密切相关，除政府行使职能外，对社会其他主体也有很大的使用价值。

政府信息资源的开发利用主要包括三方面内容：一是政府信息公开。制定政府信息公开条例，编制政府信息公开目录，充分利用政府门户网站、重点新闻网站、报刊、广播、电视等媒体，以及图书馆、档案馆等场所，为公众获取政府信息提供便利。二是政府信息共享。根据法律规定和履行职责的需要，明确相关部门和地区信息共享的内容、方式和责任，制定标准规范，完善信息共享制度。三是政府信息资源再利用，即政府信息资源的社会化增值开发利用。对具有经济和社会价值、允许加工利用的政务信息资源，鼓励社会力量进行增值开发利用，按照公平、公正、公开的原则，授权申请者使用相关政府信息资源。

政府信息共享是指政务信息在政府各部门之间的共享，我们在此不作详细讨论，这里仅对政府信息公开和政府信息资源再利用作简要论述。

(1) 政府信息公开。

所谓政府信息公开是指凡是政府机关所掌握且有关法律许可的与公民、法人和其他组织利益相关的政府信息都应当予以公开。例如，美国的《信息自由法》规定，除国家安全信息、商业秘密、司法调查文件、决策前信息等信息外的政府信息，公众无论出于何种目的，均享有申请公开和使用的权利，政府机构必须对公众的申请予以接受和执行，若不提供，则必须说明理由。

面对大量且分散的政府信息资源，从政府机构的角度而言，如何利用网络，组织、管理和共享信息资源并提供检索，以减少重复劳动，提高效率，提供便民服务，是其努力的目标。从使用者的角度而言，如何利用网络跨越政府机构多重组织的障碍，搜寻、判断、获取符合要求的政府信息，提高检索政府信息的查全率和查准率，则是其关注的重点。

当前许多国家以政府信息定位服务（government information locator service, GILS）系统作为政府信息资源公开的重要系统。GILS是一种支持公众检索、获取和使用政府公开信息资源的分布式目录管理及利用体系，政府机构利用GILS标准描述自己拥有的信息资源，包括数字化和非数字化资源，建立相应的信息资源目录和检索系统。如果信息资源本身是数字化资源，则在资源目录和实际资源之间建立链接，公众可以通过互联网直接检索这些目录数据，并通过链接直接获取有关的数字化资源，而且可以跨资料库、组织机构甚至国界，以单一检索界面检索所需的政府信息资源。

建立政府信息资源目录的必要性在于：首先，政府信息资源产生于政府活动的各个环节和部门，从中央到地方各政府部门都会产生大量信息资源，其存在和分布是多行业、多部门、多地域的；其次，政府信息资源由相关机构分权管理，储存地点分散，搜寻不易，要实现政府信息资源的共享，就需要一种可分可合的工具来管理中央和地方信息资源；再次，需要依据信息属性对信息资源进行采集、分类、加工处理和存储，以实现信息资源的有序组织；最后，需要提供一种支持公众检索、定位、获取和使用政府公开信息资源的工具，满足人们在大量信息资源中准确、全面、迅速、方便、经济地获取所需信息内容的各种要求。

（2）政府信息资源再利用。

所谓政府信息资源再利用是指政府以外的主体为其他目的使用该信息。政府以外的主体可以是个人、企业或其他社会组织；再利用的目的可以是商业性的，也可以公益性的（科研、教育、其他公益活动）；利用的形式可以是直接传播，也可以是增值加工后，形成更有利用价值或更容易使用的信息产品。

政府信息资源再利用与政府信息公开既有联系又有区别。广义地理解，政府信息公开包含了其他主体再利用的概念。但是，两者的信息利用主体、目的和运作机制等方面还是有差别的。政府信息公开的主体是政府部门，受众是社会成员，目的是执行公共管理和服务职能，运作机制是政府部门“主动推送”。而政府信息资源再利用的主体是政府以外的社会成员，目的是满足使用者自身的需求，运作机制是向政府有关部门申请，政府“被动响应”。

总体上看，促进政府信息资源再利用的意义在于充分发挥政府信息资源具有的潜在价值。具体地讲，有以下几方面重要意义：

首先，有利于促进政府信息公开。从本质上讲，政府信息资源再利用扩大了政府信息公开。政府信息公开制度将政府信息公开界定在政府必须主动发布并能满足社会基本需求的部分，如政策法规、法律信息以及涉及社会公共安全和公共卫生的信息、基础信息、教科文信息以及其他有关公民权利的基本信息。这些政府信息可看作基础信息公开部分，应由政府主动、免费提供。而其他部分政府信息资源是按需求提供，同时不涉及机密、个人隐私等内容，允许按规定收费。形成这种再利用机制将大大提升政府信息公开工作的规范化和积极性。

其次，促进信息共享和信息增值。政府信息资源再利用可以大大减少信息采集和加工的重复工作量，降低社会信息开发利用的总成本，是促进社会信息共享的重要方面。同时，再利用的过程也是政府信息资源再加工和增值的过程，必然会提高全社会信息资源的丰富程度和使用价值。虽然政府拥有大量信息资源，但由于其职能、人力资源等条件的限制，不可能进行经常性的信息增值加工。因此，建立再利用机制，就为政府信息资源的增值加工开辟了广阔的发展空间。

再次，有利于支持信息内容产业的发展。政府扶持信息内容产业的发展，除了创造有利的政策环境外，还要推行政府信息资源再利用，公平地、无歧视地对从事信息内容产品经营的开发商、提供商开放，而不是封闭垄断在自己手里，也不允许以“信息寻租”方式，变相谋求自利性业务。

最后，增强企业整体竞争力，提高经济增长质量。政府在执行宏观经济调控、市场监管职能中采集和使用了大量经济、金融信息和自然资源信息，这是任何企业个体都无法独立获取的。这部分信息资源的再利用是政府为企业提供公共服务的重要组成部分，可以大大降低企业交易成本，增强整体竞争力；可以正确引导产业结构调整方向，避免过度竞争和经营盲目性，提高经济增长质量。

2. 公益性信息资源的开发利用

公益性信息资源是指那些以提高国民生存质量和全民素质等社会效益为目的，采用免费或廉价服务机制提供普遍服务的信息资源，主要包括科教文卫农等领域的基础性信息资源。

公益性信息机构以服务社会公益事业为目标，而不以营利为目的。非营利不等于不收费，其含义是收费低廉、合理、公正且不以营利为目的。公益性信息机构可以利用其服务的公益性来申请政府支持、企业赞助、社会捐赠等来维持事业发展。

(1) 公益性信息资源的特点。

公益性信息资源主要有以下特点：①普遍性，即以免费或低廉的价格面向全体社会公众，特别是弱势群体提供服务；②基础性，即关系到公众生存、工作、教育、生活质量的基本信息，如最基本的科技、文化、教育、医疗卫生、农业等信息；③公开性，即可以向全民公开，不涉及国家机密、国家安全和个人隐私的信息；④共享性，即可以相互交换和共享资源；⑤来源的广泛性，即在科技、文化、教育、卫生、质量监督、经济、社会保障、娱乐、生活、农业、水利等各领域广泛存在全民需要的公益性信息资源。

(2) 公益性信息服务的类型。

按照提供公益性信息服务的主体，可以将公益性信息服务分为政府行政机构提供的公益性信息服务、事业单位提供的公益性信息服务、企业提供的公益性信息服务、非政府组织提供的公益性信息服务、个人提供的公益性信息服务。

政府行政机构提供的公益性信息服务主要是指国务院、各级政府、公安、监察、司法、财政、审计等政府部门所提供的公益性信息服务，信息内容是这些部门的公开信息的一部分。

事业单位提供的公益性信息服务主要包括公益事业单位（如水电气热生产供应单位、卫生保健单位、文化教育单位、公共交通单位等）、文化事业单位（如广播、电视、电影、公共图书馆、博物馆、艺术团体、研究机构等）、社会福利单位（如社区服务单位、收容单位等）提供的公益性信息服务。

企业提供的公益性信息服务包括保险公司、商业银行、房地产公司、劳动力市场、信息服务公司等提供的公益性信息服务。

非政府组织提供的公益性信息服务指公共慈善机构、法律援助机构、志愿者服务组织、工会、行业联合会等提供的公益性信息服务。

个人提供的公益性信息服务是指专家学者、研究人员以及其他热心人士提供的信息服务，如个人网站提供的专题公益性信息。

（3）开发公益性信息资源的意义。

开发公益性信息资源，对广大公众提供公益性信息服务，具有以下积极意义：①公益性信息资源服务以免费或低廉的价格向全社会所有成员提供服务，降低了信息获取成本，有助于消除“数字鸿沟”。②促进政府信息公开，公益性信息服务是政府信息公开的主要形式之一，政府部门的公益性信息服务不仅实现了信息资源共享，降低了获取信息的成本，而且促进了国家的民主化进程。③弘扬社会文化。公益性信息的开发借助国家和社会的力量，弘扬文化中蕴含的优秀内涵，激发社会成员的认同感和凝聚力。④创造学习型社会的资源环境。在当前知识经济时代，学习已经不局限于课堂教育，已经成为每个人的生活方式，公益性信息服务有助于创造学习型社会发展所需要的环境，向全体社会成员提供学习机会。

3. 商业性信息资源的开发利用

开发利用信息资源，除上述政府信息资源和公益性信息资源外，还有一个主要力量，就是以企业为主体，通过市场机制开发和提供信息资源和服务，即发展信息资源产业（或称信息内容产业），建设和完善信息市场。所谓商业性信息资源，就是由企业以市场化方式采集和加工处理、以营利为目的的各种信息资源。

商业性信息资源的开发利用，就是信息资源开发利用市场化的过程，发挥市场对信息资源配置的基础性作用，促进信息商品流通，鼓励信息消费，扩大有效需求。提供信息和服务的企业在公平的市场环境中竞争，信息的需求方如政府、企业、科研单位和个人从市场上获得所需要的信息商品和服务。

随着商业性信息资源需求和供给两方面的快速增长，信息资源产业迅速发展起来，已成为国民经济重要的新兴产业。在大数据、云计算等新技术发展以及知识产权等制度完善的环境下，信息资源开发利用呈现出以下趋势：大数据技术标准体系实现信息资源标准化；大数据交易所制度促进企业间信息资源流通市场化；多元化信息资源需求促进信息资源供给产业化。因此，我们将信息资源产业单独作为一节进行专门介绍。

第四节 信息资源产业

一、信息资源产业的内涵

2004 年，中共中央办公厅、国务院办公厅 34 号文件《关于加强信息资源开发利用工作的若干意见》的颁布使得“信息资源产业”的概念在我国正式确立。该文件把“发展壮大信息资源产业”作为开发利用信息资源、优化经济结构、推进可持续发展等战略实现的重要内容。《北京市信息服务业发展报告 2004》给出了信息资源产业的定义：基于数字化、多媒体和网络技术，利用信息资源和其他相关资源，开发、创作、分发、包装和销售信息产品及服务的产业，主要由数字内容产业、信息咨询业和市场调查业构成，并以数字内容产业为主体。①

2005 年以后，我国学术界也对信息资源产业的内涵进行了探讨。陈禹等在 2005 年《信息资源产业和信息市场政策研究报告》中指出：信息资源产业广义上是指从事信息资源生产加工，以信息资源的内容为基础，向社会提供产品或服务的各种产业，其产品范围包括各种介质的印刷品、电子出版物和音像制品，信息资源产业有传统和现代之分。② 赖茂生等认为，信息资源产业即信息内容产业，产业的源头是待开发利用或已经得到开发利用的信息资源和信息内容，以经营信息内容产品或信息服务为主要利润来源，是信息资源开发利用的商业化模式，是信息化时代国民经济发展的主导产业。③ 冯惠玲认为，信息资源产业是以信息资源为原料，从事信息形态的产品或服务的生产、加工、传播、提供等活动，并以此创造经济价值的国民经济部门。信息资源产业既包括传统的新闻出版、广播电视等部门，也包括新兴的数字电视、网络内容、手机短信、游戏动漫等部门。在发展趋势上，传统信息资源产业逐渐萎缩，新兴信息资源产业则蓬勃发展，日益成为信息资源产业的主体。④

可见，信息资源产业的本质特征是，其劳动对象以信息资源为主体，产出成果是

---

① 北京市信息化工作办公室．北京市信息服务业发展报告 2004．北京：中国发展出版社，2005.

② 陈禹，等．信息资源产业和信息市场政策研究报告．北京：中国人民大学信息学院经济科学实验室，2004.

③ 赖茂生，阎慧，龙健．论信息资源产业及其范畴．情报科学，2008（4）：481-490.

④ 冯惠玲，杨红艳．信息资源产业内涵及其与相关产业的关系探究．情报资料工作，2011（2）：10-14.

信息形态的产品或以提供信息为主的服务，企业以经营信息形态的产品或服务为主要利润来源。

二、信息资源产业与其他相关产业的关系

信息资源产业与信息相关产业之间既有联系又有区别，厘清产业之间的关系有助于正确核算和评价信息资源产业的发展及其贡献。

1. 信息资源产业与信息产业的关系

美国经济学家波拉特提出了关于信息产业的核算框架，该框架把原来第一、二、三产业中的信息与信息活动分离出来，单独作为信息产业，粗略地说，信息产业包括三大部分：提供信息设备的制造业、提供通信等功能的运营业和提供内容的信息资源产业。因此，信息资源产业是信息产业的重要组成部分。

2. 信息资源产业与信息内容产业、数字内容产业的关系

信息资源产业与信息内容产业都强调产业的劳动对象、经营内容和产出成果应围绕“信息资源的内容”，因而信息内容产业可等同于信息资源产业。数字内容产业强调“数字化”等新兴技术和工具的采用，因而将传统新闻出版、图书出版和信息咨询等产业排除在外。从这一角度来讲，数字内容产业是信息资源产业和信息内容产业的子集。

3. 信息资源产业与信息服务业的关系

美国经济学家马克卢普在《知识：它的创造、传播与经济意义》中专门将信息服务列为知识产业的一个重要部门，与通信媒介、信息服务、信息基础设施等并列，此后各国政府的统计分类也常将信息服务业单独立类。信息资源产业与信息服务业是交叉关系，两者的共性在于产业的对象都以信息为基础，并且都提供服务。其区别在于信息服务业既提供技术功能服务又提供资源内容服务，而信息资源产业只提供信息资源内容服务。

三、大数据交易

信息资源围绕交易平台进行市场化交易是信息资源产业走向成熟的必经阶段。虽然目前信息资源还没有形成完善统一的技术规范和估值标准，但发展信息资源交易市场已经成为共识。

1. 信息资源交易市场的优势

通过交易平台完成信息资源的市场化交易，在以下方面具有优势①：

（1）产品标准化。信息资源市场的可交易品种涉及公共、医疗、金融、企业、商

---

① 董慧梅，丁毅，侯卫真. 信息资源产业演进：范式比较和政策建议. 情报资料工作，2016（5）.

务、能源、交通等领域，标准化的信息资源可以避免滥用并提高信息资源资产的流动性。

(2) 定价机制。通过交易平台的撮合或竞价，实时浮动的价格能够激励信息资源产业提高信息资源质量。

(3) 增信机制。信息资源交易具有潜在的道德风险，市场交易双方无法保证资源来源的合法合规性、真实有效性、更新实时性。交易卖方有不尽职履行交易契约的风险，而交易买方则有为最大化自身利益滥用信息资源控制权的风险。交易中心通过引入政府认证和会员审核制度，为交易主体的市场信用增信，保障交易能够顺利达成。

目前，我国各地开展信息资源交易所试点工作，如贵阳大数据交易所、中关村数海大数据交易平台、河北数据交易所等。

2. 大数据交易的流程

数据交易有多种方式，流程又不尽相同，但基本流程类似，以在线交易为例，可分为数据上线、数据审核、交易实施、交易确认、数据下线、交易结算等六个步骤。①

数据上线：是指卖方完成数据整理，并在交易平台进行相关条目录入，由数据卖方在交易平台提供的功能入口处完成。

数据审核：交易平台完成对数据可交易化的审核，对满足要求的数据进行上线操作，对不满足要求的数据上线申请，要求其修正。

交易实施：买方在交易平台中发现所需要的数据之后，向卖方发起交易要约，并对交易商品按价格进行付费，交易平台对所付费用进行保管，卖方确认收到买方的要约后，向交易平台发出交易确认，交易平台完成对交易确认的审核后，向买方开放相应使用权限。

交易确认：买方获取到相应数据产品或者相关使用权限后，完成交易确认，交易平台收到相关确认请求，向卖方支付相应费用。

数据下线：数据卖方需要提前关闭数据调用的，向交易平台及时发送下线申请，交易平台对下线申请进行处理，并根据交易情况判定是否准许下架。

交易结算：在线数据交易结算在数据完成调取后收取，一般由数据卖方以提现形式结算。

3. 我国大数据交易平台的主要类型

2015 年，国务院印发了《促进大数据发展行动纲要》，提出了“要引导培育大数据交易市场，开展面向应用的数据交易市场试点，探索开展大数据衍生产品交易，鼓励产业链各环节的市场主体进行数据交换和交易，促进数据资源流通，建立健全数据

① 郭明军，安小米，洪学海. 关于规范大数据交易充分释放大数据价值的研究. 电子政务，2018 (1).

资源交易机制和定价机制，规范交易行为”等一系列健全市场发展机制的思路与举措。在国家政策的积极推动、地方政府和产业界的带动下，贵州、武汉等地率先开始探索大数据交易机制，大数据交易平台建设迅速发展起来。

数据交易平台是数据交易行为的重要载体，可以促进数据资源整合、规范交易行为、降低交易成本、增强数据流动性，成为当前促进数据要素流通的主要举措之一。

当前我国大数据交易的主要类型有以下四种①：

（1）基于大数据交易所（中心）的大数据交易。这是目前我国大数据交易的主流建设模式，比较典型的代表有贵阳大数据交易所、长江大数据交易所等。这类交易模式的主特点是“国有控股、政府指导、企业参与、市场运营”，既保证了数据的权威性，也激发了不同交易主体的积极性，将分散在各行业领域不同主体手中的数据资源汇集到统一的平台中，通过统一规范的标准体系实现不同地区、不同行业之间的数据共享、对接和交换。

（2）基于行业数据的大数据交易。交通、金融、电商等行业分类的数据交易起步相对较早，如2015年中科院深圳先进技术研究院北斗应用技术研究院与华视互联联合成立全国首个“交通大数据交易平台”，旨在利用大数据解决交通痛点，推动智慧城市的建设，未来将逐步组建交通大数据供应商联盟，构建良性的交通大数据生态系统。行业数据标准较易实现对行业领域交易数据的统一采集、统一评估、统一管理、统一交易，数据流动性较好。

（3）数据资源企业推动的大数据交易。国内以数据堂、美林数据等为代表的数据资源企业渐具市场规模和影响力。数据资源服务企业在数据交易产业链中兼具数据供应商、数据代理商、数据服务商、数据需求方多重身份，通过相关渠道将数据变现。数据资源企业所拥有的数据资源一般具有独特性和稀缺性，交易价格较高。

（4）互联网企业派生出的大数据交易。以百度、腾讯、阿里巴巴等为代表的互联网企业凭借其拥有的数据规模优势和技术优势在大数据交易领域快速发展，并派生出数据交易平台。这种大数据交易一般是基于公司本身业务派生而来，与企业母体存在强关联性。一部分数据交易平台作为子平台，数据主要源于“母体”并以服务“母体”为目标；还有一部分数据交易平台脱离“母体”，独立运营。

4. 大数据交易的未来发展

从整体发展水平来看，目前我国乃至全球的大数据交易仍处于起步阶段，突出表现在：

（1）数据交易主要以单纯的原始数据“粗加工”交易为主，数据预处理、数据模型、数据金融衍生品等的内容交易尚未大规模展开。

① 唐斯斯，刘叶婷. 我国大数据交易的发展现状、面临困难及政策建议. 国家信息中心，2018-05-14.

(2) 数据供需不对称，数据交易难以满足社会有效需求，数据成交率和成交额不高。

(3) 数据开放进程缓慢，在一定程度上制约了数据交易的整体规模，影响了数据变现能力。

(4) 数据交易过程中缺乏全国统一的规范体系和必要的法律保障，无法有效破解数据定价、数据确权等难题。

针对以上问题，未来大数据产业的健康发展依赖于以下几个方面的逐步完善：

(1) 建设数据标准和立法，优化数据交易环境。良好的数据交易环境是大数据交易的基础保障，既有赖于法律法规的保障和标准规范的支撑，也需要相应监管的到位。目前国家层面的数据交易法律法规和行业标准尚未推出，导致地方各省大数据交易平台在建设过程中自行探索标准体系，容易自成体系。同时，大数据交易作为一种新业态，在政府层面尚未有专门的监管职能部门对其进行监管。

(2) 开放数据，与数据交易形成良性互动。李克强总理在中国大数据产业峰会上指出，“80%的数据掌握在政府手中，政府应共享信息来改善大数据”。政府作为公共数据的核心生产者和拥有者应通过加快数据开放、丰富数据品类、扩大数据规模，形成与数据交易间的良性互动，更好地释放数据的价值。

(3) 提高数据质量，深耕数据价值。规范数据格式、内容，改变当前大数据交易以数据原材料买卖为主的模式，加强数据算法、数据模型的开发、优化，充分发挥数据的价值。

(4) 创新交易方式，延长数据交易链。在现有数据买卖的基础上，探索以数易数、数据捐赠、数据代理等多种数据交易形式，鼓励吸引更多的数据交易主体参与交易过程，增强数据的流通性和使用价值，多渠道提升数据交易的变现能力。

小　结

本章论述了现代资源观，阐明信息已成为具有全局性、时代性的战略资源。接着，本章分析了信息成为资源的条件、信息资源的特征和作用。信息资源开发利用的水平直接影响着从宏观经济到产业发展，及至微观组织各阶层的决策质量和对其他资源的控制能力，本章分析了信息资源开发利用的含义、重要性和影响因素，介绍了政府信息资源、公益性信息资源和商业性信息资源开发利用三种机制。商业性信息资源的开发利用促进了信息资源产业的发展壮大，本章探索了信息资源产业的内涵及其与相关产业的区别和联系。针对当前日益兴起的大数据交易平台，本章介绍了一般的交易流程、交易平台的主要类型，以及未来的发展方向。

关键词

现代资源观　　信息资源　　信息资源的开发利用　　信息资源产业

思考题

1. 什么是资源？请阐述现代资源观的观点。
2. 什么是信息资源？它有什么特点和作用？
3. 试分析信息资源开发利用与信息资源管理的区别和联系。
4. 影响信息资源开发和利用的因素有哪些？
5. 信息资源开发和利用的机制主要有哪几种？
6. 试分析信息资源产业的含义，它与信息产业、数字内容产业、信息服务业的关系如何？
7. 大数据交易的一般流程是怎样的？试举例说明。
8. 我国目前的大数据交易平台主要有哪几种类型？试举例说明。

参考文献

[1] 陈禹，王明明. 信息经济学教程. 北京：清华大学出版社，2011

[2] 王明明. 信息管理概论. 北京：首都经济贸易大学出版社，2009

[3] 乌家培. 信息资源与信息经济学. 中国财政金融学院学报，1996 (2)

[4] 迈克尔·波特. 国家竞争优势，北京：华夏出版社，2002

[5] 胡启立. 中国信息化探索与实践. 北京：电子工业出版社，2002

[6] 世界银行. 1998—1999 年世界发展报告：知识与发展. 北京：中国财政经济出版社，1999

[7] 基普分析之二十二：我国信息服务业的现状、问题与对策研究. 国家统计局普查中心，http://www.stats.gov.cn，2003-08-15

[8] 金吾伦. 信息高速公路与文化发展. 中国社会科学，1997 (1)

[9] 郭培章，杨荫凯. 树立系统的资源观、实施可持续发展的前提和关键. 中国人口·资源与环境，2001，11 (4)

[10] 肖明芳，朱浩东. 界定信息资源产业. 计算机世界报，2007 (23)

[11] 靖继鹏，等. 信息经济学. 北京：清华大学出版社，2004

[12] http://www.chinacloud.cn/show.aspx? id=741&cid=17

[13] http://csrc.nist.gov/groups/SNS/cloud-computing/index.html

第七章

信息系统的概念及其建设方法

引　言

为了更有效地对信息资源进行管理，信息系统是必不可少的环节。信息系统是总管理系统的一个子系统，同时它本身也是一个极其复杂的系统，包括若干相互联系、相互影响的部分。如何采用有效的方法和手段，正确而高效地将管理科学、现代系统科学和数学的方法通过信息技术手段综合起来，对信息资源进行收集、管理、加工、传递和提供等各项工作，是信息系统建设中应当关注的重大问题。本章将讨论信息系统的概念、作用、历史，以及信息系统建设和运行管理中的相关问题。

第一节　信息系统在组织中的地位和作用

各个学派的管理学家都不约而同地对信息系统给予了极大的重视，这是因为信息系统在社会经济组织中发挥着越来越重要的作用。信息系统并非只是计算机的应用，也不单单是"计算机辅助信息管理"，它是组织的神经系统，是一个"人—机"系统。信息系统涉及管理科学、信息技术和现代系统科学等相关知识，更是对这些学科知识的综合应用。

20 世纪 90 年代以来，管理信息系统（management information system，MIS）的巨大变化引起了各方面的关注。随着支持它的环境和技术不断地发展，其定义的描述也在不断地变化。以美国麻省理工学院（MIT）的一些教授为代表的学者曾主张以信息技术（IT）一词来取代管理信息系统，但是由于其过分强调技术的变革，而削弱了管理信息系统的系统性和目的性，并不利于 MIS 的发展。我国港台地区的高等院校一直把管理信息系统定位为资讯管理（IM）专业，但这与我们过去的图书情报专业加大计算机知识的比重，并且纷纷改名为信息管理专业有很大不同。而现在普遍的趋势是用信息系统（IS）代替管理信息系统。从字面上理解，信息系统比管理信息系统的内涵要小，外延要大。不过，国外教科书中一般谈到信息系统都是指管理信息系统，两者恰是同义。

20 世纪 70 年代初，瓦尔特·肯尼万（Walter T. Kennevan）对管理信息系统下了一个这样的定义："以书面或口头的形式，在合适的时间向经理、职员以及外界人员提供过去的、现在的、预测未来的有关企业内部及其环境的信息，以帮助他们进行决策。"为了突出计算机技术在管理信息系统中的作用，并强调模型和信息对于决策的支持作用，1985 年管理信息系统的创始人——明尼苏达大学卡尔森管理学院的著名教授高登·戴维斯（Gordon B. Davis）给出了一个采用现代技术的定义："管理信息系统是一个利用计算机软件和硬件，手工作业，分析、计划、控制和决策模型以及数据库的用户—机器系统。它能提供信息支持企业或组织的运行、管理和决策功能。"这些定义突出了计算机的工具性质，这也可以从《中国企业管理百科全书》中对于管理信息系统的定义看出来："管理信息系统是一个由人、计算机等组成的能进行信息的收集、传递、存储、加工和使用的系统。管理信息系统能实测企业的各种运行情况；利用过去的数据预测未来；从企业全局出发辅助企业进行决策；利用信息控制企业的行为；帮助企业实现其规划目标。"

以上阶段的信息系统一般都以计算机作为辅助，所以我们可以称其为基于计算机的信息系统（computer-based information system，CBIS），简称人机信息系统。

20世纪末，出现了基于网络的信息系统（network-based information system，NBIS），简称网基信息系统。现代网络技术和“信息高速公路建设”使计算机化的信息系统飞速地朝网络化方向迈进；同时，为了适应世界经济的巨大变化，信息系统对内通过企业内联网（Intranet）进行流程重组，对外通过企业外联网（Extranet）和互联网（Internet）进行供应链管理和电子商务活动。

近几年，基于移动互联网络的信息系统（如移动电子商务信息系统、手机App等）应运而生，其突出特点就是任何时间、任何地点都可使用，突破了时间和空间的限制，也就是我们所说的随时随地。与传统互联网相比，移动信息系统可以在安卓手机、苹果手机、WindowsPhone、平板等多个终端上工作，具有跨平台、跨终端的特点。此外，移动信息系统一般来说具有更好的用户体验，传统的信息系统可能要求你使用某一特定的浏览器或者特定的系统，但是移动信息系统大多都做了浏览器兼容、跨平台兼容等。基于移动互联网的信息系统能够抓取更为碎片化的信息，能够抓取非常庞杂的用户行为信息。总体上来说，21世纪的信息系统应具备以下几大特征：以业务为中心，统一平台，用户主导，分层管理，动态变化，IT架构要与组织架构及业务架构相融合，企业内部信息系统应该能与互联网对接。

总体来说，在任何社会经济组织中，从事信息管理的机构、人员、设备所构成的整体，就称为该组织的信息系统，它是组织的神经系统，不可或缺。从作用方面来看，信息系统是为组织进行信息资源的管理，以建立以现代信息技术为手段、稳定可靠的各级各类信息系统为目的；从概念结构组成来看，信息系统大体上由三部分组成——机构、人员和设备。机构是指信息系统运行的环境，包括内部环境和外部环境两部分。人员是指信息系统中运行的主体，包括组织内部使用者和组织外部使用者，其中，组织内部使用者包括一般使用者（职能人员）、中级管理人员和高级管理人员；外部使用者包括组织的上下游或者战略合作伙伴。设备是广义范围内的与信息系统相关的软件和硬件部分，是信息系统的运行基础。设备包括信息系统运行的计算机系统平台、网络环境和软件环境等。机构、人员和设备缺一不可，只有三者有效地组合在一起，信息系统才能发挥最大的作用，为组织信息管理和决策提供支持。

信息系统是一个复杂的系统。信息系统应用于技术、管理、经济和社会各个领域，每一个领域对于信息系统的需求都不尽相同。这种多样性直接决定了信息系统的复杂性，“大而全”的系统完全不符合客观规律的臆想。建设信息系统需要运用管理科学、现代系统科学和数学的思想和方法，更重要的是将这些学科知识有效地综合起来，为信息系统建设提供理论基础和技术支持。与此同时，科学的不断进步也是造成信息系统的复杂性的根源。组织内部的长远发展规划、组织内部对于信息系统的需求以及信息系统所处的机构、人员和设备的不断变化也造成了信息系统建设的复杂性，即信息系统的建设不会也不可能一步到位，信息系统的建设是一个逐步求精、循序渐进的过程。只有处理好主要矛盾和次要矛盾的关系，解决好矛盾的主要方面和次要方面的关系，有层次、有计划地进行信息系统建设，才能在有效解决信息系统的复杂性方面游刃有余。信息系统中处于核心地位的是组织内部和外部的多利益主体。具有利益驱动特性和主观能动性的主体导致了系统成员的不确定性和随机性的产生，进而影响信息系统的复杂性。

为了满足管理者的信息需求，信息系统需要完成大量的信息处理工作。从整体上看，信息系统的基本功能可以概括为以下五个方面：信息的收集、存储、加工、传递和提供。

（1）信息的收集。

根据信息的不同来源，可以把信息收集工作分为原始信息收集和二次信息收集两种。原始信息收集是指在信息或数据发生的当时当地，从信息或数据所描述的实体上直接把信息或数据取出，并用某种技术手段在某种介质上记录下来；二次信息收集则是指收集已经记录在某种介质上的、与所描述的实体在时间和空间上已经分离开的信息或数据。这两种收集工作在很多方面都是有本质区别的。信息收集工作在不同的信息系统之间进行，其实质是从别的信息系统中得到本信息系统所需要的关于某种实体的信息（实际上往往不是经过两次传递，而是经过多次传递），其关键在于两个方面：有目的地选取或者抽取所需信息和正确地解释所得到的信息。

（2）信息的存储。

信息系统必须具有某种存储信息的功能，否则就无法突破时间和空间的限制，发挥提供信息、支持决策的作用。无论哪一种信息系统，在涉及信息的存储问题时，都要考虑存储量、信息格式、存储方式、使用方式、存储时间、安全保密等问题。简单地说，信息系统的存储功能就是保证已得到的信息能够不丢失、不走样、不外泄、整理得当、随时可用。为了实现这些要求，人们在逻辑组织与技术手段上都做了大量工作，并取得了显著成效。

（3）信息的加工。

一般来说，信息系统需要对已经收集到的信息进行某种处理，以便得到某些更加符合需要或者更加反映本质的信息，或者是使信息更适于用户使用，这就是信息加工。关于信息加工，有一点我们需要注意。一般认为，信息经过加工后能够更集中、更精炼、更反映本质。这在许多情况下是正确的。但是我们必须看到，加工精炼是人们按照自己已有的认识去粗取精的过程，必然舍弃了自己认为“粗”的、带有偶然性的内容。这一取舍是否得当往往是需要事后验证的。在各类信息系统中，决策支持系统对信息的要求最高，需要一些相当复杂的加工方法。业务信息系统和办公信息系统所使用的加工方法相对简单，但是由于其使用频繁，要求的加工速度快，在制定具体算法时需要认真考虑其效率问题。

（4）信息的传递。

随着信息系统越来越大，地理分布越来越广，信息传递的地位也越来越重要。信息的传递并不是简单的传递问题，管理者和计划者必须充分考虑所需传递的信息的种类、数量、频率、可靠性要求等因素。在实际工作中，信息传递问题与信息的存储常常是联系在一起的。当信息分散存储于若干地点时，信息的传送量可以减少，但是如果分散存储带来了存储管理上的一系列问题（如安全性、一致性等），就会变得难以解决。如果信息集中存储在一个地点，存储问题就比较容易解决，但信息传递的负担将大大加重。在实际工作中，必须从全局综合考虑信息系统的具体例证，做到统一、合理规划。可以想象，如果各种技术人员从各自的局部考虑问题，那么是不可能达到全局最优的。

（5）信息的提供。

信息系统的服务对象是管理者，因此，它必须具有向管理者提供信息的功能。提供信息的手段是信息系统与管理者的接口和界面，具体情况应根据双方的情况来定，即需要向使用者提供信息的情况以及使用者自身的情况。

从需要向用户提供的信息来看，决策支持系统的复杂程度及灵活性要求最高，因此，对话式的用户接口是比较适宜的，固定的例行服务方式往往难以满足要求。业务信息系统和管理信息系统一般倾向于提供固定的例行信息服务。对于这类信息系统，由于使用者集中于中下层管理人员，因此，信息系统的简明易用是十分重要的，系统的设计者应当利用各种方法来避免误解，提供清晰、易用的信息，以便保证信息被正确地使用。

第二节　信息系统的发展历史和种类

从国外一些发达国家看，管理信息系统最早的开发与使用是从 20 世纪 50 年代初开始的，当时主要以单项业务子系统为主（例如财务子系统），继而发展到其他部门（例如物资部门、销售部门等），其特点是单纯地减轻人的重复劳动，提高处理效益。从 20 世纪 70 年代初开始，管理信息系统从以处理事物型子系统为主逐步转向以处理控制子系统为主（即精度、成本等），计算机配置主要是进行集中处理。在这段时间里，管理信息系统引起了各界的重视，一些典型的、成功的管理信息系统相继出现，例如美国 IBM 公司的 COPICS 系统就是在该时期研制的。进入 20 世纪 80 年代以后，管理信息系统进入成熟阶段，其特点是在大量收集处理信息的基础上引入决策机制，应用数学模型进行优化处理，大量应用以微型机为主的计算机网络，利用数据库以达到资源共享的目的。

具有集中统一规划的数据库的使用是管理信息系统成熟的重要标志。管理信息系统有自己功能完善的数据库管理系统，管理着数据的组织、输入、存取，使数据为多种用户服务。

信息系统是一个总的概念，包括一些雏形和变形。一方面，从计算机系统的工艺来看，即根据计算机的速度、内存容量、输入/输出设备的速度、高级语言的功效等来划分系统的发展阶段，亦即通常所谓的计算机的分代。另一方面，从系统功能来看，即根据现有工艺能完成什么、能执行任务的种类、数据库的性质、所产生的信息种类、提供信息所适用的决策模型以及信息系统服务于哪几层管理级别来看系统的发展。从系统功能来看，信息系统可以分为以下三大发展阶段。

一、电子数据处理系统（EDP）阶段

电子数据处理系统（EDP）又叫作数据处理系统（data process system，DPS），也称为业务处理系统（transaction processing system，TPS）。其功能是处理日常业务和产生报告，使日常事务处理自动化，支持日常的运行工作。其主要目的在于提高效率。其缺点是一般不能提供分析、计划和决策信息，它只是信息系统的初级阶段。这是支持企业运行日常操作的主要系统。它是进行日常业务的记录、汇总、综合、分类的系统。它的输入往往是原始单据，它的输出往往是分类或汇总的报表，如订货单处理系统、旅馆预约系统、工资系统、雇员档案系统以及领料和运输系统等。

由于这个系统处理的问题处于较低的管理层，因而，问题比较结构化，也就是说，处理步骤较固定。其主要操作是排序、列表、更新和生成，使用的主要运算是简单的加、减、乘、除，主要的使用人员是运行人员。

主要的EDP类型有销售/市场系统、制造/生产系统、财务/会计系统、人事/组织系统等。现代的企业若没有EDP，简直无法工作。EDP的故障将造成银行、超市、航空订票处等机构的工作停止，并将带来极大损失。当代的企业EDP所处理的数据量大得惊人，是手工无法完成的。例如，对于一个银行营业所白天8小时所积累的业务，用手工至少加班4小时才能处理完，而利用现代的计算机只需几分钟。利用计算机EDP系统，一个人一天可以处理500笔业务，如果不用计算机，可能要50人才能完成这些业务量。EDP已成为现代企业无法离开的系统。

EDP是企业信息的生产者，其他系统将利用它所产生的信息为企业作出更多贡献。TPS现有跨越组织和部门的趋势。不同组织的TPS连接起来，如供应链系统和银行的清算系统相连，甚至可把这些组织结成动态联盟，因此，TPS是企业非常重要的系统。

二、管理信息系统（MIS）阶段

到了20世纪60年代，由于计算机已广泛用于业务处理，已把工资计算、应收账户、库存控制等自动化了，企业内部积累了大量资料，其必然的发展方向是把这些数据供管理之用，因此，促进了管理信息系统的出现，它强调信息系统功能的集成且有一个集成的数据库。把若干数据处理任务按照业务职能集成起来，如生产管理信息系统、销售信息系统、人事管理信息系统等。每一个系统都有一个对应的集成数据库。系统除了向中层及高层管理部门提供定期报表外，还可应主管人员的要求，提供专题报表。在这一阶段，决策模型的应用已经比较普遍，但通常都作为程序库的一部分，而未完全作为信息系统的一个集成部分。在这个阶段中以知识工作系统和办公自动化系统为代表。

知识工作系统（knowledge work system，KWS）是支持知识工作者工作的系统。如科学和工程设计的工作站系统，又叫作计算机辅助设计系统（computer aided design system，CADS），它能协助设计出新产品，产生新的信息；现在在企业管理中开始应用的协同工作的计算机系统（computer system for collaboration work，CSCW）允许企业中各部门（如市场部、财务部和生产部）的人员在上面协同工作，然后产生一份策划或计划报告；支持教师工作或支持企业人员培训工作的计算机辅助教学系统（computer aided instruction system，CAIS）是支持教师工作的知识系统，它可以大大提高知识工作的效率，缩短设计时间，改善输出的知识产品的质量。由于未来企业的效率和效益越来越依赖于知识工作，因而利用知识工作系统提高企业效率和效益的作用得到了越来越多的关注。

办公自动化系统（office automation system，OAS）是支持较低层次的脑力劳动者工作的系统。这些劳动者包括秘书、簿记员、办事员等，他们的工作不是创造信息，而是处理数据。所以也可以把他们称为数据工作者（data workers，DW）。典型的办公自动化系统处理和管理的事务包括字符处理、文件印刷、数字填写、调度（通过电子日历）和通信（通过电子邮件、语音信件、可视会议等）。

知识工作者创造和生产知识往往也用办公自动化系统予以协助。当然对他们而言更好的工具是工作站，这种工作站不仅具有文件的能力，而且有图形和分析的功能。它们还具有很强的通信能力，可搜集各种用途的企业内部和外部信息。现在许多这种工作站还能运行三维（3D）动画软件，使系统更加逼真，达到虚拟现实（virtual reality）。知识工作系统现在是发展和增长很快的系统，将来更有前途，因而绝不要忽视它在管理上的应用，应当更好地把它和其他系统联系起来。

三、决策支持系统阶段

随着信息技术应用的深入，信息系统已不仅仅支持信息的处理，而且向上发展并支持管理决策。要支持决策就要有分析能力和模型能力，所以决策支持系统是利用计算机分析能力和模型能力对管理决策进行支持的系统。用户可以针对管理决策的问题，建立一个模型以考查一些变量的变化对决策结果的影响。例如，用户可以观察利率的变化对一个新建制造业工厂投资的影响。决策支持系统有的只提供数据支持，称为面向数据的决策支持系统（data oriented DSS)；有的只提供模型支持，称为面向模型的决策支持系统（model based DSS)。现在的决策支持系统均既面向数据又面向模型。

决策支持系统由交互语言系统、问题处理系统以及数据库、模型库、方法库、知识库管理系统组成，见图 7-1。某些具体的决策支持系统中也可以没有单独的知识库及其管理系统，但模型库和方法库通常是必须具备的。数据库系统提供对数据的存储、检索、处理和维护，并从来自各种渠道的各种信息资源中析取数据，把它们转换成 DSS 规范所要求的内部数据。知识库管理系统负责管理决策问题领域的知识（如问题的性质，求解的一般方法，限制条件，现实状态，有关这类问题的法规、办法、规定等)，为 DSS 的人机界面、方法库、模型库等提供必要的知识支持。人机界面是 DSS 的人机接口，负责接收和检验用户的请求，协调数据库管理系统、模型库管理系统、方法库管理系统和知识库管理系统之间的通信，为决策者提供信息收集、问题识别以及模型的构造、使用、改进、分析和计算等功能，并将结果信息输出。

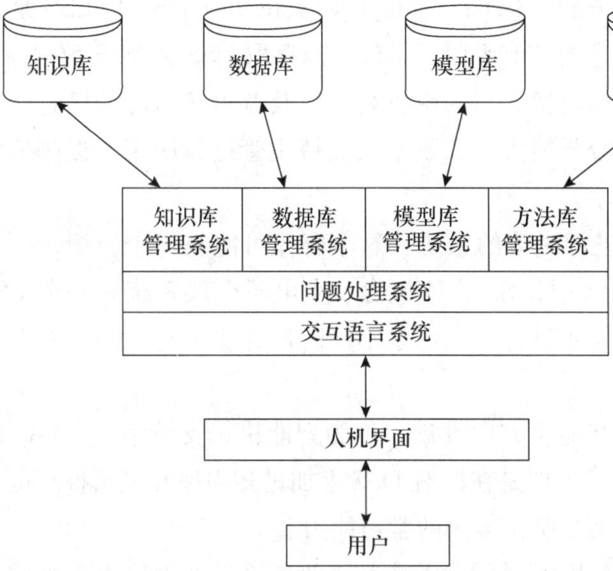

图 7-1　决策支持系统的结构

决策支持系统求解问题（或称支持决策）的过程为：用户通过交互语言系统把问题的描述和要求输入决策支持系统；交互语言系统对此进行识别和解释；问题处理系统通过知识库管理系统和数据库管理系统收集与该问题有关的各种数据、信息和知识，据此对该问题进行识别、判定问题的性质和求解；通过模型库管理系统集成构造解题所需的规则模型或数学模型，对该模型进行分析鉴定；在方法库中识别进行模型求解所需的算法并进行模型求解，对所得结果进行分析评价；通过交互语言系统对求解结果进行解释，输出具有实际含义、用户可以理解的信息。在上述求解过程中，用户可以根据需要与决策支持系统交互对话，进行多次求解，直至得到用户满意的结果。

决策支持系统的主要特点有如下几点：

（1）系统只是支持用户而不是代替用户决断。因此，系统并不提供所谓的“最优”解，而是给出一类满意解，让用户自行决断。同时，系统并不要求用户给出一个预先定义好的决策过程。

（2）系统所支持的主要对象是半结构化的决策（即不能完全用数学模型、数学公式来求解的决策）。它的一部分分析可由计算机自动进行，但需要用户的监视和及时参与。

（3）采用人机对话的有效形式解决问题，充分利用人的丰富经验以及计算机的高速处理和存贮量大的特点，各取所长，有利于问题的解决。

此外，还有理想处理过程支持系统（idea processing support system，IPSS）、政策分析者使用的交互式支持系统（interactive support system for policy analysis，ISSPA）。

现在DSS有了新的发展，主要有主管支持系统（executive support system，ESS）和群体决策支持系统（group decision support system，GDSS）。ESS是专门针对高层主管的DSS，它依靠先进的存取手段，不仅可以存取DSS和MIS数据库中的数据，而且可以存取外界包括市场行情、新的税收规定以及竞争者情况的信息。它具有很好的图形显示能力和实用的分析能力。ESS不仅支持主管进行决策、提高效益，而且支持主管日常办公、提高效率。

GDSS是支持群体进行决策的系统，这个群体可能是一个组织、一个委员会、一个工作组或是一个研讨会。GDSS往往包含一个电子会议系统和一个CSCW，这种群体决策可以同时进行或同步进行，也可以不同时地异步进行。GDSS是当前DSS发展的一个重要方向。

目前，DSS正朝着智能化方向发展，称为智能决策支持系统（intelligent decision support system，IDSS），主要是在原有DSS上加进知识库和逻辑推理能力。更高的智能应具有学习能力，尤其是基于案例的学习能力。

再回头看看MIS。MIS都是围绕着或基于业务信息处理建立起来的，其设计是在有效地利用硬件与软件资源的基础上，高效经济地提供管理部门所需的信息。它所解决的问题都属有结构的管理决策问题，这就便于利用运筹学的方法与技术来建立管理决策模型，并用以分析与处理数据提供的所需信息，从而产生定期的和格式固定的报表供各级管理部门之用。

这样的一个 MIS 就被形容为：

（1）脱胎于传统的业务信息处理，这是最根本的，由于这一特点而随之产生出其他特点。

（2）面向有结构的问题，即自动化的管理决策过程，不需人的判断。

（3）模型基本上是会计式的，即定义性的等式，如利润＝价格－成本。

（4）提供的信息都是关于已经发生的情况，用一套汇总数据来表示。

（5）系统是静态的，即定期（例如：每日或每周星期一）向主管人员提供一套格式固定的报表。

（6）偏向于收集与处理组织的内部数据以提供汇总报告，主要供操作控制与中层管理控制之用。

DSS 则与之不同，其特点可以概括如下：

（1）DSS 的形成当然与信息工艺和系统性能发展到一定程度有关，而其着重点则是利用信息来改进与提高人的管理能力。

（2）面向半结构的决策问题，如上所述，主管人员的技能与机器功能的灵巧结合能把主管人员的判断与机器所提供的信息融合在一起，以便作出有效的决定。

（3）较广泛地应用会计式以外的模型，如模拟型、最优化模型，等等。

（4）帮助经理人员掌握他执掌范围内正在发生的事情，提出的不仅是数据，而且包括这些数据后面所发生的情况。

（5）系统是进化的，即随着经理人员对其工作任务了解程度的不断加深以及更好地掌握如何作出决定，系统应作相应改变以适应其需要。

（6）综合利用内部和外部数据，能应领导需求提供专题报告，尤其是能提供管理控制与战略性计划等方面中、高层管理政策所需的信息。

尽管 MIS 和 DSS 在系统性能方面和概念上有如上所述的区别，但现在已研制成功并且在使用的系统中，对其系统名称的叫法并不那么严格。名为 MIS 的信息系统，有的实际具有决策支持的功能。名为 DSS 的系统，就其系统工艺与系统性能来看，其中有的不如 MIS 精致复杂，而有的则使用了大型、高性能的计算机或复杂的模型；但由于它们都有助于提高决策的质量，故均称为 DSS。

综上所述，可以概括地说，DSS 是信息系统从 EDP 经由 MIS 发展起来的。但这只是历史事实。DSS 不仅不会代替 EDP 或 MIS，而且担负着前面两类系统未能解决的任务，即通过支持半结构问题的解决，改进和提高一个组织内管理人员的效能。

随着技术不断发展，专家系统（expert system，ES）随之出现。专家系统的任务是解决需要经验、专门知识和缺乏结构的问题的计算机应用系统，它是人工智能发展的一个重要分支。专家系统的基本结构如图 7－2 所示。

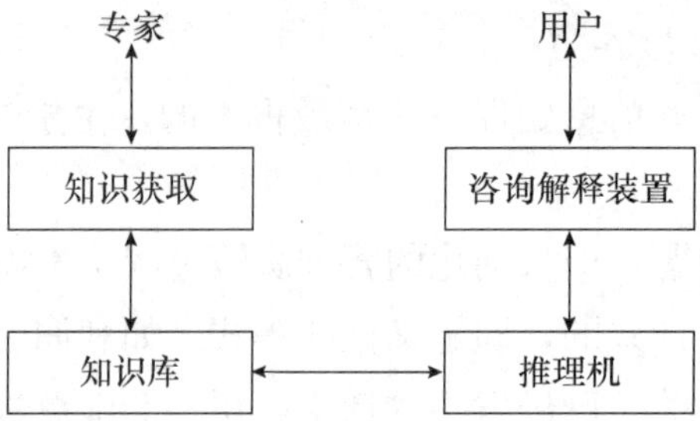

图 7-2　专家系统的基本结构

专家系统各部分的功能如下：

（1）知识库（包括知识库及管理系统）。用于存取和管理所获取的专家知识和经验，供推理机使用，具有知识存储、检索、编排、增删、修改和扩充等功能。

（2）推理机（包括推理机及其控制系统）。利用知识进行推理，求解专门问题，具有启发推理，算法推理，正向、反向或混合推理，并行或串行推理等功能。

（3）咨询解释装置。主要功能是接受用户的问题并进行理解，向用户输出推理结果并进行解释。

（4）知识获取。从专家那里获得知识并存贮到知识库中。

专家系统可以解决的问题通常包括解释、预测、诊断、设计、规划、监视、修理、指导和控制等。

四、大数据时代信息系统发展趋势

2014 年在大数据产业推介会上马云提出，人类已经从 IT 时代走向 DT（data technology）时代。IT 时代是以自我控制、自我管理为主，而 DT 时代是以服务大众、激发生产力为主。随着大数据技术的快速发展，企业和政府部门已经开始运用大数据来进行业务的分析、预测和决策。大数据涉及的新兴概念、技术和方法为信息系统的创新和应用增添了新的视角，特别是对信息系统的数据处理流程和处理大数据的能力、数据治理、数据安全以及信息系统体系架构等方面提出了新的要求。此外，大数据还推动专业数据方面的技术和管理人才的发展；在决策方面，将传统的“目标驱动策略”与“数据驱动策略”结合起来，形成双向决策模型，推动企业管理思想的转变。

第三节　信息系统建设的规划

组织中的信息管理工作是无所不在、生而即有的。在没有提出信息系统的概念之前，事实上人们已在不自觉地进行信息管理工作，自发形成的信息处理系统早已存在。完成一个应用系统的开发也只是信息管理工作的漫长发展过程中的一步。

管理信息系统最初也被称为信息系统工程，即系统工程方法在信息系统领域的实际应用。在进行信息系统建设的过程中，常常采取系统方法和工程方法，从目标观念、全局观念、层次观念和动态观念出发全面地进行信息系统的规划、建设、运行管理和监督。信息系统工程的基本目标是通过改善信息系统，提高信息管理的水平，增强企业的适应能力和竞争力，为企业的发展提供基础和保证。

组织对信息系统建设的投资越来越多。信息系统建设是一个投资巨大、历时很长的工程项目，规划的好坏决定了系统运行的好坏以及效益的好坏。通常人们认为，假如一个错误操作可能损失几万元，那么一个设计错误将损失几十万元，一个计划错误将损失几百万元，一个规划错误将损失上千万元甚至上亿元。所以，信息系统建设的规划是信息系统建设过程中需要着重研究的主要问题之一。

一、诺兰模型

美国的管理信息系统专家诺兰（Nolan）根据大量历史资料与对实际发展状况的考察，提出了一个地区、一个行业乃至一个国家计算机应用发展的客观规律及道路，即所谓的诺兰模型。诺兰提出，一个地区、一个行业乃至一个国家计算机应用的发展要经过六个阶段。

第一个阶段是初始阶段。这个阶段人们对于计算机还很不了解，少数人引入了一些计算机，主要起一种宣传、启蒙的作用，当然也就谈不上获得什么实际效益，人们对它的兴趣也只是由于新鲜，并不要求实际效益。

第二个阶段是传播阶段。在这个阶段，计算机技术开始普及，一些初期尝试的成功使人们开始对计算机技术产生实际的基于自身工作需要的兴趣，计算机的销售量开始上升。然而，在这个阶段，计算机的主要作用还是用于学习和培训，真正用于管理的尚属少数。学习和普及是这个阶段的主要工作。

第三个阶段是控制阶段。投入使用的应用系统越来越多。在某些方面人们尝到了甜头，计算机发挥了作用，然后在更多方面，由于缺乏全局考虑，各单项应用之间不协调，并未取得预期的效益，甚至相去甚远，得不偿失。人们最初的新鲜感已经过去，实际的要求占了主导地位。在这一阶段后期，系统集成的要求得到理解。从投资效益的状况来看，这一阶段的效益可能比第二阶段有所下降。

第四个阶段是集成阶段。这是一个非常重要的阶段。由于前一个阶段的教训，人们开始认真地按照信息系统工程的方法，全面规划，切实从管理的实际需要出发，进行信息系统的建设和改造。

第五个阶段是数据管理阶段。在信息系统集成基本完成的条件下，信息管理提高到一个新的、以计算机为技术手段的水平上。计算机已经成为日常管理工作不可缺少的工具，日常信息处理工作已经普遍由计算机完成。这时，计算机作为日常信息处理工具的作用开始发挥出来，投资开始见效。

第六个阶段是成熟阶段。在日常数据已经进入计算机的条件下，人们进一步对这些数据进行加工整理，充分利用，从而使决策水平提高，优化管理，避免失误，真正发挥各级决策的支持作用。这时计算机的作用才大大发挥出来。

诺兰认为，这六个阶段是一个客观发展规律，各个阶段不能超越。从这个模型可以得出如下几点结论。

（1）信息系统建设是一项长期的、复杂的、投入高的社会化系统工程，其发展进程呈波浪式，受各种综合条件的影响和制约，并不是一蹴而就的，而应遵循一定的客观规律。

（2）信息系统是伴随着计算机技术应用的发展而实施的，其发展的各阶段是一个人类对其应用的认识逐步提高的过程，各阶段是不能逾越的，但我们可以尽可能压缩传播和控制阶段的时间，对其进行规划和改造，使其按照正确的方向前进，并推动它从低层向高层发展。

（3）我国是一个发展中国家，人口众多，资源还很紧缺，要在短时间内改变现有的管理信息系统的现状是不现实的，我们应该吸取别国的经验教训，避免盲从，少走弯路，根据自己国家、自己地区、自己单位的实际情况，规划出一套切实可行的信息系统建设方案。

二、信息系统建设规划的内容及方法

管理信息系统也称为信息系统工程，即系统工程方法在信息系统领域的实际应用。信息系统建设中采用的基本思想有两个方面：系统方法和工程方法。一方面，信息系统建设是一个十分复杂、持续周期较长的工作，在建设过程中需要采用系统方法整体和系统地看待问题、研究问题和解决问题，不能孤立地、片面地针对问题的某一方面武断地、盲目地开展工作；另一方面，信息系统建设是一个有一定规模的工程，需要采用工程的思想，有条不紊地安排所有工作，采用科学的项目管理的思想和方法，只有这样才能保证信息系统建设的质量和进度。

从目标观念来看，信息系统建设属于人为事物的科学。从全局观念来看，信息系统建设又是整体和局部的统一，如何对信息系统同组织正在运行的系统进行整体与局部、过去与将来的统一，也是信息系统建设需要着重关注的问题。从层次观念来看，成熟高效的信息系统建设必须做到各层次的合理分工（决策权力，信息管理），正确处理各层次的相互关系。从动态观念来看，信息系统应当解决如何保证信息流、物资流和资金流在组织内部和外部高效地运行的问题，为三者在组织内部、外部和组织间进行流动提供支持。因此，信息系统规划显得尤为重要。

信息系统建设的规划主要包括以下三方面内容：

（1）制定信息系统的总目标和发展战略。

进行信息系统规划应根据企业的战略目标和内外约束条件（比如地域因素、行业因素等），确定信息系统的总目标和总体结构。信息系统的总目标规定信息系统的发展方向，发展战略则提出具体步骤和每步应达到的子目标，同时还应给出衡量具体工作完成的标准。

（2）了解企业当前的信息系统以及管理状况。

现有信息系统的状况包括软件设备、硬件设备、人员、各种费用、开发项目的进展及应用系统的情况，应对其进行充分了解和评价。同时，也应对企业当前的组织结构、业务流程、企业文化、管理制度等的情况作一些分析。上述信息都是制定总体规划的基础。

（3）预测相关信息技术的发展。

信息系统的战略规划必然受到信息技术发展的影响。因此，对规划中涉及的软硬件技术和方法论的发展变化及其对信息系统的影响应作出预测，有条件的还应进行评估，以提高技术选型和产品选型的正确性。

用于管理信息系统规划的方法有很多，主要包括关键成功因素（critical success factors，CSF）法、战略目标集转化（strategy set transformation，SST）法和企业系统规划（business system planning，BSP）法。其他还有企业信息分析与集成技术（BIAIT）法、产出/方法分析（E/MA）法、投资收益率（ROI）法、征费（chargout）法、零线预算法、阶石法等。用得最多的是前三种方法。

（1）关键成功因素（CSF）法。

1970 年哈佛大学教授威廉·赞尼在 MIS 模型中用了关键成功变量，这些变量是确定 MIS 成败的因素。过了 10 年，麻省理工学院教授 Jone Rockart 将 CSF 提高为 MIS 的战略。作为一个例子，有人把这种方法用于数据库的分析与建立，它包含以下几个步骤：

- 识别企业目标。
- 识别关键成功因素。
- 识别性能的指标和标准。
- 识别测量性能的数据。

这四个步骤如图 7－3 所示。

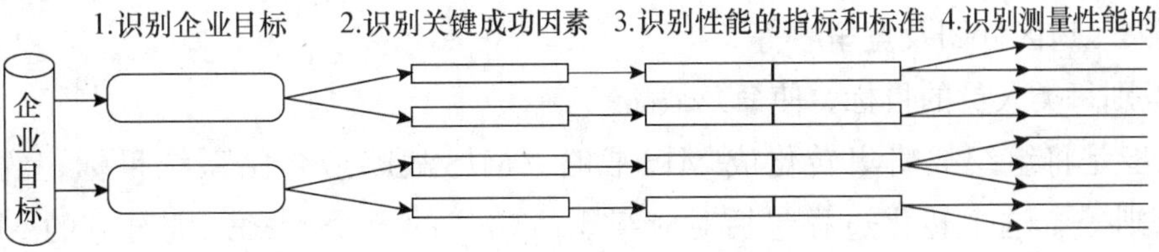

图 7－3　关键成功因素法

关键成功因素法通过识别目标、识别关键成功因素、识别性能的指标和标准，产生数据字典。关键成功因素法就是要识别与系统目标相关的主要数据类型及其关系。识别关键成功因素所用的工具是树枝因果图。某企业有一个目标是提高产品竞争力，可以用树枝图画出影响它的各种因素以及影响这些因素的子因素，如图7-4所示。

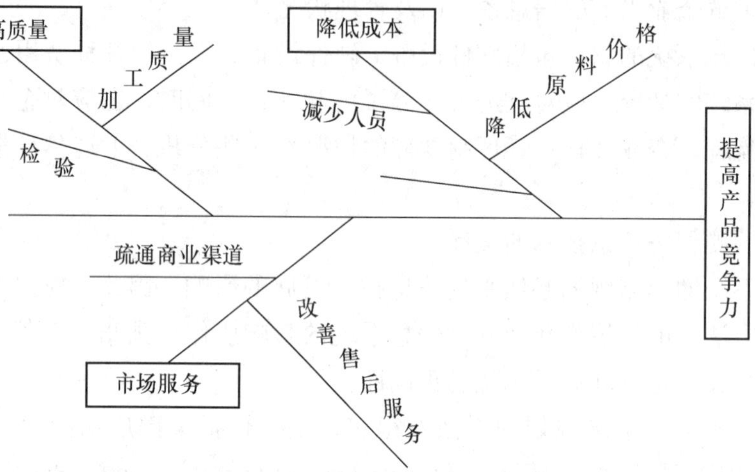

图7-4　树枝因果图

如何评价这些因素中哪些因素是关键成功因素，不同的企业可能会采用不同的评价方法。对于习惯于高层人员个人决策的企业，主要由高层人员个人在树枝因果图中选择。对于习惯于群体决策的企业，可以用德尔菲法或其他方法把不同人设想的关键因素综合起来。一般地，关键成功因素法在高层应用时效果会比较好。

（2）战略目标集转化（SST）法。

威廉·金于1978年提出了战略目标集转化法，他把整个战略目标看成“信息集合”，由使命、目标、战略和其他战略变量组成。MIS的战略规划过程是把组织的战略目标转变为MIS战略目标的过程。

第一步是识别组织的战略集，首先需要考察一下该组织是否有成文的战略式长期计划，如果没有，就要构造这种战略集合。可以采用以下步骤：

1）描绘出组织各类人员的结构，如卖主、经理、雇员、供应商、客户、贷款人、政府代理人、地区社团及竞争者等。

2）识别每类人员的目标、使命及战略。

第二步是将组织战略集转化成MIS战略。MIS战略应包括系统目标、约束以及设计原则等。这个转化过程包括对应组织战略集的每个元素识别对应的MIS战略约束，然后提出整个MIS的结构。最后，选出一个方案上报总经理，如图7-5所示。

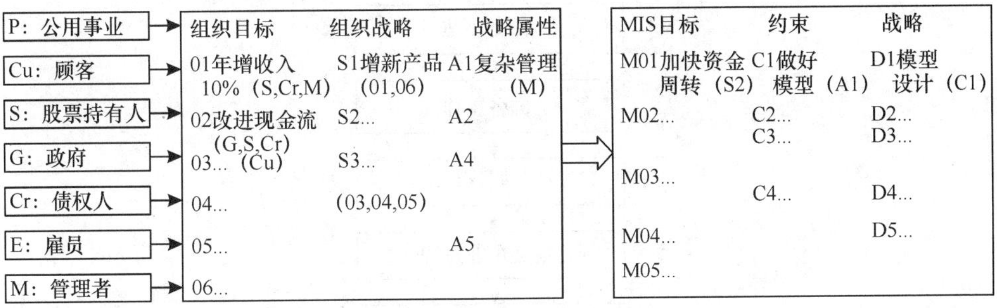

图 7-5　战略目标集转化法

由图 7-5 可以看出，这里的目标是由不同群体引出的。例如，组织目标 01 由股票持有人 S、债权人 Cr 以及管理者 M 引出，组织战略 S1 由目标 01 和 06 引出，依此类推。这样就可以列出 MIS 的目标、约束以及设计战略。

（3）企业系统规划（BSP）法。

20 世纪 70 年代初 IBM 公司将 BSP 作为用于内部系统开发的一种方法，它主要是基于用信息支持企业运行的思想。在总的思路上它和上述方法有许多类似之处，也是自上而下识别系统目标，识别企业过程，识别数据，然后自下而上设计系统以支持目标，见图 7-6。

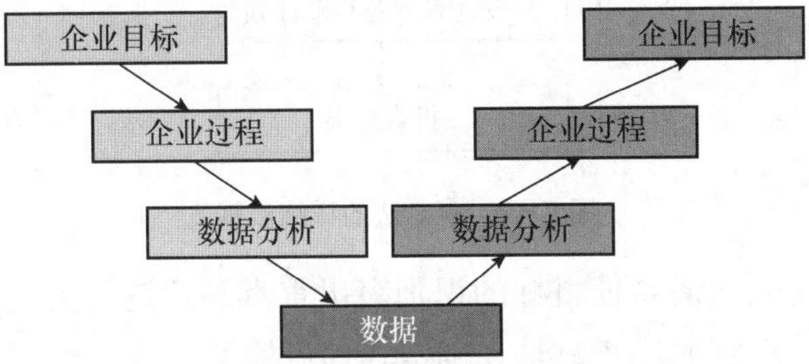

图 7-6　BSP 法总的思路

BSP 法是把企业目标转化为信息系统（IS）战略的全过程。它支持的目标是企业各层次的目标。工作步骤如图 7-7 所示。

BSP 工作是一项系统工程性工作，需要很好地准备。准备工作包括接受任务和组织队伍。接受任务一般是由一个委员会承担。这个委员会要明确规划的方向和范围，在委员会下应有一个系统规划组，其组长应全职工作并参加具体的规划活动。委员会委员和系统组成人员思想上要明确“做什么”（what）、“为什么做”（why）、“如何做”（how）以及“希望达到的目标是什么”。要准备必要的条件：一个工作控制室、一个工作计划、一个采访交谈计划、一个最终报告的提纲，还有一些必要的经费。所有这些均落实后，还要得到委员会主任的认可。在这里我们要再强调一下准备工作，如果准备工作没做好，就不要仓促上阵。我国许多企业现在仍存在未认真做准备工作就上马管理信息系统的情况，结果是欲速则不达，危害整个工程。

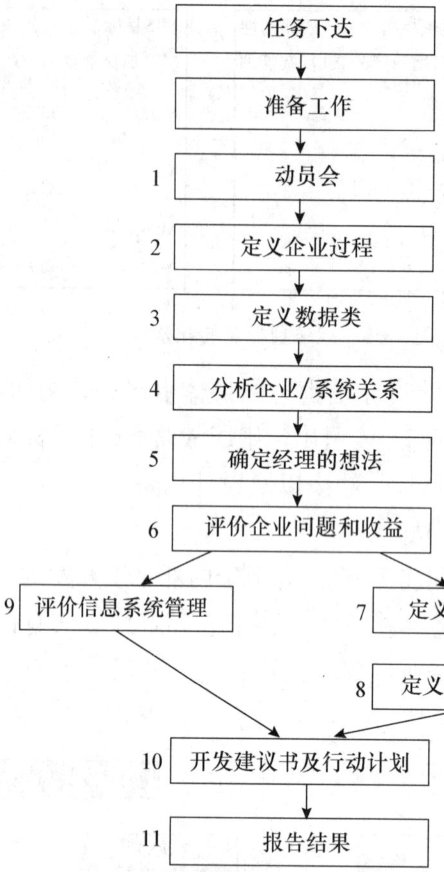

图 7-7　BSP 法的详细步骤

CSF 法能抓住主要矛盾，使目标的识别突出重点。用这种方法确定的目标与传统方法衔接得比较好，但它的优势只是在确定管理目标上。

SST 法从另一个角度识别管理目标，它反映了各种人的要求，而且给出了按这种要求进行分层并转化为信息系统目标的结构化方法。它能保证目标比较全面，疏漏较少，但它在突出重点方面不如 CSF 法。

虽然 BSP 法也首先强调目标，但它没有明显的目标引出过程。它通过管理人员酝酿“过程”引出了系统目标，企业目标到系统目标的转换是通过组织/系统、组织/过程以及系统/过程矩阵的分析得到的。这样可以定义出新的系统以支持企业过程，也就把企业的目标转化为系统的目标，所以我们说识别企业过程是 BSP 战略规划的中心。

我们把这三种方法结合起来使用，称为 CSB 法（即 CSF 法、SST 法和 BSP 法结合）。这种方法先用 CSF 法确定企业目标，然后用 SST 法补充完善企业目标，并将这些目标转化为信息系统目标，再用 BSP 法校核两个目标，并确定信息系统结构，这样就避免了单个方法的不足。当然这也使得整个方法过于复杂，从而削弱了单个方法的灵活性。可以说迄今为止信息系统战略规划没有一种十全十美的方法。由于战略规划本身的非结构性，可能永远也找不到唯一解。进行任何一个企业的规划均不应照搬以上方法，而应当具体情况具体分析，选择以上方法中可取的思想，灵活运用。

第四节　信息系统的开发方法

信息系统的开发、实施是一个复杂的系统工程，它涉及计算机处理技术、系统理论、组织结构、管理功能、管理知识等方方面面的问题，至今没有一种统一完备的开发方法。但是，每一种开发方法都要遵循相应的开发策略。任何一种开发策略都要明确以下问题：

（1）系统要解决的问题。如采取何种方式解决组织管理和信息处理方面的问题，对企业提出的新的管理需求该如何满足等。

（2）系统可行性研究。确定系统所要实现的目标。系统可行性研究包括目标和方案的可行性、技术的可行性、经济方面的可行性和社会影响方面的考虑。

（3）系统开发的原则。在系统开发过程中，要遵循领导参与、优化创新、实用高效、处理规范化的原则。

（4）系统开发前的准备工作。做好开发人员的组织准备和企业基础准备工作。

（5）系统开发方法的选择和开发计划的制定。开发计划的制定要明确系统开发的工作计划、投资计划、工程进度计划和资源利用计划。

信息系统开发方法主要有：结构化生命周期开发方法、原型法、面向对象的开发方法等。

一、结构化生命周期开发方法

目前较为流行的信息系统开发方法是结构化生命周期开发方法，其基本思想是：用系统的思想和系统工程的方法，遵循用户至上的原则，结构化、模块化地自上而下地对生命周期进行分析与设计。

用结构化生命周期开发方法开发一个系统的整个开发过程分为五个依次连接的阶段（如图 7－8 所示）。

（1）系统规划阶段，主要任务是明确系统开发的请求并进行初步的调查，通过可行性研究确定下一阶段的实施目标。系统规划方法有战略目标集转化法、关键成功因素法和企业系统规划法。

（2）系统分析阶段，主要任务是对组织结构与功能进行分析，厘清企业业务流程和数据流程的处理，并且将企业业务流程与数据流程抽象化，通过对功能数据的分析，提出新系统的逻辑方案。

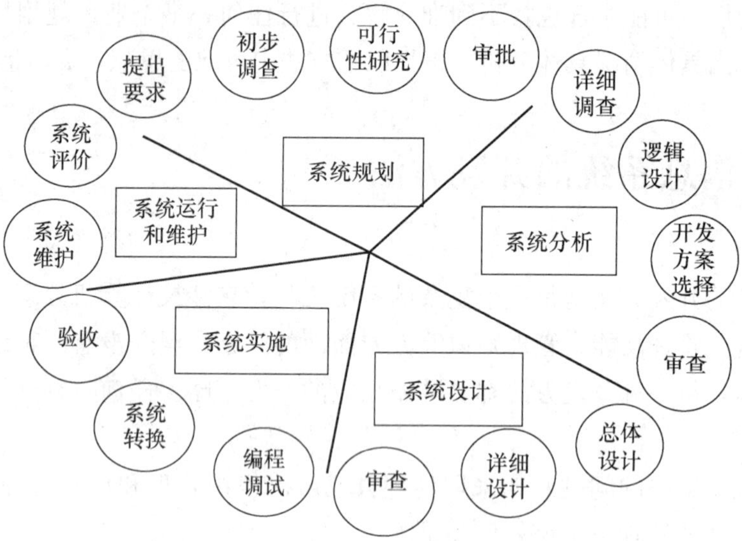

图 7-8 系统生命周期图

（3）系统设计阶段，主要任务是确定系统的总体设计方案，划分子系统的功能，确定共享数据的组织，然后进行详细设计，如处理模块的设计、数据库系统的设计、输入输出界面的设计和编码的设计等。该阶段的成果为下一阶段的实施提供了编程指导书。

（4）系统实施阶段，主要任务是讨论确定设计方案、对系统模块进行调试、进行系统运行所需数据的准备、对相关人员进行培训等。

（5）系统运行和维护阶段，主要任务是进行系统的日常运行管理，评价系统的运行效率，对运行费用和效果进行监理审计，若出现问题，则对系统进行修改、调整。

这五个阶段共同构成了系统开发的生命周期。结构化生命周期开发方法严格区分了开发阶段，非常重视文档工作，对于开发过程中出现的问题可以及时纠正，避免了混乱状态的出现。但是，该方法不可避免地会出现开发周期过长、系统预算超支的情况，而且在开发过程中用户的需求一旦发生变化，系统将很难作出调整。

二、原型法

原型法在系统开发过程中也得到了不少应用。原型法的基本思想是系统开发人员凭借自己对用户需求的理解，通过强有力的软件环境支持，构造出一个实实在在的系统原型，然后与用户协商，反复修改原型直至用户满意。原型法的应用使人们对需求有了渐进的认识，从而使系统开发更有针对性。另外，原型法的应用充分利用了最新的软件工具，使系统开发效率大为提高。原型法的工作过程如图 7－9 所示。

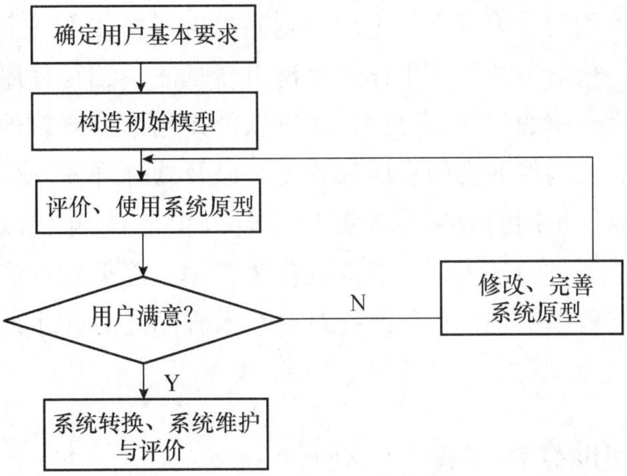

图 7-9　原型法的工作过程

三、面向对象的开发方法

面向对象的开发方法的出发点和基本原则是尽可能模拟人类习惯的思维方式，使开发软件的方法与过程尽可能接近人类认识世界、解决问题的方法与过程。由于客观世界的问题都是由客观世界中的实体及实体相互间的关系构成的，因此，我们把客观世界中的实体抽象为对象（object）。持面向对象观点的程序员认为计算机程序的结构应该与所要解决的问题一致，而不是与某种分析或开发方法保持一致。他们的经验表明，对任何软件系统而言，其中最稳定的成分往往是其相应问题论域（problem domain）中的成分。

所以，“面向对象”是一种认识客观世界的世界观，是一种从结构组织角度模拟客观世界的方法。通俗地讲，对象指的是一个独立的、异步的、并发的实体，它能“知道一些事情”（即存储数据），“做一些工作”（即封装服务），并“与其他对象协同工作”（通过交换消息），从而完成系统的所有功能。

从以上的简单介绍中我们可以看出，面向对象所带来的好处是程序的稳定性与可修改性、可复用性（通过面向对象技术，我们不仅可以复用代码，而且可以复用需求分析、设计、用户界面，等等）。面向对象的开发方法具有下述四个要点：

（1）认为客观世界是由各种对象组成的，任何事物都是对象，复杂的对象可以由比较简单的对象以某种方式组合而成。

（2）把所有对象都划分成各种对象类（简称为类（class）），每个对象类都定义了一组数据和一组方法，数据用于表示对象的静态属性，是对象的状态信息。

（3）按照子类（或称为派生类）与父类（或称为基类）的关系，把若干个对象类组成一个层次结构的系统（也称为类等级）。

（4）对象彼此之间仅能通过传递消息互相联系。

通过分析软件重用的效果发现：重用率越高，生产率并不一定就越高；仅当开发人员使用已有软构件构造系统且其工作效率比重新从底层编写程序的效率高时，重用率的提高才会导致生产率的提高。可见，通过软件重用来提高软件生产率，并不是一件轻而易举的事情。软构件的实用程序和程度，以及软件开发人员的素质、开发环境等因素都直接影响软件重用的效果。事实上，自 20 世纪 60 年代以来，人们就开始研究软件重用技术，主要目的是大幅度提高软件生产率，降低软件成本。但是，多年来软件重用始终没能有效地实现，直到面向对象技术崛起之后，才为软件重用带来了新的希望。

四、计算机辅助软件工程（CASE）

计算机辅助软件工程（computer aided software engineering，CASE）是基于计算机的自动化，实现系统开发工作，提高系统开发效率与质量的重要途径。如果严格地从认知方法论的角度来看，CASE 是一门技术，但从 CASE 的发展对系统开发过程的支持程度来看，CASE 又不失为一种实用的系统开发方法。

CASE 的主要目标是：使结构化方法可以全面实施，使原型的建立有高效率的手段，加快系统的开发过程，使系统开发人员的精力集中于开创性工作，通过自动检查提高软件的质量，提高软件的可重用度，简化系统的维护工作。

CASE 的作用可概括为：能实现一个具有快速响应、专用资源和早期查错功能的交互式开发环境，对系统的开发和维护过程中的各个环节实现自动化，通过一个有力的图形接口，实现直观的程序设计。

下面，我们利用前面讨论过的几种常用方法对系统开发过程中的几个主要环节的支持情况进行分析。

结构化生命周期开发方法是能够全面支持整个系统开发过程的方法，该方法基于模块化的设计思想，采用“自顶向下，逐步求精”的技术对系统进行划分。这种方法简单易懂，使用方便，获得了广泛应用。

原型法是一种基于第 4 代程序生成语言（4GL）的快速模拟方法，它通过模拟以及对模拟后原型的不断讨论和修改最终建立系统。要想将这样一种方法应用于一个大型信息系统开发过程中的所有环节是根本不可能的，故它多被用于小型局部系统或处理过程比较简单的系统的设计与实现环节。

面向对象的开发方法是一种围绕对象进行系统分析和系统设计，然后用面向对象的工具建立系统的方法。这种方法可以普遍应用于各类信息系统的开发，但是不能涉足系统分析以前的开发环节。

CASE 法是一种除系统调查外全面支持系统开发过程的方法，同时也是一种自动化（准确地说应该是半自动化）的系统开发方法。因此，从方法学的特点来看，它具有前面所述方法的各种特点，同时又具有自身的特点——高度自动化。值得注意的是，在这种方法的应用以及 CASE 工具自身的设计中，自顶向下、模块化、结构化是贯穿始终的。这一点从 CASE 自身的文档和其生成系统的文档中都可看出来。

这四种常用的系统开发方法各有所长，迄今为止还很难绝对地从应用角度来评价其优劣。虽然每种方法都是在前一种方法不足的基础上发展起来的，但就目前技术的发展来看，这种发展只是局部弥补了不足，就整体而言很难完全替代。另外，这种发展和弥补是建立在一定的技术基础之上的，没有基础一切都无从谈起。具体应用时应该根据实际条件，博采众方法之长，避其之短，而不能生搬硬套。一般来说，系统的功能或要求预先难以确定，在开发过程中可能有重大变化；规模较小、结构不太复杂的系统适宜于用快速原型法或面向对象的开发方法。因为它们在设计系统的模型时，只需提出系统的基本要求，系统要求的扩充和完善可以在开发过程中逐步提出并实现，因而，比较容易适应不断变化的环境，缩短系统开发的时间。

在软件开发实践中，敏捷开发模式是一种从 1990 年代开始逐渐引起广泛关注的新型软件开发方法，它以用户的需求进化为核心，采用迭代、循序渐进的方法进行软件开发。它是一种应对快速变化的需求的软件开发能力，更强调程序员团队与业务专家之间的紧密协作、面对面的沟通（被认为比书面的文档更有效）、频繁交付新的软件版本、紧凑而自我组织型的团队、能够很好地适应需求变化的代码编写和团队组织方法，也更注重软件开发中人的作用。在敏捷开发中，软件项目在构建初期被切分成多个子项目，各个子项目的成果都经过测试，具备可视、可集成和可运行使用的特征。换言之，就是把一个大项目分为多个相互联系但也可独立运行的小项目，并分别完成，在此过程中软件一直处于可使用状态。在开发实践中，可根据需要在某个子项目甚至在某个开发阶段综合采用结构化、面向对象等不同的开发方法。

第五节 信息系统项目的可行性分析

信息系统的分析是系统建设、改善工作的第一步。其任务是在对信息系统现状充分认识的基础上，对系统改造的目标与要求作明确的、成文的说明。它包括目标的确定、可行性分析、调查、分析与成文五个步骤。本章将从这几个方面介绍，力求使读者对信息系统建设有一个直观的认识。

一、目标分析（确定系统改善的目标）

对用户要求进行分析的必要性是人们经过事实教育才有所认识的。至今仍有人认为，把要求或目标讲清楚是用户的责任。事实证明，这是不现实的，用户的初始要求与项目目标的确切陈述之间有相当大的距离。

对于使用者（包括领导与管理人员）提出的初始要求，应从两方面去看待。一方面，应用项目是为这些人员服务的，满足他们的要求是整个项目的出发点和目标。而且，他们长期工作在领导岗位或管理工作的第一线，这些要求是他们在长期工作中总结出来的，虽然常常是直觉或感觉，却是第一手的宝贵的感性材料。因此，从事计算机或其他技术应用工作的人必须认真听取，并且详细记录这些要求。另一方面，这些要求往往是含糊的，缺乏定量标准，主次不清地罗列在一起，有待于我们去分析、整理和加工。

对于决策支持系统，这个问题更为突出，由于决策模型比日常业务处理模型更为复杂多变，灵活性更强，要明确地表述项目的目标则更不容易。

怎样明确项目的目标呢？一般来说可以从以下三方面去考虑。

（1）从含糊的要求中抽象出对信息和信息处理的要求。在初始要求中，常常是把对人员、制度、物资设备的要求和对信息的要求混在一起提出来。我们在考虑信息系统的时候，应先把其他内容去掉，只留下对信息的要求。如果有的要求中既有对信息的要求，又有对其他方面的要求，则应该用抽象的语言把信息要求表达出来。

（2）确定各种要求的定量标准。对于速度、时间等数量指标，必须经过调查研究确定具体的定量标准；对于质量等定性指标，也应该制定可供检查的比较具体的指标，例如能够输出汉字，能够画出哪几种图表，等等。

（3）认真分析罗列出来的各种问题及要求之间的相互关系，根据实际情况抓住其中的实质要求。一般来说，这些罗列出来的问题之间有三种关系。第一种是因果关系，某一问题是另一问题的原因，只要前者解决了，后者就自然解决了。对于这类问题，说明目标时，只要抓住原因即可，结果不必再提。第二种是主次关系，若干问题都需要解决，然而，在实际工作中，绝对并列的事情是没有的，在一定的条件下，总有一方面是当时的主要矛盾，我们必须根据实际情况，切实抓住使用者目前最亟须解决的问题，并将其作为主要目标。第三种是权衡关系，某两项要求在实际工作中是矛盾的，此长彼消，此消彼长。这时使用者心目中往往有一方面是主要关心的，而另一方面则成为一种制约条件，要求保持在一定的可接受的范围之内。哪一方面是主要的，在权衡中双方可以接受的最低标准是什么，这都需要明确。

二、可行性分析

在项目目标已经确定并且对系统的基本情况又有所了解的情况下，系统分析人员就可以开始对项目进行可行性分析了。

可行性分析的意思是根据系统的环境、资源等条件，判断所提出的项目是否有必要、有可能开始进行。当然，做出这一判断是以目标的明确与定量化为前提的，没有明确的可以定量检查的目标，是无法进行可行性分析的。

可行性可以从三个方面进行分析。

（1）从技术上来考察。分析所提出的要求在现有技术条件下是否可能实现。例如对加快速度的要求，对存储能力的要求，对通信功能的要求，等等，都需要根据现有的技术水平进行认真的考虑。这里所说的现有水平，应是指社会上已经比较普遍地使用了的技术。不应该把尚在实验室里的新技术作为讨论的依据。

（2）从经济上来考察。这包括对项目所需费用的结算和对项目效益的估算。这是非常重要的，一旦忽略就会造成巨大的损失。在估算的过程中常常出现低估费用和高估效益的现象，这是因为人们在考虑问题时经常忽略了一些重要因素。以计算机为例，人们在考虑费用的时候，常常是只考虑了主机的费用，而低估了外围设备的费用；只考虑了硬件的费用，而低估了软件的费用；只考虑了开发的费用，而忽视了运行和维护的费用等。所有这些都使人们低估了改善信息系统的费用。另外，对于项目的收益，人们往往把引进计算机后所增加的信息处理能力与实际发展出来的效益混为一谈。

（3）从各种社会因素考察。需要考察各种社会因素，才能确定项目是否可行。由于信息系统是在社会环境中工作的，除了技术因素与经济因素之外，还有许多社会因素对项目的开展起着制约作用。例如，与项目有直接关系的管理人员是否对项目的开展持支持的态度。又如，某些工作环节的工作人员的文化水平比较低，在短时期内这种情况不会有根本的变化，这时如果考虑大范围地使用某些要求较高文化水平的新技术，是不现实的。所有这些社会因素、人的因素都必须被考虑在内。

总之，我们需从以上三个方面来判断项目是否具备开始进行的各种必要条件，这就是可行性分析。

初步调查、明确问题后，将可行性分析的结果用可行性报告的形式编写出来，形成正式的工作文件。

可行性分析的判断及论证也同样需要使用者的认可。对于系统的资源及外部联系，使用者本身最了解，只是他们一般还没有用概括精练的语言把这些表达出来，我们的表达是否正确和确切，同样需要得到使用者的认可。

可行性报告的内容包括以下几方面。

（1）系统的简述。尽量简明扼要地说明与本项目有关的各种情况及因素，特别是和信息系统有关的内容。

（2）项目的目标。这是已经经过分析，并且已经明确了的定量的目标。

（3）对项目的可行性所做的判断，以及从各方面充分地论证这一判断。

可行性报告的结果并不一定是可行，也有可能是得出目前条件下不可行的结论，这是完全正常的。如果限定必须证明可行，可行性分析就没有意义了。甚至可以说，判断不可行性比判断可行性的收获还大，因为这就避免了巨大的浪费。如果把大量的人力和物力投入一个客观条件不具备、事先就被认定是劳而无功的项目，其损失是难以预计的。另外，也有可能作一些局部性的修改，例如修改项目目标，追加某些资源，等待某些条件成熟，等等。

对可行性报告的讨论是研制过程中的关键步骤，必须在项目的目标和可行性问题上，和领导及管理人员取得一致的认识，才能正式开始项目的详细调查研究。为了做好这一次讨论，在条件许可的情况下，可以请一些外单位的参加过类似系统研制的专家来参加，他们的经验以及局外人的立场都有利于对项目目标和可行性作出更准确的表达、判断与论证。

第六节　信息系统的分析与设计

信息系统分析被定义为一个信息系统开发项目中的这样一些开发阶段，其重点是业务问题和需求，这些需求独立于实现方案中可能使用的任何技术。信息系统分析强调业务方面的问题，而非技术或实现方法，主要描述系统做什么，作为信息系统设计的前提条件。信息系统设计被定义为那些用来说明一个详细的计算机系统方案的任务，也称为物理设计，专注于系统的技术性及实现方面，描述系统怎么做。

一、信息系统的分析

范围定义阶段是典型系统开发过程的第一个阶段（也称概述阶段或计划阶段），这个阶段主要回答“这个项目看起来是否值得”，主要在可行性分析阶段回答。如果项目的可行性得到系统所有者某种程度的认可，项目就可以继续进行系统分析了。系统分析强调系统要做什么，主要定义业务需求，所以需求分析阶段就是回答“用户需要什么，想从一个新系统中得到什么”。采用模型驱动开发方法的项目一般都包含系统建模。逻辑设计阶段就是使用系统模型进一步记录业务需求，这些系统模型表示了数据结构、业务过程、数据流和用户接口等。给定一个改进的信息系统业务需求后，最后我们可以涉及新系统如何实现的问题，决策分析阶段确定候选方案，分析候选方案并推荐一个将被设计、构造和实现的目标系统。至此完成系统分析过程。

需求获取对于系统项目开发十分重要，需求获取过程主要包括：发现和分析问题、获取需求、归档和分析需求以及需求管理。常用的需求获取调查研究技术有：对现有文档、表和数据库进行抽样，调研和实地访问，观察工作环境，调查表，面谈，原型化以及联合需求计划。

调查研究需要做大量细致的实际工作，是一个相当长期的过程。在这个过程中，人们的头脑也在逐步形成对旧系统中的问题和缺陷的认识，因而，改进的方法和新系统的逻辑模型也就逐步形成了。当调查研究完成之后，人们已经形成了新系统的逻辑模型，这时所需做的只不过是把这个模型整理成文并明确地提交讨论。

这次调查研究的原则，按照其目标的需要，可以归纳为以下三点。

(1) 从具体系统的现状出发，逐步得到抽象的对系统中信息处理工作的理解。

(2) 分析与综合相结合，即首先分析现行系统，充分了解它的各部分的细节，然后综合起来，了解各部分之间的关系，两者互相结合，以形成对系统的完整了解。

(3) 为了使调查研究所得到的对系统的认识能及时向管理人员展示，并得到他们的核准及认可，需要一套简明易懂的表达工具。这套工具应该能够从各种不同的角度描述出系统中信息处理工作的现状，并且很容易让管理人员和非计算机专业的其他人员理解。

根据这些原则，我们可以通过绘制图表来收集信息、整理资料。下面介绍结构化开发方法中一些常用的模型和工具。

(一) 组织结构图

要表达一个部门或单位的组织结构，最直观的办法是用图来表示，因此，我们的第一件工具就是组织结构图。

组织结构图的含义是：把需要了解的组织（部门、企业、事业单位，等等）分解为若干部分，并把它们之间的行政隶属关系或管理与被管理的关系用各部分之间的连线表示出来，这样形成的示意图就称为组织结构图。

弄清行政隶属关系并不是我们的最终目的，我们的目的是要弄清组织中信息处理的详细情况。组织结构是信息系统工程的背景和舞台，我们从组织结构入手可以全面地了解信息系统的工作过程。因此，在基本弄清行政隶属关系之后，还应该扩展一步，在组织结构图上补充信息流动情况。由于信息流常常与物资流、资金流结合在一起，所以还应该把物资和资金的流动情况也补充进去。

绘制组织结构图的目的在于，首先从系统总体上了解信息流动的粗略情况，抓住与本项目有关的信息流集中的部分，以便为下一步的现场调查确定目标。

因此，绘制组织结构图的过程是系统分析人员自己逐步了解系统情况的过程。系统分析人员在绘制组织结构图的时候，需要与担任实际管理工作的人员交流并引导他们指出图中的遗漏和错误，以校准系统分析人员的认识。如果把这一任务完全交给管理人员做，就失去了意义，也是达不到目的的。如果把这一任务当作系统分析人员向管理人员发号施令，就更本末倒置了。在这一阶段，系统分析人员的中心议题应是“系统现在的情况是怎样的”，而绝不应该抱着“系统应该如何”的态度。

(二) 现场工作流程图

在确定了需要重点了解的部门之后，就需要集中力量从具体情况入手把这些部门的信息流动情况调查清楚。工作现场的情况则是最具体的第一手材料。为了把工作现场的详细情况弄清并记录下来，我们仍然采用图示的方法。既最简单易行，又便于和实际工作人员交流的办法，就是把工作现场的平面图画出来，追踪典型的业务，把它的工作流程如实地画在平面图上，这就是现场工作流程图。

现场工作流程图是一种记录业务处理过程的有力工具。由于它以具体工作场所的平面图为背景，所以从事实际工作的管理人员感到很熟悉、很亲切、易于审核、易于交流。系统分析人员在这里的任务也很明确，即如实地记录实际工作的流程，这是具体且易实现的，适于作为详细调查工作的起点。

以现场工作流程图为基础，我们还可以调查和记录各种定量的指标，例如：

- 每项业务处理所用的时间；
- 每项业务处理中每个工作环节所占用的时间；
- 每日业务的数量；
- 在各工作环节上，工作人员的数量及他们的忙闲情况。

当然，这些指标都应包括平均情况、最大值和最小值。在调查的短暂时间内，只能了解最一般的情况，为了得到完整的数据，除了在工作现场观察和记录之外，还需要与工作人员交谈、查阅历史资料等。

另外，在调查中，还可以了解到一些定性的情况，例如：

- 哪一个环节比较薄弱，经常发生堵塞情况（即“瓶颈”在什么地方）。
- 哪一个环节出错比较多，常见的错误是什么。
- 上级及有关部门或人员对这一部门的工作是否满意；他们的主要评价指标是什么；对改进这一部门工作的要求如何。

以上所有这些定量及定性的调查结果应该和现场工作流程图一起，被详细而确切地记录下来。这是我们进一步分析的依据，是宝贵的第一手资料。

现场工作流程图对于面向大量例行业务的操作级的管理工作比较适用，而对于面向高层领导的、以支持决策为主要目标的高层管理工作则不大有效。在后一种情况下，应以目标分析为主，即把总的系统目标、决策内容、权衡标准作为分析的主要对象。

（三）事务工作分析图和实体生命周期图

现场工作流程图记录了业务工作的实际流程。所谓事务工作分析，是指对一项业务的处理过程抽象地加以描述，脱离其具体的工作场所和实现手段。为了进行事务工作分析，我们首先规定一些记号，用来表示信息处理工作中常见的各种工作环节，例如制表、核对、保存、誊写，等等。

与事务工作分析图类似的另一种图表是实体生命周期图（entity life cycle diagram）。这种图的思路是：把一笔业务当作一个实体，从进入系统到处理完毕该实体要经历若干阶段，其状态要发生若干次变化，表示这个变化过程的图形就是实体生命周期图。

上面讨论的图表在调查研究中起着收集基本素材的作用。工作虽然十分具体琐碎，却是十分重要的。绘制这些图表的工作量相当大，常常需要调集一些辅助工作人员，一起收集和整理。这里特别需要向参加工作的所有人员说明，这些图表的绘制完全是为了了解情况，为了使我们对系统有充分的正确的理解，画图的过程是我们向业务人员学习以不断加深认识的过程，绝不能认为画这些图表是具体业务人员的责任，而向他们派任务，这是绝对做不好工作的。也正是因为这种情况，需要有系统分析人员作为管理人员和计算机技术人员的桥梁，这是当前许多单位所缺少的。

在比较大的系统中系统分析人员及其助手不可能直接到所有部门进行调查，这时应从两方面想办法。首先，根据初步了解及对组织结构的调查，选准最急需、最迫切的部门，进行重点调查，把有限的人力放到关键位置。其次，通过发调查信或调查表的办法，收集面上的情况。这种调查信或调查表可以分为业务处理调查和信息调查两类。前者调查各部门所处理的业务的种类、数量、方法，等等；后者调查各部门处理的信息的种类、格式、数量及其他各种属性。这样采取点面结合的办法，就能够取得比较完整的资料。当然，在进行面上调查时，会发现某些部门的情况比较复杂，光靠一般的了解不能弄清，这时还要进行进一步的现场调查。因此，调查不是一次完成的，而是需要多次反复、逐步完成。

（四）数据流图

在前面调查的基础上，我们需要对资料进行综合分析，其主要工具就是数据流图。数据流图只用四种记号：数据流、数据存储、数据处理及外部实体。图 7－10 所示的就是这四种记号。

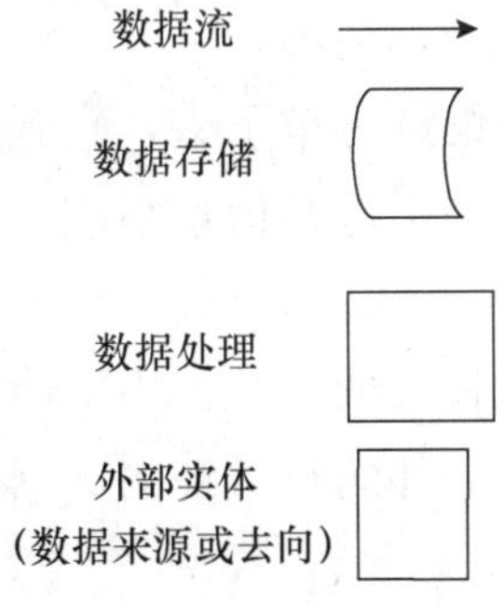

图 7－10　数据流图的符号

（1）箭头表示数据流。它是指各种各样的信息的传输，包括数据的传递、抽取、存入，等等。在物理实现的手段方面，它可以包括报表的传递，电报、信件、电话的收发，计算中各种磁性介质材料的传送以及使用。总之，这个箭头表示的含义是十分广泛的。

（2）数据存储的含义是十分广泛的，它可以指账本、记录本，也可指计算机中存储的各种文件及数据库。

（3）数据处理的含义包括任何一种对信息的加工，例如，排序、算术运算、逻辑判断、统计分析等。它既包括手工的加工处理，也包括使用计算机的加工处理。

（4）外部实体是指在系统之外的、与系统有信息交流的部门或人员。它们的情况及属性可以是不同的，对于系统而言，它们是信息的来源或去向。

绘制数据流图是一个自顶向下、逐步求精的过程，这是因为系统比较复杂，又是多层的，不可能一次把所有问题描述清楚。

首先，我们把系统看作一个整体或一个总的数据处理模块，只要指明它和各有关外部实体之间的信息交换关系就够了，暂时不去考虑它内部的各种信息存储、信息处理及数据流。这样，我们就得到了最粗略的或者说最顶层的数据流图。一个简单的数据流图当然不能反映系统的全部情况，然而，它是一个对系统的高度概括的描述，它揭示了这个系统的环境、系统和环境的关系、系统的总体功能。这些是我们考虑一个系统时必须首先考虑的制约因素。

然后，为了更详细地描述系统的状况，我们需要对图中的总功能模块进行分解。分解的第一步是按工作的部门划分。进行这样的划分之后，我们可以看到，马上就有许多问题需要我们明确。这些问题包括：

- 上一层图中和各外部实体间的数据交换应落实到哪一个模块上；
- 模块之间的数据流是怎样的；
- 模块之间的数据传输中有哪些内容需要临时或永久存储。

按照模块和业务区分之后，图中的每一个模块都是一项单独的业务了。如果我们前面已经有了各项业务的事务工作分析图，那么进一步的分解只不过是把事务工作分析图中的内容进一步抽象并填入数据流图。

按照这样的方法，我们可以继续分解下去，直到所需要的详细程度。分解的终点应按具体情况确定。一般来说，为了进行信息系统的分析及改造，应该在图上表示出所有重要的数据存储。同时，每一个处理模块的任务及处理原则都应该能够用简便明确的语言具体表达出来。对于比较大的系统，为了能够看清楚整个系统的全貌，模块的划分可以粗一些，而对细节用局部的较详细的数据流图来描述，即用一套有分有合的图来描述系统。

最后，面对复杂的数据流图应当有步骤地对所完成的图进行复核、誊清。应大致检查有关的外部实体，看与系统有关的所有外部实体是否都已画入图内，每一个外部实体与系统的数据交换（包括送入系统的与由系统送出的）是否有遗漏，这些数据交换的流向是否正确，即直接与哪项功能或数据存储相联系，每个箭头的内容是否明确；检查各个数据存储，看这些数据存储是否确实需要，是否都有相应的处理模块把信息送进去，进行修改、内容调用，等等。一般来说，每个数据存储都应该“有进有出”，即有数据流入它，也有数据由它流出来。

数据流图有两个明显的特点。第一个特点是它的抽象性。它的高度抽象的图例记号使它能够舍弃具体的工作场所、处理手段、信息介质，从而把信息的流动与处理的过程跟物质的流动与处理完全分开，这就为信息系统的评价和改善创造了条件，打开了视野。第二个特点是它的综合性，它不是描述单项业务的处理过程，而是描述整个系统的综合流程。因此，从这个图上可以明确地看出各项业务的联系和相互制约的情况，各种数据存储的建立、更新及使用情况，从而给人们以整个系统的总体概念。

由于这两个特点，数据流图在需求分析的各种工具中占据了特殊的重要地位，必须认真地画好。

前面我们已提到计算机辅助软件工程在信息系统的设计和实施中的作用。在数据流图绘制方面，诸如Microsoft Office提供的Visio软件就能很好地帮助设计人员方便、迅速地绘制包括数据流图在内的图表和图形。这样的工具的存在大大减轻了设计人员的负担，方便了信息系统的规划设计方面的工作。

（五）数据分析及数据字典

数据分析的目的是对数据流图中未能详细表述的有关数据的各种材料进行汇总整理，以便得出具体的完整的认识，以备后用。

数据分析最主要的工具是数据字典。数据字典是一种表格，它把系统中有关数据的各种信息汇总起来，并把数据之间的关系表示出来。

数据流和数据存储都是组项，即是由更小的数据单位（子项或基本项）组成的数据。例如，库存总账的内容包括零件号、零件名、生产厂家、数量、单位和单价。这样库存总账中的每一条就包括六个基本项，即不能再分割的具有逻辑含义的最小数据。有时，组项所包括的各项中还有组项，还可以进一步分解。例如，人事档案中的地址一项就可以进一步分解为城市名、区名、街道名、门牌号四个基本项，因而，地址也是一个组项。

在数据字典中，组项和基本项的内容是有区别的。

对于组项，首先要指出其组成，即它包括哪些子项。这些子项可能是基本项，也可能是组项。组项中包括数据存储与数据流，也包括由它们分解而得到的低一级的一般组项。编写数据字典时，可以先从数据存储开始，因为数据存储比数据流少，而且它处于各项业务的交点，它的组成比较复杂（我们可以采取对数据流图中出现的各种记号进行编号的方法以防遗漏）。把数据存储列举齐备之后，再列举数据流。当这些都被列举出来之后，再找出它们分解成的子项中的所有组项。等到所有组项都分解成了基本项后，我们就可以把所有涉及的基本项再罗列出来。这样，就有了数据字典的基本轮廓。

独立性和“一事一地”是理论上的原则规定，在实际工作中，由于工作部门的体制、工作场所的分散、实际工作的方便等，常常不易完全做到，有时为了校对或安全等目的，还要有意地增加一些冗余的存储。因此，当我们发现现行信息系统中存在不合理的现象时，即可进而判断在这个实际系统中这些现象应该保留还是应该纠正。即使利用数据库，这些原则也要灵活运用。

（六）调查结果复核

数据功能格栅图是一种用于结果复核的表格。它的左边列举出系统中所处理的各种数据的名称，即数据分析的内容。它的上边列举出系统中各项处理功能的名称，即功能分析的内容。对于每一项功能，我们都可以找出与其有关的数据，即它需要读入的数据、被它修改的数据、由它生成的数据，等等。在相应的行列交叉处把这种关系标明。同样地，对于每一项数据我们也都可以找出与其有关的功能模块，即生成这个数据的功能模块、修改这一数据的功能模块、使用这一数据的功能模块，且同样可以在相应的行列交叉处予以标明。如果我们的分析是正确的，那么无论从功能开始画，还是从数据开始画，结果应该都是一样的。否则就应该仔细研究问题所在，避免错误设计的产生。

二、信息系统设计

系统设计阶段的任务是根据逻辑模型提出物理实现的具体方案，即为系统规格说明书中提出的抽象信息系统选择合理的实现手段。在系统分析阶段，我们只解决了所设想的系统应该完成哪些信息处理工作的问题。在系统设计阶段，我们则需要着手解决如何完成这些信息处理工作的问题。信息系统是一个复杂的系统，虽然所提出的建议只有几条，我们却不能只考虑这几条的改变，而必须全面考虑整个系统的工作方式及各部分的相互关系，因为这些都可能随着某一环节的变更而发生相应的变化。

因此，我们在开始进行物理设计时，应该以系统规格说明书所提供的数据流图为出发点，即从抽象的信息处理功能开始考虑问题，而不管在现行系统中这些工作是通过哪些具体的物理手段实现的。我们只是从一般信息处理的角度去讨论和看待问题，选择最合适的实现手段。这就使我们能够避免现行系统中技术手段对思路的局限，得到较好的实现方案。

一般来说，由于逻辑模型只是提出了抽象的信息处理任务，它的实现手段可以是多种多样的，因此，同一个逻辑模型可以有多个物理模型符合它的要求。我们的物理设计阶段工作的优劣就看能否在这些物理模型中选出最好的、最符合实际需要的物理模型。那么，什么样的物理模型才是比较好的呢？我们根据什么来判断物理模型的优劣呢？

信息系统的评价标准包括五个因素：功能、效率、服务质量、可靠性及适应性。系统的逻辑模型主要规定了系统的功能，有时还给出了效率及服务质量部分的原则性要求。因此，物理设计的活动余地就在于：在保证实现所规定的功能的前提下，尽可能地提高系统的效率、服务质量、可靠性及适应性。

系统设计阶段可选择内部开发的“构造”方案或者集成商用软件的“购买”方案。对于内部开发的“构造方案”，系统设计阶段的主要任务有：1）设计应用架构。应用架构按照数据、过程、接口和网络组件定义了一个、多个或者所有信息系统使用的技术，因此设计应用架构应该考虑网络技术以及对系统的“数据”、“过程”和“接口”构件在业务地点之间的分布方式做出决策。2）设计系统数据库，开发相应的数据库设计说明。设计人员在设计数据库时要使它能够适应未来的需求和扩展。3）设计系统接口。系统设计人员可以与系统用户一起开发输入输出和对话的设计说明。4）打包设计说明。把来自前面任务的所有说明打包成一套设计说明，作为构造阶段直到计算机程序员活动的设计说明。5）修改项目计划。现在已经接近完成设计阶段，我们还应该重新评估项目的可行性，并相应修改项目计划。根据已完成的设计工作，系统分析员和系统所有者应该考虑整个项目的进度、费用估计以及其他可能需要调整的估计。对于集成商用软件的“购买”方案，主要工作包括采购阶段以及涉及软件和服务的决策分析阶段。

系统设计方法指用来进行系统设计的策略和技术，如：现代化结构设计、信息工程、原型化、联合应用开发（JAD）、快速应用开发（RAD）和面向对象设计。这些策略经常被当作相互竞争的替代方案，它们还可以互相补充。

现代结构化设计是一种面向过程技术，用于将一个大的程序分解成一个容易实现和维护的计算机程序模块，也叫作自顶向下的程序设计和结构化编程。这个概念很简单，就是把一个程序设计成一个自顶向下的模块层次。一个模块就是一组指令——一个程序段、程序块、子程序或子开发路线，这些模块的自顶向下的结构按照各种设计规则和设计指南进行开发。下面我们以结构化设计方法中的模块设计和架构设计为例介绍系统设计中的一些策略和技术。

（一）模块划分的原则

总体结构的实质是合理地划分和组织模块。为此，我们讨论模块划分的若干一般原则。

1. 凝聚度

首先，每个模块都要有明确的任务，而每项任务都要尽量由比较少的模块来完成，以避免出现修改时不易寻找和遗漏等问题。为此，我们引入一个概念——凝聚度（cohesion），用它来描述一个模块在上述要求面前的优劣。所谓凝聚度，就是一个模块内部各部分之间的逻辑关系的紧密程度。我们把模块按凝聚度分成六个等级。

（1）功能凝聚。这种模块的任务明确，它对某一种业务或某一种加工对象的个体进行某一项专门处理，而没有其他业务或其他加工对象进入它。同时，对于系统而言，它完成并输出的就是这一项专门处理的结果，或者说经过了这一项专门处理的业务或加工对象，不包括任何其他内容。另外，虽然这种模块在执行过程中可以被它的上层模块多次反复调用，但它每次只处理一种业务或加工对象。

（2）重复凝聚。这种模块的特点是对某一种业务或加工对象的多个个体进行同一项处理或加工。它的内部功能可以分为两部分：对一个个体的加工处理，以及加工对象即多个个体之间的调度安排。前一方面只涉及单个业务，后一方面则涉及一些较大范围的控制问题。

（3）业务凝聚。这种模块的特点是对某一种业务或加工对象连续进行几项处理，这几部分合在一起是由于它们的处理对象相同。

（4）类似凝聚。这种模块处理若干种类似的业务，与前面的各种模块相比，这种模块的修改就更加困难。几种业务中的任何一种需要改变处理方法时，都需要对整个模块进行检查，以便确定修改的地点，而且很容易在修改某一种业务的处理方法时，对其他业务的处理产生意料之外的影响。

（5）时间凝聚。从逻辑上讲，这种模块完成的若干项工作之间并没有必然的联系，把它们集中到一个模块中，只是因为它们的执行时间相近或者处理的时间周期一致。

（6）偶然凝聚。这是指纯粹偶然地把若干任务集中到一个模块之中的情况。

上面的划分方法只是相对的定性的描述。到目前为止，还没有更确切的定量的模块划分和评价标准。不过，至少可以根据上面讨论的想法，尽量把模块划分得合理一些。

模块的凝聚度是从每个模块自身的角度去看待它，即考虑每个模块的内容在逻辑上是否有内在的联系。我们也可以从各模块之间的互相影响来看待这个问题，分析模块之间相互联系的密切程度。显然，这只不过是从另一个角度分析同一件事情。

2. 耦合

我们把模块之间的关系称为耦合。耦合关系可以分为三类。

（1）数据耦合。如果两个模块之间仅有数据的交换，则称它们之间的关系为数据耦合。这种关系在系统中是最常见的，它所影响的只是系统及模块的处理对象，不会影响处理原则。因此，比较容易追踪与控制。只要我们明确地表示出这种关系，并且尽量只限于传输必要的数据，它就不会造成危害。

（2）逻辑耦合。两个模块之间如果有控制信号的传递，我们就称它们之间的关系为逻辑耦合。这种关系对系统的影响比较大，因为它可能造成系统或某个模块内部处理原则的改变。因此，从原则上讲，我们应该尽量使控制信号的产生与使用在同一个模块中，避免出现逻辑耦合。在必须传递控制信号时，必须非常谨慎，防止它造成意外的影响。

（3）非法耦合。两个模块之间在调用关系之外直接发生相互影响，称为非法耦合。例如，某一个模块改变了变量 A 的值，而另一个模块又需要使用变量 A 的值，而 A 的值并没有在结构图上通过明确的调用途径传递（包括直接传递和间接传递），这就称为非法耦合。图 7－11 展示了这三种不同的耦合情况。

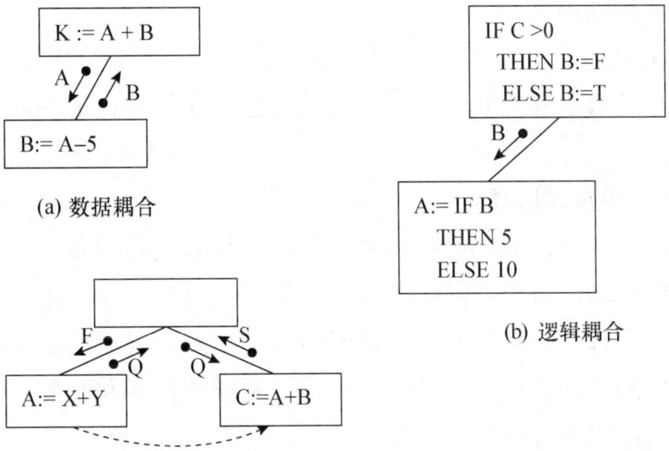

(a) 数据耦合

(b) 逻辑耦合

(c) 非法耦合

图 7－11　模块的耦合

因此，从模块之间的关系来看，我们应该使模块之间尽可能地相互独立，仅保留必要的联系，并且尽量使这些联系不影响系统的执行过程。保留下来的必要的联系也要明确地通过调用关系来传递，并且详细地加以说明。也就是说，明确标明数据耦合，尽量避免逻辑耦合，不允许出现非法耦合。

检查模块划分是否适当的最后一点是看模块的规模是否足够小，或者说已经小到易于处理。因为，不论前面各项考虑得多么周到，系统的修改最终总是要落实到修改某一个或某几个模块上。如果这些模块本身仍然大到难以驾驭，那么，修改工作仍将难以进行。

总的来说，我们认为比较理想的结构图应该是这样的：它的最基层模块（或者说树形结构的叶子）是功能凝聚的模块；模块之间的关系仅限于必要的数据耦合，逻辑耦合只在很少的地方出现，对它的影响已做过认真的考虑；它的各种判断结果的影响范围一般不超出其所在模块的控制范围；每个基层模块的规模已小到易于处理。

（二）模块设计

从总的工作步骤来说，模块设计应该在总体设计完成后才能进行。但是在实际工作中，二者的界限很难明确地划分。例如，在考虑文件的实现方式时，必然会相应地考虑有关的模块用什么方式实现。当然，如果总体方案要求模块的处理方式改变，模块就应该服从全局，进行必要的修改。从这个意义上讲，模块设计是在总体设计完成之后才能正式开始，在此之前只是初步考虑。

模块设计的第一个问题就是确定手工处理和计算机处理的分工与配合。我们前面曾提到，至少在目前的阶段，在管理中的计算机应用系统总是两种处理方式相结合的人机系统，不能认为计算机应用系统的每一项工作都应该由计算机来完成。事实上，在应用系统中有些工作适合用计算机处理，有些工作则适合用手工处理，并不是一切工作都适合用计算机处理。

除了完全采用手工方式的模块外，其他模块都涉及计算机，因而都需要考虑硬件、软件的要求。对于硬件，有三方面的因素需要考虑，我们将在下一部分详细说明这个问题。

（三）架构设计和技术选择

信息系统建设总体设计的主要内容之一是设计计算机物理系统配置方案，按照新系统的目标及功能要求，综合考虑环境和资源等实际情况，在总体规划阶段进行的计算机系统软硬件平台选型的基础上，从系统的目标出发，根据信息系统要求的不同处理方式，进行具体的计算机软硬件系统及其网络系统的选择和配置，并提交一份详细的计算机物理系统配置方案报告。

物理系统配置方案设计的依据包括：系统的吞吐量、系统的响应时间、系统的可靠性、单机系统还是多机系统、地域范围、集中式还是分布式和数据关联方式；管理对计算机的基本要求（速度快、容量大、通道能力强、操作灵活方便）；网络设计和选择的内容（包括网络的逻辑设计，是指网络的逻辑结构设计、网络服务器的选择和网络操作系统的选择）。

开发人员在设计计算机物理系统配置方案的时候，可采用以下方法得到各种计算机物理系统配置方案，下面分别进行介绍。

1. 信息调查法

信息调查法又称类似系统法，它适合于较小型的信息系统。该方法要求开发人员从要解决的实际问题出发进行调查，找出成功解决同样问题的用户，吸取别人的成功经验。对于大、中型信息系统可先按此方法进行调查，了解相同类型的企业的计算机物理系统配置及其应用情况。

2. 方案征集法

方案征集法又称建议书法。通常由用户向厂商提出要求，厂商根据要求提出计算机物理系统配置建议书，供用户评价和选择。

3. 招标法

招标法类似于其他工程项目的招标形式。要求“标书”撰写严密，工作程序严格，组成专家组等。大型管理信息系统常采用此法。

4. 试用法

试用法要求参与竞争的厂商进行现场试验演示，使用户得到实际的、直观的感觉。通过商议的试用办法，用户在产品试用一段时间后选择最满意的计算机系统。

设计计算机物理系统配置方案时，应该注意以下问题：

(1) 满足新系统的应用需求。在新系统的设计中，提出了新系统的目标、处理功能、存储容量、信息交互方式等。这就要求所选择的计算机系统能够满足需求，兼顾购置的设备能被充分地利用，并且留有扩充的余地。

(2) 实用性能强。所选择的计算机物理系统的实用性可从以下方面体现：易于开发，方便使用。根据应用需求，要求计算机系统应用软件丰富，工具齐全，有利于用户的开发和使用，具有较强的汉字处理能力等。

(3) 可扩充性好。通常新系统采用"统一规划，分步实施"的方案。开始建立的系统规模不可能很大，随着应用需求的扩大，需逐步增添设备，扩充功能。这就要求所选择的计算机系统具有灵活的扩充能力和升格能力，使得先期购置的设备和开发的应用软件不被浪费。

对软件的要求主要有以下四个方面。

(1) 对操作系统的要求。前面已经提到，系统在使用者面前表现出来的速度或效率与操作系统有很大关系。一般来说，如果对速度要求较高或对某些业务要求快速响应，则应考虑实时操作系统。如果时间要求不高，而外围设备很多，许多不同类型的用户需要共享各类资源，则应考虑分时操作系统。与机器一样，操作系统也是各有所长，各有一定的服务对象，必须根据实际使用情况的需要而定。在选择操作系统时，要考虑的因素包括功能、使用方式、安全保密、系统开销、速度、与其他软件的关系(能支持哪些软件)、价格。有时，在一些多种用途的关系中，购置若干不同的操作系统，以便根据实际使用的需要而随时替换，这对于提高设备的利用率是有利的，当然，这也增加了软件的开支。

(2) 对程序设计语言的要求。多数应用程序都需要用高级语言编写，因此，需要根据应用的实际情况和模块的实际情况采用适当的语言。从整个系统来说，不一定要用统一的语言，各种不同语言之间相互调用子程序一般都是可以的（个别语言有一些困难，如RPG、BASIC，但也可以通过一些较深入的技巧加以解决)。为了使系统易读、易改、易于移植，一般来说，用比较通用的高级语言编写程序是比较合适的，只是在对效率有特别要求的地方才使用依赖于机器的特殊语言或汇编语言。

(3) 对数据库管理系统和应用软件包的要求。如果系统中用到数据库技术，就需要配备数据库管理系统。从实质上讲，数据库管理系统是用一批事先编好的程序，为使用者自动处理大量数据间的组织和管理工作，如拉链、排队等问题。因此，如果需要处理的对象的数据结构比较复杂，则使用数据库是合适的，可以节省软件编制的时间和精力。如果处理的数据比较简单，只是用到数据库管理系统的少量功能，就不必使用数据库。因为数据库管理系统不但要花钱购置，而且要占用相当大的存储容量并降低处理速度。在这种情况下，采取索引文件的方式反而效果更好。另外，在统计、排序、预测、规划等方面的大量常用算法目前都已形成一些专用的应用软件包，我们也应该尽量使用已有的成果，避免不必要的重复劳动，提高系统研制的效率。

(4) 对常用的服务软件的要求。常用软件如文本编辑（EDITOR)、文件复制、查错程序（DEBUG）等，也是十分重要的。这些功能为我们调试程序、研制系统提供了工作环境。工作环境好，工作的进展就会顺利得多。这些也是在配置软件时应该考虑在内的。

总之，对于涉及计算机处理的模块，我们都要根据其设计要求，对硬件和软件的要求作出规定。注意，这里提出的只是要求，具体还应在可能的选择范围内综合考虑。另外，在许多情况下，单位已有一些计算机资源，包括硬件、软件以及技术人员对某一型号计算机的知识，应该把这些资源充分利用起来，这在经济上常常是十分重要的。

移动互联信息系统的特点是：系统能够记录用户所要检索的关键词或一组关键词，并能为用户不停检索数据库中的数据，发现匹配数据后就推送至用户终端的信息系统。

第七节　信息系统实施和项目管理

信息系统实施，也就是系统构造和实现。系统构造是系统组件的开发、安装和测试，系统实现是交付系统投入运行。项目管理是在指定时间内，在有限的资源约束下，用最少的费用开发可接受的系统的管理过程，内容包括确定范围、计划、人员安排、组织、指导和控制。项目管理是一个跨生命周期活动，同所有系统开发阶段都有重叠。

一、信息系统实施阶段的任务

与前两个阶段相比，系统实施阶段的任务涉及的人力、物力都要多得多。这时，整个工作就铺开了，具有各种技术专长的工作人员均参加到项目研制工作中来。这时，大量的组织协调工作需要项目负责人进行全面安排。

实施阶段的任务可以概括为以下四个方面。

(1) 硬件的购置及安装。这包括计算机本身、它的外围设备、环境和电源等辅助设备以及机房等方面。这些方面的工作往往需要某些专门的技术知识，因此需要具备相应知识的技术人员来承担。

(2) 程序的编写或购置。由于各模块的说明书已经形成，各模块的手工处理方面已经确定，只需要编写有关的计算机程序即可。一般的处理可以自己编程序，对于一些比较特殊的成熟算法（如某些标准的统计分析方法、某些运筹学与模拟预测的标准算法，等等)，则可以采取外购现成软件的办法。

(3) 未来的操作人员的培训。我们不能等到一切硬件、软件都准备好了以后，再开始考虑人员的培训，那样会造成资源的闲置及浪费。而且，培训操作人员的过程同时也是考验及检查系统结构、硬件设备及应用程序的过程。因此，同时进行是有很大好处的。

（4）系统中有关数据的录入或转换。由于在现行系统中存在许多需要继续使用的数据，因此需要把它们按新系统的要求重新组织编排。如果原系统中是手工处理，那么还需要录入计算机，这些工作就称为数据转换工作。对于许多应用系统来说，其工作量是相当大的，需要大量人力、物力及时间。

二、硬件购置方法

信息系统的硬件设备主要是指计算机与通信设备两大部分。本节只就计算机的问题提出应注意的事项。

（1）环境问题。电子计算机对环境是有一定要求的，这包括清洁、温度、湿度、电源等方面。规模在工作站及小型机以上的计算机都应该有符合一定条件的专用机房，即使是微型机，也应该尽量保证所在房间的清洁与一定的温度、湿度。磁记录设备很容易受到灰尘的侵害。在这里我们需要强调的是在建立机房和购置设备的同时，必须建立必要的管理制度，并且从一开始就严格执行。电的质量也是环境中的一个重要因素。除了对于停电应采取必要的预防措施（如安装不间断电源，准备备用发电机，双路供电等）外，还要考虑电压与频率的波动情况，特别是对于高压冲击要注意防范，以免危害计算机系统。一般条件下至少要安装稳压电源。

（2）设备验收的组织是十分重要的。由于电子计算机设备比较复杂，在验收时必须十分仔细，要有专人负责，交代明白，手续清楚，即使是一条电线、一个插头，也必须弄清楚。

（3）关于备用配件的问题，在硬件购置中也应引起注意。一般来说，电子器件不易损坏，而机械设备由于经常处于振动中，因而比较容易损坏，如打印机。因此，对于这些易损件，应准备充足的备件。此外，各种不同类型的设备也要备用一定的消耗品，如打印纸、色带、卡片、纸带等。这些物资的保证也是系统正常运行所不可缺少的。

总之，硬件的购置工作是系统实施中的一个重要方面。项目的负责人并不一定通晓这方面的所有技术细节，因此，需要委托硬件设备方面的专家来具体负责，而项目负责人则负责协调与督促。

三、操作人员的培训

操作人员的培训必须在系统的实施阶段及早开始进行。这不仅是为了在系统完成之后可以立即投入使用，而且是为了对硬件和软件进行检验以及进一步修改和完善。

从硬件方面来说，未来的硬件操作人员应该对设备的操作及维修进行比较系统的学习，这样才能保证将来系统的正常运行。未来的操作人员应该从接收设备开始，就对计算机及其他设备进行各种操作和试验。尽量在计算机的试运行阶段，利用供应单位提供的技术服务，尽快地掌握所需的技术。从软件方面来说，软件操作人员的任务是学会运行和使用各种系统和应用程序。与硬件操作人员不同，除随机器购置而来的系统软件及应用软件包外，他们使用的还有大量他们自己研制的成果，而硬件操作人员学的是随机器购置而来的资料。作为第一批使用者，软件操作人员同时担负着考察应用软件的正确性和质量的任务。

四、数据转换

数据转换工作是系统实施中常常被忽视的一项重要任务。从表面上看，这项工作似乎很容易，只是烦琐的简单劳动。事实上，这一工作并不简单。首先，要把原来系统中的数据整理出来，其工作量是非常大的。在一般的手工处理的信息系统中，信息缺少、不一致的情况是常常发生的。出现这种情况时，必须由有经验的管理人员来补充，其他人是胜任不了这项工作的。这一整理工作应该尽早开始，绝不能等机器。其次，把整理出来的数据转化为新系统所要求的格式。进行这项工作的人必须完全了解新系统的设计，并应对于这一转换的方法、原则十分清楚，否则就会出岔子，即使找一部分录入人员或其他人员来帮忙，也总需要有能掌握全局的人员来组织管理并及时处理各种意外情况。在数据整理完毕且录入人员把数据送入机器后，必须进行各种校验。校验发现的错误可能有四个来源：原始数据就是错误的；整理时抄写或计算错误；录入人员的错误；检验程序本身的错误。因此，必须利用计算机和手工两方面的功能去分析及纠正这些错误，这一工作是十分困难的，必须具有高度的负责精神和充分的耐心。但是在实际工作中，这些困难往往被大大地低估了，应引起充分重视。

做好数据转换工作需要有几方面的条件。首先，项目负责人要重视，必须充分估计其工作量和可能遇到的困难，安排足够的力量去做好这一工作。其次，要得到管理人员的理解和大力配合，数据转换工作中许多问题的处理要由管理人员来决定。最后，要充分利用计算机来帮助我们检查及改正错误，必要时还需要为此目的编写专用程序。

在各种不同的系统中，数据转换工作的数量和困难程度也不同。以情报检索、档案管理为主要目的的系统在这方面的工作量最大。此外，财务、工资、库存等系统也需要进行不少数据转换工作。

五、交付使用方式

系统基本完成的时候，项目负责人就应该开始考虑新旧系统的交替问题了，即如何交付使用。交付使用有多种方式。图 7－12 展示了四种不同的交付使用方式，它们各有自己的特点，可以在一定的范围内和条件下使用。

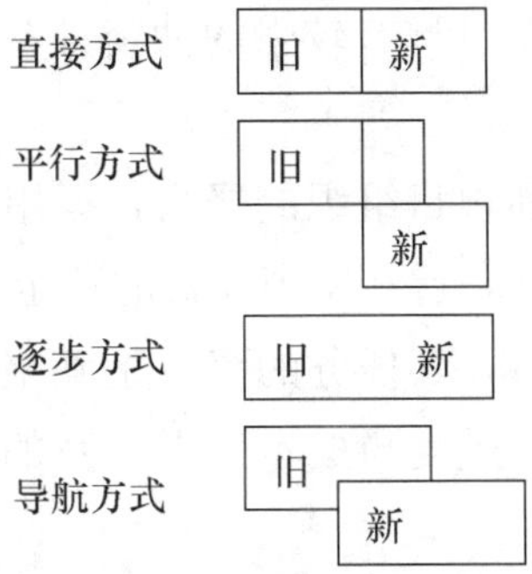

图 7-12　不同的交付使用方式

直接方式（或称立即方式）是最简单易行的。规定好交换的时刻，在这一时刻，旧系统停止工作，新系统开始工作。这种方式最为简便。但是，一旦新系统发生问题，就会给工作造成巨大损失，对于一些工作有连续性、有大量积累数据的系统或者关键部门，显然不宜采用这种方式。只有如电话交换台这样的没有数据积累问题的系统才能采用这种方式。

平行方式则考虑了安全问题，让新旧系统并行工作一段时间，以便检查及修改新系统，避免工作造成损失。但是，在并行期间，不仅需要双份的人力、物力进行工作，还要有附加的工作人员对两个系统的运行情况进行核对与检查。对于许多系统来说，这么沉重的负担是承受不了的。

为了避免并行的巨大开支，可以让系统的交付使用分阶段进行，这就是逐步方式。在这种方式下，不是同时对整个系统进行切换，而是首先把系统的一部分换成新的，经过一段时间的运行，确定稳定之后，再把另一部分更换下来，这样逐步把整个系统切换成新系统。

另一种可能采取的方式是在新系统未开始工作时，先处理少量业务，作为对新系统的功能进行检查的手段。这种方式称为导航方式。它的实质是在正式运行之前，先进行一段规模适中的试验运行。

六、信息系统与项目管理

一方面，信息系统的建设是一类项目，可以用项目管理的思想来指导。另一方面，项目管理可以由信息系统来支持，比如项目管理信息系统。由于本章专门讨论信息系统的开发与管理，所以，本节重点介绍如何用项目管理的思想来指导信息系统的建设。

通俗地讲，项目就是在一定的资源约束下完成既定目标的一次性任务。这个定义包含三层意思：一定的资源约束、既定目标、一次性任务。这里的资源包括时间资源、经费资源、人力资源、物质资源（比如工具、设备）等。

在对项目的定义有了了解的基础上，我们可以认识到项目具有以下几个特点：项目具有目的性；项目具有寿命周期；项目具有一定的独特性，每个项目都有客户；项目组织具有临时性和开放性；项目具有较强的冲突性；项目包含一定的不确定性，从而具有一定的风险。

项目管理是通过项目经理和项目组织的努力，运用系统理论和方法对项目及其资源进行计划、组织、协调、控制，旨在实现项目的特定目标的管理方法体系。

当然，对于一个确定的项目，其任务的范围是确定的。项目管理就演变为在一定的任务范围下如何处理好质量、进度与成本三者关系的问题，也就是要处理好“好中求快”和“好中求省”的问题。

项目管理既是一门科学又是一门艺术。项目管理之所以被看作一门科学，是因为它以各种图表、数学计算以及其他技术手段为依据；但是项目管理也受到人际关系因素以及组织因素的制约，因而相互沟通、协商谈判及解决矛盾等即为项目管理的“艺术”。项目管理具有以下三个基本特点：

（1）项目管理是一项复杂的工作。项目一般由多种业务成分组成，需要运用多种学科的知识来解决问题；项目执行中有许多未知因素，每个因素又常常带有不确定性，需要将具有不同经历的人员有机地组织在一个临时性的团队内，在质量、费用、进度等较为严格的约束条件下实现项目目标。这些都决定了项目管理是一项很复杂的工作，其复杂性甚至远远高于一般的生产管理。

（2）项目管理具有创造性，充满着权衡。由于项目具有一次性，因而既要承担风险，又必须发挥创造性。这也是项目管理与一般的重复性管理的主要区别。创造总带有探索性，会有较高的失败率。同时项目又充满着对进度、费用与质量三者的权衡。

（3）项目负责人在项目管理中起着非常重要的作用。项目管理的主要原理之一是把一个时间有限和预算有限的事业委托给一个人，即项目负责人，他有权独立进行计划、资源分配、协调和控制。项目负责人必须能够了解、利用和管理项目的技术逻辑方面的复杂性，必须能够综合各种不同的专业观点来考虑问题，还要有预测和控制人的行为的能力。项目负责人必须使他的组织成员成为一支具有积极性和责任心的高效率的群体。

信息系统的建设是一类项目，原因是信息系统的建设符合项目的几个特点：首先，信息系统的建设是一次性的任务，有一定的任务范围和质量要求，有时间或进度的要求，有经费或资源的限制；其次，信息系统具有生命周期，这与项目具有寿命周期也是一致的。所以，信息系统的建设也是一类项目的建设过程，可以用项目管理的思想和方法来指导信息系统的建设。

信息系统的生命周期包括系统规划、系统分析、系统设计、系统实施、系统运行和维护五个阶段。显然，信息系统项目也可按照上述五个阶段进行管理，依次制定各阶段的任务范围、进度、费用安排以及质量要求。

从具体构成来看，信息系统项目又可分为客户需求分析、应用软件开发、网络规划与设计、设备采购以及系统调试与集成等多项内容。在上述几项内容中，首先是客户需求分析，然后在此基础上进行应用软件开发和网络规划与设计，最后才是设备采购以及系统调试与集成。

在对信息系统项目进行基本分析之后，我们来看看信息系统项目的特点。

(1) 信息系统项目的目标是不精确的，任务的边界是模糊的，质量要求更多是由项目团队来定义的。

对于信息系统的开发，在许多情况下，客户一开始只有一些初步的功能要求，给不出明确的想法，提不出确切的要求。信息系统项目的任务范围在很大程度上取决于项目组所做的系统规划和需求分析。由于客户方对信息技术的各种性能指标并不熟悉，所以，信息系统项目所应达到的质量要求——各种技术指标更多地由项目组来定义，而客户则是尽可能地审查。为了更好地定义或审查信息系统项目的任务范围和质量要求，客户方可以聘请第三方的信息系统监理。

(2) 在信息系统项目进行过程中，客户的需求会不断被激发，不断地进一步明确，导致项目的进度、费用等计划不断更改。

尽管已经做好了系统规划、可行性研究，签订了较明确的技术合同，然而随着系统分析、系统设计和系统实施的进行，客户的需求会不断被激发，不断地进一步明确，导致程序、界面以及与其相关的文档经常需要修改。在修改的过程中又可能产生新的问题，并且这些问题很可能在过了相当长的时间以后才会被发现。这样，就要求项目经理不断监控和调整项目计划的执行情况。

(3) 信息系统项目是智力密集型、劳动密集型的项目，受人力资源的影响最大，项目成员的结构、责任心、能力和稳定性对信息系统项目的质量以及是否成功有决定性的影响。

信息系统项目工作的技术性很强，充满了大量高强度的脑力劳动。尽管近年来信息系统辅助开发工具的应用越来越多，但项目的各个阶段还是渗透了大量的手工劳动，这些劳动十分细致、复杂并且容易出错，因而信息系统项目既是智力密集型项目，又是劳动密集型项目。并且，由于信息系统开发的核心成果——应用软件是不可见的逻辑实体，如果人员发生频繁流动，不深入掌握软件知识或缺乏信息系统开发实践经验的人员是不可能在短时间里做到无缝承接信息系统的后续开发工作的。

另外，信息系统的开发，特别是软件的开发渗透了人的因素，带有较强的个人风格。为高质量地完成项目，必须充分发掘项目成员的智力才能和创造精神，不仅要求他们具有一定的技术水平和工作经验，而且要求他们具有良好的心理素质和责任心。与其他行业相比，人力资源的这一特点十分突出，必须给予足够的重视。因此，在信息系统项目的管理过程中，要将人力放到与进度和成本一样高的地位上来对待。

与其他项目的管理一样，信息系统项目的管理也涉及项目研制中的计划制定、进度估计、资源使用、人员配备、组织架构、质量监控等项目管理的许多问题。

项目管理知识体系（project management body of knowledge，PMBOK）是项目管理学会发表的用于职业项目经理的教育和认证。该知识体系中描述了项目经理的能力和项目管理的职能，此外，也包括支持项目经理工作的工具和技术，如PERT图和甘特图。在信息系统开发过程中，可以借助项目管理软件来帮助项目经理计划项目、制定进度表、制定预算、监控进展和费用、生成报告和作出必要的修改。比较有代表性的项目管理软件包括Niku公司的Project Manager、Artemis International Solutions Corporation公司的9000、Computer Associate公司的AIIFusion Process Management Suite、微软公司的Project、Primavera公司的Project Planner和Project Manager以及C/S Solutions公司的Risk+等。

第八节　信息系统的运维管理

系统运行是一个持续性的活动，在这个活动中系统运行直至被替换。系统维护包括在一个功能系统的整个生命周期内，服务、维护和改进这个系统。系统运行和维护是并行发生的。系统运行是信息系统的业务过程和应用程序逐日、逐周、逐月和逐年的执行。系统运行和维护经常要求开发人员重新执行以前的活动，并重新访问系统分析、设计和实现阶段开发的构件。信息系统运行管理的目的就是对信息系统的运行进行实时控制，记录其运行状态，进行必要的修改与扩充，加强安全管理，使信息系统始终处于最佳的工作状态，从而体现其价值。

一、信息系统运维管理的基本任务

信息系统与其他任何系统一样，需要进行科学的组织与管理。没有科学的管理，系统不会自动地为管理工作提供高质量的信息服务，而且信息系统本身也会瓦解。

不能将信息系统的管理工作与机器本身的管理工作等同起来。计算机应用系统的任务是为管理工作服务，它的管理工作是以向一个组织提供必要的信息为目标的，是以能够满足管理工作人员的信息需求为标准的，而机器本身的维护工作只是这一工作的一小部分，只是提供了硬件的保证，真正做到向管理人员提供信息还需要做许多软件操作、数据收集、成果提供等工作。因此，信息系统应该有专人负责管理。这里说的专人，不应该是只管理硬件设备的硬件人员，应该是了解系统功能及目标的、与管理人员直接接触的信息管理人员。

管理和维护工作是系统研制工作的继续，其任务包括以下四个方面：

（1）日常运行的管理；

（2）运行情况的记录；

（3）对系统进行修改与扩充；

（4）对系统的运行情况进行检查与评价。

如果这些工作做好了，信息系统就能够如预期的目标那样，为管理工作提供所需的信息。反之，如果这些工作做得不好，系统就不能如预期的那样发挥作用，而且系统本身也会崩溃而无法使用。

二、信息系统的日常运行及数据记录

信息系统投入使用后，日常运行的管理工作是相当繁重的。以下简单地列举需要完成的各项任务。

1. 新数据的录入或存储数据的更新

这里的任务包括三项：收集、校验及录入。

（1）收集工作常常是由分散的各业务部门的兼职工作人员完成的。因此，其组织工作往往是比较难以进行的。然而，如果这一工作不做好，整个系统的工作就是“建立在沙滩上的”。

（2）校验工作在较小的系统中往往是由系统主管人员自己来完成的。在较大的系统中，一般需要设立专职人员来完成这一任务，国外称为数据控制人员。在数据由手工处理转变到计算机处理的过程中，把好关是不容易的。一方面，校验者必须对系统所处理的业务有足够的了解；另一方面，从事校验工作的人必须对计算机系统对数据的要求（包括格式、范围、平衡关系等）有确切的了解。

（3）录入工作是比较简单的，其要求是迅速与准确。录入人员的责任在于把经过校验的数据送入计算机，他们应严格地把收到的数据及时准确地录入计算机系统。他们并不对数据在逻辑上、具体业务中的含义加以考虑与承担责任，这一责任是由校验人员承担的，录入人员只需要保证送入计算机的数据与纸面上的数据严格一致。

2. 信息处理和信息服务

在保证基本数据的完整、及时和准确的前提下，系统应完成例行的信息处理及信息服务工作。常见的工作包括例行的数据更新、统计分析、报表生成、数据的复制及保存、与外界的定期数据交流等。这是由软件操作人员完成的。这些工作的规程应该是在系统研制中已经详细规定好了的，操作人员也应经过严格的培训，清楚地了解各项操作规则，了解各种情况的处理办法。组织软件操作人员来完成这些例行的信息处理及信息服务工作，是系统主管人员的又一项经常性的任务。

3. 运行与维护

为了完成前面所列的数据录入及例行服务工作，要求各种设备始终处于正常运行的状态，为此，需要一定的硬件工作人员，负责计算机本身的运行与维护。这里所说的运行与维护工作包括设备的使用管理、定期检修、备品配件的准备及使用、各种消耗性材料的使用及管理、电源及工作环境的管理，等等。对于微型机来说，虽然不一定需要许多专职人员来完成这些工作，但是至少也要指定能够切实负责的人员来兼管这些事情，无人负责是不行的。

4. 安全问题

系统的安全问题也是日常工作中需要重视的重要部分。信息系统尽管功能强大、技术先进，但由于受到自身的体系结构、设计思路以及运行机制等的限制，也隐含着许多不安全因素。

上面讨论的四项任务是日常运行中必须认真组织、切实完成的。作为信息系统的主管人员，必须全面考虑这些问题，组织有关人员按规定的程序实施，执行严格的要求并进行严格管理，否则，信息系统很难发挥其应有的实际效益。

从以上讨论可以看出，信息系统的日常管理工作是十分繁重的，不能掉以轻心。特别要注意的是，信息系统的管理绝不只是对机器的管理，对机器的管理只是整个管理工作的一部分，更重要的是对数据及软件的管理。认为系统投入使用后，只需有人管机器的想法是不对的。当然，以上的讨论分得比较细，在一些较小的信息系统中，其中的一些工作可以合并起来，由较少的人员去承担。然而，尽管工作人员可以减少，上述各项工作却都必须完成，任何一方面的疏忽都会影响到信息系统的功能及实际效益。

在完成上节所述各项日常管理工作的同时，应该对系统的工作情况进行详细的记录。这一工作常常容易被忽视，因此，我们在这里作进一步的强调和说明。

系统的运行情况是十分重要和宝贵的资料。人们对于信息系统的专门研究只是刚刚开始，许多问题都处于探讨之中。即使对某一部门、某一单位来说，也需要从实践中摸索和总结经验，进一步提高信息处理工作的水平。而不少单位却缺乏系统运行情况的基本数据，只停留在一般的印象上，无法进一步提高信息系统的工作水平，这是十分可惜的。信息系统的主管人员应该从系统运行的一开始就注意积累系统运行情况的详细材料。

在信息系统的运行过程中，需要收集和积累的资料包括以下几个方面。

（1）工作的数量。例如，开机的时间，每天、每周、每月新提供的报表的数量，每天、每周、每月录入数据的数量，系统中积累的数据量，修改程序的数量，数据使用的频率，满足用户临时要求的数量，等等。这些数量反映了系统的工作负担及所提供的信息服务的规模，是反映计算机应用系统功能的最基本的数据。

（2）工作的效率。即系统为了完成所规定的工作，占用了多少人力、物力和时间。例如，完成一次年度报表的编制用了多长时间和多少人力；系统在日常运行中，例行的操作所花费的人力是多少，消耗性材料的使用情况如何；等等。随着经济体制改革的推进，各级领导越来越多地注意经营管理。任何新技术的采用如果不注意经济效益，就不可能得到广泛应用。

(3) 系统所提供的信息服务的质量。信息服务和其他服务一样，不能只看数量，不看质量。如果一个信息系统生成的报表并不是管理工作所需要的，管理人员使用起来并不方便，那么这样的报表生成得再多、再快也是没有意义的。同样，使用者对于提供的方式是否满意、所提供的信息的精确程度是否符合要求、信息提供是否及时、临时提供的信息需求能否得到满足等也都在信息服务的质量范围之内。

(4) 系统的维护和修改情况。系统中的数据、软件和硬件都有一定的更新、维护和检修的工作规程。这些工作都要有详细及时的记载，包括维护工作的内容、情况、时间、执行人员等。这不仅是为了保证系统的安全和正常运行，而且有利于系统的评价和进一步扩充。

(5) 系统的故障情况。无论大小故障，都应该及时地记录以下情况：故障发生的时间、故障的现象、故障发生时的工作环境、处理的方法、处理的结果、处理人员、善后措施和原因分析等。

三、设备管理

信息系统日常运行中广义的设备管理包括设备管理和人员管理两大部分。其中，设备管理包括硬件管理以及软件、数据、信息管理。只有这几者有机地结合在一起并协调运行，才能保证信息系统正常、高效地运行。下面给出关于各项制度大致的一些规定以供大家参考。

(一) 硬件管理制度

硬件管理制度中首要的是设立机房。设立机房主要有两个目的：一是给计算机设备创造一个良好的运行环境，保护计算机设备；二是防止各种非法人员进入机房，保护机房内的设备、计算机内的程序和数据的安全。机房安全运行是通过制定与贯彻执行机房管理制度来实施的。机房管理的主要内容包括：

(1) 对有权进入机房的人员的资格审查。一般说来，系统管理员、操作员、录入员、审核员、维护人员以及其他系统管理员批准的有关人员可进入机房，系统维护员不能单独进入机房。

(2) 机房内的各种环境要求，比如机房的卫生要求、防水要求。

(3) 机房内的各种环境设备的管理要求。

(4) 机房内禁止的活动或行为，例如，严禁吸烟、喝水等。

(5) 设备和材料进出机房的管理要求。

(6) 防火、防水。机房所在的建筑物的耐火等级必须达到当地消防规定的安全等级，在机房内设置火警装置；若机房位于用水设备的下层，还必须在上层地面增加防水设施，在机房天花板装设防水层和水警装置等。

（7）防磁。由于永久磁铁产生的磁场会改变存储介质上的数据，因此，机房内的磁场干扰场强必须在允许的范围内，一般不超过 800A/m；磁盘、磁带等存储介质应远离电视、电扇、变压器等磁场源，最好能放入防磁屏蔽容器内保存。

（8）防静电。接地是防静电的最基本的措施，一般的接地电阻应在 1MΩ 以下。此外，应当采取措施防止静电的产生。

（9）防电磁波干扰和泄漏。电磁场的干扰可使计算机等设备的工作的可靠性下降。一般地，防电磁波的措施主要有接地和屏蔽两种。A、B 类安全机房内的无线电干扰场强在频率范围为 0.15MHz～1 000MHz 时不大于 120dB。

（二）信息系统的其他管理制度

信息系统的运行制度还表现为软件、数据、信息等其他要素必须处于监控之中。其他管理制度包括如下几方面：

（1）必须有重要的系统软件和应用软件管理制度。

（2）必须有数据管理制度，如重要的输入数据的审核、输出数据备份保管等制度。

（3）必须有权限管理制度，做到密码专管专用，定期更改并在失控后立即报告。

（4）必须有网络通信安全管理制度。

（5）必须有病毒的防治管理制度，及时检查、清除计算机病毒，并备有检测、清除的记录。

另外，必须有人员调离的安全管理制度。人员调离的同时马上收回钥匙、移交工作、更换口令、取消账号，并向被调离的工作人员申明其保密义务，人员的录用调入必须经过人事组织技术部门的考核和接受相应的安全教育。

四、数据资源的管理和利用

对数据资源的管理通常包括两个方面：对资源自身的管理和对资源利用过程的管理。对资源自身的管理需要掌握有什么资源，有多少，用于何处，如何保存以及资源利用从生成到消亡的整个生命周期。例如，电子政务有关数据信息资源内容管理的标准主要包括信息资源元数据标准、信息资源分类编码标准和信息资源标识编码规则。

数据资源的管理包括对资源的存储格式、分类标准等进行管理。现代信息系统并不像初期系统那样只包括文字或简单的数字信息，它们往往包括复杂的不同类型的数据资源，例如多媒体数据资源、文本数据资源，等等。这些数据的复杂性和异构性直接决定了信息系统的数据资源存储的复杂性。例如，前面提到的元数据标准直接规定了数据存储的格式。

数据资源的利用包括对已存在的数据资源进行添加、修改和删除等操作。数据信息处理工作是涉及系统全局的重要工作，必须非常严肃地进行，每个环节都应该按照系统设计的要求严格执行。

数据资源的管理和利用是信息系统运行和日常管理的一个核心问题，只有进行有效的数据资源管理和利用，才能为组织的信息系统提供必要的数据支撑，才能使组织的信息系统高效地运行，才能保证组织内外信息流的畅通和信息资源的有效利用以提高组织的办公效率，为实现组织高效的办公服务提供强有力的支持，同时为组织提高经济效益服务。

五、信息系统的安全

尽管信息系统功能强大，技术先进，但由于受到它自身的体系结构、设计思路以及运行机制等的限制，也隐含着许多不安全因素。常见的影响因素有：数据的输入、输出、存取与备份，源程序以及应用软件、数据库、操作系统等的漏洞或缺陷，硬件、通信部分的漏洞、缺陷或者遗失，还有电磁辐射、环境保障系统、企业内部人的因素、软件的非法复制、“黑客”、计算机病毒、经济（信息）间谍等，这里我们仅以程序漏洞、硬件失窃、计算机病毒和信息间谍为例来讲解信息系统安全的隐忧。

从影响信息系统安全的诸因素中，不难看出，信息系统的安全是一个系统的概念，它既包括了信息系统物理实体的安全，也包括了软件和数据的安全；既存在技术原因引起的安全隐患，也有非技术原因（如因为人的素质和道德等因素）引起的安全隐患。

在此基础上，我们给出一个信息系统安全的定义：信息系统安全是指采取技术和非技术的各种手段，通过信息系统建设中的安全设计和运行中的安全管理，使运行在计算机网络中的信息系统有保护，没有危险，即组成信息系统的硬件、软件和数据资源得到妥善的保护，不因自然和人为因素而破坏、更改或者泄露系统中的信息资源，信息系统能连续正常运行。

显然，信息系统的安全管理是一项复杂的系统工程，它的实现不仅是纯粹的技术方面的问题，而且需要法律、制度、人的素质诸因素的配合。

对于计算机应用系统来说，安全问题包括三个方面。

（1）数据或信息的安全与保密，即系统所保存的数据不能丢失，不能被破坏、篡改或盗用。系统中的数据必须有可靠的备份，当系统出现故障（如停电、硬件故障、数据失真、软件故障等）时，有恢复补救的手段，不至于造成工作的混乱与损失。另外，对于系统中的数据都应规定各种人员的使用权限，哪些人员可以查阅哪些数据，哪些人员可以修改哪些数据，都应有严格的规定，并且有切实的措施保障执行。这些措施包括物理手段（如软盘、磁带的存档管理）和逻辑手段（如保密字的设置）。

（2）软件（包括程序及资料）的安全。重要的程序必须把原版保存起来，以免在日常使用复制的程序时由于一时疏忽或误操作造成不可弥补的损失，这包括购进的各种程序和自己编制的程序。资料的保管也是十分重要的。从研制人员手中接收过来的研制过程中的各种材料是信息系统科学管理的基础，绝不能散失。同时，资料还记载和保存着系统日常运行的情况。各种程序的说明及使用方法一定要妥善地保存。这些工作都应该得到足够的重视。

（3）硬件设备的安全。这对于从微型机到大型机都是十分重要的。如果没有一定的责任和严格的制度，就会出现不应有的故障，造成工作的损失。

此外，数据备份问题也不容忽视。由于数据备份所占有的重要地位，它已经成为计算机领域里相对独立的分支机构。一般来说，各种操作系统所附带的备份程序都有着这样或那样的缺陷，所以若要对数据进行可靠的备份，必须选择专门的备份软、硬件，并制定相应的备份及恢复方案。在发达国家，几乎每一个网络信息系统都会配置专用的外部存储备份设备，而这些设备也确实在不少灾难性的数据丢失事故中发挥了扭转乾坤的作用。计算机界往往会用服务器和数据备份设备（如磁带机）的连接率，即一百台服务器中有多少配置了数据备份设备，作为评价备份普及程度和网络数据安全程度的一个重要指标。如果每一台服务器或每一个局域网都配置了数据备份设备以及相应的备份软件，那么无论网络硬件还是软件出了问题，数据都能够很轻松地恢复。灾难备份于 20 世纪 70 年代在美国起步，数十年来，随着计算机在各行业应用的不断发展，灾难备份及恢复已形成了一套完善的理论体系，并相应地形成了一个灾难备份行业。灾难备份是指利用技术、管理手段以及相关资料确保既定的关键数据、关键数据处理信息系统以及关键业务在灾难发生后可以恢复和重续运营的过程。对数据进行备份是为了保证数据的一致性和完整性，消除系统使用者和操作者的后顾之忧。不同的应用环境要求不同的解决方案，但一个完善的备份系统一般要满足以下原则：

（1）稳定性。备份软件要与操作系统完全兼容，当事故发生时，才能快速有效地恢复数据。

（2）全面性。选用的备份软件要支持各种操作系统、数据库和典型应用。

（3）自动化。能提供定时的自动备份，并利用磁带库等技术进行自动换带。

（4）高性能。设计备份时，要考虑到提高数据备份的速度，并利用多个磁带机并行操作的方法。

（5）操作简单。数据备份应用需要一个直观的、操作简单的图形用户界面，便于使用。

（6）实时性。在进行备份的时候，要采取措施，实时地查看文件大小，进行事务跟踪，以确保将系统中的所有文件备份。

（7）异地容灾。将数据备份存放在远离本地的数据中心。

第九节　信息系统建设中的文档资料

信息系统的规范化的过程就是工作程序同科研、艺术相互冲突、相互影响和相互协调的过程。工作程序的规范化要求必须拥有必要的起点和条件、明确的目标和任务、可检查的成果和确切的终点，而科研和艺术的创造性似乎同严格工序的矛盾不可调和。如何在信息系统建设成果的质量和进度等各方面得到保证的基础上，使系统建设者的聪明才智得到充分发挥，最大限度地创造出更加适应组织需求的信息系统？这就是信息系统的标准化规定所承担的任务。

（一）信息系统文档的作用和类型

在信息系统建设中，除了有一定的硬件设备（如计算机等）之外，它的原材料、工具、半成品、成品全是信息，是一种通过一些书面文字资料和计算机程序体现出来的人脑的思维活动，这些书面形式的文字资料即为文档。

在软件工程的学科领域里，文档和程序加在一起被合称为软件。文档与程序的区别在于前者是人可读的，后者主要是机器用来执行的。如果将源程序加上注释，也可称为文档的一部分。

我们这里所说的信息系统的文档，不但包括应用软件开发过程中产生的文档，而且包括硬件采购和网络设计中形成的文档；不但包括上述有一定格式要求的规范文档，而且包括系统建设过程中的各种往来文件、会议纪要、会计单据等资料形成的不规范的文档，后者是建设各方谈判甚至索赔的重要依据。显然，文档的含义在信息系统学科领域里比软件工程学科宽泛。

所以，文档是软件的一部分，更是信息系统的一部分。没有文档的软件，不能称其为合格的软件；没有文档的信息系统，不能称其为完整的信息系统。

信息系统文档的作用体现在如下几方面：

（1）用户与系统分析人员在系统规划和系统分析阶段通过文档进行沟通。这里的文档主要有可行性研究报告、总体规划报告、系统开发合同、系统分析说明书等。有了文档，用户就能依此对系统分析员是否正确理解了系统的需求进行评价，如果不正确，可以在已有基础上修改。

（2）系统开发人员与项目管理人员通过文档在项目期内进行沟通。这里的文档主要有系统开发计划（包括工作任务分解表、网络图、甘特图、预算分配表等）、系统开发月报以及系统开发总结报告等项目管理文件。有了这些文档，每个项目成员就会明了自己的目标及可用的资源和约束，项目管理人员也有了考评依据。

（3）前期开发人员与后期开发人员通过书面文档进行沟通。这里的文档主要有系统开发各阶段的文档，如系统分析说明书、系统设计说明书等。有了这些文档，不同阶段之间的开发人员就可以顺利地进行工作的衔接。

（4）系统测试人员与系统开发人员通过文档进行沟通。系统测试人员可以根据系统分析说明书、系统开发合同、系统设计说明书、测试计划等文档对系统开发人员所开发的系统进行测试。系统测试人员再将评价结果撰写成系统测试报告。

（5）系统开发人员与用户在系统运行期间进行沟通。用户根据系统开发人员撰写的文档运行系统。这里的文档主要是用户手册和操作手册。

（6）系统开发人员与系统维护人员通过文档进行沟通。这里的文档主要有系统设计说明书和系统开发总结报告。有的开发总结报告写得很详细，分为研制报告、技术报告和技术手册三个文档，其中的技术手册记录了系统开发过程中各种主要的技术细节。

（7）用户与维护人员在运行维护期间进行沟通。在使用信息系统的过程中，用户对运行过程中的问题进行记录，形成系统运行报告和维修、修改建议。

综上所述，文档可以用来统一思想，防止健忘和误解，是信息系统项目小组内各类人员之间及组内外的通信依据，同时也是观察、控制、协调信息系统开发过程的依据。文档可以用在各个方面，如表达用户需求、制定总体方案、进行系统分析与设计、管理建设过程、支持系统运行维护甚至谈判等方面，信息系统的各个层次和各开发阶段都要有相应的文档。

信息系统的文档有多种分类方法：

（1）按照产生的频率分为一次性文档和非一次性文档，前者如系统分析说明书、系统设计说明书等，后者如开发过程中用户提交的需求变更申请书。非一次性文档还可以分为频率固定文档和频率不固定文档。频率固定文档有项目组月度开发报告、信息系统运行日志、运行月报等，频率不固定文档有会计单据、需求变更申请书、维护修改建议书等。

（2）按照信息系统生命周期的阶段不同，可以将信息系统的文档划分为：系统规划阶段的文档，如系统可行性研究报告、项目开发计划书等；系统分析阶段的文档，如系统分析说明书等；系统设计阶段的文档，如系统设计说明书、需求变更申请书等；系统实施阶段的文档，如程序设计报告、系统测试报告、开发总结报告等；系统运行与维护阶段的文档，如用户手册、操作手册（注意，这里的用户手册与操作手册应该在系统实施阶段就完成了）与维护修改建议书等。

（3）按照文档不同的服务目的，可以将信息系统的文档分为三类：用户文档、开发文档与管理文档。用户文档主要是为用户服务的，开发文档主要是为开发人员服务的，管理文档主要是为项目管理人员服务的。上述三种文档的内容见图7-13。

- 信息系统的文档
  - 用户文档
    - 用户手册
    - 操作手册
    - 运行日志/月报
    - 维护修改建议书
  - 开发文档
    - 系统分析说明书
    - 系统设计说明书
    - 程序设计说明书
    - 测试计划
    - 测试报告
  - 管理文档
    - 可行性研究报告
    - 项目开发计划
    - 需求变更申请书
    - 开发进度月报
    - 开发总结报告

图 7-13　信息系统文档的分类

我国已经发布软件工程的文档标准，包括《计算机软件文档编制规范》(GB/T 8567-2006)、《计算机软件需求规格说明规范》(GB/T 9385-2008)、《计算机软件测试文档编制规范》(GB/T 9386-2008) 及《软件文档管理指南》(GB/T 16680-1996)。读者可参阅相关标准进一步了解信息系统开发的文档规范。

这里我们要着重强调项目管理文档的重要性。项目管理文档是对项目计划、费用和问题进行监督的管理手段以及对项目建设过程进行记录的工具。这能使各级管理部门对项目的进展保持预见性，以便能及时发现和处理系统开发及维护过程中的问题。

(二) 信息系统文档的编制和管理

影响文档质量的原因既有上一节讲到的是否规范的问题，也有认识上的问题、编写技术上的问题、评价标准的问题。而上述问题的解决都离不开对信息系统文档的管理。

为了使信息系统的文档能起到前面所提到的多种沟通作用，使它有助于程序员编制程序、有助于管理人员监督和管理软件开发、有助于用户了解信息系统的工作方式和应做的操作、有助于维护人员进行有效的修改和扩充，文档的编制必然要保证一定的质量。

质量差的文档不仅使读者难以理解，给使用者带来许多不便，而且会削弱对信息系统的管理（管理人员难以确认和评价开发工作的进展），增加信息系统的开发成本（一些工作可能被迫返工），甚至造成更加有害的后果（如误操作等）。

导致信息系统文档质量不高的原因主要有四个：

(1) 认识上的问题：不重视文档编写工作。

(2) 规范上的问题：不按各类文档的规范写作，文档的编写具有很大的随意性。

(3) 技术上的问题：缺乏编写文档的实践经验，对文档编写工作的安排不恰当。

(4)评价上的问题：缺乏评价文档质量的标准。

首先是认识上的问题。信息系统建设过程在很大程度上是应用软件的开发过程。就软件的两大部分——程序和文档而言，程序相对来说是“硬件”，是必须最终完成的。开发者往往认为只要最终程序正确，能够满足系统需求，就达到了系统要求。而文档是“软件”，有些是必须完成的，有些则无严格要求，并且也可以事后补充。因此，为了追求开发进度，一些文档资料常常被忽略。另外，文档经常是供他人查阅的，文档的很多作用事后才能体现出来，使得系统开发人员缺乏书写文档的动力和自觉性。于是在程序工作完成以后，系统开发人员不得不应付一下，把要求提供的文档赶写出来。这样的做法不可能得到高质量的文档。

高质量的文档应当体现在以下方面：

(1)针对性：文档编制以前应分清读者对象，依据不同的类型、不同层次的读者的需求和理解力，决定文档编制应怎样适应他们的需要。例如，管理文档主要是面向管理人员的，用户文档主要是面向用户的，这两类文档不应像开发文档（面向开发人员的）那样过多地使用信息技术的专业术语。

(2)精确性与统一性：文档的行文应当十分确切，不能出现多义性的描述。同一项目的不同文档在描述同一内容时应该协调一致，没有矛盾。

(3)清晰性：文档编写应力求简明，如果有可能，配以适当的图表，以增强其清晰性。

(4)完整性：任何一个文档都应当是完整的、独立的，应自成体系。例如，前言部分应作一般性介绍，正文给出中心内容，必要时还有附录，列出参考资料等。同一课题的几个文档之间可能有些部分相同，这些重复是必要的。例如，同一项目的用户手册和操作手册中关于本项目的功能、性能、实施环境等方面的描述是没有差别的。特别要避免在文档中出现转引其他文档内容的情况。比如，一些段落并未具体描述，而用“见××文档××节”的方式，这将给读者带来许多不便。

(5)灵活性：各个不同的信息系统项目的规模和复杂程度有着许多实际差别，不能一律同等看待。

(6)可追溯性：由于各开发阶段编制的文档与各阶段完成的工作有着紧密的联系，因而随着开发工作的逐步扩展，前后两个阶段生成的文档具有一定的继承关系。一个项目各开发阶段提供的文档之间必定存在着可追溯的关系。例如，某一项功能需求必定在设计说明书、测试计划以及用户手册中有所体现，必要时应能做到跟踪追查。

(7)易检索性：无论是发生频率固定的文档，还是发生频率不固定的文档，在结构的安排和文件的装订上都必须使查阅者能以最快的速度进行检索。

信息系统的文档与其他类型的文档一样，也具有自身的生命周期。信息系统文档的生命周期划分为创建期、处理期、存储期、使用期、销毁期。每种文档都处于生命周期中的某一时期。当然周期的划分也不是绝对的，各周期有时是不能截然分开的。

要强调的是，由于在整个信息系统的生存期中，各种文档作为半成品或最终成品会不断地生成、修改或补充，同时，这些信息系统的文档还会成为新一代系统研发时的参考和依据，因而，信息系统文档的生命周期普遍要比信息系统的生命周期长。也就是说，绝大多数信息系统的文档要在相应的信息系统淘汰 3～5 年后才能销毁。

小　结

本章从信息系统的概念入手，通过分析信息系统发展的三个阶段，了解信息系统演变的过程及关键因素，进而从信息系统建设的方法入手，按照生命周期法的各个阶段分别介绍每个阶段的主要任务及主要方法，最后讨论了文档管理问题。

在移动互联网时代，是不是这些传统的信息系统建设方法就不再适用于移动信息系统的建设了呢？其实不然，系统的思维以及信息系统建设的方法论依然适用。以现在常用的手机 App 开发为例，我们使用的手机 App 就是一种在装在手机移动平台上的客户端软件，从架构上讲属于 C/S 结构信息系统，所以信息系统分析和设计方法依然适用。不同的是手机客户端由于展现界面小、信息碎片化、要求随时随地搜索、可收集更多的用户行为等特点，在进行系统分析和设计时要更以用户为中心，但系统需求获取和逻辑设计方法与传统信息系统没有区别，只有在进行物理设计时才会考虑移动技术的特点和需求，设计合适的架构、数据库、UI 以及选择前端开发平台等。由于信息技术迅猛发展，在建设信息系统时，少有完全自主开发的，大多结合已有的商业软件进行二次开发，或者在一些应用开发框架和架构上进行开发（例如还可租借云服务）。因此，在许多开发实践中，完全采用结构化开发方法的很少。但是结构化开发方法的系统思想以及一些结构化开发方法的模型（如数据流图、数据字典和模块设计等）广泛应用在信息系统的分析与设计中。面向对象法、原型法以及敏捷方法是常用的信息系统开发方法。

关键词

MIS　DSS　OA　CSF　SST　BSP　CASE　诺兰模型
信息系统规划　标准化

思考题

1. 什么是信息系统？为什么说信息系统是一个复杂的系统？
2. 简述信息系统的发展历史及各个阶段的主要特点。

3. 简述诺兰模型的主要内容，并阐述其对于信息系统建设的指导意义。
4. 信息系统的开发方法主要有几种？试比较它们之间的区别。
5. 简述信息系统建设规划的内容和方法。
6. 简述几种进行现行系统的调查研究的工具，并阐述各自的特点。
7. 简述进行逻辑设计的任务和原则。
8. 简述信息系统工程的思想方法。
9. 为什么说信息系统安全是信息系统建设的重要环节之一？
10. 简述标准化问题对信息系统建设的影响。

参考文献

［1］朴顺玉，陈禹．管理信息系统．北京：中国人民大学出版社，1995
［2］薛华成．管理信息系统．北京：清华大学出版社，1999
［3］陈禹．管理信息系统导论．北京：中国人民大学出版社，1996
［4］方美琪．电子商务概论（第二版）．北京：清华大学出版社，2002
［5］左美云，邝孔武．信息系统的开发与管理教程．北京：清华大学出版社，2001
［6］J. L. 惠腾，L. D. 本特利．系统分析与设计方法（第7版）．肖刚，孙慧，等译．北京：机械工业出版社，2007

第八章

数据分析基础

引　言

事实胜于雄辩。而事实本身可以描述为一系列数据的集合。对数据的分析过程可以看作是对客观事实的探究过程。这一探究过程需要避免主观性、片面性和情绪性。探究的本质在于揭露和还原事实本身。

在大数据时代，让数据说话已经成为一项共识。这一方面反映了数据本身蕴含巨大的价值，另一方面也肯定了数据分析的客观性。然而，在实际应用中，不仅数据本身可能存在一定的片面性（比如，数据不完整，有噪音），而且不恰当的数据分析方法更会导致结果与事实的巨大偏差。因此，充分了解数据和数据处理方法对数据分析处理极为重要，这也是让数据说话的前提。

第一节　定性分析与定量分析

研究分析的目的在于揭露掩盖在表象后面的本质。根据方法论的差异，研究方法可以概括为两种：定性分析和定量分析。二者在研究分析中扮演着不同的角色，但都对揭露事物本质具有重要作用。

一、定性分析——用数量语言进行描述

定性分析是对研究对象进行“质”的方面的分析。具体地说是运用归纳和演绎、分析与综合以及抽象与概括等方法，对获得的各种材料进行思维加工，从而认识事物本质，揭示内在规律。

定性研究有两个不同的层次：一是没有或缺乏数量分析的纯定性研究，结论往往具有概括性和较浓的推测色彩；二是建立在定量分析基础上的、更高层次的定性研究。在实际研究中，定性研究与定量研究常配合使用。在进行定量研究之前，研究者须借助定性研究确定所要研究的现象的性质。

定性研究大多采用参与观察法和访谈法获得一手数据①，具体方法主要有参与观察法、行动研究法、历史研究法等。其中，参与观察法是定性研究中经常用到的一种方法。参与观察的优势在于，不仅能观察到被观察者采取行动的原因、态度、努力程序、行动决策依据，而且通过参与，研究者能获得一个特定社会情景中的一员的感受，因而能更全面地理解行动。通过对观察法和访谈法等所获得的资料采用归纳法，数据逐步由具体向抽象转化，以至形成理论。

定性分析的理念早在古希腊时代就得到了很好的展开。例如，亚里士多德研究过许多自然现象，但在他厚厚的著作中却发现不了一个数学公式。他对每一个现象都描述性质，对发现的每一个自然定理都定义性质。虽然这种认识对人们认识感官世界功不可灭，但缺乏深入思考的基础，因为从事物的一种性质延伸到另一种性质往往超出了人类的认识能力。

二、定量分析——用数学语言进行描述

定量分析是对社会现象的数量特征、数量关系与数量变化的分析，是依据统计数据，建立数学模型，并用数学模型计算出分析对象的各项指标及其数值的一种方法，功能在于揭示和描述社会现象的相互作用和发展趋势。例如，投资分析师可以使用数

① 一手数据指的是最原始的数据，通过调查、问卷、访谈等形式获得的，具有较强的时效性和相关性；二手数据是指对前人统计好的数据进行二次使用，成本低，而且现成可用。

学模型对公司可量化的数据进行分析，通过分析对公司经营给予评价并作出投资判断。定量分析相对于定性分析的优势明显，可以把事物定义在人类能理解的范围，由量而定性。

把定量分析作为一种分析问题的基础思维方式始于伽利略。作为近代科学的奠基者，伽利略第一次把定量分析在自己的研究中全面展开，从动力学到天文学，伽利略抛弃了以前人们只对事物原因和结果进行主观臆测成分居多的分析，而代之以实验、数学符号、公式。

三、定性分析与定量分析的关系

1. 定性分析与定量分析互为补充

定性分析是一种凭着分析者的直觉、经验，以及参考分析对象过去和现在的延续状况及其最新的信息资料对分析对象的性质、特点、发展变化规律作出判断的方法。定量分析运用了数学中的分析方法，因此比较科学，但运用此方法时，需要较高的数学方面的知识素养，并且要有大量的相关数据。相比定量分析而言，定性分析是一种较为粗糙且简单的分析方法，但是在分析者的数学基础薄弱或者所提供的数据资料不充分时，可以运用此方法进行分析判断，简言之，定性分析法更适合于简单的分析判断。

定性分析是定量分析的基本前提，定量分析使定性更加科学、准确，它可以促使定性分析得出广泛而深入的结论。虽然两种分析方法对数学知识的要求有高有低，但并不能就此把定性分析与定量分析截然划分开来。事实上，现代定性分析方法同样要采用数学工具进行计算，而定量分析则必须建立在定性预测的基础上，二者相辅相成，定性是定量的依据，定量是定性的具体化，二者结合起来灵活运用才能取得最佳效果。

2. 研究方法的区别与联系

定性研究是探索性研究的主要方法，调研者利用定性研究来定义问题或寻找处理问题的途径。在寻找处理问题的途径时，定性研究常常用于制定假设或确定研究中应包括的变量。

定量研究主要用观察、实验、调查、统计等方法研究现象，对研究的严密性、客观性、价值中立都提出了严格要求，然后通过收集资料和证据来评估或验证在研究之前预想的模型、假设或理论。定量研究是基于“先在理论”的基础研究，这种理论以研究者的先验想法为开端，是一个自上而下的过程。

定量分析与定性分析一般都是通过比较对照来分析问题和说明问题。定量研究需要寻求一种数据定量表示的模型，并采用一些统计分析方法验证模型假设。一般来说，在进行定量研究之前常常都要以适当的定性研究为开端，定性研究也经常会被用于解释定量分析所得的结果。

定量分析相对于定性分析而言更加客观，在很大程度上排除了主观因素的干扰，因此在当前的社会、经济活动中广泛应用。本章着重介绍定量分析的相关知识。

第二节　数据类型

进行数据分析的第一步是了解数据。只有在充分了解数据的基础上才能够选取合理的、有效的数据分析方法。不同的数据类型需要特定的数据处理方法。误用不适合某类型数据的分析方法会导致分析结果的严重谬误。

一、定类数据

1. 定义

定类数据也可以称为类别数据、列名数据，根据定性的原则来区分总体中各个个体的类别，在四种计量尺度（定类尺度、定序尺度、定距尺度、定比尺度）中是计量层次最低、最粗略的一种。它只能测度事物之间的类别差，对事物进行平行的分类和分组，其数据表现为“类别”，但各类之间无法进行比较。

2. 定类尺度

定类变量的值只能把研究对象分类，即只能决定研究对象是同类还是不同类，具有“=”与“≠”的数学性质。例如，性别分为男性和女性两类；出生地区分为农村、城市、城镇三类；民族背景分为汉、蒙古、回、苗、壮、藏、维吾尔等类；婚姻状况分为未婚、已婚、分居、离婚、丧偶等类。

设计定类变量的各个类别时，要注意两个原则：一是类与类之间要互相排斥，即每个研究对象只能归入一类；二是所有研究对象均有归属，不可遗漏。例如，性别分为男、女两类，它既概括了人的性别的全部类别，同时类别之间又具有排斥性。

与此同时，每类之间的关系是平等的或并列的，没有等级之分。但从另一层面上说，正因为定类尺度各组间的关系是平等的或并列的，所以各类之间是可以改变顺序的，哪一类在前的效果都是一样的。

在统计中，为了利用计算机技术进行集成化数据处理，减少工作量，往往对各类别用指定的数字代码来表示，如数字“1”代表汉族、“2”代表回族、“3”代表蒙古族等，但这些数字只是符号，不能进行运算。

二、定序数据

1. 定义

定序数据也称为顺序数据，是一种区分同一类别中个案的等级次序的数据。定序数据可以体现次序关系，即能对研究对象排列高低或大小，具有“＞”与“＜”的数学特质；比定类数据的层次高，因此也具有定类数据的特质，即区分类别（＝，≠）。

2. 定序尺度

定序尺度是对事物之间等级差别和顺序差别的一种测度。它不仅可以测度类别差，还可以测度次序差，所以，比定类尺度更精确。

需要注意的是，定序尺度并不能测量出类别之间的准确差值，只能比较大小，不能进行加、减、乘、除等数学运算。例如，教育程度可以分为博士、硕士、本科，年龄层次可以分为老、中、青。这些变量的值既可以区分异同，也可以区别研究对象的高低或大小。但是，各个定序变量的值之间没有确切的间隔，比如硕士究竟比本科高出多少，硕士与本科之间的距离和初中与小学之间的距离是否相等，这些问题通常是没有确切的尺度来测量的。定序变量在各个个案上所取的变量值只具有大于或小于的性质，只能排列出它们的顺序，不能反映出大于或小于的数量或距离。

三、定距数据

1. 定义

定距数据是由定距尺度计量形成的具有间距特征的变量，表现为数值，有单位，没有绝对零点，可以进行加、减运算以精确计算数据，但不能进行乘除运算。

2. 定距尺度

定距尺度也可以称为间隔尺度，它对事物能进行准确测度。定距尺度不仅能比较各类事物的优劣，而且能计算出事物之间差异的大小，所以其数据表现为“数值”。例如，每一度的温差都是相同的，为1度；百分制考试成绩的分值之间的间隔一般为10分，即60～70分为一档，70～80分为一档，80～90分为一档；在进行收入调查时，也可以把调查者按一定收入差异分为不同的组，如1 000～3 000元的为较低收入者，3 000～5 000元的为中等收入者。显然，定距尺度可以较方便地转换为定序尺度，例如，若考查课的成绩要以五级制成绩表示，则需要将百分制成绩转换为五级制成绩，一般百分制中的“60～70”对应五级制中的“及格”，其他分数依此类推。需要注意的一点是，通常定序尺度数据不能转换为定距尺度数据，如五级制成绩不能转换为百分制。

3. 特点

①不仅能将事物区分为不同类型并进行排序，而且可准确指出类别之间的差距是多少。

②定距尺度通常以自然或物理单位为计量尺度，因此测量结果往往表现为数值。

③计量结果可以进行加减运算（加减运算有意义）。

④“0”是测量尺度上的一个测量点，并不代表“没有”。

4. 举例

（1）天气预报内容：沈阳：最高温度为 3℃，最低温度为−7℃；大连：最高温度为 6℃，最低温度为−2℃。

①两地最高温度相差 3℃（正确）。

②沈阳最低温度较大连最低温度低 5℃（正确）。

③大连最高温度是沈阳最高温度的 2 倍（错误）。

（2）甲、乙两人：甲 30 岁，乙 15 岁。

①两人年龄之差为 15 岁（正确）。

②甲的年龄是乙的 2 倍（错误）。

四、定比数据

1. 定义

定比数据是由定比尺度计量形成的，表现为数值，可以进行加、减、乘、除运算，没有负数，是数据的最高级，既有测量单位，也有绝对零点。

2. 定比尺度

定比尺度又称比率尺度，由于定比尺度有绝对零点（定比尺度中的“0”表示没有，或者是理论上的极限），因此，不仅可以进行加减运算，而且可以进行乘除运算。例如，绝对温度为 300K（27℃）时理想气体的体积是绝对温度为 273K（0℃）时的 1.1 倍，温度比也是 1.1 倍，则绝对温度和体积都是定比尺度数据。一般来说，定比尺度的数据不可能取负值。一般不会取零值，因为要么不存在了，要么就是极限情况。例如，绝对零度只能无限接近，不可能完全达到。如果一个物体的体积为零，那么它要么不存在，要么是数学中的抽象概念，比如，几何中的点、线、面的体积都为零。而当一个人的年龄为 0 时怎么理解呢？对于社会学意义上的人，可以认为 0 是极限（开始）；对于生物学上的人，0 是定距尺度数据。

3. 特点

①与定距尺度属于同一层次，计量结果也表现为数值。

②除了具有其他三种计量尺度的全部特点外，还具有可计算两个测度值之间比值的特点。

③“0”表示“没有”，即它有一固定的绝对“零点”，因此它可进行加、减、乘、除运算（而定距尺度只可进行加减运算）。职工月收入 8 千元、企业产值 2 亿元、企业销售收入 3 亿元，人的身高 176 厘米、体重 65 公斤，物体的长度 0 厘米、面积 600 平方厘米、容积 9 000 立方厘米，水稻的平均亩产 400 公斤/亩，某地区的人均地区生产总值 25 000 元/人、第三产业比重 48%等，都是定比数据。

第三节 数据分析方法分类

常用的数据分析方法可以概括为描述性分析和预测性分析两种。描述性分析主要用于初步探索数据的特性，意在了解数据。预测性分析着重探索隐藏在表象之后的深层次的本质。在实际数据分析中，往往采用先描述性分析后预测性分析，两者相结合的分析方法。

一、描述性分析

在进行数据分析时，一般首先要对数据进行描述性统计分析，以描述测量样本的各种特征及其所代表的总体的特征以及发现其数据的内在规律，再选择进一步分析的方法。

描述性统计分析要对调查总体所有变量的有关数据做统计性描述，主要包括数据的频数分析、数据的集中趋势分析、数据的离散程度分析、数据的分布以及一些基本的统计图形。

1. 集中趋势

(1) 定义。

在统计学中是指一组数据向某一中心值靠拢的程度，它反映了一组数据中心点的位置所在。

(2) 度量方法。

集中趋势的度量包括均值 (mean)、中位数 (median)、众数 (mode)。

①均值：表示一系列数据或统计总体的平均特征的值。

②中位数：将总体的某一数量标志的各个数值按照大小顺序排列，居于中间位置的数值就是中位数。

③众数：是指变量数列中出现次数最多或频率最高的变量值。

(3) 特点。

①均值比中位数、众数对数据的概括能力强。

②相对于中位数和众数而言，均值对数据的灵敏度较大。

③均值比中位数、众数更偏于计算和分析。

④均值极易受个别和少数极端值的影响。

⑤均值适用范围比中位数、众数窄。

(4) 使用。

前面我们知道，均值、中位数、众数的定义不同，特点和适用范围不同，在衡量这些平均指标的代表性时要根据不同的情况加以具体分析。

①对于不同的总体在平均指标相等的情况下，我们一般用总体的标准差这个指标来衡量这些平均指标的代表性大小，一般来说，标准差（下文将介绍）较大的总体其平均指标的代表性较小。

②对于不同的总体在其平均指标不相等的情况下，我们一般用离散系数来衡量这些平均指标的代表性，一般来说，离散系数（下文将介绍）较小的总体其平均指标的代表性较大。

③对于同一总体中算术平均数、中位数、众数的代表性高低的衡量，由于这些具有代表意义的平均指标本身的特点不同，应用范围不同，描述和反映不同现象时的代表性也不同，因此，只有根据它们的不同特点，正确、恰当地根据不同的情况选择不同的平均指标，才能够提高这些平均指标的代表性，更客观、准确地反映和描述事物现象的本质特征。

2. 离散程度

（1）定义。

离散的各测度值是对数据离散趋势所做的描述，反映各变量值远离其中心值的程度，因此也称为离中趋势，可以从另一个侧面说明集中趋势测度值的代表程度。

（2）测度指标。

①全距：一组变量值的最大值与最小值之差。

②四分位差：四分位差是四分位数中间两个分位之差。

③平均差：平均差是总体中各个个体的标志值对其算术平均数的离差绝对值的算术平均数。

④标准差：总体中各个个体的标志值对其算术平均数的离差平方的算术平均数的平方根，又称均方差。

⑤方差：标准差的平方即方差。

⑥离散系数：标准差与平均数的比值称为离散系数，是衡量资料中各观测值离散程度的另一个统计量。

二、预测性分析

预测性分析涵盖了各种统计学技术，包括利用预测模型、机器学习、数据挖掘等技术来分析当前及历史数据，从而对未来或其他不确定的事件进行预测。

在商业领域，预测模型从历史和交易数据中探索规律，以识别可能的风险和商机。模型捕捉各个因素之间的联系，以评估风险及与之相关的潜在条件，从而指导交易方案的决策。

预测性分析方法被广泛应用于保险和精算、市场营销、金融服务、电信、零售、旅行、保健、制药、能力规划等领域。

其中一个最著名的应用是信用评分，这项应用贯穿了整个金融服务体系。评分模型处理客户的信用记录、贷款申请、客户数据等，从而分析个体（客户）在未来的还贷可能性，并依照分析结果对客户排序。

第四节　数据分析方法概述

本节介绍常用的数据分析方法和相对应的特性。对这些特性的了解有助于在遇到实际的问题和数据时选择合适的数据分析方法。

一、回归分析

回归分析是一种测量两个或多个现象之间的联系的方法，有助于理解当任何一个自变量变化时，因变量随着自变量如何变化。只有一个自变量的方程称为一元回归，有 n 个自变量 X_1，X_2，X_3，…，X_n的方程称为 n 元回归。

回归分析广泛用于预测，是机器学习领域的重要分支。一般来说，回归分析是对连续型变量的估计而不是对分类中使用的离散型变量的估计。

（一）线性回归

线性回归通过学习一个线性模型，尽可能准确地预测实值输出标记。假设集合 $Q=\{(X_{ji}, Y_i)\}_{i=1}^{m}{}_{j=1}^{n}$，其中$X_{ji}$，$Y_i \in R$。

线性回归学习函数：

$$f(X_i)=\sum_{j=1}^{n} w_j X_{ji}+b,\text{使得 } f(X_i)\approx Y_i$$

其中 $w=(w_1, w_2, \cdots, w_n)$ 和 b 就是我们最终要确定的参数，在线性回归中通过优化损失函数来寻找 $w=(w_1, w_2, \cdots, w_n)$ 和 b 的最优解，均方误差是回归分析中最常用的损失函数，因此，可以最小化均方误差：

$$(w^*, b^*)=\text{argmin}\sum_{i=1}^{m}(f(X_i)-Y_i)^2$$

均方误差应用了欧几里得距离（简称“欧氏距离”），这种最小化均方误差进行求解的方法叫作最小二乘法。最小二乘法使得所有样本到目标直线的欧式距离最小，然后寻找到最优参数。

（二）逻辑回归

逻辑回归是一个二值分类器，通过 Sigmoid 函数，它的输出值只有“0”和“1”。对任何实际的输入 t（$t \in R$），逻辑回归总可以输出 0～1 之间的值，因此可以解释为概率。

逻辑函数的定义为：

$$\sigma(z)=\frac{1}{1+e^{-z}}$$

$$其中\ z=\sum_{j=1}^{n} w_j x_j + b$$

Sigmoid 函数的图像如图 8－1 所示。

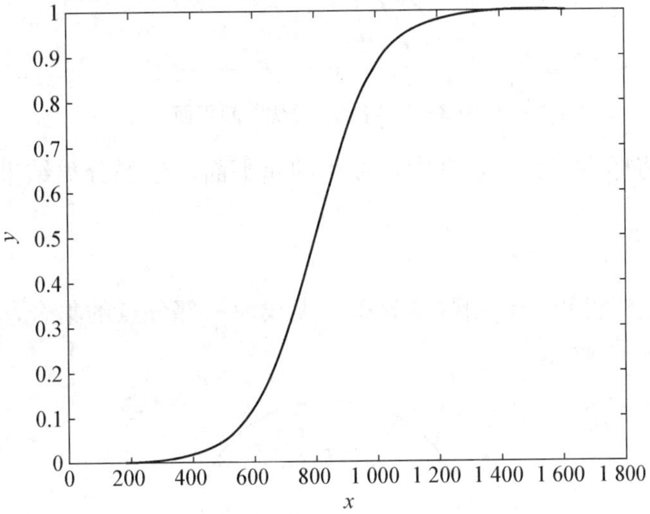

图 8－1　Sigmoid 函数图像

二、监督学习算法

监督学习算法是一种利用有标签的数据来训练模型，使模型达到正确的分类和预测效果的数据分析方法。

（一）SVM

SVM（support vector machine）是机器学习中的一种监督学习算法，它可以用来对数据进行分类和回归分析，是一种二分类模型。SVM 通过最大化支持向量的间隔在一个高维空间中寻找一个超平面，对于低维不可分的数据可以利用核函数改变维度，然后在新的维度中寻找超平面。在 SVM 中有硬间隔支持向量机和软间隔支持向量机，其中硬间隔支持向量机是通过训练线性可分的数据得到的。但在实际生活中，数据往往只是接近线性可分，所以在硬间隔支持向量机的基础上加入松弛因子，使分类器具有容错能力，硬间隔支持向量机就变成了软间隔支持向量机。

（二）Linear SVM

Linear SVM 用来解决二分类问题，比如：信用卡欺诈是一个二分类问题（白名单和黑名单），可以利用 SVM 训练一个算法模型，当新样本通过时 SVM 可以判别新样本应属于黑名单还是白名单。

Linear SVM 的目的是寻找训练样本中间的划分超平面，如图 8－2 所示。

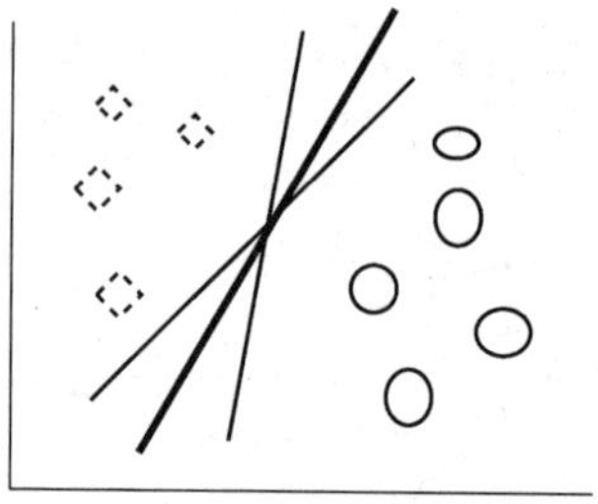

图 8－2　寻找“最优”超平面

多个超平面将样本划分开，其中，加粗的超平面产生的分类结果最好，具有更强的泛化能力。

（三）核函数

若数据不满足线性可分，则数据分布（虚线为一部分点的集合，实线为另一部分点的集合）如图 8－3 所示。

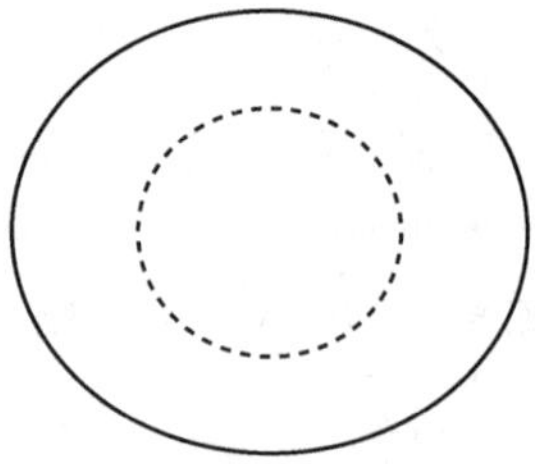

图 8－3　非线性可分数据

我们可以把这两个类似于椭圆形的点集合用函数（称为核函数）映射到一个高维空间，图 8－4 就是将图 8－3 所示的平面中的点映射到一个三维空间，并且对映射后的坐标加以旋转后就可以得到一个线性可分的点集了。

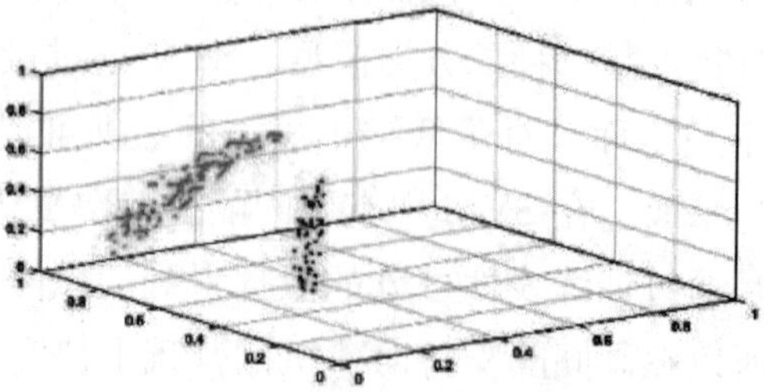

图 8－4　映射后的数据

常用的核函数包括线性核、多项式核、高斯核、Sigmoid 核。

（四）K-NN（k 最近邻算法）

K-NN 是一种用于分类和回归的非参数的监督学习方法。算法过程如下：

- 每个训练样本都被看作 n 维空间中的一个点。
- 给定一个未知样本，然后找到这个样本的 k 个近邻，对 k 个近邻按照类别号进行分组，根据投票机制，未知样本会被判定为属于组员最多的那个组。

K-NN 是一种简单且应用很多的机器算法，k 的选择比较重要，较小的 k 值有可能被数据中的噪声影响，较大的 k 值可以降低噪声对分类的影响，但是有可能导致分类不明显。总体来说，K-NN 对大的样本集有时可以比贝叶斯分类和线性分类取得更好的分类效果，将类别预测为最接近的训练样本的类别（$k=1$）称为最近邻算法。

（五）贝叶斯算法

贝叶斯算法是一种基于统计的分类算法，可以用来预测某个样本属于某个类别的概率有多大。首先介绍条件概率，$P(A \mid B)$ 表示事件 B 已经发生的前提下事件 A 发生的概率。在生活中我们很容易求得 $P(B \mid A)$，而 $P(A \mid B)$ 则很难直接得出，但我们往往需要求的是 $P(A \mid B)$，贝叶斯定理就可以帮我们解决这个问题，贝叶斯公式如下：

$$P(A|B)=\frac{P(B|A)P(A)}{P(B)}$$

下面，我们来看一个经典的垃圾邮件过滤实例。

问题：给定一个邮件，判定它是否属于垃圾邮件。用 B 来表示这封邮件，B 由 N 个单词组成。$a+$ 表示垃圾邮件，$a-$ 表示正常邮件。

问题可以转换为

$$P(a+|B)=\frac{P(B|a+)P(a+)}{P(B)} \quad \text{（邮件为垃圾邮件的概率）}$$

$$P(a-|B)=\frac{P(B|a-)P(a-)}{P(B)} \quad \text{（邮件为正常邮件的概率）}$$

$P(a+)$ 和 $P(a-)$ 很容易求出，但 $P(B|a+)$ 和 $P(B|a-)$ 很难求出，因为 B 里面有 N 个单词 d_1，d_2，d_3，…，d_N，相当于求 $P(d_1, d_2, d_3, \cdots, d_N|a+)$ 是十分困难的，所以我们引入朴素贝叶斯的算法，做一个条件独立假设：假设 d_i 和 d_{i+1} 之间没有联系，所以 $P(d_1, d_2, d_3, \cdots, d_N|a+)=P(d_1|a+)\times P(d_2|a+)\times P(d_3|a+)\times\cdots$，计算出每个 d_i 在垃圾邮件中出现的概率即可，然后根据贝叶斯公式可求得 $P(a-|B)$，$P(a+|B)$。

（六）决策树

决策树是基于条件做决策，它的算法思想是由上而下，分而治之，用递归的方法来构建树。首先我们来直观地认识什么是决策树，如图 8-5 和图 8-6 所示。

Age	Income	Student
<=20	High	Yes
20～50	Low	No
<=20	Medium	Yes
>50	Medium	No

图 8-5　数据集截图

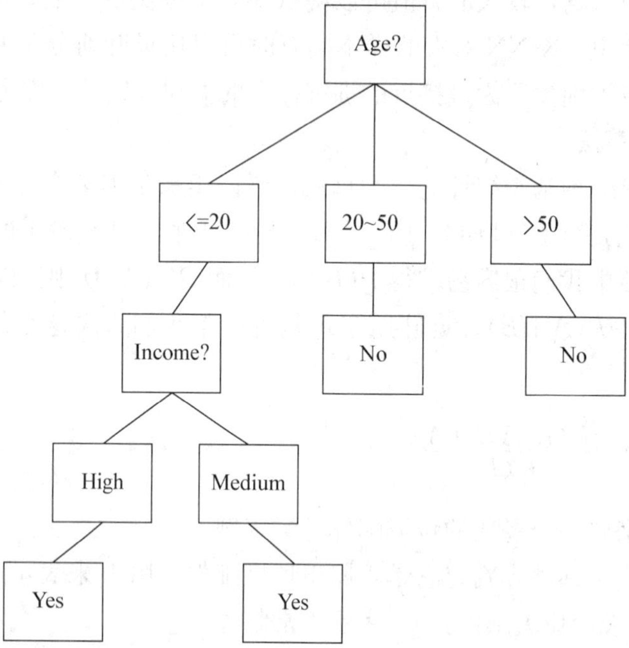

图 8-6　决策树

基本思想：

- 开始时所有的样本都在树根；
- 数据属于离散型（如果有数值型数据，将其离散化）；
- 根据信息增益规则选择属性，利用递归法构造树。

停止条件：

- 叶子节点的样本都属于一个类；
- 没有样本了。

（七）神经网络

神经网络是根据模拟人脑神经元的数学基础建立起来的，由多层神经元组成，神经元之间互相连接，如图 8-7 所示。

神经网络中的每个神经元都是一个输入和输出，同时每个神经元都有一个权重。通过调整权值，神经网络的预测准确性逐步提高。

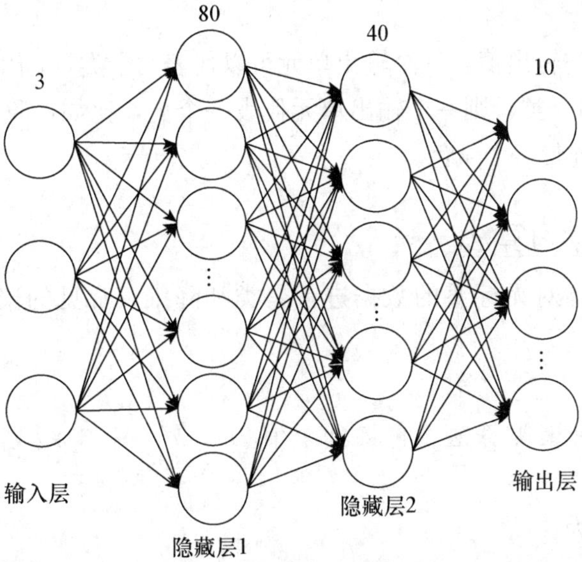

图 8-7　全连接层网络

神经网络主要用来进行分类，它的学习过程就是利用梯度下降的思想，通过不断迭代和 BP 算法来更新权值，使神经网络的预测准确性逐步提高，对训练集的样本可以正确地分类。如图 8-8 所示，虚线为训练样本分布，实线为神经网络要训练的曲线。训练后状态如图 8-9 所示。

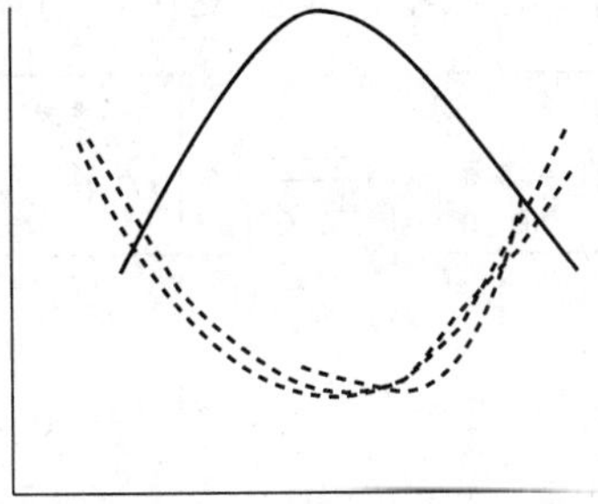

图 8-8　初始状态

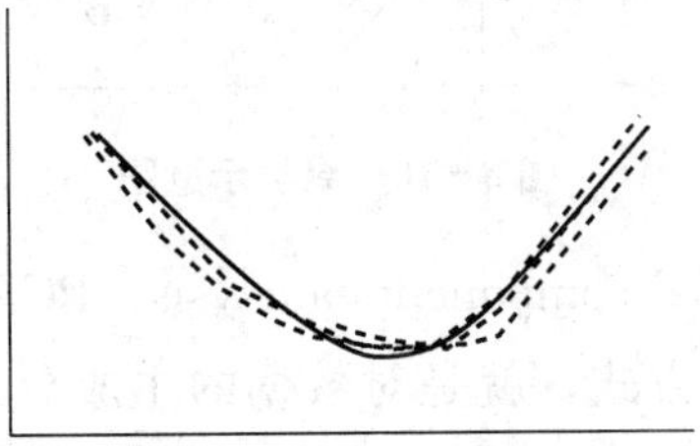

图 8-9　训练后状态

经过不断训练，最终拟合出一条接近样本分布的曲线，图中的实线就是我们最后要得到的曲线。实线的表达式为 $y=wx+b$，x 为我们的输入值，w 和 b 是神经网络训练的参数。

对于神经网络的输出值，一个输出单元可以代表两个类（1 代表一个类，0 代表一个类），如果多于两个类，则一个输出单元代表一个类，比如：我们可以用 001，100，010 来分别代表红黄蓝三个颜色。

三、无监督学习算法

无监督学习是指对无标签的数据进行聚类和降维，常见的聚类和降维分别是 k-means 和 PCA。

1．k-means

k-means 是一种聚类算法，它将 n 个值 $\{x^1, x^2, \cdots, x^n\}$ 划分为 k 个簇，实现聚类。

具体算法流程为：

（1）随机选取 k^i $(i=1, 2, 3, \cdots, k)$ 个中心点作为簇中心。

（2）迭代这个步骤：

①对于所有的 x^n：$b_i^n=\begin{cases}1, & x^n\text{非常接近于}k^i\\ 0, & \text{其他的点表示为 }0\end{cases}$

②更新所有 k^i，取每个类簇的均值：$k^i=\sum_{x^n} b_i^n x^n / \sum_{x^n} b_i^n$。

（3）重复步骤（2），直到中心点不再发生变化，则聚类完成。

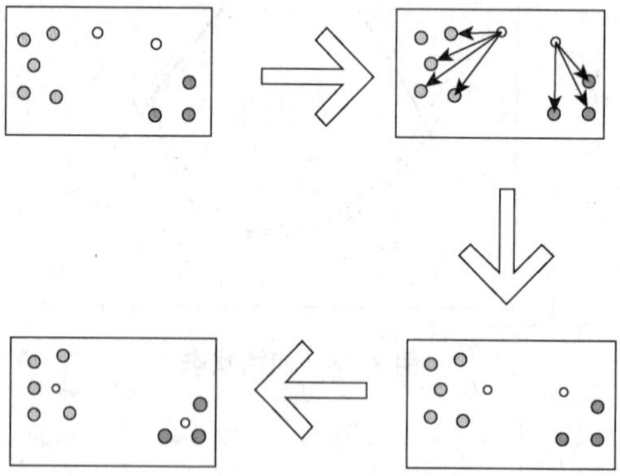

图 8-10　聚类示意图

2．主成分分析（principal components analysis，PCA）

PCA 是一种常见的降维方式，就是对数据的主成分进行分析，对特征进行降维。公式为 $z=Wx$，$z_1=w^1 \cdot x$ 为向量的乘积，等于 $\|x\| \times \|w^1\| \times \cos\theta$，其中 $\|w^1\|=1$，然后算的 z_1 就是 x 通过 w^1 降维后得到的新数据，优化目标 $\mathrm{var}(z_1)$ 尽可能大，同理 z_2，z_3，…，z_n 也是如此。

图 8-11 所示的是一个二维的样本分布图，我们要将它的二维特征降到一维

空间。

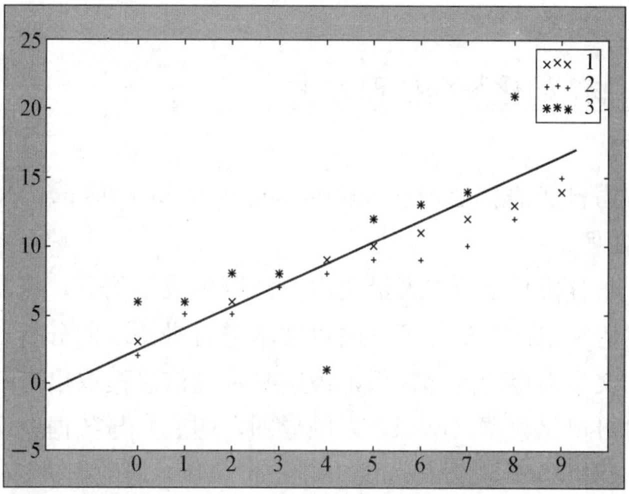

图 8-11　PCA 降维示意图

图中的直线就是 W（降维后，方差最大），实现了将二维数据压缩到一维。

第五节　复杂数据处理

在以上介绍的数据分析方法中，所有数据都是“准备好的”（比如，结构化数据）。也就是说，经过了预处理，具有统一的格式、规范和表达方式。但是，在实际应用中，我们遇到的数据往往并没有“准备好”，需要我们进行预处理，比如半结构化和非结构化数据。

一、复杂数据简介

1. 结构化数据

结构化数据一般是指有组织的格式化的存储库（通常是数据库）的数据。结构化数据可以更有效地用来处理和分析，比如，在数据库中，每个字段都是离散的，每个字段都可以单独地被查询或者和其他字段以不同的方式联合起来被查询。

2. 半结构化数据

半结构化数据具有一定的结构，它不符合关系型数据库或者其他形式的数据表关联起来的数据模型的正式结构，但包含标记来分隔语义元素。

常见的半结构化数据有 XML、JSON 等。

3. 非结构化数据

非结构化数据与传统的结构化数据相比，没有行和列这种具体的结构，它通常指的是邮件、影像、音频文件、网页和社交媒体消息等。现在，超过95%的数据属于非结构化数据。

二、常见的非结构化数据处理方法

（一）文本处理

对于文本，常用自然语言处理（natural language processing，NLP）和文本挖掘（文本分析）进行处理。

文本挖掘（文本分析）是检查大量文本资源以生成新信息，将非结构化数据转换为结构化数据，然后利用机器学习等方法对文本进行进一步的分析。文本挖掘可以发现高质量的信息和文本内容的内部关系，将这些关键信息提取出来并转换为结构化数据，用于分析，对可视化数据（html，思维导图，图表）与数据仓库中的结构化数据进行集成，然后利用机器学习（machine learning，ML）对数据进行进一步分析。

有了文本挖掘可以更好地发现和定位更有价值的信息。假如你有大量的文档信息，想快速准确地发现隐藏在其中的重要内容，传统的关键字搜索只返回包含你指定关键字的文档，然而这些文档不一定与你的需求相匹配。文本挖掘可以帮你分析文档，采用自然语言处理算法，可以理解词语的内在含义，即使它们的写法不同，也可以进行识别。

自然语言处理算法是文本挖掘中使用最广泛的技术，利用NLP可以识别相似的词语概念。比如，可以用不同的词（结婚，出嫁）表示相同的事物，或者用不同的语序和语法结构（我明天去上学/明天，我要去上学）表示相同的意思等。

文本处理流程如图8-12所示。

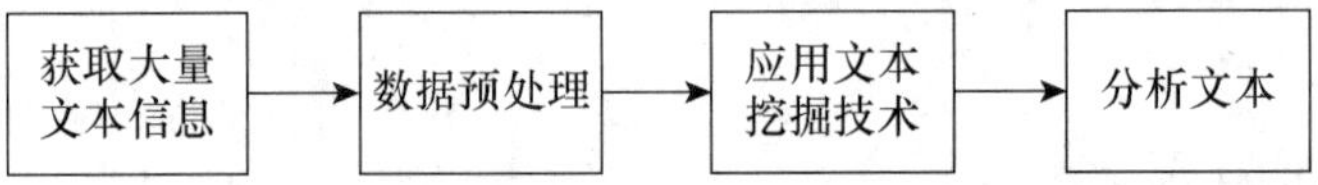

图8-12 文本处理流程图

文本处理的具体技术有：中文分词，抽取摘要，特征表示［布尔逻辑型，向量空间模型（vector space model，VSM），概率型以及混合型］，特征提取［根据评估函数，对每个特征进行评估，然后对特征按分值高低排序，常用的评估函数有信息增益（information gain）、期望交叉熵（expected cross entropy）、文本证据权（weight of evidence for text）和词频］，关联分析，文本分类［朴素贝叶斯分类（native Bayes），向量空间模型，决策树，支持向量机（SVM）等］，文档聚类（k-means等聚类方法）。

（二）数字图像处理

数字图像处理指的是将图像转换成数字信号，并用计算机算法对其进行处理。相对于传统的模拟图像处理，数字图像处理不会因为图像的存储、传输或复制等一系列操作而导致图像质量的退化。数字图像的处理过程能保证图像的再现。

数字图像的主要研究内容有：图像的采集，数字化，编码，增强，恢复，分割，压缩，等等。处理流程如图 8 - 13 所示。

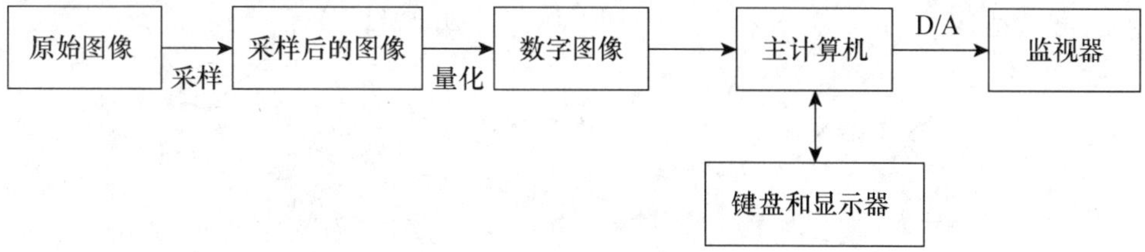

图 8 - 13　数字图像处理流程图

（三）图像数字化

将图像数字化是计算机处理图像之前的基本步骤，通过取样和量化将真实的图像转变为计算机可以识别的数字形式。图像经过处理被表示为一个矩阵，矩阵的每一个元素称为一个像素。

图像在某个空间上的离散化状态称为采样，即用空间里的一部分点的灰度值表示图像。采样就是用一部分这样的点来表示图像，用分辨率来衡量采样结果质量的好坏。如果用较少存储空间，则图像有较低的分辨率，但是增加点的数量，又需要较大的存储空间，所以我们需要好的采样方法对图像进行采样，既可以保证分辨率，又可以保证空间的节约使用。常用的采样方法有点阵采样和正交系数采样。

量化是使用一个范围的数值来表示图像采样之后的每一个像素点，颜色越多，表示像素点的位数越大，但是量化位数越大，表示图像中的颜色越多，存储空间也被占用得越多，这也是我们在进行图像量化时需要注意的问题。

从图像中抽取某些有用的度量、数据或信息称为图像分析，目的是得到某种数值结果。图像分析是用图像分割方法抽取图像的特征，然后用符号对图像进行描述，这样可以对图像中是否存在某一对象作出回答，还可以对图像内容作出详细描述。

（四）社交网络分析

在过去，许多分析是利用问卷调查或访谈调查的结果，但是不能真实反映知识的流动，而社交网络可以用来更好地分析信息流动。

首先，我们来认识一下社交网络。社交网络反映了实体之间的关系和流动信息的映射，是通过图的理论和网络结构的使用来分析社会结构的，如图 8 - 14 所示。

社交网络是一系列点通过线连在一起，在一般的社交网络分析中，点通常代表人，线代表他们之间的联系，例如友情、家庭关系、经济关系。

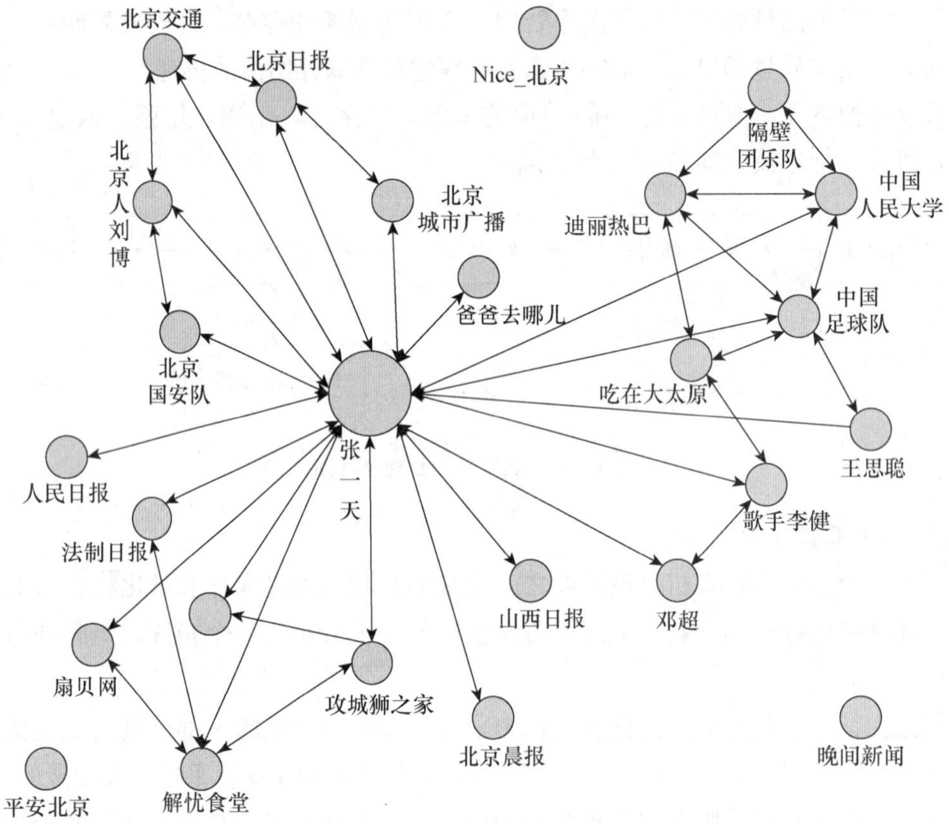

图 8-14　社交网络示例图

社交网络分析的目标是通过映射关系来了解一个群体，然后发掘出关键的个体和类别，或者他们之间的关系。我们可以从网页内容、用户交互日志、用户直接的社交信息等数据源中，根据对象在网页、日志中的共现情况来获得对象的关联关系。

常用的社交网络分析方法主要有如下几种：

1. 中心性分析

“中心性”是社交网络分析的重点之一，描述了个人或者组织在社会中具有怎样的地位或者处于怎样的中心地位。个体的中心性测量的是个体处于网络中心的程度，反映了该点在网络中的重要性。常用的中心性分析法有度中心性、接近中心性、中介中心性。

2. 凝聚子群分析

当网络中某些点（一般指人）的关系特别紧密时会形成一个小团体，这样的团体在社交网络中称为凝聚子群，故凝聚子群分析也叫作“小团体分析”。主要方法有：(1) 基于子图可达性的方法，(2) 基于节点聚类的方法，(3) 基于图分割的方法。对于基于节点聚类的方法，节点相似性基于它们的交互模式的相似性而定义，如果两个节点的结构相似，则它们连接到相同的其他节点，也可以使用向量相似性进行判断。

第六节　数据可视化

数据可视化是运用计算机图形学和图像处理技术，将数据转换为图形或图像在屏幕上显示出来，并利用数据分析和开发工具发现其中未知信息的交互处理的理论方法和技术。数据可视化不仅有助于数据的最终呈现，而且对发现数据中新的信息也起到非常关键的作用。数据可视化可以通过直观地传达关键特征，实现对数据集的深入洞察，分为编码和解码两个映射过程。编码是将数据映射为可视化图像的视觉元素，比如形状、位置、颜色等；解码则是对视觉元素进行解析。数据可视化主要有：数据挖掘可视化，网络数据可视化，社交可视化，文本可视化，等等。在数据可视化中，图表是数据可视化过程中最常用的手段，比如柱状图、折线图、散点图、饼图等。下面我们介绍数据可视化中常用的图表。

1. 柱状图（bar chart）

柱状图适合二维数据集，只需要比较一个维度，比如年增长率，横轴为年份，纵轴为增长率，我们只需要比较增长率这个维度。柱状图可以直观地反映数据的差异，辨识效果特别好。图 8－15 所示的就是一个柱状图。

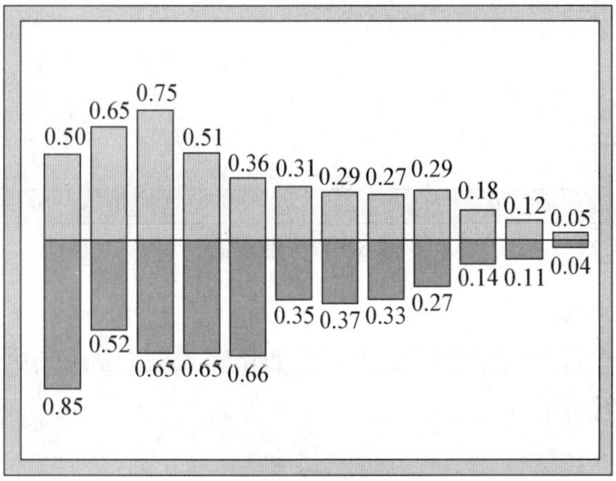

图 8－15　柱状图

2. 折线图（line chart）

折线图通常反映变化趋势，适合二维的大数据集，还适合多个二维数据集进行比较。图 8－16 所示的折线图就对两个二维数据集进行比较。

3. 散点图（scatter chart）

散点图可以反映二维数据的分布规律。三维数据也可用散点图表示，只需要对其中的两个维度进行比较。第三个维度可以为每个点加上文字或者不同的颜色。图

8－17 所示的散点图用不同的图例来区分不同的点。

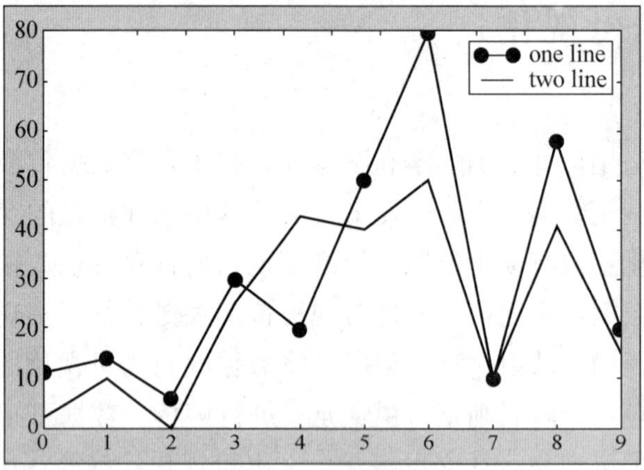

图 8－16　折线图

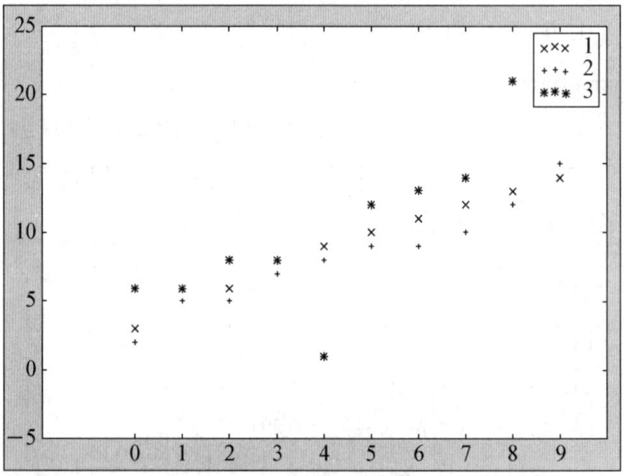

图 8－17　散点图

4. 饼图（pie chart）

饼图可以反映某个部分占整体的比重，比如年轻人在总人口中所占的比例。图 8－18 所示的是一个简单的饼图。

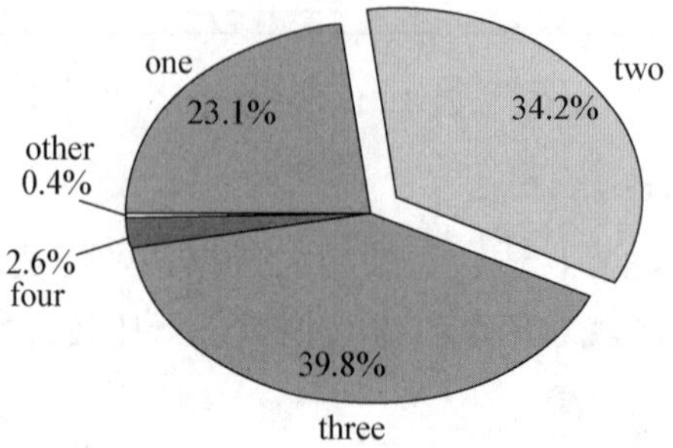

图 8－18　饼图

小　结

首先，本章简要介绍了定性分析和定量分析两种分析方法的定义、异同点和相关性。定性分析是探索性研究的主要方法，常用于制定假设或确定研究中应包括的变量；定量分析依据统计数据，建立数学模型，并用数学模型计算出分析对象的各项指标及其数值。定性分析是定量分析的基本前提，定量分析使定性分析更加科学深入，二者互为补充，相得益彰。

接下来，本章介绍了定类、定序、定距、定比四类数据的分类依据和主要特点，通过简短易懂的案例说明了四类数据的现实应用。定类、定序、定距、定比四类数据的计量层次由低到高，逐步上升。定类、定序、定距三类数据可通过一般的相关性分析，探索不同变量之间的关系；而定比数据作为数据的最高级，既有测量单位，也有绝对零点，可以进行加、减、乘、除运算，处理方式更加灵活多样。

此外，本章从概念方面对描述性分析和预测性分析两种统计方法进行了区分。从集中趋势和离散程度两方面介绍了描述性统计所关注的统计特征变量；预测性分析则是利用机器学习、数据挖掘等技术来分析当前及历史数据，从而对未来或其他不确定的事件进行预测，具体技术和模型将在此后的章节中详细介绍。

然后本章介绍了常用的机器学习模型，总的来说分为两类：监督学习模型和无监督学习模型。在监督学习模型中训练的样例带有类别标签，按照预定的学习规则，如均方误差最小或者分类精度最高等，通过训练模型来寻找最优参数。常用的监督学习模型包括神经网络、支持向量机、决策树、逻辑回归、贝叶斯分类器等。无监督学习是指在学习过程中，只处理“特征”，而不用去管数据标签，所以无监督学习一般处理无标签数据。无监督学习包括聚类和PCA等，聚类根据数据特征进行数据分类，PCA用来对数据特征进行降维处理。

实际应用中的数据往往并没有结构化。因此在结构化数据的基础上，引入了半结构化数据和非结构化数据，并针对不同结构的数据介绍了常用的数据处理方法，比如文本处理、数字图像处理、社交网络分析。对不同的数据结构根据不同的数据处理方法进行预处理后，可以利用机器学习的方法对数据进行分析，比如运用深度学习中的CNN（卷积神经网络）、RNN（循环神经网络）对图像和文本进行分析，也可以利用传统的机器学习模型对离散型数据和连续型数据进行学习，实现分类和预测。

在本章最后，简单介绍了常用的数据可视化方法。数据可视化对数据进行生动展示，可以更直观地分析数据，比如利用简单的图表分析（折线图、直方图等）可以对数据进行走势预测和分布比例大小比较。

关键词

定性分析　定量分析　数据类型　描述性分析　预测性分析
回归分析　决策树　神经网络

思考题

1. 定性分析和定量分析有何异同？它们各适用于何种场景？
2. 中文文本和英文文本在分析过程中有何异同？各自的特点是什么？
3. 本章中所讨论的算法模型哪些适合于定类数据？哪些适合于定序数据？哪些适合于定距数据？哪些适合于定比数据？
4. 决策树算法有哪些不足？如何克服这些不足？
5. 在数据可视化中，如何选择使用柱状图、折线图、散点图和饼图？

参考文献

[1] Yan, X., Su, X. G. (2009). *Linear Regression Analysis: Theory and Computing*. World Scientific

[2] Freedman, D. A. (2009). Statistical models: theory and practice. *Technometrics*, 48 (2), 315-315

[3] Nasrabadi, N. M. (2007). Pattern recognition and machine learning. *Journal of Electronic Imaging*, 16 (4)

[4] 邓乃扬，田英杰. 支持向量机：理论、算法与拓展. 北京：科学出版社，2009

[5] Cristianini, N., Shawe-Taylor, J. (2000). *An Introduction to Support Vector Machines and Other Kernel-based Learning Methods*. Cambridge University Press

[6] Coomans, D., Massart, D. L. (1982). Alternative k-nearest neighbour rules in supervised pattern recognition: part 3. condensed nearest neighbour rules. *Analytica Chimica Acta*, 136 (JUN), 15-27

[7] Rennie, J. D. M. (2003). Tackling the poor assumptions of naive Bayes text classifiers. Proc. Twentieth International Conference on Machine Learning, 616-623

[8] Ng, A. Y., Jordan, M. I. (2002). On discriminative vs. generative classifiers: a comparison of logistic regression and naive Bayes. In *Advances in Neural Information Processing Systems* 14. MIT press, 841-848

[9] Kamiński, B., Jakubczyk, M., Szufel, P. (2018). A framework for sensitivity analysis of decision trees. *Central European Journal of Operations Research*, 26 (1), 135-159

［10］Quinlan，J. R.（1987）．Simplifying decision trees. *International Journal of Man-Machine Studies*，27（3），221－234

［11］Schmidhuber，J.（2015）．Deep learning in neural networks：an overview. *Neural Networks*，61，85－117

［12］Schmidhuber，J.（2015）．*Deep Learning in Neural Networks*. Elsevier Science Ltd

［13］Hecht-Nielsen.（2002）．Theory of the backpropagation neural network. International 1989 Joint Conference on Neural Networks，1，445－445

［14］Hartigan，J. A.，Wong，M. A.（1979）．Algorithm as 136：a k-means clustering algorithm. *Journal of the Royal Statistical Society*，28（1），100－108

［15］张媛，张燕平．一种pca算法及其应用．计算机技术与发展，2005，15（2）．

［16］Jolliffe，I. T.（2002）．Principal component analysis. *Journal of Marketing Research*，87（100），513

［17］Chakraborty，G.（2014）．Analysis of unstructured data：applications of text analytics and sentiment mining. SAS Global Forum，Washington D. C. March

［18］Buneman，Peter.（1997）．Semistructured data. *Proc of Acm Pods*，1（1），117－121

［19］李航．统计学习方法．北京：清华大学出版社，2012

［20］周志华．机器学习．北京：清华大学出版社，2016

［21］Kao，A.，Poteet，S. R.（2007）．Natural language processing and text mining. Springer Science & Business Media

［22］Han，J.，Pei，J.，Kamber，M.（2011）．*Data Mining Concept and Techniques*. Elsevier Science Ltd

［23］刘中合，王瑞雪，王锋德，马长青，刘贤喜．数字图像处理技术现状与展望．计算机时代，2005（9）

［24］Wasserman，S.，Faust，K.（1994）．Social network analysis. *Encyclopedia of Social Network Analysis & Mining*，22（Suppl 1），109－127

［25］刘勘，周晓峥，周洞汝．数据可视化的研究与发展．计算机工程，2002，28（8）

［26］施丽丽．定性分析、定量分析与规范分析、实证分析．经营管理者，2010（16）

第九章

信息管理中的非技术因素

引　言

在信息管理过程中，MIS 的建设是企业适应市场经济发展，提高企业竞争力的基础；但是，MIS 的成功应用还有待于非信息技术因素的配合，比如管理变革、IT 治理与组织结构、绩效评估、用户行为等方面，只有两方面有效地结合起来，才能发挥 MIS 的最大效用。本章将介绍信息管理中的非技术因素：第一，技术和管理的协调与融合是信息系统成功的关键，确保 IT 技术投资与管理变革之间的一致性是信息管理的关键所在；第二，企业信息化建设中的业务、IT 部门不能“各自为政”，需要建立成果共享、责任分担的治理与组织机制，从而促进参与方达成良好的沟通协作与普遍共识，最终获取 IT 投资的商业价值；第三，企业信息化应用已不仅仅是 IT 系统的开发、操作、维护问题，更是一种对信息化建设的组织及管理问题，信息管理部门的转型与变革将是今后一段时间我国企业信息管理中的重要议题；第四，管理大师德鲁克曾经说过“无法度量就无法管理”，强调了评价对企业管理的意义，信息化的管理同样也离不开绩效评估；第五，用户不接受而导致的系统使用率低下甚至被认为是导致信息技术“生产率悖论”的主要原因之一，因此理解人们为什么会接受或拒绝信息系统的行为问题是 MIS 专业应该加以重点关注的；第六，文化因素对信息管理的影响导致在不同产业和地区的信息技术应用效果的差异性。

第一节　IT 技术与管理变革的协调与融合

以 SAP 公司为代表的企业资源计划（ERP）系统，以及其他供应链管理（SCM）、客户关系管理（CRM）等企业系统软件越发普及，覆盖了几乎所有核心流程——从会计核算到人力资源管理，再到产品计划及物流，最后到定价和销售，并且更为重要的是其软件本身就蕴含了丰富的管理思想和最佳业务实践。美国著名管理学家达文波特甚至认为目前实际上是在“将企业置于企业系统之中”，并且从功能、内涵而言，不同供应商——包括 SAP、Oracle、PeopleSoft、Baan 等——的系统之间差别并不太大，同时同质化程度也进一步加深。

我国企业在以 ERP 为代表的信息技术软硬件方面投资巨大，然而企业信息化效果却并不都尽如人意，企业之间的信息技术投资效益大相径庭。其中最关键的问题就是，信息技术/系统在组织业务活动中的吸收与内化（assimilation/routinization）程度不高，也就难以促进 IT 资源与业务战略及运营流程融合成为统一、相互交织的整体，从而发挥信息技术投资的杠杆效应。应该说，我国企业信息化已经迈过“谁实施信息系统，谁就有竞争优势”的初级阶段，而是向着“谁能用得好信息系统”乃至“谁能将其与自身业务能力结合得更紧密，谁才能获得竞争优势”的高级阶段迈进。对于如何提高 IT 投资效益，应该注重业务与技术之间的关系，将 IT 技术与管理变革融合成为一个统一的、互相交织的整体（如图 9－1 所示），从而使得 IT 投资能够为企业带来成倍的价值回报。

IT Value=B×IT²

图 9－1　技术与业务融合

更进一步来看，麻省理工学院斯隆管理学院教授埃里克·布吕诺尔夫松通过对美国公司层面数据的实证研究发现，IT 投资伴随的组织无形资产投资是巨大的。具体比例如图 9－2 所示：IT 技术直接投资仅占总花费的 10％左右，与 IT 技术相关的有形资产（包括实施顾问费用、IT 服务费用、IT 培训等）则已达 15％左右，更为巨大的组织无形资产投资（涉及流程优化、工作再设计、人力资本再投资等）则高达 75％。

举例来说：数据转换是我们通常在 ERP 实施中低估的一个环节，花费的时间与精力往往超出预期；做系统实施的时候也不计算内部人力成本，对于培训与变革管理，上了新环节，上了新流程，那么中间配套的管理流程、培训手册又由谁来写、谁来推？

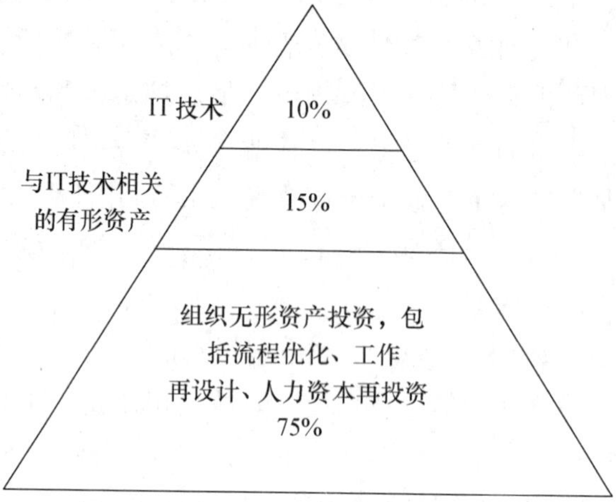

图 9-2 IT 技术投资比例

举例来说：假如一个企业投资于 ERP 软件，每 1 元钱软件产品支出，都相应要有 3～4 元钱的实施新系统的咨询人员费用、基础数据整理费用，更大的成本则发生在员工再培训和业务流程、工作场所的再设计上。对于上面提到的问题，上了新环节，上了新流程，中间配套的管理流程、培训手册谁来写、谁来推呢？但是，对于企业而言所收获的则是基于信息技术的数字化工作系统与高效组织，并且将会帮助企业实现持续竞争优势。

上述研究也很好地说明了为何大量的企业信息化实践进行得并不尽如人意，因为它不仅是显现的 IT 技术投资，而且必须有大量的隐性投资在里面。技术系统与管理流程之间的关系可以表达为图 9-3 所示的理论模型。

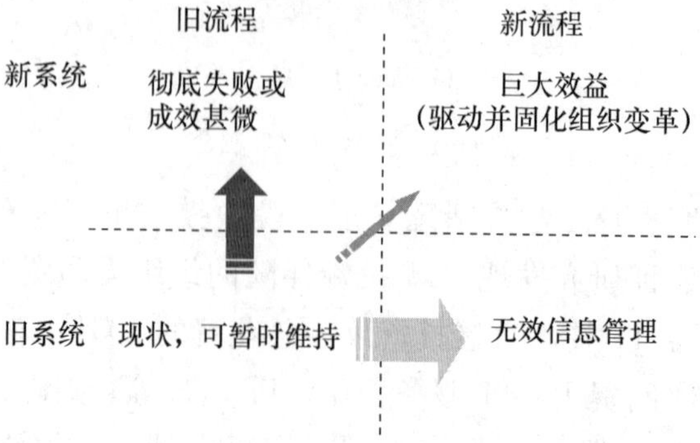

图 9-3 技术系统与管理流程关系匹配

第二节 与信息管理有关的治理和组织因素

我国企业几十年的信息化实践经验表明：信息化绝不仅仅是 IT 部门的职责，凡是信息化成功的企业总是少不了高层管理者的大力支持以及业务部门的深度参与。IBM 关于业务、IT 双方在信息化建设中权责分配的调查显示（如图 9-4 所示），企业信息化参与方更加多样化——高层管理者、业务部门、IT 部门等，并逐步形成跨职能决策小组来共同承担责任。既然如此，企业信息化建设中的业务、IT 部门就不能“各自为政”，需要建立成果共享、责任分担的治理与协调机制，从而促进参与方达成良好的沟通协作与普遍共识，最终获取信息化的成功与价值。

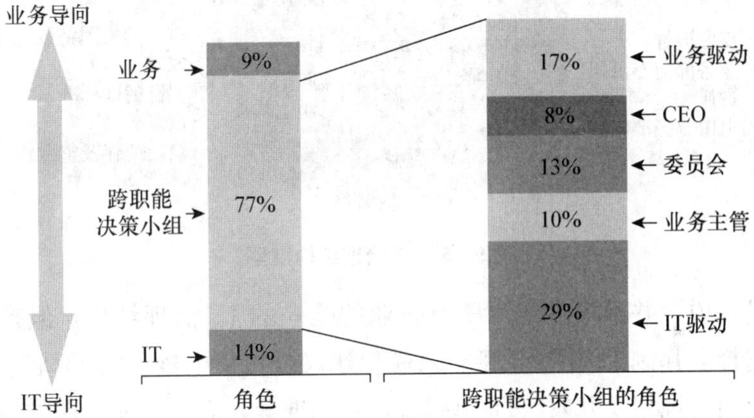

图 9-4 IT 投资的决策分配

一、IT 治理的提出与核心

我国企业在信息化中不断实践，发现太多公司的 IT 项目都以失败告终，很多 IT 项目的成功主要依赖于项目经理的个人素质和魅力，如何从 IT 投资中获得真正的价值？如何将 IT 战略与企业战略相融合？管理理念和治理机制是当前我们企业最缺乏的，与目的性相对的是盲目性；我们见过多少 IT 项目因为目的不明确、需求含混或动机不纯而失败？与组织性相对的是混乱和无序（在企业中通常表现为没有明确的权责）；我们周围有多少企业能通过组织框架实现有效 IT 治理以及部门之间实现资源共享和整合？与系统性相对的是随意性和随机性；谁能找出多少企业是依靠严格定义的流程、可度量的绩效指标和方法论管理 IT 功能的？

IT 治理的核心问题有三个：目的性、组织性、系统性。目的性即根据组织战略，应该作出哪些 IT 决策，由谁做，怎样做。一旦目标明确，组织性就意味着组织架构的设计、成员的角色定位、明晰的权责划分和资源分配。系统性则意味着一系列流程、规章制度、方法论和工具。

二、IT 治理结构

长期以来，企业一直在寻找最适合自身的 IT 组织形态与治理结构，谁拥有决策权？是建立独立核算的利润中心，还是对内服务的成本中心？是集中于企业总部还是分散在各个业务单元？这是 IT 治理模型所要回答的问题，如图 9－5 所示。IT 治理的含义是在 IT 应用过程中，为了鼓励期望行为而对（高级）管理层、业务部门、IT 部门等各方的决策权及责任的划分。

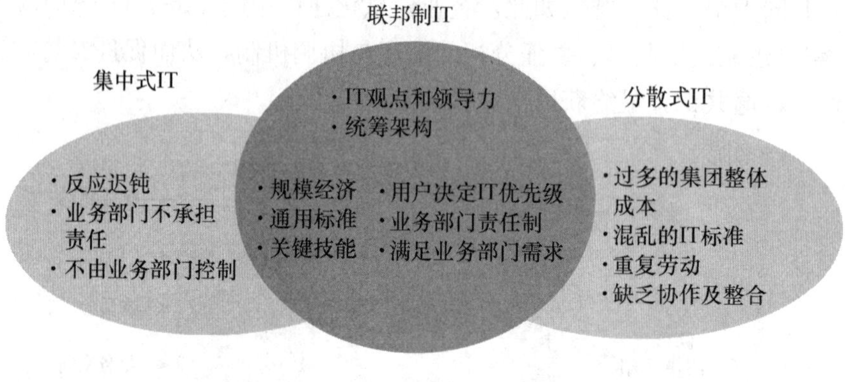

图 9－5　IT 治理结构模型

实事求是地说，并不存在适用所有企业的唯一的 IT 治理结构，但是越来越多的企业倾向于选择联邦制 IT 治理模型。该模型建议公司集中核心的 IT 职能，包括战略规划、核心应用的规划及开发、IT 组织流程及标准等，而各个业务单位负责具体实施和维护工作，以及开发适应独特需求的应用。与集中式 IT 和分散式 IT 治理模型相比较，联邦制 IT 治理模型便于企业获得资源集中的规模优势，并保持适当的分散以保证灵活性，尤其适用于拥有多个业务单位、跨地域运营的企业。

案例 9.1

中国石化的 IT 治理结构

2001 年，中国石化为了实现信息化战略，在建设过程中特别强调信息化的组织、管理体系和队伍建设等保障工作，并大刀阔斧地进行 IT 部门的组织变革及结构设计。

中石化的 IT 组织变革首先从 IT 部门自身着手，将部门内绝大多数技术人员分离出去，于 2002 年成立石化盈科信息技术有限公司（简称石化盈科）。重组之后，中石化总部的信息系统管理部的编制由原来的 245 人降为 34 人。重组实现了信息化的“管理”与“服务”的分离，目前该部门的核心职能是 IT 的规划和管理，协调与业务部门、外包商之间的关系，而具体的项目实施和运维服务则主要交给石化盈科去完成。

通过此项重组，内部IT部门将向业务部门合作伙伴、领导者角色转换，更加关注IT价值创造，强调IT与业务的融合及创新。

就IT治理而言，公司按照“一个整体，两个层次；归口管理，分工负责”的原则重新设计了信息管理体系。“一个整体，两个层次”是指建立公司总部和二级企业两个层次的一体化信息管理体系。总部对重大核心项目实行统一规划、统一投资、统一建设，类似于ERP及采购电子商务等全局性、集成性的应用系统。二级企业则按照总部的部署和要求，重点做好总部项目的推广应用工作和适应企业自身特殊需求的信息化建设。

“归口管理，分工负责”是指公司的信息化工作由总部的信息系统管理部统一归口管理，各相关业务和职能部门协同配合、分工负责。二级企业的IT部门在业务上服从公司IT部门的管理与领导。

根据联邦制的含义及以上分析，我们可以得出中石化的信息管理体系属于典型的联邦制IT治理结构，清晰、合理地确定了总部与二级企业之间的责权分配，有效地遏制了“各自为政”和重复建设，节省了大量人力、物力和财力，单就总部对软硬件集中采购这一点，2001—2004年就节约资金2亿多元。

三、IT组织及其关系网络

应该来说，企业“IT组织”将难以再简单地理解为信息中心、信息化部等独立机构，还应包括参与信息化事务的高层管理者、业务经理及关键用户等不同的利益相关者，企业信息化成功的关键就在于恰当地设计并实施一系列组织协调机制来促进信息技术投资与自身业务能力的紧密融合。如图9-6和图9-7所示，信息管理权威学者瑞图·艾格瓦（Ritu Agarwa）认为在IT应用过程中除了IT管理部门外，还存在高层管理部门、业务管理部门与IT咨询、服务商等利益主体，并且在IT管理部门与高层管理、业务管理及外部供应商之间存在三种关系网络，即远景网络、创新网络、外包网络。

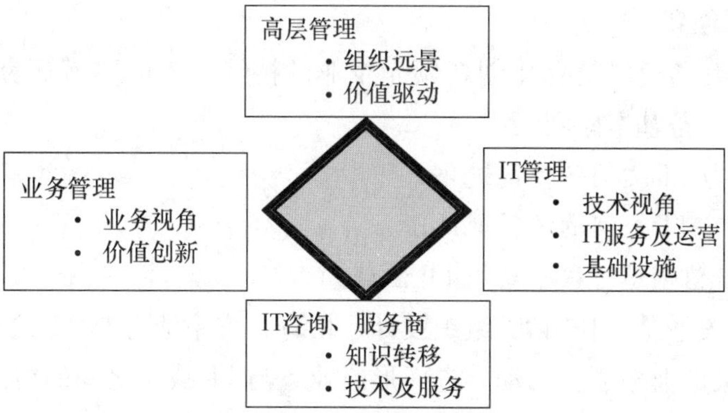

图9-6　IT应用中的利益主体

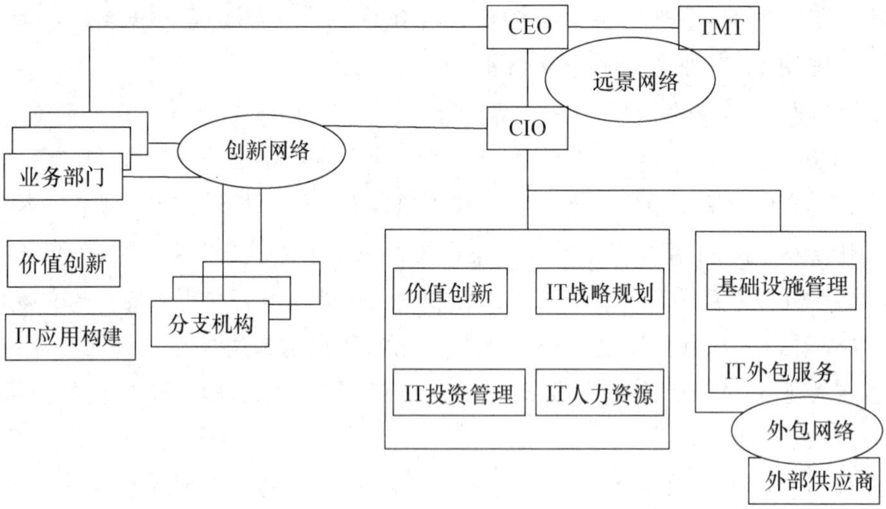

图 9-7　IT 组织的三类关系网络

（1）远景网络：包括高层管理者、CIO 及资深 IT 经理等，CIO 可以利用远景网络，与高层管理者共同为整个组织建立共享的 IT 战略远景与角色定位，从而指引企业信息化的各项活动。

（2）创新网络：与远景网络提供 IT 战略视角不同的是，中层的 IT 创新网络则主要负责具体业务领域 IS 创新应用的设计、实施。创新网络由业务经理（关键 IT 用户）、IT 经理、资深 IT 专业人员构成，其目标在于设计、推动、实施 IT 应用创新，增强企业在客户关系、制造及运营、新产品开发、供应链等核心业务方面的创新及敏捷性。

（3）外包网络：主要存在于 IT 组织与外部供应商之间，其重要性与前两种关系网络相比要略低一些，包括 IT 经理、系统提供商、IT 服务商、IT 咨询顾问等，其目标是不断获取、吸收最新的信息技术及其应用模式，并将其与现有业务流程整合在一起，且不断创新。

瑞图·艾格瓦通过对信息化创新领先企业的持续深入的案例研究，提出了 IT 组织管理与结构的三条基本原则：

- 鼓励业务与 IT 之间的协同进化；
- 培育业务与 IT 之间的关系网络；
- 根据 IT 价值创造过程来组织 IT 活动。

它们之间的关系是，利用 IT 组织设计、培育、维系业务与 IT 之间的三种关系网络，实施 IT 驱动的业务创新活动，进而形成业务与 IT 战略之间的协同进化。

第三节 信息管理部门的转型与变革

一、信息管理部门的角色

企业的信息化应用已不仅仅是IT系统的开发、操作、维护问题，更是一种对信息化建设的组织及管理问题，IT部门的组织及管理水平将在很大程度上决定其能否有效地应用信息技术获取持续竞争优势。根据IT价值链模型（如图9－8所示），IT应用价值创造基于四个层次：基础设施、应用系统、运营流程、业务模式。相应地，IT组织角色对应平台建构者（infrastructure builder）、系统提供者（application provider）、业务合作伙伴（business partner）、领导者（innovator）角色，它们描述了IT组织在企业的基本定位。

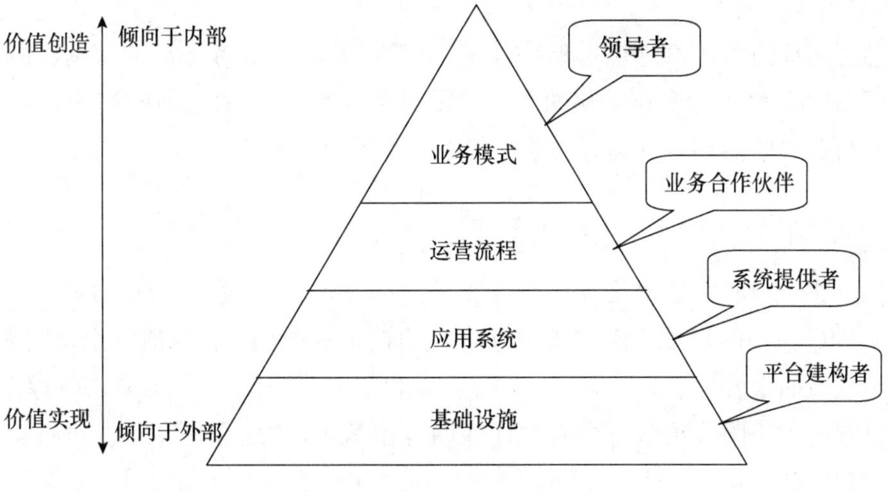

图9－8 IT价值链与定位模型

根据企业所处的信息化发展阶段和IT在业务中的逐步渗透，IT组织的战略地位进一步凸显，其主要职能也需要随之调整，必将在业务创新中发挥更为重要的职能作用。近几年，许多企业的信息化实践给出了很好的验证。

案例9.2

中国企业信息管理部门的角色转变

宝洁公司将IT相当大的一部分外包给HP、IBM之后，IT部门则转型为信息与决策解决方案事业部。同时，IT专业人员则需要掌握业务模式创新、数据分析与统计决策、流程设计/改进以及知识管理技术等方面新的技能，从而可以更为深入地影响企业核心战略与流程领域，提供IT应用对企业的商业价值。这样即使IT部门的技术被外包出去了，也仍然是企业的核心部门（陈东峰，2005）。

华润万家有限公司IT总监张华文把基础IT工作外包出去后，自己紧盯业务部门的需求。他说：“我必须去参加所有跟业务有关的会议，了解各个部门想干什么。然后我来告诉它们怎样才能干得最好，而不是让它们告诉我该怎么干。”郑州宇通客车股份有限公司IT总监王胜军有十几年ERP实施和开发的工作经验，但他却说：“我以前是ERP专家，但现在只研究业务”（李圆，2007）。

中国工商银行（以下简称“工行”）的IT部门则是开始着意打造一支业务队伍，目前在工行的珠海软件开发中心、北京的测试中心，业务团队基本形成了200人左右的规模。另外，工行总行中产品开发比较多的业务部门都有专职部门负责业务部门和IT部门之间的“对话”，也逐渐形成了需求与反向需求之间的良性互动。反向需求的基本含义就是技术驱动业务，如工行客户信息营销系统的开发、清算一体化的概念就是由IT部率先提出的（杨小薇，2007）。

信息管理部门将在角色与职能、CIO与治理结构、与业务部门的协调、IT专业人员技能等不同维度发生变革，从而尽量消除业务与信息技术之间的鸿沟，真正将IT技术技能与业务职能和市场洞察力结合起来实现组织创新。

二、我国CIO与IT组织的转型

国内企业进行的信息化建设正在逐步从外部推动转变为其发自内部的主动需求，这一点从CIO头衔、IT部门职能变化上已经直观地反映出来，同时它也是国内企业信息化逐步成长的重要标志。2002年，《IT经理世界》进行第一届优秀CIO评选时，获奖的辽宁省电力集团公司信息中心主任潘明慧感慨道，“现在提CIO太早了，中国现在哪有CIO？都是我们这些IT经理或信息中心主任在引入或推动着IT工作”。然而在十几年后的今天，国内已经出现了真正的CIO高层管理人员，他们做的事情、想的事情与国外CIO的定义也越来越贴近——他们直接参与决策会议，有高超的管理经验，不仅是技术负责人，而且是管理者，胸怀企业战略，能将IT与业务深度融合，推动CEO和董事会建立良性的IT治理结构，建立IT与业务融合的制度与流程、组织架构。

案例9.3

神州数码IT组织变革与转型过程

2002年，神州数码提出了向IT服务的战略转型，IT服务集团是落实公司的IT服务核心业务的经营单位。同时，公司对拥有100余名员工的IT职能部门进行彻底分拆，将其归入IT服务集团下不同的公司和事业部。信息化管理部门的编制被精简为12人，推进公司IT治理及组织结构变革，神州数码CIO郑小维逐步实现神州数码从基础平台到应用、从项目到运营的全部IT业务外包布局。公司IT运营与管理也分别转由整合事业部、管理系统有限公司和OA事业部“虚拟外包”。其中，神州数码整合事业部负责IT基础网络、服务器的系统升级维护、通信系统的管理、邮件系统的管理、客户端服务与热线支持；神州数码管理系统有限公司负责ERP应用系统的开发与运维；神州数码OA事业部负责办公自动化应用以及内部网站的运营与开发。

现在，集团仅保留一个精干的信息化管理部，其中4人负责BI建设，4人负责规划、解决方案、技术架构、需求管理和项目实施管理，还有4人（包括郑小维）负责运营管理、外包管理、IT培训、IT推广等。截至2006年，神州数码IT部门均保持在12人。同时，最为重要的是集团建立起以信息化管理部为核心（如图9－9所示），包括高层管理者、业务经理、业务骨干、IT外包人员等各方人员的“6＋1”虚拟协作团队，这使得信息化管理部门的工作效能无形中扩大了数十倍。

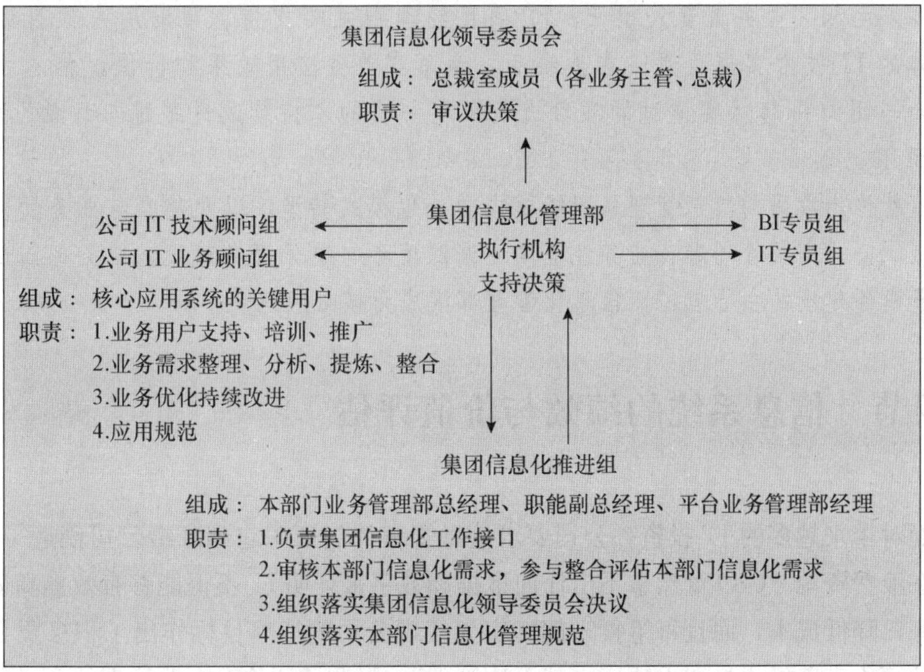

图9－9 神州数码信息化管理的协调体系

“6＋1”中“1”指包括集团信息化管理部成员在内的12名专职IT部门人员，“6”则指虚拟协作团队，共计百人左右。具体而言，“6”包括“IT专员组”；“BI专员组”；“IT业务顾问组”，由来自各IT核心系统的关键用户组成，成员都是来自财务部、物流中心、E-BRIDGE电子商务部、人力资源部等业务/职能部门的关键用户，均是业务骨干，负责共同对业务需求进行分析评议、跨业务协同、代表业务部门参与IT系统运营分析和审议，大概有60名成员；“IT技术顾问组”由来自事业部的技术专家组成，从专业技术和业务实际应用角度共同参与公司IT应用方案的论证和审议；公司高层设置了“集团信息化领导委员会”，由集团总裁室中各业务管理部总经理组成，参与IT规划并负责对本部门业务需求进行审核，负责制定并审议公司IT战略规划、重大项目和发展策略；另外，还有“集团信息化推进组”。

在确定具体IT项目立项前，信息化管理部总经理将会与业务管理部总经理以及信息化领导委员会成员进行战略对话、访谈，沟通确认业务方面的信息化项目，在明确业务流程后，还需要制定IT技术方案，此时就需要技术专家做方案及评估认证，最后才形成一个最终的项目计划，再由集团来审批项目。经过这样一个组织及流程评审后，信息化管理部将具体负责项目的组织、协调及管理工作，这样的组织形态则使IT与业务紧密协同。

此外，在项目执行过程中采用“双项目经理制”：一个是“用户项目经理”，一个是“IT项目经理”。其中以用户项目经理为主，对业务需求、目标和应用效果负责，必须由相关业务负责人担任；IT项目经理则主要支持、帮助用户项目经理及对具体的IT技术实施负责。在上线后，为落实业务应用效果和价值，信息化管理部还会与用户一起对实施过的项目进行每年一次的“持续改进跟踪与评估”，形成管理闭环。

随着神州数码的信息管理从职能模式向外包模式转型，以及建立与业务协同的组织机制，公司高层管理者、业务经理均逐渐深度参与电子商务建设。业务部门逐渐成为电子商务建设的主导者，而信息化管理部则成为核心组织者。

第四节　信息系统的绩效与价值评估

面对越来越多的IT投资，公司要求信息管理部门证明它到底给公司创造了价值，还是在浪费资源。CIO竟然拿不出任何证据和数字来证明IT不但能够有效提高公司运行效率，降低成本，而且每笔投入都切实为实现公司的战略目标作出了积极贡献。管理大师德鲁克曾经说过“无法度量就无法管理”，强调了评价对企业管理的意义，信息化的管理同样也离不开绩效评估。

企业信息化绩效包含对“企业信息化”“绩效”的含义的理解，因此有必要先了解信息化绩效的特性。由于企业中IT应用是宽泛的，可以用在生产上，也可以用在销售上，因此不能指望对所有的IT投资都有一样的测度，它的产出通常是“看不到，摸不着”的，它对企业的价值回报以和它结合的业务价值形式表现出来，然后转变为战略价值或资本收益。

一、建立业务导向的 IT 绩效评估

由于 IT 技术具有很强的渗透性，表现为与业务流程、组织结构的协调与融合，企业还应建立更为完善的业务导向的 IT 绩效评估。如图 9－10 所示，以往，当 IT 部门主要发挥“技术消费品供应商”作用的时候，IT 部门只关心左侧 IT 活动的绩效，通常使用“系统无故障运行时间”“交易处理数量”等评估指标；随着 IT 成为业务战略的重要贡献者，企业应该更加全面衡量 IT 价值，增加面向与业务相关的 IT 活动的绩效指标，比如：库存周转率、销售人员生产效率、客户保持率等。

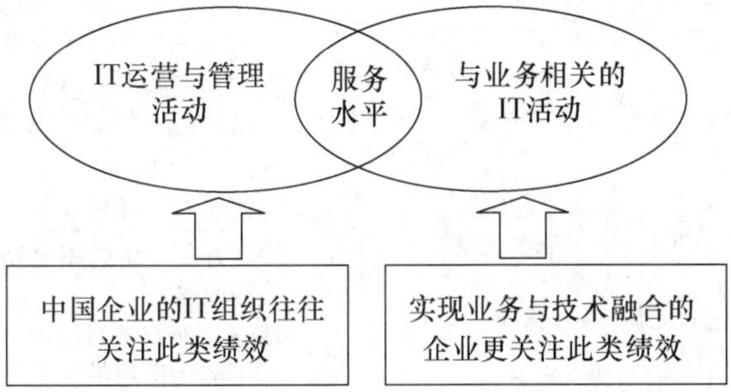

图 9－10　IT 活动范围与绩效评估

随着信息技术与业务融合，为了能够更全面地衡量 IT 价值，需要量化 IT 对业务的共享，从而让 IT 部门能够共享信息化成果，辅之以公平的绩效考核奖惩办法。平衡计分卡是企业可以采用的评测方法之一，能够衡量企业在财务、IT 治理流程、IT 用户以及学习与成长四个方面的绩效。平衡计分卡可以促使业务和 IT 员工充分理解企业的战略目标和实现途径；可以量化 IT 对业务的贡献；可以体现 IT 服务水平与投入成本之间的关系，从而更有效并准确地衡量 IT 的投资效益。

上述措施将会影响业务部门、IT 部门已有利益结构，高层管理者必须亲自协调平衡，消除对抗，重新界定双方之间的职责分配，并在分担责任的同时共享信息化建设成果，辅之以公平的绩效考核奖惩办法。这些将会促使二者积极地合作，从而有利于实现 IT 投资的预期收益。

二、一项简单有效的 IT 投资评估指标

麦肯锡在研究“如何确定信息技术所服务的业务增加的真正价值”的过程中，特别提出了信息技术投资创造的效益价值可以通过总体成本收入比的改进来衡量，而战略价值则可以进一步转化为竞争优势。麦肯锡提出的具体方法是追踪可度量的财务指标——IT 支出与收入之比，并将这一指标与运营效率——运营成本与收入之比——进行相关性的比较分析，从而提出如下评估框架（如图 9－11 所示）：

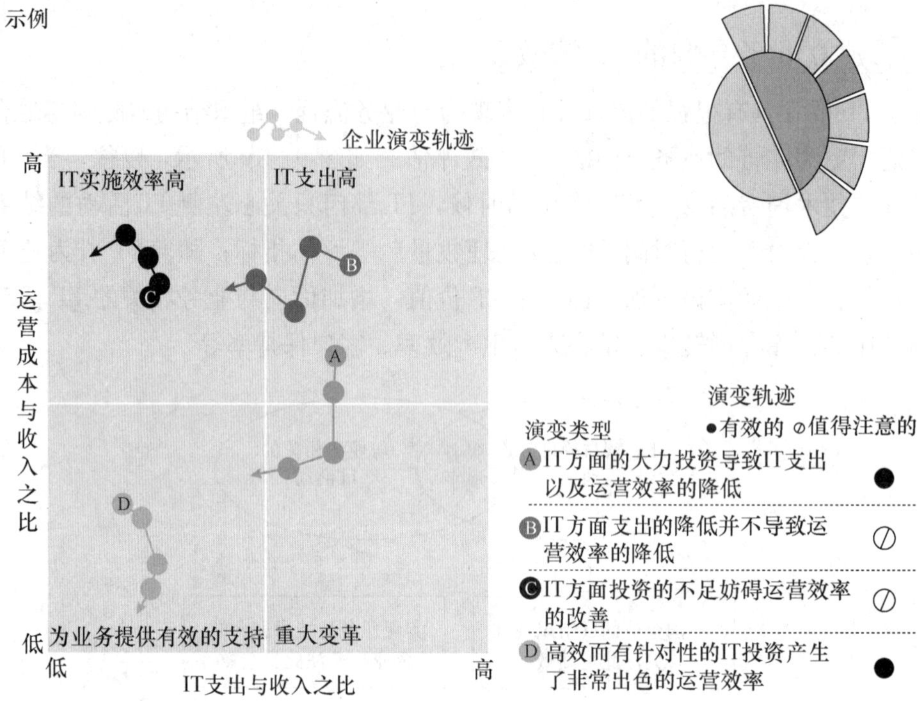

图 9-11　IT 投资与运营效率评估框架

根据 IT 支出与收入之比、运营成本与收入之比这两个维度的高低来划分，并由此分析了企业进行 IT 投资的四个演变轨迹：

A. 通过 IT 技术的大力投资逐步导致运营效率的提升，从而帮助企业降低整体运营成本；

B. 降低 IT 投资支持，但是并未导致企业运营成本降低，这也说明企业在市场环境不佳时优先选择减少 IT 支出并不一定带来预想效果；

C. IT 投资不足直接导致了运营效率的改善；

D. 高效而有针对性的 IT 投资产生了非常不错的运营效率，从而为业务运营提供了有效的支持。

应该来说，准确衡量 IT 技术的投资效益并不容易，必须借助企业高级主管的支持、精确可用的数据以及与业务绩效紧密联系的多项考核指标，克服陈旧观念，建立真正的绩效激励体制。

第五节　信息系统实施的用户行为

信息技术在系统、用户、经营任何一方面价值的实现，都必须以用户接受、使用系统为前提。信息技术只有得到使用才能对组织的绩效产生影响。系统使用一直是评价信息系统成功的重要指标，是 IT 投资转换为组织绩效过程中的重要环节。企业要通过 IT 投资为自己带来价值，就不能只是简单地获取技术，还应当保证技术被其目标用户接受并得到正确使用。正是由于用户的抵制，许多企业的信息系统存在使用不足的情况，以致 IT 投资的回报难以达到预期的水平。由用户不接受造成的系统使用率低下甚至被认为是导致信息技术“生产率悖论”的主要原因之一。

理解人们为什么会接受或拒绝系统是信息管理研究中最具挑战性的问题之一。它一直是理论界研究的热点，在过去的几十年中，关于预测和解释用户对信息技术接受与使用的研究取得了显著进展，其主要研究成果包括技术接受模型（technology acceptance model，TAM）、创新扩散理论（innovation diffusion theory，IDT）、整合性技术接受和使用理论（unified theory of acceptance and use of technology，UTAUT）等。

一、创新扩散理论与信息系统实施

由于技术的飞速发展，所投资的新技术往往与其之前的技术相比有很大不同，新的信息技术通常被其目标用户当作一种创新。因此，信息技术的实施过程可以被看作一个创新扩散的过程，涉及创新采纳、管理以及程序化的所有组织活动。创新扩散理论最初在社会学领域中被提出。创新是指“被个体认为新鲜的观点”，而扩散则是指“创新传播的过程”。今天，创新扩散理论已经被广泛应用于研究从农业工具到组织创新等不同类型的创新。部分研究者从创新扩散的角度研究了用户的技术接受和使用问题。

1987 年，Kwon 和 Zmud 提出了基于创新扩散的 IS 实施过程模型，该模型定义了影响 IT 实施的六个阶段（问题的提出、采纳、适应、接受、日常化、内化）以及与之相关的五个因素（用户群体特征、组织特征、技术特征、任务特征、环境因素）模型中的六个阶段主要源自 Rogers 所提出的创新扩散研究。如果把 IS 实施过程模型分为三大步骤，则该六个阶段可与列文提出的组织变革“三步曲”模型相对应（见表 9－1）。列文的组织变革模型是一个包含“解冻（unfreezing）—变革（change）—再冻结（refreezing）”三个步骤的有计划的组织变革模型，用以解释和指导如何发动、管理和稳定组织变革过程。

表 9－1　　基于创新扩散的 IS 实施过程模型

阶段	组织变革模型 三大步骤	责任承担者
问题的提出	解冻	管理层
采纳	变革	项目实施小组
适应		

续前表

<table>
<tr><td rowspan="2">阶段</td><td>组织变革模型</td><td rowspan="2">责任承担者</td></tr>
<tr><td>三大步骤</td></tr>
<tr><td>接受</td><td rowspan="3">再冻结</td><td rowspan="3">最终用户</td></tr>
<tr><td>日常化</td></tr>
<tr><td>内化</td></tr>
</table>

在项目准备阶段，管理层认识到来自组织需要、技术创新或这两方面变化的压力，通过对组织面临的问题/机遇进行分析，制定相应的信息技术解决方案。项目实施阶段包含技术采纳和技术适应两个环节：项目实施小组首先必须组织对实施 IT 应用的支持，使实施获得所需的资源；在此基础上，进行具体 IT 应用的开发、安装和维护，对组织流程进行必要的调整，并就新的流程和 IT 应用对员工进行培训，至此组织内的 IT 应用得以实现。在后实施阶段，主要任务是敦促组织成员实施已经建立的 IT 应用，以确保该 IT 应用在组织运作中发挥作用，并且按照 IT 应用对组织管理系统进行相应的调整，使得 IT 应用成为一种常规活动，最终实现以更加全面、集成的方式实施 IT 应用，支持更高层次的组织活动，从而增进组织 IT 应用的效果，充分实现信息技术的价值。

二、技术接受模型与 IT 采纳理论

如上所述，在一定程度上，信息化意味着工作方式的创新或者业务流程的重组，因此变革受到的阻力首当其冲来自组织内部人员，其心态、惰性、安全感等会使自己惧怕挑战而直接导致信息化的失败。作为信息技术的最终使用者，员工对信息技术的认知态度和行为直接决定了信息系统的实施效果。戴维斯从行为科学理论角度解释信息技术的采纳与使用，以理性行为理论为基础提出了技术接受模型（TAM），使信息技术接受和使用理论的研究进入了新的发展阶段。如今，以 TAM 为基础的相关研究已经在西方国家得到广泛应用，为企业信息化提供了较好的系统性解决方案。

如图 9－12 所示，TAM 认为感知有用性（perceived usefulness，PU）和感知易用性（perceived ease of use，PEOU）是影响系统使用意图和使用行为的两个主要信念因素。感知有用性是指未来用户对使用某一系统能增加其工作绩效的主观认知。感知易用性指未来用户对使用某一系统所需投入精力的主观认知。TAM 认为，系统的使用是由行为意图决定的，而行为意图是由感知有用性和感知易用性共同决定的。

在最新的整合性技术接受和使用理论（UTAUT）中，影响行为意图的因素包括预期绩效（performance expectancy）、预期付出（effort expectancy）、社交影响（social

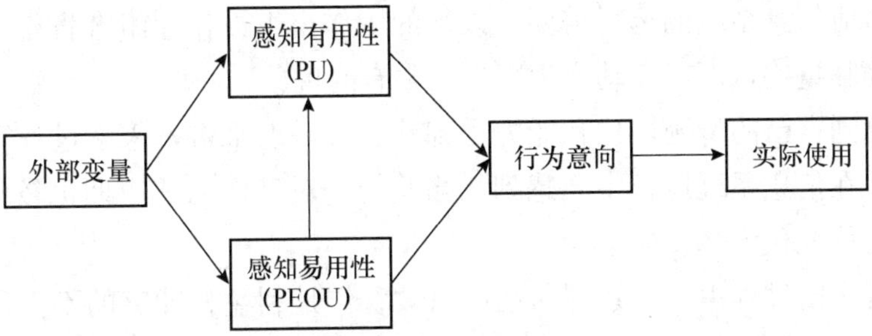

图 9－12　技术接受模型

factors)，而促进条件（facilitating conditions）则直接影响使用行为，如图 9－13 所示。预期绩效指“用户在多大程度上认为使用该信息技术能够提高自己的工作绩效”，这类似于 TAM 中的感知有用性；预期付出指“用户认为使用该信息技术的容易程度”，这类似于 TAM 中的感知易用性；社交影响指“用户在多大程度上认为那些对他们重要的人会赞同或支持他们使用该信息技术”；促进条件指“用户在多大程度上认为组织或技术的‘支援体系’为自己使用该信息技术提供了帮助”。此外，针对前人实证研究中暴露出来的对于某些影响因素的解释效力或显著性有不同结论的问题，UTAUT 还从社会心理学的角度，将性别、年龄、经验和自愿程度等个人特征作为调节标量（moderator）引入模型，用来解释不同人群间的行为差异。

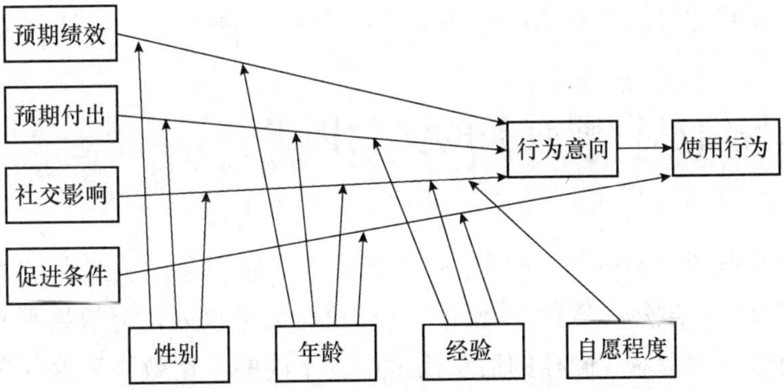

图 9－13　整合性技术接受和使用理论

三、用户抵制行为

引入信息系统必然会对组织和人员安排产生冲击，这种冲击主要表现为对未来的不确定性。对不确定性的恐惧感自然会产生阻力，而产生阻力的原因直接与人的需要相关。

（1）担心自己有失业的可能性。因为信息系统的一部分功能是使日常业务处理自动化。这会使部分职能部门冗员，即有些职员的生存受到威胁。

（2）为适应信息系统的运行需要，以往的工作小组或作业组合肯定会改变，即人的交往需要面临重构，而对变动产生阻力是常有的现象。

（3）感觉到自己的传统地位和能力受到威胁。一般来讲，未学过计算机有关知识和操作的员工在信息系统运行中会感到相当吃力，对工作的适应期也较长。另外，中层管理人员的传统权力会丧失不少。

信息系统实施过程中的一系列活动可以被看作是利益相冲突的不同用户群体为了增加自身的权力、控制信息、获得对计算资源的最大控制权或达成所希望的任务分配所作的努力。信息技术的实施必然会引起用户群体之间权力、利益分配上的变化。一旦用户认为系统的实施削弱了自己的权力或降低了自己的地位，就会对系统采取抵制的态度。

增加用户在实施过程中的产出有助于增进用户的有用性知觉，减少用户对系统的抵制。适当的加薪和升职能够增加用户使用系统的产出，在系统开发和使用对用户有较高专业技能要求的情况下，这种方法尤为适用。另外，工作条件的改善、感谢信、专项技能证书、对实施过程中的合作以及学习使用新系统给予适当的奖励等都能够增进用户使用系统的产出，从而有效减少用户的抵制。

减少用户在实施过程中的投入有助于增进用户的易用性知觉，提高用户对新技术的接受度。因此，建立支持用户使用技术的组织和技术的基础设施，包括编写使用手册、提供相关的教育培训、安排专人负责解决技术使用过程中出现的问题等，这些措施都能够增进用户的易用性知觉，减少用户对实施的抵制。

第六节　与信息管理有关的文化因素

为什么在有些产业和地区，对IT的巨额投资和应用会产生显著的效果，而在其他一些产业和地区，虽然在软件、硬件上同样也有大笔投入，但效果平平。在此背景下，许多信息管理学者对“同样的信息技术产生不同的应用效果”这一现象进行了深入研究，研究结论不约而同地指向了一个关键词——“文化”。这些学者的研究结果表明：在技术不断发展的条件下，信息技术不再作为一种“技术”独立存在，而更多地承载了一种管理思想；信息系统作为这种管理思想的系统化实现，需要完成管理理论、制度要求、技术规范等多项内容（知识）的转移。信息技术的实现过程不再是一个单纯的技术过程，而是一个技术与社会环境、组织结构、人员水平密切联系和互动的“社会—技术”过程，组织需要在特定的文化环境下权衡众多相互冲突又彼此联系的利益相关者，这种基于文化视角的互动过程直接决定了信息技术的引入、实施和应用效果。信息技术与文化之间存在着密切的联系，各种层次的文化特征和因素（如国家层、组织层、部门层）对组织和组织内的个体产生了重要作用，直接影响组织行为和个体行为，从而导致不同的信息技术应用效果。

进一步对国内外基于文化视角的信息管理研究进行总结和分析，我们发现文化因素的影响力主要体现在三个方面：

（1）文化因素直接影响着信息技术和信息系统的可迁移性。

作为先进管理思想和理论的物质载体，信息技术和信息系统被广泛应用于世界各地，甚至成为跨国企业内部运作的重要纽带；然而不同地域的文化差异会显著地影响利益相关者的行为，在特定文化氛围中产生并适用的基础理论在新的环境中往往无法发挥应有的作用，这制约了信息技术和信息系统迁移的效率。IT 领域主流的管理思想多来自北美文化圈，在被引入其他文化环境的过程中，不可避免地受到文化差异的影响，甚至可能引发文化冲突，导致信息技术和信息系统迁移的失败，这与目前国内众多先进信息系统实施效果不佳的现状相符。相关研究显示，信息技术迁移的效果与文化差异程度呈明显的负相关关系，即文化差异越小，信息技术和信息系统迁移、实施成功的概率越高。研究和分析影响信息技术和信息系统应用的文化因素，可以指导发展中国家引进和吸收国外先进管理思想和信息技术，帮助组织对可能出现的困难和麻烦提前作出应对，具有重要的指导意义。

（2）文化因素直接影响着使用者对信息技术和信息系统的接受度。

随着 IT 技术的不断进步和 IT 服务供应商的持续改进，来自产品本身的风险在逐渐弱化，系统实施、使用过程中的用户行为问题则相对集中。不同国家、组织、团队的使用者受到文化因素的影响，对信息技术和信息系统的态度和理解程度不同，这直接影响到他们的接受行为。如果不对这些影响因素加以控制和处理，就有可能出现用户不愿意接受或抵触系统的局面。例如：因担心系统的应用会使上级容易发现自己工作中出现的问题，员工会抵制组织进行信息化改造；因习惯于直接服从上级的指挥（即使是错误的指挥），员工会无视系统的要求和规范，听命于个人，造成已有信息系统的失效。国外研究显示，文化因素会影响用户对信息技术和信息系统的接受行为，分析和辨识出这些因素将帮助管理者制定出有效的解决方案，提高使用者对信息技术和信息系统的接受度。

（3）文化因素直接影响着信息技术和信息系统的使用效果。

文化对个体和组织的影响潜移默化，难以察觉和把握，带有极强的隐性色彩；同时，文化的力量又不容人们小觑，文化特征的些许差异都会给个体、组织甚至社会造成严重的冲击。信息技术和信息系统的使用效果与文化特征密切相关，已有的研究结论显示，同样的信息技术和信息系统在文化特征相近的环境中容易取得同样的使用效果，这提示企业的管理者不能仅仅引入先进的技术，更应该学习榜样企业的组织文化特征。

小　结

在信息管理过程中，MIS的建设是企业适应市场经济发展、提高企业竞争能力的基础；但是，MIS的成功应用还有待于非信息技术因素的配合，比如管理变革、IT治理与组织结构、绩效评估、用户行为等方面，只有两方面有效地结合起来，才能发挥MIS的最大效用。

关键词

MIS　融合　IT治理　信息系统绩效　MIS用户行为　技术接受和使用　文化因素

思考题

1. 信息管理中的非技术因素主要包括哪些方面？作用有何不同？
2. 企业CIO及IT组织需要与哪些利益者沟通和协调？
3. 如何理解我国企业信息管理部门需要进行的转型与变革？
4. 为何对信息系统投资绩效与商业价值难以进行准确评价？这给企业信息管理工作带来了哪些困难与问题？
5. 哪些理论模型可以解释及预测信息系统实施中的用户接受与使用行为？
6. 对我国而言，重视文化因素对信息管理的影响有何重要意义？

参考文献

[1] Agarwal, R, Sambamurthy, V. (2002). Principles and Models for Organizing the IT Function, MIS Quarterly Executive, 1 (1), 1-16

[2] Bloch, M, Hoyos-Gomez, A. (2009). How CIOs should think about business value. *McKinsey Quarterly*, March

[3] Brynjolfsson, E LM Hitt, S Yang (2002). Intangible assets: computers and organizational capital, Brookings Papers on Economic Activity, 1, pp. 182-193 Brookings Institution Press

[4] Cross, J, Earl, M. J, Sampler, J. L. (1997). Transformation of the IT function at British Petroleum. *MIS Quarterly*, 21 (3), 401-423

[5] 范建华，Beebe，A. S，姜旭. 业务与IT融合：实现企业价值的战略途径，2005，http://www-900.ibm.com/cn/services /bcs/iibv/pdf/technic.pdf

［6］方针，俞东慧，黄丽华. 用户接受：企业信息技术实施的新视角. 科技导报，2005，23（2）

［7］毛基业. 信息系统研究在中国大陆的理论发展与现状：机会、挑战、和策略. 信息系统学会中国分会（2006）学术会议演讲稿

［8］王凤彬. 企业信息技术管理组织模式及其历史演进. 南开管理评论，2001（4）

［9］彼得·维尔. IT 治理. 杨波，译. 北京：商务印书馆，2005

［10］殷国鹏. 企业 IT 组织协调、知识整合与 IS 创新关系研究. 中国人民大学商学院 2007 届博士学位论文，2007

［11］殷国鹏，杨波. 企业 IS 外包、IT 组织变革与能力提升的案例研究. 软科学，2007，21（2）

第十章

信息管理和信息系统建设的人才培养

引　言

本章包括了三部分内容：信息管理的人才需求，信息管理人才的素质与能力，以及信息管理人才的培养模式。本章首先阐述了信息化人才的重要性，进而分析了中国信息化人才的现状特点和市场格局，并简单介绍了CIO（首席信息官）和其他信息化专业人才的特点；接着介绍了信息化人才应当具备的新型观念和拥有的知识结构，并且就不同层次的信息人才提出了不同的能力要求；最后从综合教育、在职学习、终身学习等方面说明了如何对信息化人才进行教育培养。

第一节　信息管理的人才需求

2005 年 4 月，在第一届中国信息技术人才培养高峰论坛上，与会者一致认为，信息技术的研究和开发专业人才、信息技术的应用人才、信息化管理人才、信息化普及教育人才是信息化社会最急需的四种人才。如今，我国信息化人才需求量仍旧非常大，信息技术与信息管理专业相关毕业生的就业率仍旧非常高。

信息化人才是国家信息化、教育信息化的保障，相应地，信息化社会对人才的要求同以往是不同的，它对于人才的知识结构、能力素质、创新精神以及道德情感都有更高的要求。何克抗教授指出：信息社会所需要的新型人才应当是，具有全面而坚实的文化基础（特别是信息方面的文化基础），能不断自我更新知识结构，能与人合作共事，富有创造性和应变能力并且具有高尚道德品质的一代新人。为了能够适应信息社会日新月异的发展速度，信息社会的人才必须具有很强的信息获取、信息分析和信息加工的能力。信息社会呼唤的管理人才是多层次的、综合性的，也是实践性的。

首先，信息化人才需求是多层次的，大致可以划分成三个层次。第一，普及型的信息化人才。广义地说，每一个生活在信息时代里的人都必须掌握基本的信息技术。狭义地说，各行业的信息化均需要批量的信息技术应用型专业人才，譬如计算机操作人员。第二，专业性的信息化人才，包括高级软件人才、网络工程师、微电子技术专业人才等。第三，各单位或系统的高级信息主管或称首席信息官（CIO），他们是信息化建设的关键人才。

其次，信息化人才应当具有综合全面的个人素质，包括丰富的管理知识和经验、广阔的技术视野、新潮的系统观念和坚实的系统方法基础，以及一定的人文社会知识。

最后，信息化人才不是纸上谈兵的人才，而是富于实践性的人才。信息化人才应当具有坚实的理论基础，在实践中培养全方位的技术能力和管理能力，能够合理组织梯队，并在信息化建设中互相帮助和协作。

总的来说，中国当前需要培养五个方面的信息专门人才：

（1）适应发展战略研究中信息分析工作需要的高级信息决策专家；

（2）适应社会主义市场经济发展需要的信息管理与经营方面的专家；

（3）适应国民经济和社会信息化发展需要的信息技术与通信方面的信息应用专家；

（4）适应实现信息产业强国目标的高级信息技术人才；

（5）适应有广泛就业前景的现代服务业发展需求的高素质的信息劳动者。

一、信息化人才已经成为国际竞争的焦点

2015 年，权威数据统计，中国整个 IT 行业有超过 280 万的人才需求。据日本经济产业省统计，预计日本国内 IT 人才到 2030 年最多有 79 万人的缺口，为缓解 IT 人才短缺状况，日本已经决定在 2022 年度将包括编程在内的“信息”科目加入高中阶段的必修科目。由于信息技术人才的短缺，许多项目将无法实施。全球对信息化人才的争夺越发激烈。发达国家一方面大量引进国外 IT 人才，另一方面把越来越多的工作通过离岸的形式外包到印度、中国等发展中国家。很多世界 500 强企业都在印度、中国等发展中国家设立了大量的研发中心和服务外包的交付中心，充分利用发展中国家的信息化人才资源。例如，2011 年的数据显示，微软中国研发集团拥有 3 000 多名员工，其中绝大多数员工是由中国著名高校培养的优秀人才。在跨国公司的研发机构中，人才本地化已平均达到 95%。

发展中国家也非常重视信息化人才的培养。印度政府非常重视信息化人才的引进和培养，积极鼓励海外人才归国创业。印度有大量海外人才，硅谷高科技公司里有 30 多万印裔，超过 40%的网络公司创始人是印度移民，美国 1/3 的软件工程师是印度人。这些了解、熟悉跨国公司的运作模式和规范的人才成为跨国公司进入印度设立外包中心和印度本国公司开拓国际市场的高端人才。同时，印度还建立了多层次的信息化人才培训体系。印度实行的是全民学软件的策略，已经形成印度理工学院居于最顶端、各大学居中间、印度国家信息技术学院（NIIT）居于低层的金字塔式的人才培养模式。印度政府除了重视正规理工技术学院在信息技术及软件产业高级人才培养方面的传统优势之外，还在近 3 000 所中学、400 所大专院校开设了不同层次的电脑软硬件课程，并且开放私人资本和外资从事专业化的电脑软硬件的职业培训，在 3 000 所中学推出了“中学计算机扫盲和学习计划”。[①]

在信息时代，得人才者得天下。中国在信息化人才争夺战中不甘落后，政府在扶持软件和集成电路、服务外包产业发展，推进国家创新体系，实行科教兴国战略等大政方针背景下，对于培养信息专门人才，做了大量工作，取得了一定实效。各级政府相关部门和信息化企业不断加大对信息化人才的教育和培养资源的投入，我国信息化相关产业的发展也大大拓展了我国信息化人才教育培训的空间，吸引了更多社会力量和高等教育院校的参与。中国教育部 2018 年初对外正式宣布，在教育改革后高中生将在 2018 年 9 月份使用新版课标，正式将人工智能、物联网、大数据处理、算法、开源硬件项目设计等划入新课标。这也意味着中国 IT 人才的培养要从高中开始抓起了。同时，国家也在积极吸引海外留学人员回国发展和创业，许多人才都认识到在中国有

① 徐兴锋．印度、爱尔兰软件产业扶持政策及其对我国的启示．国际贸易，2007（5）．

更大且更好的发展机会，所以尽管仍然有许多人计划前往国外留学，但学成后回国创业而不是留在国外已经成为他们人生规划的最终目标。

二、中国信息化人才的现状特点

信息化相关产业已经成为我国国民经济的基础性、战略性产业。信息化相关产业作为知识密集、技术密集的产业，其竞争从根本上来讲就是人才的竞争。信息化人才的教育培养和使用状况决定着国家信息化相关产业的发展水平和潜力。根据信息产业专家童有好、王政等人的研究，中国信息产业在人才结构、人才层次、人才流动等方面表现出如下特点：

（一）人才结构不合理

目前，我国信息化人才的结构很不合理：一方面是大量毕业生找不到工作，另一方面是大量的信息化相关企业招不到合适的人。成熟的信息化企业人力资源结构应该是“金字塔形”，即高端的系统架构分析师、研发总监等，中端的项目经理、软件工程师，低端的大量程序员。而我国的结构更接近“橄榄形”，高端和低端的人才都十分缺乏。

由于我国信息化相关产业还处在发展成长期，竞争非常激烈、管理不规范、处于价值链的低端、缺乏规模效益等不利因素阻碍了高端人才的培养和发展。另外，本科学历占到了信息化从业人员总数的74%，大量中端人才的存在又使得企业不得不使用高学历的人才从事低端的工作，加大了人力成本，造成了人才浪费。

（二）高端人才十分缺乏

我国的信息化相关产业目前已经具备了一定规模，但是和欧美等信息化大国相比还有很大差距，核心技术仍将受制于人。国内企业在人员规模、内部管理和质量管理等方面仍然处于劣势。技术创新人才、国际化、工程化高端管理人才缺乏是其中的重要原因。笔者对30余家IT外包企业主要制约因素的调查显示，95.8%的企业选择了人力资源能力作为其主要制约因素。这些企业主要缺乏的人才包括项目经理、系统架构分析师、流程经理等高端人才。

（三）地区分布方面呈现数字鸿沟

人才流向与地区经济发展的关系很明显。高校毕业生大多向北京、上海、广州、深圳等大都市汇集，而西部地区、小城市对毕业生的吸引力非常有限。西部原有的电子人才知识老化，新生代补充不力；东部发达地区电子信息人才资源充足，甚至有人才过剩、人才浪费现象，且这种状况仍有继续加剧的趋势。

三、信息化专业人才和CIO

信息工作是指专门的信息机构从事的信息活动。从广义上说，信息工作也包括各个部门、各个环节在管理中所进行的信息活动。信息人才，狭义地说，是指信息机构中专职的工作人员；广义地说，还包括各部门、各环节中专门从事信息处理工作的人员，企业信息资源管理的中基层管理人员，以及企业管理信息系统的专业人员。

组织信息管理工作中最关键的任务由CIO负责。除了CIO之外，还必须组织一支在CIO领导下的精干队伍才能有效地开展各项信息管理工作。

信息时代的信息从业人员包括活跃在各级各类图书馆、情报机构的社会信息工作人员、企事业信息人员、智囊机构成员和咨询人员、信息经纪人、教育培训人员、信息技术人员等。信息从业人员必须具备对信息资源价值的识别能力，必须树立信息资源的开发与利用观念，必须掌握必要的信息处理手段。

美国企业管理协会对CIO（chief information officer）的定义是“负责一个公司或组织信息技术和系统所有领域的高级官员”。CIO的使命是为组织贡献技术远见和领导能力，主动开发和实施IT应用，在持续变化和激烈竞争的市场中创建并保持企业的领导地位。CIO通过指导对信息技术的利用来支持公司的目标。CIO具备技术和业务过程两方面的知识，具有多功能的概念，常常是将组织的技术调配战略与业务战略紧密结合在一起的最佳人选。

CIO集战术和战略管理于一身，是企业决策层与信息管理层之间的纽带。CIO既是技术专家，也是管理专家，既有高超的工作技巧，又具有相当大的人格魅力。他们直接向最高管理决策者负责，并与首席执行官（CEO）、首席财务官（CFO）一起组成企业组织的“CEO-CFO-CIO三驾马车”。CIO是信息在技术因素、人文因素和经济因素三者综合之下的资源管理的产物。CIO富有管理经验、技术才能、经营头脑、信息素养、应变能力、表达能力、协调能力和领导能力。CIO的任务是协助本部门的主要负责人运用现代信息技术实现本部门的基本管理目标，组织本部门的信息系统的建设和管理，组织本部门的全体人员学习和使用现代信息技术。

现在绝大多数世界500强企业已经实行了CIO体制。建立完善的CIO制度、促进信息化建设、跟上国际节拍已经成为中国加快企业信息化进程的当务之急。在中国，CIO已经被国人广泛关注：2009年4月28日，国务院国资委发文明确提出建立首席信息官制度，设立信息化专职管理部门。2009年6月1日，原银监会发布《商业银行信息科技风险管理指引》，明确要求商业银行设立一个由来自高级管理层、信息科技部门和主要业务部门的代表组成的专门的信息科技管理委员会，并设立首席信息官，直接向行长汇报，并参与决策。

第二节　信息管理人员的素质与能力

随着信息管理的不断丰富和发展以及信息环境和技术的瞬息万变，整个社会对信息管理人才的要求也在不断变化和提高。因此，今天的信息管理工作要求我们更具战略眼光，拥有更全面的知识，掌握更切合实际的方法，总之，具有更高的信息素质。

作为新一代的信息化人才，我们应当具备更新的观念和知识结构，而这些都与完备的能力培养体系密不可分。本节即将展开描述的就是信息化人才的观念更新、知识结构以及能力培养。

一、信息化人才的观念更新

信息化人才应当有如下六种新型观念：信息观念——科学决策靠信息；环境观念——眼睛向内和向外兼顾；风险观念——承认和主动迎击不确定性；创新观念——注重研究和开发；协作观念——尊重人才，以人为本；法制观念——知法守法，依法办事。

信息贯穿于政治、经济、军事、科学、教育、文化、艺术和社会生活的一切领域。信息在人类社会发展中的重要作用，以及现代社会进入信息社会的新形势，要求各个层次的信息化人才都要有信息观念，最敏捷地掌握信息，最有效地运用信息，从而能最果断地作出正确的决策。信息化人才应当能够从科技、经济、社会全方位地正确认识信息的战略地位和作用，积极主动地把信息传输到社会各个领域，使之尽快地转为直接生产力，以推动人类社会的进步。

信息环境是信息化的基础，包括人员环境、技术环境、信息资源环境、网络环境以及政策环境等。从企业角度分析，企业信息环境可分两个方面，即企业信息化的内部环境和外部环境。内部环境包括企业管理机制、企业人员的技术力量和素质，甚至管理者的思想意识等。对这些内部环境的基本要求是企业应建立起一套符合信息化要求的管理方法与制度，以从真正意义上保障企业信息化的效率，提高企业的竞争力。外部环境涉及的因素较多，主要有信息技术水平、网络化程度、国家有关的政策法规、信息资源的合理布局等。影响企业信息化外部环境的因素来自多个方面，有政府的、企业的以及技术的等诸多方面的因素。因此，要建立起一整套完善的信息环境理念，必须既注重内部环境，又着眼于外部环境，二者兼顾，缺一不可。

20世纪90年代以来，随着经济全球化和世界科技革命，我国的信息技术、信息产业和信息网络蓬勃发展。信息安全日益突出，风险管理的重要性空前彰显。在我国的信息安全实践中，绝对安全的观念束缚着风险管理思想的树立，主观上风险意识淡薄影响着对我国在信息安全上面临高风险形势的认识。现代信息系统在规模上日益庞大，网络结构日益复杂，需要更先进的理论和手段进行有效的风险分析、评估和管理，需要将风险管理理论与信息安全实践更加紧密地结合在一起。因此，新型的信息化人才应当具有承认和主动迎接不确定性的风险观念，能够把风险管理思想、理论和方法与信息系统的等级保护工作紧密结合起来，普及风险管理知识，增强信息安全风险意识，深化风险管理理论研究，科学规范风险管理工作体系，重视技术开发，打造新的高效风险评估工具，加紧建设风险管理的专业队伍。

习近平总书记在中国科学院第十九次院士大会、中国工程院第十四次院士大会上发表重要讲话，指出：我国对世界科技创新的贡献率大幅提高，已经成为全球创新版图中日益重要的一极。信息科学同样离不开创新。只有注重研究和开发，不断创造出新思想、新理论，并将思想理论与信息化实践相结合，才能更深地推进发展信息化产业。中国的信息化道路还十分漫长和坎坷，中国的信息化人才必须具有创新的紧迫感，通过跨越式的创新来缩小与发达国家的信息化差异，使中国信息化焕发出无限生机。

在信息建设过程中需要信息化人才的团队协作。工作团队通过成员的共同努力产生积极的协作作用，使得团队的绩效水平远大于个体成员绩效的总和。信息化建设是一个长期的复杂过程，需要群策群力，在尊重人才的基础上强调以人为本，强调团队协作，以产生最大化成果。

健全和完善的法律制度能够保障信息化建设的顺利进行。拥有基本的法制观念(例如经济法基本知识、知识产权法基本知识、WTO相关知识)，知法守法，依法办事，是信息化人才必备的自身素质之一。

二、信息化人才的知识结构

现代新型的信息管理人才应当是复合型人才，具有全面均衡的IT知识结构。正如图10-1所示，他们必须具有计算机科学知识、管理科学知识以及系统科学知识等。也就是我们常说的一手抓信息技术，一手抓管理科学，用系统理论的思想武装我们的头脑。

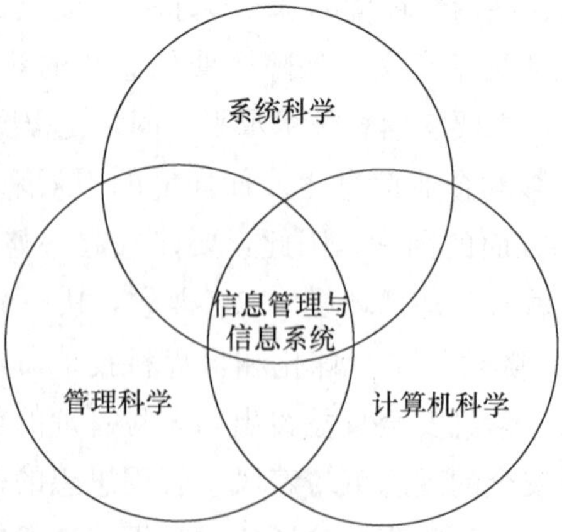

图10-1 信息管理与信息系统人才的复合型知识结构

信息化人才必须掌握信息技术知识，因为这是信息化人才的安身立命之本。同时，信息化人才又必须掌握管理知识，因为IT是为业务服务的，任何先进的信息系统都是先进的管理理念和最佳实践的反映，IT只有与业务紧密地结合才能产生真正的价值。另外，信息化人才还需要掌握系统理论的知识，系统理论是关于方法论的科学，是指导人们系统地做事情、想问题的基本原则和规律。信息化人才面对的是具有很高的不确定性的复杂环境，信息化人才要想依靠严格定义的流程、可度量的绩效指标和方法论管理 IT 功能就必须掌握系统理论的知识。

综上所述，新型信息人才应当迅速掌握现代信息社会的最新技术手段，譬如系统科学和系统工程的新成果（如复杂适应系统、统一建模语言等）、管理科学的新发展规律（如业务流程再造）、计算机技术的新发展（如软件工具、多媒体等）和通信技术网络的新发展（如 WEB 等），建立稳定可靠的信息收集和处理系统，为决策建立辅助和支持体系，为信息产业和信息服务业发挥能量。

三、信息化人才的能力培养

随着信息部门角色逐渐向 IT 价值链[①]的上层转移，信息化人才的知识及能力需求将不仅注重信息技术，而且更需要企业的业务战略、组织结构、业务流程等方面的知识和构建 IT 应用解决业务问题的经验、技能，以及与业务用户沟通、协作等人际关系能力，从而更好地设计和实施 IT 驱动的业务创新。对于信息化人才来说，一个信息化人才需要具备三个方面的能力：技术能力、业务能力、行为能力。

全球知名的信息技术研究与咨询集团 Gartner 的执行官项目（Gartner EXP）开发出了一个信息化人才的 25 种基本能力的列表，其中包括 6 种技术能力、9 种业务能力和 10 种行为能力（见表 10－1）。

表 10－1　　Gartner 的 25 种新 IS 能力

技术（T）	业务（B）	行为（H）
T1 理解现有系统和技术 T2 设计和开发应用 T3 运用流程、工具和方法 T4 系统集成 T5 设计技术架构 T6 了解新兴技术	B1 理解业务实践和方法 B2 理解业务组织、政策和文化 B3 行为商业化 B4 理解和分析竞争形势 B5 管理项目 B6 管理业务中 IT 应用的变更 B7 计划、排序和管理工作 B8 沟通/听取和收集信息 B9 关注顾客	H1 领导、激励和建立信任 H2 创造性思维和创新 H3 关注结果 H4 战略性思维 H5 培训、授权与发展 H6 建立关系与团队合作 H7 影响力和说服力 H8 基于准则的协商 H9 解决冲突和问题 H10 适应能力

不同层次的信息化人才要求具备不同的能力素质。《新型 CIO 领导》一书对信息化部门中 5 种角色的能力进行了描述，如表 10－2 所示。没有一种角色的描述包括了全部 25 种能力。同时也没有一个角色，甚至是 IT 领导的角色，要求所有相关能力的表现都必须是高级水平或教练水平。虽然技术改进和架构开发强调技术能力，但不管是业务能力还是行为能力对于这些角色来说都是非常重要的。业务增长角色最强调业

① 请参考第九章第三节的相关内容。

务能力，而IT领导角色更倾向于业务能力和行为能力。这些能力的要求也不是静止不变的。随着外部环境和组织环境的变化，不同角色的能力要求也会不断发生改变。

表10-2　角色和能力的匹配

能力	角色				
	供应商管理	技术改进	业务增长	架构开发	IT领导
技术					
T1 理解现有系统和技术	☆	★	☆	★	●
T2 设计和开发应用	○	☆	●	●	
T3 运用流程、工具和方法	●	☆	●	●	●
T4 系统集成	●	☆	●	●	●
T5 设计技术架构		●		★	●
T6 了解新兴技术	●	★	●	★	●
业务					
B1 理解业务实践和方法	☆	○	★	☆	☆
B2 理解业务组织、政策和文化	☆	○	☆	●	★
B3 行为商业化	★	●	☆	●	★
B4 理解和分析竞争形势	●	○	★	☆	★
B5 管理项目	●	●	★		☆
B6 管理业务中IT应用的变更			★	☆	☆
B7 计划、排序和管理工作	☆	●	●	●	●
B8 沟通/听取和收集信息	●	●	☆	☆	☆
B9 关注顾客	●	●	★	●	☆
行为					
H1 领导、激励和建立信任	●	●	★	●	★
H2 创造性思维和创新	●	●	☆	☆	☆
H3 关注结果	☆	☆	☆	☆	☆
H4 战略性思维	●		●	☆	★
H5 培训、授权与发展	●	●	●	●	★
H6 建立关系与团队合作	★	☆	★	●	★
H7 影响力和说服力	☆	●	☆	☆	★
H8 基于准则的协商	★		●		☆
H9 解决冲突和问题	☆	●	☆		☆
H10 适应能力	●	○	●	☆	☆

表现水平：○ 基本；● 精通；☆ 高级；★ 教练。

第三节　信息管理人才的培养模式

信息管理专业是一个社会急需的、综合性的、实践性的学科，它是我国教育界的一个重要的新学科。正如图 10－2 所示，面向我国各层次的信息化建设的发展，积极探索并建立科研与实践互动融合的教学模式与培养机制，以培养现代信息管理人才的创新精神与实践能力，将信息管理专业的学生培养成为理论结合实际、跨学科的、综合型的信息化建设骨干力量。

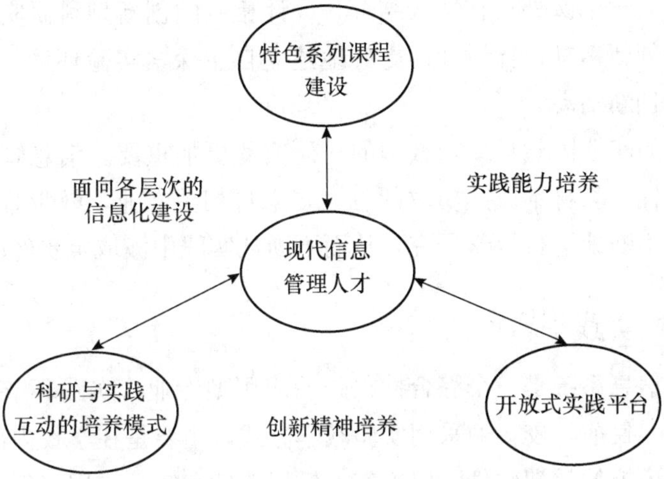

图 10－2　信息管理人才的培养模式

一、特色系列课程建设

目前，我国绝大部分本科高校都开设了“信息管理与信息系统”本科专业，在这些高校中，既有国家“985”重点建设的研究型院校，也有面向行业、地方发展的特色院校。在众多高等院校中，不同高校分别有不同行业背景的办学特色，而信息技术对不同行业的渗透促使这些行业发生一系列质的变化，对组织的变革产生深远的影响，这就造成了不同行业对信息化人才都在提出新的需求。因此，不同高校之间的课程设置方面应紧密结合行业特色、地方经济及专业历史等，设置特色系列课程，从而促使学生在掌握信息化基础理念与技术知识的同时，具备在领域知识、技术方向及职业定位等方面的差异化竞争能力。

二、科研与实践互动的培养模式

信息化建设历史就是各种模式不断尝试、失败、转型和成功的历史。因此，由于其本身就是动态发展的学科方向，因而信息化建设对于人才的创新能力要求极高，从事信息化建设领域的工作就需要进行不断的研究与创新。从事信息管理专业教育，一定要认识到现在教给学生的东西都是不甚成型的东西。尽管不同学者可以从不同角度提出信息管理理论框架，但是远没有可供教学的系统化理论观点与知识体系。信息管理人才培养绝非仅仅学习现有成熟的理论，然后再运用于实践——如果偏重这样的培养理念，就是一件非常危险的事情。

信息管理教学与实践的关系在很大程度上不只是加深理解，更是对信息管理课堂教学的重要补充和修正。作为信息管理专业的学生，应该拿出相当大的一部分时间与精力投身于一线的、活生生的信息化建设实践，需要从真实信息化实践中不断学习（learning by doing），光靠书本知识或重复性实验是非常不足的。教师应努力将科研工作与实践教学、大学生课外科技实践结合，设计相应的创新型科研实践活动及参与机制，培育学生的创新精神；探讨如何更好地建立自主探索实验环境，由教师指导学生参与科研和实践创新活动。

另外，学生的实践固然重要，教师的科研实践更加重要。信息管理专业与一些很成熟的学科不一样，教材不成熟，教师也大多来自相关专业，教学难度比较大，所以作为教师更应该不断地进行科学研究，从而不断从实践中汲取宝贵经验、归纳知识。

三、开放式实践平台

信息管理与信息系统是一个综合性很强的应用型专业，实践环节是教学环节中很重要的一个部分。目前学校普遍采用实验教学方式，主要是在学校内部的实验室实训，一般是采用一些模拟的教学软件，但事实上模拟软件和实际应用有很大差距。

我国高校应积极探索与各类企事业单位协作建立实习基地作为开放式实践平台，使学生能够在企业实际环境中学习并积累经验，从而能够在毕业之后较快适应信息化建设的相关工作岗位的工作并履行相应职能。今后，高校必将与企业加强合作，探索更为高效、双赢的合作机制，从而促进高层次的信息管理人才的培养与供给。

小　结

本章介绍了我国信息化人才的现状和需求，分析了不同层次的信息化人才需要具备的知识结构和能力素质，最后介绍了信息化人才的培养模式创新。

关键词

信息化人才　　CIO　　技术能力　　业务能力　　行为能力

思考题

1. 现阶段我国的信息化人才具有哪些特点？
2. 什么是信息化人才？首席信息官的含义是什么？有什么重要作用？
3. 信息化人才应当具有哪些新型观念？具体是什么？
4. 信息化人才应当具有什么知识结构？

5. 信息化人才应该具备什么能力？

6. 信息化人才的培养有哪些途径？

参考文献

［1］潘晨光. 中国人才发展报告. 北京：社会科学文献出版社，2004

［2］左美云. CIO 知识体系指南. 北京：电子工业出版社，2004

［3］何克抗. 迎接 21 世纪对高等师范教育的挑战. 教育技术通讯，1998-10-20

［4］王相东. 我国中小学信息技术教育的现状与前景. 中国教育报，2001（9）

［5］谭浩强. 高等学校中的计算机基础教育. 计算机世界，1995（18）

［6］黄荣怀. 教育信息化与信息化人才培养. 计算机世界，2002（15）

［7］徐兴锋. 印度、爱尔兰软件产业扶持政策及其对我国的启示. 国际贸易，2007（5）

［8］布罗德本特，基齐斯. 新型 CIO 领导. 杨波，译. 北京：商务印书馆，2008

第十一章

信息化建设

引　言

在前面的章节，我们已经讨论了信息管理的手段——信息技术、信息管理的理论基础——管理科学、信息管理的思想方法——系统科学、信息管理的内容和地位、信息管理的对象——信息资源、信息系统的建设方法、信息管理中的非技术因素以及信息化人才的培养。这几部分共同构成了国家信息化体系的六大要素，即信息技术的应用、信息资源、信息网络、信息技术和产业、信息化人才、信息化的政策法规和标准规范。因此，作为全书的最后一部分，我们在本章将探讨国家的信息化建设。我们首先以美、英、日、新四国为例，主要从这几个国家信息化建设的战略目标、基本思路、具体举措等方面介绍一下国外信息化建设的历程，接着回顾一下我国信息化建设的发展历程。

第一节 发达国家信息化建设的历程

信息技术的发展，特别是网络技术的发展，正在改变着人们几千年来形成的信息传递方式、人际沟通方式和社会管理的组织方式，并深刻地影响着社会生活和政府运作的方式。从世界范围来看，工业社会型经济逐渐为全球化的知识经济所取代。信息已成为一种战略性资源，信息资源管理和知识管理成为各行业的核心管理领域。信息和知识的生产、加工与处理成为创造财富的基础。以信息和知识为基础的信息产业已成为全球经济的主导产业。用知识和信息推动社会发展，已成为世界各国的基本国策。世界上许多国家都把信息化建设作为国家战略发展的重点。现以美国、英国、日本、新加坡这四个在信息化建设上有代表性的国家为例，介绍一下国外信息化建设的历程。

一、美国

美国是世界上信息化水平最高的国家，也是世界第一科技大国。美国政府高度重视本国的信息化建设，把信息化发展战略作为国家总体发展战略的重要组成部分。美国信息化建设的战略目标是：通过继续占据信息技术研发和应用的制高点，提高信息占有、支配和快速反应的能力，从而主导未来世界的信息传播，保持和扩大信息化方面的整体优势。

在互联网和电子商务领域，美国占据了世界主导地位。联邦、州和主要地方政府的机构、所有重要媒体、各个产业部门的主要企业以及提供社会服务的主要机构均已联网。根据 2011 年的数据，全球互联网的通信量中有 90％在美国发起、终结或通过，互联网主机和用户的 60％以上集中于美国。互联网的代码与域名政策均由美国主导，负责全球域名管理的 13 个根服务器中有 10 个在美国。在由互联网驱动的全球电子商务活动中，美国的交易额稳居世界第一位。

美国信息产业的发展大体可分为三个阶段①：早期发展阶段、大规模民用化阶段、互联网时代。早期发展阶段大体上从第二次世界大战期间到 20 世纪 70 年代末，以大型计算机的发展应用为主，在此阶段，政府军事需求对信息技术产业的发展起到了重要的拉动作用。大规模民用化阶段大体上从 20 世纪 70 年代末到 90 年代初，以个人计算机的大规模普及应用为特征。互联网时代大体上从 20 世纪 90 年代初开始，以互联网的广泛应用为特征。

① 乔为国. 美国信息技术产业成长中政府政策及启示. 中国科技论坛，2007（8）.

美国政府信息化建设的基本思路是①：从规划、政策、示范推广、宣传培训、研究开发五个方面入手，推动全社会信息化的发展。

美国在信息化建设中实行社会化大分工。国家从宏观上推动，重点在政府和公益性机构的网络建设和应用以及政策法规的制定、普及宣传与培训方面进行投入，并重点资助信息技术的研究与开发；地方政府着眼于本地平台建设；通信信道建设引入竞争，由企业投入；企业内联网由用户负责，并充分利用现有网络资源实现内联网与互联网的互联；有计划地放开信息服务业。

在电子商务建设方面，美国政府的做法是把权力分散给私有机构、企业和国际组织，让市场自由发展，只有当其必要性非常明显时政府才采取准确的行动。美国政府推进信息化建设的具体措施包括：

（一）将“信息高速公路”建设作为政府的施政纲领，推动网络基础设施的建设

1993年克林顿政府提出“国家信息基础设施（NII）行动计划”，将“信息高速公路”建设作为其施政纲领，计划投资4 000亿美元建设国家信息基础设施。1994年提出“全球信息基础设施（GII）行动计划”，鼓励私营部门投资，促进竞争，为所有信息提供者和使用者提供开放的网络通道，保障普遍服务。

1996年美国通过了新的《电信法》，消除电信行业的垄断，开放所有的电信市场，促使美国电信行业展开新的竞争和重组，从而推动高速宽带网络的建设。

2010年3月，联邦通信委员会向国会提交了国家宽带计划，力图确保整个宽带生态系统（网络、设备和应用程序）的健康发展。该计划重点包含四个方面：一是建立竞争机制，通过健康竞争使消费者利益最大化，并在此基础上促进创新和投资；二是通过对国有资产进行有效分配及管理，促进宽带基础设施建设的实施，并降低竞争门槛；三是创建激励机制，普及宽带服务，确保所有美国人都有足够的能力使用宽带服务，支付得起宽带服务费用，具备利用宽带网络开发数字文化的技能；四是完善法律、政策、标准和奖励措施，在政府主要部门最大限度地发挥宽带带来的好处。

（二）制定一系列政策和计划，占据信息技术研究与开发的制高点

美国政府一贯重视信息技术的研发，联邦政府大幅增加对信息技术领域的研发的资金投入。另外，通过放松管制等措施促进风险投资产业的成长，通过减免税收等手段刺激企业技术创新，通过从全球范围吸引IT人才等措施推动美国IT技术的发展，使美国始终站在信息技术领域的最前沿。2011年的《美国创新战略：确保我们的经济增长与繁荣》提出：重建美国在基础研究方面的领先地位，建设先进的物质基础设施，发展先进的信息技术生态系统；在未来五年内使美国高速无线网络接入率

① 信息产业部电子科技情报研究所研究部. 美国政府推进信息化建设的思路和措施. 中国信息年鉴，2003卷.

达到98%。

（三）推动电子政府的发展，逐步完善各项服务

美国政府提出NII行动计划之后，就着手考虑建设电子政府，其目标是：通过信息技术的应用改进政府组织，重组公共管理，最终实现办公自动化和信息资源的共享，使得人们可以从不同渠道获取政府信息和服务。

2000年9月美国政府建立门户网站“第一政府”——www.Firstgov.gov，2007年1月更名为“美国网”——http://www.usa.gov。目前，美国的政府网站建设已经趋于完善和成熟。美国联邦政府和州政府已全部联网，几乎所有郡市都建有自己的站点。任何一个寻求政府在线服务的人都可以很方便地找到所需要的各种服务。G2C、G2B和G2G构成了美国电子政府三位一体的服务。

美国设立了CIO制度。《2001电子政府法案》规定在联邦政府管理和预算办公室内设立一个联邦首席信息办公室主任席位，下设信息政策办公室以及信息与规范事务办公室，目的是统筹政府各部门的电子政府管理、建设、监督、执法等各项工作，加强统一领导。

“9·11”事件后，美国颁布的《爱国者法案》和《国土安全法案》都含有授权政府对互联网进行监控的条文，美国政府或者执法机构可以依法监控所有“危及国家安全”的互联网信息，并采取屏蔽等措施。2010年，美国又通过了《将保护网络作为国家资产法案》，授权美国联邦政府在紧急情况下可以关闭互联网。

2012年5月，美国政府发布了题为《创建21世纪的平台更好地为美国人民服务》的数字政府战略，提出以信息为中心、共享平台、以客户为中心、安全与隐私四大战略原则及具体措施。

2013年美国宣布了一项新的《开放政府国家行动计划》，该计划包括六项进一步推动这些工作的雄心勃勃的新承诺。这些承诺包括扩展开放数据、使《信息自由法案》（FOIA）现代化、提高财政透明度、提高公司透明度、增进公民的参与和权能，以及更有效地管理公共资源。

（四）积极发展电子商务

美国政府通过加强组织领导和颁布法律法规推动电子商务的发展。1996年底，克林顿亲自倡导成立了跨部门的电子商务管理协调机构——美国政府电子商务工作组；1997年颁布《全球电子商务政策框架》；1998年，美国国会成立了电子商务顾问委员会；1998年10月，美国通过了《互联网税收自由法案》；1999年美国通过了《美国统一电子交易法案》；2000年，美国国会通过了《全球和国内商业法中的电子签名法案》；等等。这些措施有力地推动了电子商务的发展。

（五）加强知识产权的保护，增强网络的安全性，提高消费者对网络的信任度

1995年，美国政府发布了题为《知识产权和国家信息基础设施》的白皮书，主要建议包括版权所有者有权支配其数字形式的作品的临时和永久性复制等。1998年，美国国会通过了《数字千年版权法》。1999年，为遏制域名抢注的投机狂潮，美国国会通过了《反域名抢注消费者保护法》，规定恶意地将商标注册为域名是非法的。

美国政府提出《信息系统保护国家计划》，旨在构建联邦政府的信息安全模式，推动公众与民营之间的自愿合作，以保护信息基础设施。美国联邦贸易委员会（FTC）对网上的违规行为进行调查。对于网上的欺诈行为，司法机构按刑事犯罪进行审理。美国联邦调查局（FBI）与国家白领犯罪中心开放互联网投诉中心，该中心通过FBI的网站在线接收来自公众关于网上犯罪的投诉，审查立案的必要性。

2011年4月15日，美国发布了《网络空间可信身份国家战略》（NSTIC），计划用10年左右的时间，构建一个网络身份生态体系，推动个人和组织在网络中使用安全、高效、易用的身份解决方案。为此，美国成立了专门的主管办公室，负责协调政府和私人部门的活动，并牵头制定实施路线图。

这些措施使美国的信息化相关产业始终占据着制高点，诞生了微软、苹果、谷歌、Facebook、SecondLife等引领行业发展的领先企业。

二、英国

英国政府非常重视信息化的发展。英国政府认为：在网络经济时代，为了能够在未来的商业竞争中取得胜利，信息技术是至关重要的。确保尽可能多的人接触信息技术和使用网络等先进的信息技术是推动经济发展的先决条件。英国前首相布莱尔曾说过，“我们的经济正在发生变革，最基本的变化不是追求‘德康’（dot-com）时尚，而是向知识经济的真正转移”。为此，英国政府将国家的信息化建设放在十分重要的位置，并采取了一系列措施。

1998年5月，英国首相布莱尔在《我们的信息时代：政府的观点》中首次宣布要使英国处于全球信息技术的领先地位这一战略决策，阐明了面对信息时代的挑战，英国政府对应挑战的总观点。

1998年12月，政府发表了白皮书《我们的未来：建立竞争的知识经济》，进一步明确了英国信息化建设的目标，提出到2002年，要使英国成为世界上最适宜发展电子商务的地方，要使英国小型企业信息化处于西方七国的领先地位。该白皮书明确了政府支持和发展电子商务的决心，阐明了英国把企业信息化建设的重点定位在电子商务上。

1999年3月，在《政府现代化》白皮书中，英国政府又进一步提出：到2008年，所有政府服务都要联网；要求所有公共服务实现全天候24小时服务，政府各部门要联合行动，务必实现该目标。

据报道，互联网占英国经济的比重已相当可观，其互联网经济已经大于医疗、建筑以及教育产业。

英国政府推进信息化建设的具体措施包括①：

（一）重视信息化基础设施建设

英国政府2009年推出“数字英国”计划。根据该计划，2012年英国所有地区都将得到互联网高速宽带服务，每个国民都可从中受益。为提高数字网络的使用，政府将耗资3亿英镑来实施“数字入户”计划，以保证低收入家庭的儿童能够使用计算机和互联网。到2015年，全英国的广播电台都要实现数字化。

2010年，英国政府宣布了一项名为“超快宽带未来”的战略，计划投入8.3亿英镑的政府资金，到2015年前向全国90%的人口提供超高速宽带服务，让每个社区都拥有“数字中心”，让英国拥有欧洲最好的超高速宽带网络。

2011年12月8日，英国商业、创新与技能部（BIS）发布了《促进增长的创新和研究战略》，计划通过投资于科研和创新来促进英国经济的增长。该战略强调了信息化基础设施和开放数据利用的重要性，指出英国将投巨资建设信息化基础设施，并通过开放公共部门所拥有的数据、信息和研究成果来激励创新，使这些数据的经济和社会价值最大化。该战略提出以下计划：英国信息化基础设施战略愿景、建立世界上首个“开放数据研究所”等。

2014年1月21日，英国工程与物理科学研究委员会（EPSRC）发布了未来10年的信息化基础设施路线图，提出基础设施、连接、能力和集成四个相关主题的愿景目标，以及五个方面的行动计划。

（二）兴建各类中心，网上开课，降低费用，加大投入

英国建立了6 000多个网络服务中心，用于帮助公民学习使用互联网和信息技术，以确保每个人都不被排除在信息时代以外。2000年秋，政府开通learndirect网站，在网上提供各类课程或各类课程信息，这样，任何人都可以在家里学习或通过learndirect网站找到自己所需的课程。为实现全民上网，经政府的努力及协调，目前，在非高峰时段，英国已经成为世界上上网费用最低的国家。

（三）明确工作重点，加强组织领导，加强法制建设

英国政府在推进企业信息化建设的过程中，对大型企业和小型企业采用了不同的策略。对于大型企业，由于其大多数本身基本上能达到与国际接轨的程度，政府主要通过给其提供一个有利于信息化发展的环境来帮助其发展信息化。对于小型企业，政府则通过直接提供咨询和帮助，使其能很快地使用现代信息技术。为了在全国范围内有统一、协调的领导，英国政府特别任命了两位专门负责电子商务的官员。一位是电

---

① 王小飞，张晓明．英国政府及企业推进信息化建设的举措．全球科技经济瞭望，2001（6）．

子商务专员，另一位是电子商务大臣。电子商务专员具体负责管理各类电子商务活动，制定英国信息时代的方针政策。电子商务大臣则全权负责政府信息化工作，其作用是领导和协调政府各部门，并有权直接向首相汇报有关信息化方面的事务。这类高职位官员的设置在英国历史上尚属首次，它表明了英国政府要在21世纪建成世界最先进的电子商务的决心。

英国还制定了一系列电子商务法律，保障电子商务的发展。2000年7月25日，英国开始实施《电子通信法案》，使电子签名及其他电子证明在法庭上与手写签名具有同等法律效力，从而使英国成为最先承认电子签名合法化的国家之一。2000年10月31日，《远距离售货管理办法》开始实施，该法规对采用电话、传真、互联网等消费方式的消费者的权益提供了保护。

英国政府还高度重视信息经济发展。为促进信息经济发展，2013年6月，英国政府发布了《信息经济战略2013》，确定了四个主要目标：建立一个强大的创新型信息经济部门，向世界出口最先进的产品和技术；促进英国企业积极使用信息技术和数据；保证公民从数字时代中受益；巩固英国信息产业的发展。该战略从技术创新、集群发展、市场产业链、公众需求、人才教育以及其他专项建设等多个方面入手，明确了英国信息经济近年的发展方向。

（四）开展专项计划，开设专门网站

1996年英国贸易和工业部发起了“信息社会计划”（ISI），目的在于鼓励英国各行业充分发展和利用信息与通信技术，开拓业务市场，提高业务效率，增加利润，提高竞争力。到1999年底，英国全国已经建立了100个ISI支持中心，对企业信息化提供咨询和支持。该计划的实施使一批中小企业通过信息化得以生存与发展。

为促进中小企业的信息化，英国政府专门建立了一个名为Online for Business的网站。该网站专门为中小企业的信息化提供帮助。为了鼓励中小企业发展电子商务，唤起它们对电子商务的热情，在政府的支持下，该网站还设有每年一度的电子商务奖，奖励在电子商务方面取得突出成绩的中小企业，奖金最高达数万英镑。该网站在英国推进中小企业的信息化建设方面起到了十分重要的作用。

三、日本

日本是资源和国土都不占优势的国家，但却是一个经济大国，也是信息化发展的强国。一直以来，日本政府在推进信息化建设方面的基本思路是：以企业为主体，中央政府、地方政府及公共团体明确分工，采取有关措施，改善环境，消除地理、年龄和身体健康状况导致的不利于信息化的障碍，使每个人都有平等的机会使用信息网络。

日本政府在信息化建设中主要发挥了两方面的作用：一是为民间机构发挥信息化

主导作用提供必要的环境条件，如修改阻碍信息化的相关法律法规、不断改进和完善政策措施等；二是推进民间机构力所不能及的领域的信息化建设，如政府信息化、消除社会各阶层间存在的数字鸿沟、研究开发民间机构无法独立进行的科研项目。政府部门通过多种形式，随时将推进信息化的有关资料向社会公布；通过各种宣传活动帮助国民了解信息网络社会。日本中央政府、地方政府和社会团体在有重点地实施政策措施时，相互协作，共同推进。

20 世纪 90 年代以来，日本信息化发展虽然速度很快，但从国际比较来看，总体上却处于相对落后的状态。日本信息化的主要指标与美国以及挪威、瑞典、丹麦和芬兰等北欧国家相比有明显的差距。为了改变这种局面，日本政府于 2000 年 11 月 27 日通过《IT 国家基本战略》，正式决定以 IT 立国，并提出了实施“e-Japan”的设想。①

“e-Japan 战略”于 2001 年 1 月 22 日正式公布。“e-Japan 战略”特别强调制定 IT 国家战略的必要性，提出了日本推进信息化社会发展的目标和四个重点政策领域。其中，推进信息化社会发展的目标是：第一，所有国民都具有信息读取能力，不受地理条件、身体条件和经济条件的制约，都能够自由而安全地交流丰富的知识和信息；第二，根据自由而有规则的竞争原理，能够经常而多样化地推动有效率的经济结构改革；第三，从世界各国吸收知识和才能，拥有世界上最丰富的信息、最先进的技术和最强大的创造力，并向世界传播日本的信息和技术，为全球性知识创新型社会的进步和发展作出国际贡献。四个重点政策领域是：（1）建立超高速网络系统；（2）完善电子商务交易规则；（3）建设电子政府；（4）加强人才培养。

截至 2005 年，日本基本实现了 5 年内建成世界上最先进的 IT 国家的目标。在此基础上日本 IT 战略本部于 2006 年 1 月 19 日又制定了《IT 新改革战略》，要求 2010 年前在世界上率先完成依靠 IT 的改革，自律性地实现日本经济的可持续发展，建设所有人都能够自主地参与社会活动的协调型的 IT 社会。为实现《IT 新改革战略》的目标，IT 战略本部在《2006 年 e-Japan 重点计划》的基础上，于 2007 年 7 月 26 日又制定了《2007 年 e-Japan 重点计划》，提出了推动 IT 改革、尽早建设一个富有创造性和充满活力的可持续发展社会的新目标。

2004 年 5 月日本提出“u-Japan”构想，其中提出了 Ubiquitous Network 的概念，即要在 2010 年建成一个所有人在任何时间、任何地点都能够上网并充分享受信息化好处的“无所不在的网络社会”，其目的是通过非常方便的网络设施和低廉的收费促进信息交流，把 IT 普及到经济、社会活动的各个方面，用信息化解决高龄化所带来的各种社会问题，推动日本经济的新发展。

---

① 刘昌黎. 日本政府推进信息化发展的政策措施. 日本学论坛，2008（2）.

2009年7月，日本推出了“i-Japan战略2015”计划，较详细地阐述了ICT领域的政策动向，号召全国以创新为原动力，放眼全球ICT市场，加速日本国家所持强项技术的研究开发，挖掘可以向世界延伸和有助于解决社会课题的日本专有技术。

2012年7月3日，日本总务省ICT基本战略委员会发布了《面向2020年的ICT综合战略》（草案），提出实现“活跃在ICT领域的日本”的目标，设置了五个重点领域，并制定了相应的五大战略和具体措施。

四、新加坡

20世纪80年代，新加坡开启了信息化时代。新加坡政府在信息化方面先后提出了“国家电脑化计划”“国家IT计划”“智慧国2015”等多项计划，国家信息化水平不断提高。

20世纪80年代，新加坡政府提出“国家电脑化计划”，该计划在新加坡的政府、企业、商业、工厂推广电脑化的应用。在此期间，政府通过“国家电脑化计划”“国家IT计划”两个五年计划来加速政府信息化进程。

1980—1985年间，政府成立了国家计算机化委员会和国家电脑局，旨在推动政府机构内部普及计算机，实现办公自动化。1986年新加坡实施了第二个五年计划——“国家IT计划”。政府建成了23个政府主要部门的计算机网络，以实现数据共享，并在政府和企业之间开展电子数据交换（EDI），其中贸易网、法律网和医疗网最为突出。

1991年新加坡政府制定了信息化第二个十年战略——“国家科技计划”。该计划的目标是从1991年到2000年，在行政和技术层面上解决城市信息互联互通和数据共享的问题，将信息共享从政府扩展到全社会，消除“信息孤岛”。

1992年新加坡又进一步实施了国家信息基础设施计划——“IT 2000计划”，计划在10～15年内，建设覆盖全国的高速宽带多媒体网络，在家庭、工作、休闲等方面普及信息技术，在地区和全球范围内建立联系更为密切的电子社会，将新加坡建成智慧岛和全球性的IT中心。

1998年新加坡全面运行并且覆盖全国的高速宽带多媒体网络（Singapore ONE）对企业和社会公众提供全天候不间断的网络接入服务，新加坡就这样不知不觉地进入了信息产业的前沿。

进入21世纪，新加坡又提出了“信息与应用整合平台——ICT”计划。该计划的目的是推进信息、通信、科技在新加坡经济和现代服务业领域内快速成长；促进信息与应用整合平台成为新加坡重要的经济平台，每一个行业都有能力应用数字化技术和电子商务来改变传统的经济模式，将传统的行业改造为知识型的经济；提高人们的生活质量，使新加坡成为一个信息化的社会。

2006 年 6 月，新加坡启动了第 6 个信息化产业十年计划“智慧国 2015”（iN2015）。该计划提出了创新（innovation）、整合（integration）和国际化（internationalization）三大原则。该规划旨在通过一系列有益于公众、企业和全球社会的行动，到 2015 年将新加坡建设成为一个信息技术支撑的智能化国家和全球化城市，确保新加坡在未来 10 年的全球经济竞争力。其规划目标是：创建新型商业模式和提升解决方案的创新能力，核心在于提升跨地区和跨行业的资源整合能力。该计划通过利用信息与网络科技提升七大经济领域，即数字媒体与娱乐、教育与学习、金融服务、电子政务、保健与生物医药科学、制造与后勤、旅游与零售。

为确保“智慧国 2015”计划的目标能够顺利实现，新加坡政府还制定了四项战略，涵盖了基础设施建设、资讯通信产业的发展、人才培养、经济的提升。具体来说，包括构建下一代全国资讯通信基础设施；发展具有全球竞争力的资讯通信产业；培养具有全球竞争力的信息化专门人才；利用信息通信技术提升数字媒体与娱乐、教育与学习、金融服务、保健与生物医药科学、制造与后勤、旅游与零售和电子政务等七大经济领域的发展水平。

经过 30 多年的创新发展，目前新加坡信息技术的发展和应用已经处于世界领先地位。根据埃森哲咨询公司 2014 年的研究，新加坡在“电子政务”方面排名世界第一；在“最佳互联国家”评估方面，世界经济论坛发布的《2014 年全球信息技术报告》将新加坡排在第二位；在信息通信技术发展水平方面，世界经济论坛发布的《2016 年全球信息技术报告》中新加坡“网络就绪指数”名列前茅。

第二节　我国信息化建设的历程

中国的信息化建设开始于 20 世纪 80 年代初期，大致经历了四个阶段。

一、准备阶段（20 世纪 80 年代）

20 世纪 80 年代初期，在我国国民经济进行调整的情况下，计算机工业界认识到，发展我国的计算机工业，应该从过去的以研究制造计算机硬件设备为中心，迅速地转向以普及应用为重点，以此带动研究发展、生产制造、外围配套、应用开发、技术服务和产品销售等工作。

1984 年中央领导同志及时指出，新的“技术革命”表明，西方国家要从工业社会转入信息社会，这对我们向“四化”进军来说，既是一个机会，也是一个挑战，强调要发展现代化的信息系统，要普遍应用电子计算机等。为研究我国新技术革命的对策，国务院成立了“新技术革命对策”小组，组织了计算机专项和光纤通信专项研究。

1984年9月15日，国务院发出通知指出，为了迎接世界新的技术革命，加速我国四个现代化的建设，必须有重点地发展新兴产业。在现代新兴产业群中，信息产业是最重要、最活跃、影响最广泛的核心因素。1984年11月，电子振兴领导小组经国务院同意，发布了我国电子和信息产业发展战略，指出我国电子和信息产业要实现两个转移：

第一，把电子和信息产业的服务重点转移到为发展国民经济、为四个现代化建设、为整个社会生活服务的轨道上来，为此，必须把电子信息产业在社会各个领域的应用放在首位。

第二，电子工业的发展要转移到以微电子技术为基础、以计算机和通信装备为主体的轨道上来，并确定集成电路、计算机、通信和软件为发展的重要领域。

1986年3月，邓小平同志亲自批示“宜速决断，不可拖延”，启动了国家高技术研究发展计划，即“863”计划。该计划投资100亿元，其中，信息技术相关项目的投资约占投资总额的三分之二。1988年5月，国家成立机电部，并将振兴电子产业的任务交机电部承担。随后，国务院电子振兴领导小组办公室更名为国务院电子信息系统推广应用办公室，继续支持各行各业应用电子信息技术，取得了非常好的经济和社会效益。

1984—1990年，国务院先后批准经济、金融、铁道、电力、民航、统计、财税、海关、气象、灾害防御等十多个国家级信息系统的建设。43个部、委（局、总公司）先后成立了信息管理机构，引进大、中、小型计算机应用，开发各类经济信息数据库和各类经济信息管理系统。

1988—1992年，国家经济委员会、机电部、国家科委和国务院电子信息系统推广应用办公室在推动传统产业技术改造、EDI技术、CAD/CAM以及MIS等方面，做了大量工作，不断推动电子信息技术的应用向纵深发展。

二、起步阶段（20世纪90年代）

1993年，我国正式部署了“金桥”“金关”“金卡”工程（简称“三金”工程）等金字头系列的重大系统工程，同时“金税”工程也开始实施。到2000年，全国已经基本建成了以国务院办公厅为枢纽，连接各省、自治区、直辖市政府和国务院各部委、各直属机构的全国政府系统办公自动化网络；党委、人大等系统也逐步建设了具有相当规模和水平的办公自动化系统。

（一）金桥工程

金桥工程属于信息化的基础设施建设，是中国信息高速公路的主体。金桥网是国家经济信息网，它以光纤、微波、程控、卫星、无线移动等多种方式形成空、地一体的网络结构，建立国家公用信息平台。其目标是：覆盖全国，与国务院部委专用网相联，并与31个省、市、自治区及500个中心城市、1.2万个大中型企业、100个计划单列的重要企业集团以及国家重点工程联结，最终形成电子信息高速公路大干线，并与全球信息高速公路互联。

（二）金关工程

金关工程是国家经济贸易信息网络工程，可延伸到用计算机对整个国家的物资市场流动实施高效管理。它还对外贸企业的信息系统实行联网，推广电子数据交换（EDI）业务，用网络交换信息取代磁介质信息，消除进出口统计的不及时、不准确，以及在许可证、产地证、税额、收汇结汇、出口退税等方面存在的弊端，达到减少损失、实现通关自动化并与国际EDI通关业务接轨的目的。

（三）金卡工程

金卡工程是从电子货币工程起步，计划用10多年的时间在城市3亿人口中推广普及金融交易卡，实现支付手段的革命性变化，从而跨入电子货币时代，并逐步将信用卡发展成为个人与社会的全面信息凭证，如个人身份、经历、储蓄记录、刑事记录等。

三、发展阶段（2000—2010年）

步入21世纪，我国的信息化建设开始全面发展。从2000年党的十五届五中全会正式提出了“以信息化带动工业化，发挥后发优势，实现社会生产力的跨越式发展”，到党的十六大提出了“信息化带动工业化，工业化促进信息化”的战略指导，再到党的十七大首次提出了信息化与工业化融合发展的崭新命题，这充分反映出党中央对信息化的认识不断深化，对信息化的重视程度不断提升，党的十七大报告为我们大力推进信息化指明了方向，明确了两化融合的目标。

2001年12月，国家信息化工作领导小组召开第一次会议，作出“中国建设信息化要政府先行”的重要决策，明确了以电子政务带动中国经济、社会信息化发展的基本方针，并将电子政务建设列为国家信息化的首要工作。至此，我国的电子政务建设进入全面推进阶段。

2002年8月5日，国家信息化领导小组颁布了《国家信息化领导小组关于我国电子政务建设的指导意见》（中办发〔2002〕17号），明确表示，要继续完善已取得初步成效的办公业务资源系统、金关、金税和金融监管（含金卡）四个工程，促进业务协同、资源整合；启动和加快宏观经济管理、金财、金盾、金审、社会保障、金农、金水、金质等八个业务系统工程建设，相应地构建标准化体系和安全保障体系，进一步推进电子政务的发展。随着电子政务整体走向务实，“一站两网四库十二金”的诸多内容也渐渐浮出水面，已成框架。2005年至今，“一站两网四库十二金”已步入整合，进入平稳发展期。所谓“一站”是政府门户网站，“两网”是政务内网和政务外网，“四库”即人口、法人单位、空间地理和自然资源、宏观经济等四个基础数据库，“十二金”则是要重点推进的十二个办公业务资源系统。这十二个重点业务系统又可以分为三类：第一类是对加强监管、提高效率和推进公共服务起到核心作用的办公业务资源系统、宏观经济管理系统建设；第二类是增强政府收入能力、保证公共支出合理性的金关、金税、金财、金融监管（含金卡）、金审等五个业务系统建设；第三类是保障社会秩序、为国民经济和社会发展打下坚实基础的金盾、金保、金农、金水、金质等五个业务系统建设。

“一站两网四库十二金”覆盖了我国电子政务急需建设的各个方面，涉及信息资源开发、信息基础设施建设与整合、信息技术应用等领域，特点各异，又相互渗透和交融，初步构成了我国电子政务建设的基本框架。

四、创新阶段（2011年以来）

党的十八大以来，中国特色社会主义建设进入新时代。我国经济社会的持续、快速发展对信息化产生了新的强烈需求，国家信息化发展也进入新的创新发展阶段。

党的十八大报告中有19处表述提及信息、信息化、信息技术、网络、信息安全与信息公开，将“工业化基本实现，信息化水平大幅提升”列为经济持续健康发展的目标之一，首次明确把信息化纳入全面建成小康社会的目标。信息化本身已不再只是一种手段，而是成为发展目标和行动路径。

2013年国务院发布《“宽带中国”战略》，明确提出了“宽带网络是新时期我国经济社会发展的战略性公共基础设施”，提出了“到2020年，我国宽带网络基础设施发展水平与发达国家之间的差距大幅缩小，国民充分享受宽带带来的经济增长、服务便利和发展机遇”的发展目标，并提出了具体的技术路线和发展时间表。

2014年是我国信息化发展史上具有里程碑意义的一年。当年2月27日，中央网络安全和信息化领导小组第一次会议召开，正式宣告了中央网络安全和信息化领导小组的成立，习近平总书记在会议上发表了重要讲话，阐明了未来一个时期我国国家网络安全和信息化的总体目标，即建设网络强国的战略部署要与“两个一百年”的奋斗目标同步推进，向着网络基础设施基本普及、自主创新能力显著增强、信息经济全面发展、网络安全保障有力的目标不断前进。自此，我国网络空间和信息化的发展进入了一个新的历史阶段，其内涵和重点都将较过去十余年发生较大的发展和变化。

党的十八届五中全会提出了五大发展理念——创新、协调、绿色、开放、共享，在“十三五”时期，我国将大力实施网络强国战略、国家大数据战略、“互联网＋”行动计划，发展积极向上的网络文化，拓展网络经济空间，促进互联网和经济社会融合发展。

2015年国务院发布《关于积极推进“互联网＋”行动的指导意见》，明确了在我国经济社会各领域全面推进“互联网＋”的发展目标，提出了十一个重点行动。随后，在制造业、政务服务、物流等领域都出台了推进“互联网＋”的相关政策。

2016 年 7 月，《国家信息化发展战略纲要》（以下简称《纲要》）正式发布，要求将信息化贯穿我国现代化进程始终，加快释放信息化发展的巨大潜能，以信息化驱动现代化，加快建设网络强国。《纲要》还提出战略总目标是建设网络强国：到 2020 年，核心关键技术部分达到国际先进水平，信息产业国际竞争力大幅提升，信息化成为驱动现代化建设的先导力量；到 2025 年，建成国际领先的移动通信网络，根本改变核心技术受制于人的局面，实现技术先进、产业发达、应用领先、网络安全坚不可摧的战略目标，涌现一批具有强大国际竞争力的大型跨国网信企业；到 21 世纪中叶，信息化全面支撑富强、民主、文明、和谐的社会主义现代化国家建设，网络强国地位日益巩固，在引领全球信息化发展方面有更大作为。《纲要》还指出，增强发展能力、提升应用水平、优化发展环境是国家信息化发展的三大战略任务，包括 14 项具体工作内容。增强发展能力，重点是发展核心技术、夯实基础设施、开发信息资源、优化人才队伍、深化合作交流。提升应用水平，主要是落实“五位一体”总体布局，对培育信息经济、深化电子政务、繁荣网络文化、创新公共服务、服务生态文明建设作出安排，并首次将信息强军的内容纳入信息化战略。优化发展环境，强调要保障信息化有序健康安全发展，明确了信息化法治建设、网络生态治理和维护网络空间安全的主要任务。

第三节　我国企业信息化发展历程

从 20 世纪 80 年代简单的 MIS 开始，企业信息化已在我国走过了三十多年的发展历程，经历了以替代手工为目标的导入阶段、以管理控制为目标的发展阶段、以业务重组为目标的融合阶段、以跨组织协同为目标的整合阶段。在不同发展阶段，企业对信息化的需求及应用状况是不尽相同的。不同阶段的企业信息化应用层次呈现阶梯式发展，如图 11－1 所示。

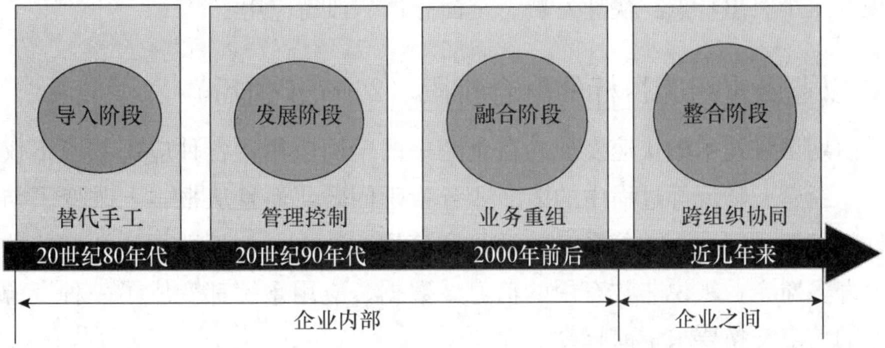

图 11－1　我国企业信息化发展历程

一、以替代手工为目标的导入阶段（20 世纪 80 年代）

20 世纪 80 年代初期，在我国国民经济进行调整的情况下，计算机工业界认识到，我国计算机工业的发展应该转型。1988—1992 年，国家经济委员会、机电部、国家科委和国务院电子信息技术推广应用办公室在推动传统产业技术改造、EDI 技术、CAD/CAM 以及 MIS 等领域做了大量工作，不断推动电子信息技术应用向纵深发展。

在这个时期，技术和应用这两个关键要素的发展非常迅速，奠定了企业信息化快速发展的重要基础。但是，由于技术的限制，应用深度有限，应用的宽度也是限于某个特定的领域。这个时期的应用更多地只能被称为计算机化，也就是用计算机代替人工进行数据处理等工作，而不是我们现在所说的信息化。

二、以管理控制为目标的发展阶段（20 世纪 90 年代）

从 20 世纪 90 年代开始，我国不少企业开始研究信息技术在企业经营、管理、设计、制造等部门的应用，形成了一批分立的单项应用系统。信息技术应用从简单数据处理发展到以管理控制为目标的信息系统，从数据处理部门和计算机部门扩大到企业的各个领域，包括生产、设计、制造、办公、管理、采购、营销等。办公自动化系统、会计电算化、辅助设计系统、各种生产控制系统、订票系统等纷纷出现。

全面开花的局面反映了企业计算机化和信息化的快速发展，但绝大多数应用系统都是在各自领域里独自设计、开发和实施的，没有充分考虑信息与其他相关领域的交叉问题，开发出来的系统缺乏信息共享与交流的基础和技术。

信息孤岛现象日渐突出。即使到了后期，所形成的系统也多是孤立的处理系统，基本不存在系统与系统之间的信息交流和使用。从技术角度看，当时实现这一点还比较困难。这个阶段可以说是企业信息化的孤岛应用阶段。在这个时期的后期，企业信息化表现出三个突出特点：快速发展、全面渗透、孤岛应用。

三、以业务重组为目标的融合阶段（2000 年前后）

经过前期信息技术的快速发展和在企业中的全面应用，各种应用系统不仅解决了企业生产、经营、物流等过程中的诸多业务管理问题，而且从根本上改变了与之相关的信息处理和使用问题。随着系统的运行和使用，产生了大量数据，从这些数据中可以提炼出许多对企业来说非常有用的信息。数据、应用系统都变成了一种资源，各个系统之间的信息交换要求空前提高。

为了更好地解决各个信息系统之间的信息交流和共享问题，不少走在信息化前沿的企业开始从整体上规划、设计和集成现有的信息系统，完成信息共享，消除信息孤岛。因此，企业信息化的集成阶段开始了。这一阶段的突出表现就是在企业资源计划（ERP）方面加大投资与实施力度，期望利用ERP实现由订单到设计、生产、计划、销售等企业内部组织的协同，实现信息、资源在企业内部的优化，充分发挥企业整体优势，提高企业竞争力。另外，我国在“863”计划中提出旨在提高制造业竞争力的计算机集成制造系统（CIMS）专题。CIMS以人为中心，以系统工程理论为指导，以网络为传媒，以集成为核心，以流程重组为主线，实现企业物流和作业流的有机集成。在将并行工程、精良生产、敏捷制造、智能制造、虚拟制造以及全球制造等许多新概念、新思想、新技术、新方法引入CIMS后，计算机集成制造系统日趋完善，这些新概念（模式）都有其自身特有的生产过程组织形式，并与特定的生产管理方法相联系，形成技术、组织管理和人的全面集成。这些现代模式的提出和研究推动了CIMS的研究和发展，使制造业展现出前所未有的新的发展局面。

这个时期，信息技术本身的变化对于企业信息化来说已经不是特别重要，企业信息化的瓶颈越来越多地集中在企业本身的业务流程和管理制度上。企业信息化已不仅是信息技术在企业的应用过程，而且是信息技术应用与企业原有的生产方式、经营方式、管理方式和制度等进行全面融合，从而促进企业战略目标实现的过程。因此，企业信息化重点探索和解决的是管理变革与创新问题。

步入21世纪，我国的信息化建设开始全面发展。从2000年党的十五届五中全会到党的十六大，再到党的十七大，党中央对信息化的认识不断深化，对信息化的重视程度不断提升，并不断为我们大力推进信息化指明了方向，明确了两化融合的目标。

四、以跨组织协同为目标的整合阶段（近几年来）

除了企业自身的内部融合，随着互联网的普及和渗透，企业信息化发生了革命性的变化——企业信息化不再限于企业内部，在前端向供应商延伸，在后端向消费者延伸。信息化把越来越多的企业带进了网络经济。

由于Internet的问世和普及，电子商务成为信息技术的主流应用。这一阶段基于Web技术的各类跨组织信息系统（inter-organizational information system，IOS）是企业跨越组织边界、跨越地域限制并使所有参与者受益的共享性信息系统。IOS是企业与外界环境的其他组织（如上下游厂商、相关企业甚至是竞争者）一起合作，为获取竞争优势所共同发展的信息系统。它帮助企业同其关键的交易伙伴共享业务流程、决策、作业程序和数据，共同开发全新的产品、市场和服务，提高竞争优势。相对于ERP着眼于企业内部的资源共享，跨组织信息系统则更关注企业内外交易各方的同步作业。

小　结

信息化是社会、经济、文化的集合体，是全社会的一种系统工程，这一点我们从美、英、日、新四国以及我国信息化建设的历程中不难看出。单纯在技术上引进和填补，不进行观念改进，没有社会文化的更新和社会配套体系的建立，就不能形成后发优势。单纯的技术只是一个空壳，也许能使人们更加方便快捷，但由于缺乏应用的社会、经济和技术基础，因此不具备可持续发展性。近年来，许多发展中国家与发达国家的差距非但没有缩小，反而有进一步扩大的趋势，这便是一个明证。因此，我们要按照国民经济和社会发展的客观需要，采用市场办法发展信息化。我们应通过政府先行带动信息化发展，通过运用信息技术改造和提升传统产业，以信息化带动工业化和现代化，以工业化促进信息化，推动工业化和信息化两化融合，加快我国的信息化建设，缩小数字鸿沟，达到构建社会主义和谐社会、实现中华民族伟大复兴的宏伟目标。

关键词

信息化建设　目标　措施　“三金工程”　“一站两网四库十二金”　网络强国　消除数字鸿沟

思考题

1. 美国政府信息化建设的战略目标和基本思路是什么？
2. 美国政府推进信息化建设的具体举措有哪些？
3. 英国政府推进信息化建设有哪些具体举措？
4. 日本政府在信息化建设中的作用有哪些？
5. 新加坡推进信息化建设有哪些战略？
6. 我国信息化建设经历了哪几个历史阶段？

参考文献

[1] 周宏仁，徐愈. 中国信息化形势分析与预测. 北京：社会科学文献出版社，2010，2011，2014

[2] 信息产业部电子科技情报研究所研究部. 美国政府推进信息化建设的思路和措施. 中国信息年鉴，2003卷

[3] 王小飞，张晓明. 英国政府及企业推进信息化建设的举措. 全球科技经济瞭望，2001（6）

[4] 柯擎. 信息化浪潮中的日本政府. 信息化建设，2003（6）

[5] 张明哲. 新加坡的信息化建设. 广东档案，2002（6）

[6] 刘珙. 世界信息化发展的几种模式. 甘肃社会科学，2003（6）

[7] 张大朋，周均清，王乘. 国内外信息化水平评估体系简析. 中国信息导报，2004（7）

[8] 郭诚忠. 中国信息化发展历程和基本思路. 赛迪网，2002-07-31

[9] 陈禹. 论信息化和工业化. 中国信息年鉴，2002卷

[10] 曾培炎. 与时俱进、开拓创新——大力推进国民经济和社会信息化. 中国信息年鉴，2001卷创刊序言

[11] 刘文云，邓尚民. 从"数字鸿沟"看我国的信息化建设. 情报杂志，2004，23（1）

[12] 刘文云，李爱勤. 信息化是我国缩小"数字鸿沟"的最佳途径. 情报科学，2004，22（2）

[13] 乔为国. 美国信息技术产业成长中政府政策及启示. 中国科技论坛，2007（8）

[14] 刘昌黎. 日本政府推进信息化发展的政策措施. 日本学论坛，2008（2）

[15] 魏晓燕. 智慧国之路：新加坡信息化的成功经验. 广东科技，2009（4）

图书在版编目（CIP）数据

信息管理与信息系统概论/杨波，陈禹，王明明编著．—4版．—北京：中国人民大学出版社，2019.1

教育部面向21世纪信息管理与信息系统系列教材

ISBN 978-7-300-26515-5

Ⅰ.①信… Ⅱ.①杨…②陈…③王… Ⅲ.①信息管理-高等学校-教材②信息系统-高等学校-教材 Ⅳ.G203②G202

中国版本图书馆CIP数据核字（2018）第286520号

普通高等教育"十一五"国家级规划教材

教育部面向21世纪信息管理与信息系统系列教材

信息管理与信息系统概论（第4版）

杨 波 陈 禹 王明明 编著

Xinxi Guanli yu Xinxi Xitong Gailun

出版发行	中国人民大学出版社		
社　　址	北京中关村大街31号	**邮政编码**	100080
电　　话	010－62511242（总编室）		010－62511770（质管部）
	010－82501766（邮购部）		010－62514148（门市部）
	010－62515195（发行公司）		010－62515275（盗版举报）
网　　址	http://www.crup.com.cn		
经　　销	新华书店		
印　　刷	北京溢漾印刷有限公司	**版　　次**	2005年11月第1版
规　　格	185 mm×260 mm　16开本		2019年1月第4版
印　　张	20.25 插页1	**印　　次**	2021年5月第2次印刷
字　　数	394 000	**定　　价**	48.00元